Herausgegeben in Verbindung mit
der Heinrich-Heine-Gesellschaft

Heine-Jahrbuch 2011

50. Jahrgang

Herausgegeben von Sabine Brenner-Wilczek
Heinrich-Heine-Institut
der Landeshauptstadt Düsseldorf

Verlag J. B. Metzler
Stuttgart · Weimar

Anschrift der Herausgeberin:
Sabine Brenner-Wilczek
Heinrich-Heine-Institut
Bilker Straße 12–14, 40213 Düsseldorf

Redaktion: Christian Liedtke

Bibliografische Information der Deutschen Nationalbibliothek
Die Deutsche Nationalbibliothek verzeichnet diese Publikation in der
Deutschen Nationalbibliografie; detaillierte bibliografische Daten
sind im Internet über <http://dnb.d-nb.de> abrufbar.

ISBN 978-3-476-02405-3
ISBN 978-3-476-00693-6 (eBook)
DOI 10.1007/978-3-476-00693-6
ISSN 0073-1692

Dieses Werk einschließlich aller seiner Teile ist urheberrechtlich geschützt. Jede Verwertung außerhalb der engen Grenzen des Urheberrechtsgesetzes ist ohne Zustimmung des Verlages unzulässig und strafbar. Das gilt insbesondere für Vervielfältigungen, Übersetzungen, Mikroverfilmungen und die Einspeicherung und Verarbeitung in elektronischen Systemen.

© 2011 Springer-Verlag GmbH Deutschland
Ursprünglich erschienen bei J. B. Metzler'sche Verlagsbuchhandlung
und Carl Ernst Poeschel Verlag GmbH in Stuttgart 2011
www.metzlerverlag.de
info@metzlerverlag.de

Inhalt

Siglen IX

Aufsätze

I.
Manfred Windfuhr · Weltkenner und Welterneuerer.
 Heines globale Visionen 1
George Peters · Conspicuous Silence: Heine's Response
 to Halévy's »La Juive« 25
Von Ortwin Lämke · Heinrich Heines schollernd schnöde Klänge:
 Der »Romanzero« als »Hör«-Buch 54
Janina Schmiedel · Synthesemomente in Heinrich Heines lyrischem
 Fragment »Jehuda ben Halevy« 71

II.
Enno Stahl · Heines »Vorrede zu den Französischen Zuständen«
 aus Sicht der Zensurbehörden. Unter Verwendung unbekannter
 archivalischer Materialien aus dem Geheimen Staatsarchiv
 Preußischer Kulturbesitz 85
Roland Gruschka · »Ss' harz in benken gejt mir ojß«. Heinesche Motive
 im Werk des jiddischen Dichters Oscher Schwarzman 108

III.
Sylvia Steckmest · Beer Carl Heine 129
Olaf Briese · Der arme Vetter Hermann Schiff 149
Anna Maria Voci · Karl Hillebrand: vergessen, missverstanden
 oder unverstanden? Ein Forschungsbericht 166

Kleinerer Beitrag

Stefan Söhn · Die Erinnerung an Heine in Bayern 183

Reden zur Verleihung des Heine-Preises 2010

Hans-Gert Pöttering · Laudatio auf Simone Veil 189
Simone Veil · Dankrede 196

Heinrich-Heine-Institut. Sammlungen und Bestände. Aus der Arbeit des Hauses

Jan von Holtum · »Heines Reisen durch Europa«.
  Ein Ausstellungsbericht sowie kulturgeschichtliche Betrachtungen
  zum Reise-, Medien- und Rezeptionswandel 201
Alena Scharfschwert · Thomas Kling und seine Bücher.
  Lesespur und Spurenleser 208
Karin Füllner · »Das ausgesprochne Wort ist ohne Schaam«.
  13. Forum Junge Heine Forschung 2010 mit neuen Arbeiten
  über Heinrich Heine 214

Buchbesprechungen

Joachim Grimm · Karl Gutzkows Arrivierungsstrategie unter den
  Bedingungen der Zensur (1830–1847) (Anne-Kristin Eiker) 219
Heinrich Heine. Französische Zustände. Artikel IX vom 25. Juni 1832.
  Urfassung. Faksimile-Edition der Handschrift. Mit einem
  Essay von Martin Walser. Hrsg. von Christian Liedtke
  (Claas Morgenroth) 222
Georg Herwegh · Werke und Briefe. Kritische und kommentierte
  Gesamtausgabe. Band 6: Briefe 1849-1875. Bearbeitet von
  Ingrid Pepperle und Heinz Pepperle (Bernd Füllner) 223
Gerhard Höhn/Christian Liedtke · Auf der Spitze der Welt.
  Mit Heine durch Paris (Norbert Waszek) 226
Jana Kittelmann · Von der Reisenotiz zum Buch. Zur Literarisierung
  und Publikation privater Reisebriefe Hermann von Pückler-Muskaus
  und Fanny Lewalds (Gabriele Schneider) 228

Bodo Morawe · Citoyen Heine. Das Pariser Werk. Band I:
  Der republikanische Schriftsteller; Band II: Poetik, Programmatik,
  Hermeneutik (Ortwin Lämke) 231
Petra Schlüter · Berthold Auerbach. Ein Volksaufklärer
  im 19. Jahrhundert (Bettina Wild) 232
Cord Christian Troebst · Gottlob Tröbst. Gelehrter zwischen Weimar
  und Moskau (Jan-Christoph Hauschild) 235
Gert Vonhoff (Hrsg.) · Karl Gutzkow and His Contemporaries.
  Karl Gutzkow und seine Zeitgenossen (Anne-Kristin Eiker) 236

Heine-Literatur 2010/2011 mit Nachträgen 241

*Veranstaltungen des Heinrich-Heine-Instituts und der Heinrich-Heine-
Gesellschaft e.V. Januar bis Dezember 2009* 273

Ankündigung des 15. Forum Junge Heine Forschung 287

Abbildungen 288

Hinweise für die Autoren 289

Mitarbeiter des Heine-Jahrbuchs 2010 291

Siglen

1. H. Heine: Werke und Briefe

B = Heinrich Heine: Sämtliche Schriften. Hrsg. von Klaus Briegleb. München: Hanser 1968–1976, 6 Bände (6, II = Register)

DHA = Heinrich Heine: Historisch-kritische Gesamtausgabe der Werke. In Verbindung mit dem Heinrich-Heine-Institut hrsg. von Manfred Windfuhr. Hamburg: Hoffmann und Campe 1973–1997, 16 Bände

HSA = Heinrich Heine: Werke, Briefwechsel, Lebenszeugnisse. Säkularausgabe. Hrsg. von den Nationalen Forschungs- und Gedenkstätten der klassischen deutschen Literatur in Weimar (seit 1991: Stiftung Weimarer Klassik) und dem Centre National de la Recherche Scientifique in Paris. Berlin und Paris: Akademie und Editions du CNRS 1970 ff.

2. Weitere Abkürzungen

Galley / Estermann = Eberhard Galley und Alfred Estermann (Hrsg.): Heinrich Heines Werk im Urteil seiner Zeitgenossen. Hamburg: Hoffmann und Campe 1981–1992, 6 Bände

auf der Horst / Singh = Christoph auf der Horst und Sikander Singh (Hrsg.): Heinrich Heine im Urteil seiner Zeitgenossen. Begründet von Eberhard Galley und Alfred Estermann. Stuttgart / Weimar: Metzler 2002–2006, 6 Bände

HJb = Heine-Jahrbuch. Hrsg. vom Heinrich-Heine-Institut Düsseldorf. Hamburg: Hoffmann und Campe 1962–1994; Stuttgart: Metzler 1995 ff.

Höhn = Gerhard Höhn: Heine-Handbuch. Zeit, Person, Werk, Stuttgart: Metzler ^{1}1987, ^{2}1997, ^{3}2004

Mende = Fritz Mende: Heinrich Heine. Chronik seines Lebens und Werkes. Berlin: Akademie ^{1}1970, ^{2}1981

Seifert = Siegfried Seifert: Heine-Bibliographie 1954–1964. Berlin und Weimar: Aufbau 1968

Seifert / Volgina = Siegfried Seifert und Albina A. Volgina: Heine-Bibliographie 1965–1982. Berlin und Weimar: Aufbau 1986

Werner = Michael Werner (Hrsg.): Begegnungen mit Heine. Berichte der Zeitgenossen. Hamburg: Hoffmann und Campe 1973, 2 Bände

Wilamowitz = Erdmann von Wilamowitz-Moellendorff und Günther Mühlpfordt (†): Heine-Bibliographie 1983–1995. Stuttgart und Weimar: Metzler 1998

Wilhelm / Galley = Gottfried Wilhelm und Eberhard Galley: Heine-Bibliographie [bis 1953]. Weimar: Arion 1960, 2 Bände

Aufsätze

I.

Weltkenner und Welterneuerer
Heines globale Visionen

Von Manfred Windfuhr, Kaarst

Dem Andenken an meine Frau gewidmet

Bei allem Interesse für die Vorgänge und geistige Signatur seiner Zeit war Heine ein äußerst unzeitgemäßer Autor. Er war unzeitgemäß, weil er angesichts der Durchsetzung des Nationalstaatsprinzips an der Vision des Weltbürgertums festhielt. Heine war unzeitgemäß, weil er die zeitgenössische Engführung auf die Nationalliteraturen nicht mitmachte und einen weltliterarischen Horizont praktizierte. Heine war unzeitgemäß, weil er die Beschränkung auf abendländische Kulturen durchbrach und wichtige morgenländische Kulturreichtümer einbezog. Heine war schließlich unzeitgemäß, weil er im Zeitalter der christlich fundierten Heiligen Allianz an nichtchristliche Religionen und verdrängte Götter erinnerte und auch auf diesem Gebiet eine freimütige Abwägung von Vorzügen und Schwächen anstellte. Heine tat dieses nicht aus quantifizierenden, die Perspektive nur räumlich erweiternden Gründen, sondern um aus der Relation zwischen globalen und beschränkten Strukturen neue Einsichten für alle Teile, also auch für die kleineren Einheiten gewinnen zu können.

Folgen wir Heines Blick von der Weltbühne herab und versuchen herauszufinden, was sich aus dieser Perspektive für seine Konstitution von Politik, Literatur, Religion und Kultur im Einzelnen ergibt. Als Leitfaden dient ein begriffsgeschichtlicher Ansatz, das Wortfeld mit Weltkomposita: Weltbürger, Weltbeglückung, Welttragödie, Weltliteratur, Weltrevolution usw. Den Dichtern, besonders den »großen Genies«, attestiert Heine in der »Lutezia« einen ungewöhnlichen *point of view.* Sie gehören »nicht ihrem partikularen Geburtslande, kaum gehören sie dieser Erde, der Schädelstätte ihres Leidens«, eine Anspielung auf Golgatha (DHA XIV, 29). Dieser herausgehobene Standort enthebt sie den nationalen »Engsinnigkeiten« und erlaubt ihnen den weitesten Umblick und Überblick. Nun gehört es bekanntlich zu Heines Arbeitsweise, seine Thesen selten systematisch in Einzelwerken, sondern bevorzugt in über sein Gesamtwerk verstreuten Einzelaussagen zu formulieren. Zu meinem Thema gibt es keine Schriften mit Kant-Titeln wie »Idee zu einer allgemeinen Geschichte in weltbürgerlicher Absicht« (1784) oder »Zum ewigen Frieden« (1795). Seine einschlägigen Äußerungen finden sich über die Werk- und Gattungsgrenzen hinweg, stehen aber in einem genetischen Zusammenhang und bilden einen Sub- und Metatext. Diesen versuche ich zu rekonstruieren.

Weltbürgertum und Menschenrechte

Beginnen wir mit dem Weltbürgertum und den Menschenrechten, ein Thema, das Heine als Jurist interessieren musste und das auch den Juden ansprach, weil mit der universalen Anwendung der Menschenrechte die jüdische Ungleichbehandlung beseitigt wurde. Hier führt es nicht weiter, wenn nach wie vor darüber gestritten wird, welche konkrete Staatsform Heine bevorzugte. Wenn in letzter Zeit Bodo Morawe mit einiger Ausdauer Heine wieder auf den Republikanismus festnageln will, so bewegt er sich auf einer sekundären Ebene, sekundär insofern, als Heine die Frage der jeweiligen Staatsform unterschiedlich beantwortete, hingegen bei den allgemeinen Menschenrechten eine durchgehende Linie einhielt.[1] Über fünfzehn Belege beschäftigen sich allein mit den Menschenrechten. Es konnten auch Kaiser und Könige sein, die der Utopie einer weltbürgerlichen Rechtlichkeit und Gerechtigkeit nahe kamen wie Napoleon mit seinem *code civil*.[2]

Bei diesem Thema gab es für ihn zunächst zwei Anknüpfungspunkte. Einmal die von der amerikanischen Unabhängigkeitserklärung und vom französischen Nationalkonvent proklamierten Grundrechte, zum zweiten eine innerdeutsche Wurzel, die von ihm mit dem Begriff der »Humanitätsschule« zusammengefassten deutschen Autoren des 18. Jahrhunderts – Lessing, Herder, Kant, Schiller und Hegel vor allem.[3] In diesem Kreis war neben dem Begriff des Weltbürgers wie bei Heine die griechische Version Kosmopolit, Kosmopolitismus in Gebrauch. Man muss wissen, dass diese Begriffe recht vieldeutig verwendet wurden, worüber Andrea Albrecht in ihrer Monographie breit informiert.[4] Es gab Vertreter eines rein politischen Begriffsverständnisses wie die meisten französischen Revolutionäre, Verfechter einer entpolitisierten Verwendung und manche Mischformen. Bei Heine gehört der Begriff in sein operatives Kunst- und Philosophieverständnis, d. h. Weltbürgertum hat bei ihm etwas mit dem aktiven Einsatz zur Weltbeglückung zu tun.[5] Das wird etwa deutlich im ersten Buch der »Romantischen Schule«, wo Heine Goethe und Schiller in dieser Hinsicht gegeneinander abgrenzt. Schiller »schrieb für die großen Ideen der Revoluzion«, er baute »an jenem ganz großen Tempel, der alle Nazionen, gleich einer einzigen Brüdergemeinde, umschließen soll«, worauf die Feststellung folgt, »er war Cosmopolit« (DHA VIII, 153). Auch Goethe erhält einige Seiten vorher diesen Ehrentitel, aber mit dem Akzent auf ästhetischem bzw. kulturellem Kosmopolitismus. Goethe war für Heine der »größte Künstler in unserer Literatur«, aber politisch habe er einen »quietisierenden Einfluß auf die deutsche Jugend« ausgeübt und »einer politischen Regenerazion unseres Vaterlandes entgegen[ge]wirkt« (DHA VIII, 154ff.). Es ist die bekannte Abgrenzung von der »Kunstperiode«.

Vergleicht man Heines einschlägige Aussagen miteinander, erkennt man einige Entwicklungsschritte von anfänglich jugendlich-enthusiastischer zu mehr reflektierender Betrachtungsweise. Noch ganz emotional ist die erste Aussage zum Thema in den »Briefen aus Berlin«. Bei einem Maskenball gerät der Berichterstatter in Konflikt mit einem Burschenschafter, der ihm seine französischen Komplimente an eine schöne Mittänzerin übelnimmt und ihn barsch zum Gebrauch der deutschen Sprache auffordert. Heines Reaktion:

O deutscher Jüngling, wie finde ich dich und deine Worte sündlich und läppisch in solchen Momenten, wo meine Seele die ganze Welt mit Liebe umfasst, wo ich Russen und Türken jauchzend umarmen würde, und wo ich weinend hinsinken möchte an die Bruderbrust des gefesselten Afrikaners! Ich liebe Deutschland und die Deutschen; aber ich liebe nicht minder die Bewohner des übrigen Theils der Erde, deren Zahl vierzig mahl größer ist, als die der Deutschen. Die Liebe giebt dem Menschen seinen Werth. Gott lob! Ich bin also vierzig mahl mehr werth als Jene, die sich nicht aus dem Sumpfe der Nazionalselbstsucht hervorwinden können, und die nur Deutschland und Deutsche lieben. (DHA VI, 37)

Das ist keineswegs ironisch gemeint, der Gegensatz von »ganzer Welt« und »Nazionalselbstsucht« ist durchaus ernst zu nehmen, ein Bekenntnis, dass die Liebe zur Welt über der Liebe zum eigenen Vaterland rangiert. Der Hinweis auf den »gefesselten Afrikaner«, Vorklang der mitreißenden späten Ballade »Das Sklavenschiff«, deutet an, dass Heine bereits über die europäischen Grenzen hinaus denkt. Es reicht nicht aus – wie oft – nur von Heine als Europäer zu sprechen.[6] Das Prinzip der Völkerverbrüderung beschränkt sich nicht auf einen einzelnen Kontinent, schon in diesem Punkt greift die einschlägige Literatur zu kurz.

Eine stärker begriffliche Fassung erhält Heines Konzept in der Marengo-Vision sieben Jahre später. Wegen der Vertrautheit der Passage kann ich mich auf wenige Stichworte beschränken. Man merkt, dass Heine inzwischen durch Hegels Schule und die praktische Erfahrung der beiden politischen Cotta-Zeitschriften, der »Neuen allgemeinen politischen Annalen« und des »Auslands«, gegangen ist. Heine verwirft das Privilegienkonzept von Feudalismus und Aristokratie und votiert für das moderne Freiheits- und Gleichheitskonzept, für das demokratische Prinzip, dass allen Menschen unabhängig von ihrer Hautfarbe, Religion, Rasse oder Herkunft dieselben Rechte zustehen, kontrastiert also das Modell von Geburtsprivilegien, Sonderrechten, Ungleichheit und Unfreiheit mit dem Modell von Menschenrechten, Gleichheit und Freiheit. Als Beispiel für das alte Modell nennt Heine die von den britischen Protestanten unterdrückte katholische Mehrheitsbevölkerung in Irland, die von den Türken beherrschten Griechen und das vom Frankfurter Magistrat unterprivilegiert gehaltene Judenghetto. Anschließend erweitert er mit den »westindischen Schwarzen«, d. h. mit den auf den mittelamerikanischen Inseln als Sklaven gehaltenen Afrikanern, den Blick wieder über Europa hinaus. Ausdrücklich spricht er von der »Emanzipation der ganzen Welt«. Dieser Prozess ist für Heine zunächst einmal eine geistige Angelegenheit, eine Sache des Bewusstseins. Die neue menschenrechtliche Doktrin muss erst in die Köpfe der Bevölkerung und Regierungen eindringen, bevor sie praktische Politik werden kann. Das meinen Formulierungen wie »geistige Partheypolitik« und »Geisterpolitik«. Heine versteht die Durchsetzung des demokratischen Prinzips als Ideenkampf, als den Einsatz des besseren Arguments und des überzeugenderen Wortes. In der Nationalstaatsfrage hat die weltweite Emanzipation ein weiteres schweres Hindernis zu überwinden. Es geht um Abkehr von der »Nazionalität mit ihrer Eitelkeit und ihrem Haß«, den »thörigten Nazionalvorurtheilen, allen schroffen Besonderheiten«. Die Vision schließt mit der Prophezeiung eines »großen Versöhnungsmahls«, an dem alle Menschen und Völker »als gleiche Gäste« teilnehmen werden (DHA VII, 68ff.).[7]

Ich teile nicht die Interpretation von Sigrid Weigel, Heines Plädoyer für eine »geistige Partheypolitik« sei kritisch zu verstehen als Klage über die »zunehmende Abstraktion« in der damaligen politischen Debatte, umgekehrt die Bemerkung über die »thörigten Nazionalvorurtheile« und »schroffen Besonderheiten« sei etwas Positives, nämlich die »in ihrem Verschwinden zu rettende Kehrseite des Kosmopolitismus«.[8] Ich komme auf das Verhältnis von Nationalität und Weltbürgertum noch zurück. Die Marengo-Vision ist eine Reaktion auf die biedermeierliche Debatte in anderer Hinsicht: Heine reagiert darauf, dass im Zuge des restaurativen *Rollbacks* der aufklärerische Fortschritt in dieser Frage zurückgedreht wurde und das alte Konzept von Hierarchie und Geburtsprivilegien wieder stimmführend geworden war, ich denke an Friedrich Gentz oder Friedrich Julius Stahl.[9] Seine Präferenzen so offen und scharf auszusprechen, war kühn und eben nicht zeitgemäß.

Als Modus für die Durchsetzung der neuen Ordnung bevorzugt Heine auf dieser Stufe noch den Emanzipationsbegriff. Emanzipation war seit 1789 ein viel benutzter Rechtstitel für die Freilassung aus Abhängigkeitsverhältnissen, also der Bauern von ihren Lehnsherren, der Juden von den Stadtoberen usw.[10] Nach 1830 verschärft Heine die Gangart und spricht statt von Emanzipation bevorzugt von Revolution. Er glaubt nicht mehr an einen friedlich-evolutionären Durchsetzungsprozess der neuen Lehre, sondern rechnet mit blutigen Konsequenzen. Er differenziert den Modalitätsaspekt, indem er politische und »sociale Revolution« unterscheidet, also die Erneuerung der staatlichen Ordnung von der Sorge für das »materielle Wohlseyn des Volkes«. Er gebraucht den Begriff der »Universalrevoluzion« (DHA XII, 131), um die Folge von Revolutionsschritten in Einzelländern wie Frankreich und danach weltweit zu erfassen. Auch der Begriff »Welt-Revoluzion« fällt, aber erst in der Buchfassung der »Lutezia« (1854) und ist dort nicht positiv besetzt. Heine befürchtet nämlich in einem bestimmten Moment der französischen Innenpolitik, dass ein deutsch-französischer Krieg und von da aus ein Weltkrieg ausbrechen könnte, der »große Zweykampf der Besitzlosen mit der Aristokratie des Besitzes«. Dieser würde nicht den Menschenrechten zum Sieg verhelfen, sondern einer grausamen Diktatur. Der Begriff »Welt-Revoluzion« ersetzt das Wort »Welterschütterung« in der Journalfassung (DHA XIV, 20/360).[11]

Heine verschärft in der französischen Periode auch die Dringlichkeit der Menschenrechtskonzeption, indem er sie in den Rang eines Naturrechts erhebt. Im »Atta Troll« spricht er von den »heil'gen angeborenen Menschenrechten« (DHA IV, 25). In der Vorrede zur Vorrede zu den »Französischen Zuständen« nennt er sie »unveräußerlich«, weist sie der Vernunft zu und leitet sie aus dem Himmel ab, »dem ewigen Vaterland der Vernunft« (DHA XII, 451). Damit macht er deutlich, dass sie nicht als bloße Denkerfindung des 18. Jahrhunderts zu verstehen ist, sondern als eine von Ort und Zeit unabhängige, übergeschichtliche Grundvoraussetzung der vernunftbegabten Natur des Menschen. Auch in diesem Punkt vertrat die herrschende Staatsphilosophie der Zeit den gegensätzlichen Standpunkt, verstand umgekehrt Ungleichheit und Unfreiheit als naturgegeben und rechtfertigte so die bestehenden Zustände.

Heine sucht und findet auch wiederholt neue Anlässe, um mit Emphase für sein Konzept zu werben. Als die französische Bevölkerung nach dem verheerenden Hamburger Stadtbrand im Mai 1842 großzügig Spenden sammelt, drückt er seine Bewunderung aus, wie tief der »Cosmopolitismus in den Herzen der Franzosen wurzelt«, weist dem »Nationalgefühl« nur eine vorübergehende Lebensdauer zu und sagt voraus, dass das »Bewußtseyn des Weltbürgerthums [...] früh oder spät, aber auf immer, auf ewig zur Herrschaft gelangen muß« (DHA XIV, 237 f.). Die Ankündigung von Meyerbeers neuer Oper »Der Prophet« begleitet Heine mit ähnlicher Emphase: »Wir bemerken hier eine der wunderbaren Iniziazionen, die der großen Völkerverbrüderung, der eigentlichen Aufgabe unseres Zeitalters, vorangehen muß.« Die Musik sei wegen ihrer »Universal-Sprache« besonders geeignet, »sich ein Weltpublikum zu bilden« (DHA XIII, 338). In der Journalfassung hatte er diese Möglichkeit auch der Literatur zugebilligt, aber man muss hinzufügen, ein literarisches Weltpublikum benötigt Übersetzungen (DHA XIII, 1583). Die Musik wird über die Sprachgrenzen hinweg intuitiv erfasst, der Inhalt der Musik muss nicht analysiert werden, um uns etwas zu sagen oder fühlen zu lassen, während Sprache inhaltlich verstanden werden muss.[12]

In der Pariser Zeit unterzieht Heine sein Konzept einer reflektierenden Überprüfung und verteidigt es gegen äußere Kritik und Vergröberungen. Ab Anfang der 1840er Jahre beginnen Epigonen seine Visionen plakativ zu übertreiben oder eklektisch zu entstellen. Im »Atta Troll« verspottet er plumpe Nachahmer, die Menschenrechtsforderungen mit nationalistischen Zielen vermischen, gemeint sind die meisten Vormärzdichter. »Weise erdenken die neuen Gedanken und Narren verbreiten sie« (DHA X, 322). Heine sieht sich veranlasst, vor unkontrollierter Begeisterung, vor ungeschützter idealistischer Pathetik zu warnen und die im politischen Geschäft unverzichtbare taktische Klugheit einzufordern.

Die Pose von Marquis Posa ist zwar eindrucksvoll, führt aber das Scheitern zwangsläufig herbei. Ein Beispiel für solche Erwägungen ist der Hinweis in »Shakespeares Mädchen und Frauen«: »[...] man lächelt über die Narrheit jener Heroen, die sich aufopfern für die Veredlung und Beglückung des Menschengeschlechts; man amüsirt sich mit weiser Gelassenheit« (DHA X, 62).

Schon in dem ungedruckt gebliebenen Text über »Verschiedenartige Geschichtsauffassung« distanziert er sich von der »Schwärmerey der Zukunftsbeglücker«, die die »Interessen der Gegenwart« vernachlässigen und die »das zunächst zu verfechtende Menschenrecht, das Recht zu leben«, außer Acht lassen (DHA X, 302). Heine weiß auch, dass es nicht genügt, die Menschenrechte nur zu verkünden, man muss sie auch realisieren (vgl. DHA XIV, 68f.). In Deutschland ist es nach seiner Erfahrung besonders schwierig, die Menschenrechte durchzusetzen (vgl. DHA XII, 245, 468).

Die eigene Person wird von der Selbstüberprüfung nicht ausgenommen und gelegentlich selbstironisch bemitleidet. Im Erzählfragment »Schnabelepowski«, das stark autobiographisch angelegt ist, klagt der Ich-Erzähler: »[...] für meine Weltbeglückungsgedanken musste ich schon damals viel Leid und Noth erdulden« (DHA V, 150). Was hier noch episch verkleidet ist, wird in der Menzel-Polemik »Ueber den Denunzianten« zur direkten Aussage. Beim Wechsel von der Lyrik zur Prosa sei er auf die »unglückliche Idee« gekommen, »mich mit Ideen zu beschäftigen«, konkret mit Ideen »über die Bestimmung des Menschengeschlechts, über die Mittel wie man die Leute besser und glücklicher machen kann« (DHA XI, 154). Ich sehe in solchen Ironiesignalen keine Absage an das Konzept und halte die wiederholt geäußerte These für unzutreffend, in Heines Spätzeit erfolge eine vollständige Desillusionierung. Einige der zitierten Aufrufe zur großen Völkerverbrüderung stammen aus den vierziger und fünfziger Jahren.[13]

Der eigentliche Antagonist des Konzepts ist natürlich der unbefriedigende Weltzustand selbst. Heine war nicht so naiv, an eine widerstandslose Verwirklichung seiner Utopien zu glauben. Es entging ihm nicht, dass die Realität meist weit hinter seinen Zielvorstellungen zurückblieb. Daher seine wiederholten skeptischen bis tiefschwarzen Bestimmungen der Lage. In der Frühzeit greift er gern auf die barocken Metaphern vom Welttheater oder der Weltkrankheit zurück, um seinen Unmut über die zeitgenössischen Verhältnisse auszudrücken. Vertraut ist die Passage im »Buch Le Grand«, in der er von der »tausendaktigen Welttragödie« spricht, die nach Art eines Shakespeare-Dramas oder eines Puppenspiels verläuft. Erst kommen die »blutigen Revoluzionsscenen und Kaiseractionen«, dann folgen die Narren, Clowns und Graziosos. Die »grauenhaftesten Bilder des menschlichen Wahnsinns« werden mit der Schellenkappe kommentiert. Im Hintergrund steht Gott als der »große Urpoet«, der dieses alles vorhergesehen und vorgeprägt hat (DHA VI, 200f.). Nach der »Stadt Lucca« ist das Leben »eine Krankheit, die ganze Welt ein Lazareth« (DHA VII, 171). In der Spätzeit wird die Aussage meist nüchterner, 1847 ist von den »Unbehagnisse[n] und Eckelthümer[n] unserer heutigen Weltordnung« die Rede (Weill-Vorwort, DHA X, 284), die »neue Welt«, gemeint ist Amerika, bringt »neue Weltkrankheiten« hervor (Prolog zu »Bimini«, DHA III, 363). Im Vorwort zu den »Geständnissen« hören wir dann wieder bildkräftig vom »nagenden Bandwurm des Weltschmerzes« (DHA XV, 12). Wie man sieht, kommt es zu einer neuen, gegensätzlichen Reihe von Welt-Komposita, die als dunkle Folie die positiven Visionen begleiten. Beide Reihen gehören zusammen als die zwei Seiten derselben Sache. Heine unterscheidet zwischen dem Ist-Zustand der Realität und dem Soll-Zustand der Utopie.

Was das Verhältnis von Nationalität und Weltbürgertum angeht, so spricht Heine an keiner Stelle von einem Weltstaat oder einer universalen Zivilisation. Was ihm vorschwebt, ist die Abkehr von den »schroffen Besonderheiten« der Nationalstaaten, stattdessen die Pflege »schöner Besonderheiten«. Der Begriff »schöne Besonderheiten« findet sich in einem Reiseessay »Ueber Polen«, wo er sich mit der vielgeprüften Vaterlandsliebe der Polen beschäftigt. Er äußert Verständnis dafür, dass sich die polnischen Patrioten gegen die »Idee der Vernichtung ihrer Nazionalität« wehren und fügt hinzu, dass er mit seinem Einsatz für die »allgemeine Menschenverbrüderung« nicht das »Aufgeben schöner Besonderheiten« meine (DHA VI, 65). Schroffe Besonderheiten wie Vorurteile über andere Völker,

Fremdenfeindlichkeit usw. behindern das Miteinander, dagegen wird es bereichert durch die schönen Eigenheiten. Wie die Polen ihre Identität und Kultur pflegen, so möchte auch Heine nicht auf seine jüdische Herkunft verzichten. In seinem Brief vom 18. Juni 1823 an Moser wendet er sich dagegen, Jehova schon für vollständig assimiliert zu halten.

> Oder ist der alte Freyherr von Sinaï und Alleinherrscher Judäas ebenfalls aufgeklärt worden, und hat seine Nazionalität abgelegt, und giebt seine Ansprüche und seine Anhänger auf, zum Besten einiger vagen, kosmopolitischen Ideen? (HSA XX, 97)

Das spiegelt die lebhaften Diskussionen im Berliner Kulturverein wider, wie weit der Assimilationsprozess gehen dürfe, die Integration der jüdischen Minderheit in die christliche Mehrheitsgesellschaft. Es setzte sich die Ansicht durch, dass mit der Aufarbeitung der jüdischen Geschichte und der Schärfung der eigenen Identität auch der Gesamthaushalt gefördert wird. Das allgemeine Prinzip dieser reziproken Bereicherung formuliert Heine in den Lesearten zu der erwähnten Passage über Meyerbeers »Propheten«. Dort wird Meyerbeer gelobt, weil er »in seinen Werken von allen Nationalitäten das reine Gold bewahrt und die Schlacken ausschied« (DHA XIII, 1585).

Ich halte diese vielgliedrige Betrachtungsweise für sehr klug und weitblickend. Während bei den Menschenrechten aus Prinzip auf einheitliche Durchsetzung zu achten ist, erkennt Heine bei den Kulturen den Wert der begründeten Verschiedenheit.[14] Der Autor wendet sich gegen einen globalen Konformismus und votiert für ein vielstimmiges Szenario. Die Pluralität der Stimmen schadet dem großen Anliegen nicht, sie nützt ihm. In unseren heutigen Integrationsdebatten sind wir keinen Schritt weiter gekommen, im Gegenteil fallen wie immer wieder hinter dieses Heinesche Modell zurück. Dieser Differenzierungsprozess steht auch hinter Heines unermüdlichen Versuchen, die Identität der Völker genauer zu bestimmen und nach schönen und schroffen Besonderheiten zu unterscheiden. Im Zeitalter überdehnter Individualisierung gilt das weithin als klischeebelastet und unerlaubt, manchmal sogar als faschistoid, ist es aber nicht. Für Heine gab es kollektive Mentalitäten. Das ist der Kompass, der z. B. sein Anliegen leitet, Franzosen und Deutsche zur wechselseitigen Annahme ihrer Qualitäten zu bewegen. Die Franzosen sollten von der deutschen Philosophie und Literatur lernen, die Deutschen von der politischen Erfahrung und Pragmatik der Franzosen. Jeffrey L. Sammons hat in diesem Zusammenhang eine Einschränkung von Heines globaler Perspektive nahegelegt. »Sein vielgerühmtes ›Weltbürgertum‹« – so seine Überlegung – »war in erster und letzter Instanz ein Dienst an der deutsch-französischen Verständigung«.[15] Es ist richtig, von einem besonderen Schwerpunkt auszugehen, aber Heines Ansatz reicht doch darüber hinaus. Man darf auch nicht vergessen, dass das deutsch-französische Verhältnis einen Schlüssel für ganz Europa darstellt und Europa lange eine Weltstellung innehatte. Das zeigten die drei blutigen Kriege nach Heines Tod, und das zeigt umgekehrt die europäische Einigungsbewegung nach 1945. Heine erkannte hellsichtig, welcher Sprengstoff, aber auch welche Hoffnung in dieser Nachbarschaft angelegt war und ist.

Voraussetzung für eine bereichernde Rolle der Einzelvölker ist natürlich, dass sie sich wandeln können. Davon war Heine überzeugt, darin war er Aufklärer. Völker konnten sich zum Besseren entwickeln, allerdings auch zum Schlechteren. Während Hegel von unveränderbaren Völkeridentitäten ausging und ausschloss, dass ein Volk zweimal in der Weltgeschichte »Epoche machen« könne (vgl. DHA VIII, 862), hielt Heine Veränderungen für möglich, aber auch für nötig. Eines der Ergebnisse seiner Englandreise lautete, dass sich französische und englische Mentalitäten zur Zeit annäherten. Gebildete Engländer bemühten sich um ein »legeres, oberflächliches und heiteres Wesen«, während »die Franzosen täglich nachdenklicher, tiefer und ernster werden«. Im gleichen Zusammenhang verurteilte er die »alten stereotypen Charakteristiken der Völker« bei den Kompendienschreibern und Schenkenbesuchern (DHA VII, 218f). Heine will durch eigene Beobachtung gestützte neue und genauere Bilder.

An diesem Thema schärfte er auch seinen mehrschichtigen Stilansatz. Die schroffen Besonderheiten wurden polemisch abgefertigt, die schönen Besonderheiten rhetorisch herausgestrichen. Es geht um Destruktion des Engsinnigen und Erstarrten und um Konstruktion des Anregenden und Zukünftigen. Ein Neubau ist erst möglich, wenn auf dem Grundstück das alte Gemäuer abgerissen ist. Mit dem virtuos gehandhabten Instrumentarium von Witz und Satire zerlegte er genüsslich nationale Schwächen, z. B. das Maschinenwesen der Engländer oder die Teutomanie und den Untertanengeist der Deutschen. Diese Seite seines Handwerks beherrschte er fast noch eindrucksvoller als die Überzeugungskünste für den Neuaufbau. In der französischen Version der »Geständnisse« findet sich im Zusammenhang mit der Romantik die Selbstbezeichnung »destructeur initiateur«, also Zerstörer und Bahnbrecher zugleich (DHA XV, 121). Das ist in der Tat eine handliche Formel, um die Spannweite von Heines Denk- und Ausdrucksmöglichkeiten zusammenzufassen.[16]

Heines Stellung zu Begriff und Sache der Weltliteratur

Es versteht sich, dass der Blick von der Weltbühne herab Heine auch aufgeschlossen macht für die Weltliteratur. Der Begriff Weltliteratur stammte bekanntlich von Goethe, zum ersten Mal öffentlich gebraucht im Jahrgang 1827, Heft 1 seiner

Zeitschrift »Kunst und Altertum«. Goethe informiert darin über eine französische Bearbeitung von »Torquato Tasso«, und zwar anhand zweier Besprechungen des Stücks im »Globe« und im »Journal du Commerce«.[17] Aus der Tatsache, dass Dichtungen von anderen Ländern adaptiert und in der Nachbarnation lebhaft diskutiert werden, zieht er den Schluss, dass die Bildung einer »allgemeinen W e l t l i t e r a t u r« im Gange sei, »worin uns Deutschen eine ehrenvolle Rolle vorbehalten« sei. Diese erweiterte Funktion beschränkt Goethe aber ausdrücklich auf das »sittlich-ästhetische« Gebiet und bleibt auch in den folgenden etwa zwanzig Äußerungen zum gleichen Thema in den Grenzen seines innerliterarischen und interkulturellen Horizonts. Er hoffte auf intensivere wechselseitige Lektüre, mehr Übersetzungen und direkten Verkehr zwischen Autoren im globalen Maßstab.

Heine hat den neuen Begriff nicht in sein Gebrauchsvokabular aufgenommen, aber immerhin mit einer operativen Wortvariante, nämlich mit dem Begriff »Welthülfsliteratur« darauf reagiert. Auch bei Heine ist der Ausgangspunkt Frankreich und der »Globe«, der schon im Titel den umfassenden Horizont ausspricht. Er bezieht sich nicht auf Poesie und Belletristik, sondern auf aktuelle historische, philosophische und publizistische Literatur zur französischen Revolution im Nachbarland. Seine Variante taucht in einer Fußnote zum späteren dritten Kapitel der »Englischen Fragmente« auf, das im März 1828 zuerst im »Morgenblatt« erschien, also ein Jahr nach der Goetheschen Veröffentlichung. Mit der Fußnote will er seine Feststellung im Bezugstext belegen, dass die Franzosen zur Zeit die seit längerem gepflegte »politische Unthätigkeit« wieder aufgeben, indem sie wenigstens die »Geschichte ihrer Thaten« beschreiben und so wieder zum »Schrecken ihrer Feinde« würden (DHA VII, 219). Ich habe dafür gesorgt, dass die von Heine nicht in die Buchfassung aufgenommene Anmerkung nicht wie vorher in den Lesearten verschwindet, sondern unter dem Stichwort »Welthülfsliteratur« unter den Bruchstücken zu den »Englischen Fragmenten« in Band VII der DHA erscheint. Ihr Text lautet:

> Bey Erwähnung dieser geistigen Umwälzung in Frankreich denkt jeder gewiß an die schönen Namen: Cousin, Jouffroy, Guizot, Barante, Thiérry, Thiérs, Mignet etc.; aber ich habe weit mehr im Auge die Jugend des neuen Frankreichs, als deren Organ ich den *Globe* betrachte, eine seit mehreren Jahren in Paris erscheinende Zeitschrift, worin junge Demokraten der Wissenschaft, gemeinsinnig und eitelkeitslos, die Resultate ihrer Forschungen niederlegen, oft sogar das Forschen selbst, indem sie die Preisfragen des Menschengeschlechts, *l'ordre du jour*, oder besser gesagt *l'ordre du siècle* klar aussprechen, die Welthülfsliteratur genau diktiren, die Vorarbeiten aller Nazionen gebrauchbar machen, und gleichsam das Zusammenstudiren einer ganzen Generation großartig erleichtern. (DHA VII, 507f.)

Der Zeitpunkt und die Bezüge sprechen für eine Reaktion auf Goethe. Es ist belegt, dass Heine die Zeitschrift »Kunst und Altertum« seit 1822 verfolgte. Im Unterschied zu Goethes Wortgebrauch steht Heines Variante aber nicht in einem friedlichen Kontext, Weltliteratur sozusagen als globale Friedensmission, sondern in einem kämpferischen, kriegerischen Zusammenhang. Neben den französischen Revolutionshistorikern bezieht er sich auf die Saint-Simonisten, die »jungen Demokraten der Wissenschaft«, die im »Globe« die »Preisfragen des Menschengeschlechts« behandeln und so zum Umbau der Welt beitragen. Der Zusatz »hülfs« zeigt die andere Akzentuierung bei Heine an, der Welt soll in seinem Sinne geholfen werden. Tatsächlich gab es im Jahrgang 1827 des »Globe« Leitartikel über die Pressefreiheit und die religiöse Emanzipation (vgl. DHA VII, 1767ff.).

Mag der Begriff »Welthülfsliteratur« an dieser Stelle noch auf literarische Nebengattungen beschränkt sein, so wissen wir, dass Heines kämpferischer Literaturbegriff durchaus auch die große Literatur umfasst. Quer durch alle Gattungen hat für ihn die Literatur eben diese menschheitliche Hilfsfunktion. Nicht von ungefähr imponieren ihm Autoren, die sich wie Aischylos, Dante und Cervantes sogar an militärischen Auseinandersetzungen beteiligten und dafür Verbannung, Verstümmelungen und Gefängnis in Kauf nahmen. Sie befriedigten nicht ihre »kümmerliche[] Privatbegeisterung« und trennten »nicht ihre Kunst von der Politik des Tages«. In den »wildesten Kriegs- und Partheystürmen« entfaltete »die Kunst ihre herrlichsten Blüthen« (DHA XII, 47; vgl. X, 253f.). Für seine menschenrechtliche Mission nahm auch Heine das Exil in Kauf und setzte sich den infamsten Anfeindungen der Gegenparteien aus. Ob real oder metaphorisch befinden sich für ihn die Autoren um der besseren Sache Willen im Kriegszustand. Die Kriegsmethaphorik gehört ganz entscheidend zu Heines Kunstverständnis, was sich noch genauer zu belegen lohnen würde.[18] Blicken wir heute auf die Lage der Literaturen weltweit, so gibt es ja immer noch und immer wieder genügend Länder, in denen diktatorische Regimes ihren Autoren diesen Kriegszustand aufzwingen, neben Regionen, in denen Goethes friedlicher Austausch ungehindert stattfinden kann.

Nach 1828 hat Heine in seinen schriftlichen Äußerungen den Weltliteraturbegriff nicht mehr verwendet, auf eine Distanzierung von der Sache darf daraus nicht geschlossen werden. In seinem Umfeld und im mündlichen Gespräch hatte der Begriff noch weiter Konjunktur. So hielt der junge Friedrich Hebbel nach Pariser Begegnungen mit Heine in seinem Tagebuch vom 21. November 1843 fest, dass sie sich über das Verhältnis von National- und Weltliteratur unterhalten hätten (Werner I, 532f.).[19] Bei den jüngeren Jungdeutschen, speziell bei Wienbarg und Gutzkow, spielte der Begriff seit 1833 eine wichtige Rolle, und zwar ganz im Sinne Heines als operatives Leitziel für die Überwindung nationalstaatlicher Enge, Verbreitung der Menschenrechte, auch als Qualitätsbegriff. Dabei machten sie Heine neben und teilweise vor Goethe zum Paradigma für diese Ausprägung von Weltliteratur. Es ist bezeichnend, dass sich der Nationalist Menzel scharf von einer solchen Position distanzierte und sie als antideutsch und frankophil abwertete, darauf gerichtet, »unsere bisherige Nationalliteratur zu verdrängen«.[20] In der Spätzeit begegnet der Begriff Weltliteratur noch einmal in einem Brief von August Gathy an Heine. Gathy war Heines Helfer in den letzten Jahren und sollte sich für ihn nach dämonologischer und magischer Literatur umsehen. Auch hier waren nicht nur deutsche Quellen zu erschließen (vgl. HSA XXVII, 111).

Zur Sache der Weltliteratur ist zu sagen, dass Heine zeitlebens ein großer Leser und auch ein eminenter Rezipient und Interpret von Weltliteratur war. Das begann schon in der Schulzeit am Düsseldorfer Lyzeum, in der besonders die antike und französische Literatur zum Kanon gehörten, und setzte sich fort in den besuchten literarhistorischen Vorlesungen in Bonn, Göttingen und Berlin. In der Forschungsliteratur findet das Thema seit einiger Zeit Beachtung, ich nenne nur den von Reed und Stillmark herausgegebenen Tagungsband »Heine und die Weltliteratur« von 2000.[21] In Teilbereichen gibt es hier schon gute Ergebnisse. Fortschritte verspreche ich mir, wenn man genauer nach Heines Umdeutung und spezifischer Erweiterung des Kanons fragt. Viele Autoren tauchen bei ihm nicht zum ersten Mal auf. Schon Jeffrey L. Sammons hat in seiner Besprechung des genannten Bandes vermerkt, dass die dort vorrangig verhandelten Autoren und Komplexe – Bibel, Homer, Ariost, Tasso, Cervantes und Shakespeare – schon zum Kanon der Romantiker gehörten[22], ich füge hinzu, teilweise schon zu den Favoriten der Humanitätsschule von Aufklärung und Klassik. Aber eigenständig ist Heines operative Umdeutung auch hier, dazu als Beispiel Aristophanes.

Hier gingen Voß, Goethe und die Brüder Schlegel voran, aber mit anderen Akzentuierungen. Für die Romantiker war Aristophanes ein Literaturparodist und löste die mit Tieck beginnende Serie von Literatursatiren aus. Heine interpretierte den Griechen auf seinen eigenen Ansatz hin, nämlich als großen Destrukteur von Zeitschwächen und Lebensillusionen. Die Parodie war für ihn nur Anlass und Oberfläche, im Zentrum stehe »eine tiefe Weltvernichtungsidee, die jedem aristophanischen Lustspiele zum Grunde liegt« (DHA VII, 148). Das demonstriert Heine an den »Vögeln«. Darin gründen zwei alte Athener einen Vogelstaat, ein »Wolkenkuckucksheim«, um sich sowohl von den quälenden Realzuständen als auch von der Vorherrschaft der Götter zu befreien. Am Ende verfallen sie dann doch der Umarmungstaktik der Götter. »Das Ungeheuerste, das Entsetzlichste, das Schauderollste« werde im »buntscheckigen Gewande des Lächerlichen« dargestellt (HSA XX, 219).

Aristophanes ist für ihn der Verfasser von »scherzenden Tragödien«, ein großer Tragikomiker. Man merkt auch auf, wenn man liest, der Grieche habe »die zwey wichtigsten Verhältnisse des Menschen, das politische und das religiöse« zum Gegenstand seiner Werke gemacht (DHA VIII, 178). Es ist konsequent, wenn Heine Aristophanes im »Wintermärchen« seinen »Vater« nennt (DHA IV, 155) und sich brieflich darüber aufhält, dass August Wilhelm Schlegel in den »Vögeln« nur einen »lustigen barocken Spaß«, in seinem Gesamtwerk nicht mehr als die »harmloseste Gaukeley« sehen wollte (HSA XX, 218; vgl. HSA XX K, 133).

Homer, der zweite antike Gewährsmann, wurde nicht mit dem Ehrentitel »Vater« belegt. Zwar spielt Homer von der Zahl der Nennungen und Zitate her eine größere Rolle, poetologisch lassen sich Homer-Anregungen aber nur in zwei Werkbereichen greifen: bei der rhapsodisch-episierenden Sprechweise der »Nordsee«-Lieder und in einem sehr großräumigen Sinne als episches Modell für Heines eigene Epen, besonders den »Atta Troll«. Dagegen reicht die Verwandtschaft zwischen Heine und Aristophanes bis ins struktur- und stilbestimmende Zentrum des Gesamtwerks.

Eigenständig ist auch Heines Ansatz im Bereich der jüdischen Literatur und des islamischen Orients. Beim Orient hat natürlich Goethes »Divan« eine anregende Rolle gespielt, doch verfolgt Heine im »Almansor«, seinem islambezogenen Hauptwerk, wiederum seine spezifischen Ziele. Abweichend von der vorangehenden Maurenliteratur entwirft er ein positives Bild der Mauren und ein kritisches der *Reconquista* durch die Katholischen Könige. In der 80-zeiligen Choreinlage (V. 1158–1238) preist er das »edle Maurenthum«, die »edle Sitte, Kunst und Wissenschaft«, die in der siebenhundertjährigen Vorherrschaft des Islams Südspanien zu einer blühenden Kulturlandschaft machten (DHA V, 47f.). Die Araber veredelten die einheimische Bevölkerung, übten Toleranz (im Unterschied zu manchen modernen Nachfahren), förderten Künste und Wissenschaften und wirkten kulturell befruchtend auf das übrige Europa.[23]

Es ist kein Zufall, dass Heine mit seinem Großgedicht »Jehuda ben Halevy« dreißig Jahre später unmittelbar an die Choreinlage im »Almansor« anschließt und ein spezielles Ergebnis der Maurenherrschaft würdigt: die Blütezeit sephardischer Literatur im mittelalterlichen Spanien. Heine spricht von »dem großen Goldzeitalter / Der arabisch-althispanisch / Jüdischen Poetenschule« (DHA III, 150).

Zum ersten Mal nach der altjüdischen Literatur in Palästina, den biblischen Texten, Psalmen usw. kam es vom 11. bis 13. Jahrhundert in Südspanien zu einer neuen Vorzeigephase hebräischer Dichtung und Philosophie. Die im Dramenchor nur allgemein angesprochene Kunstblüte erhält im »Romanzero« literarische Namen. Neben Jehuda ben Halevy handelt Heine von Mose ben Jakob ibn Esra, Salomo ben Jehuda ibn Gabirol und berücksichtigt noch Jehuda ben Salomo Charisi, eine Mischung von arabischen und hebräischen Namensbestandteilen. Sie schrieben ihre Werke in althebräischer und arabischer Sprache. Heine identifiziert sich mit dem andalusischen Dichterkreis, weil er in ihm ein verwandtes Kunstverständnis, aber auch ein ähnliches »Dichterschicksal« verkörpert sah. Schon hier musste das Glück der Kreativität und der öffentlichen Reputation mit dem Verzicht auf Erdenglück bezahlt werden. Trotz der günstigen Allgemeinsituation lebte man in der Diaspora fern von Palästina und Jerusalem.

In besonderer Weise identifiziert sich Heine mit dem bedeutendsten Kopf der Gruppe, Jehuda ben Halevy. In seinem Großgedicht bezieht er sich in erster Linie auf das lyrische Werk des Vorgängers, berücksichtigt in Teil 1 aber auch Jehudas religionsphilosophisches Hauptwerk, »Das Buch Kusari« (Heine schreibt »Cosari«) und nennt ihn zugleich einen »Schriftgelehrten« (V. 76 und 150). Die Unterscheidung von poetischem und reflektierendem Werk verbindet er mit den beiden Hauptteilen des Talmud, der farbig erzählenden Hagada und der scharfsinnigen Analyse jüdischer Gesetzesnormen in der Halacha. Jehuda lernt sich in beiden Bereichen gleichgewichtig auszudrücken, auch in der gedanklichen »Fechterschule« der Religionsgesetze. Das geistliche Feld ist für Heine ebenfalls ein Ort des Kampfes, der geistigen Auseinandersetzung.

Im »Buch Kusari«, entstanden zwischen 1140 und 1140, unterhält sich der König der Chasaren (Kusaren) nacheinander mit einem Christen und einem Muslimen über die Kernaussagen der beiden Religionen, um am Ende von einem jüdischen Gelehrten vom Judentum als der besten Religion überzeugt zu werden. Der König nimmt den jüdischen Glauben an. Alle Einwände gegen das Judentum werden widerlegt, es wird nicht als Verstandesreligion interpretiert, sondern als eine Verbindung von Geschichtsbewusstsein und Ansprache an die Seele, das »göttliche Ding«. Der Text ist in Dialogform abgefasst und hat als historischen Hintergrund den Übertritt der gesamten südrussischen Volksgruppe der Chasaren zum Judentum. Bei der Wiedergabe des Handlungsschemas denkt der »Romanzero«-Kenner sofort an das theologische Streitgespräch in der »Disputation«. Auch hier geht es um die Frage nach dem »wahren Gott«, die in Form eines »geistlichen Turneys« zwischen einem Franziskaner und Rabbiner ausgefochten wird. Wer durch die besseren Argumente überwunden wird, muss sich der Religion des Siegers anschließen (DHA III, 158ff.).

Die »Disputation« entstand nach »Jehuda ben Halevy« und schließt in den »Hebräischen Melodien« auch unmittelbar an. Die Annahme liegt nahe, dass Heines theologisches Streitgedicht durch das »Buch Kusari« mit angeregt wurde. Ich spreche ausdrücklich von Anregung, nicht von Quelle. Als direkte Quelle nennt die Spezialliteratur französische Berichte über aragonische Streitgespräche des 13. Jahrhunderts und kann sich dafür auf wörtliche Übernahmen berufen (vgl. DHA III, 934ff.). Es gibt eine Gattung theologischer Dispute. Das will ich nicht bezweifeln. Im »Buch Kusari« fehlt das Element des direkten Streitgesprächs. Mein Hinweis zielt auf den größeren Horizont gelehrter Religionsvergleiche. In den uns bekannten Vorlagen, die Heine für »Jehuda ben Halevy« benutzt hat, finden sich Inhaltsangaben des »Buchs Kusari« (vgl. DHA III, 898). Ob er sich noch intensiver damit befasst hat, ist mir nicht bekannt. Jedenfalls haben wir mit der »Disputation« einen schriftgelehrten Heine-Text vor uns, der den Vergleich mit dem Vorgänger bereichert und belegt, dass eine breitere Symbiose mit Jehuda ben Halevy als bisher bekannt stattgefunden haben muss.

Weltreligionen und Weltkulturen[24]

Auch Heine war in einem dezidierten Sinne ein Schriftgelehrter, ein Mann, der sich in Buchstabe und Geist religiöser und kultureller Schriften und Traditionen auskannte und der Interpretationen neue Weg wies, auch und gerade auf dem Gebiet des Religions- und Kulturvergleichs. Auf einige ausgewählte Resultate möchte ich abschließend noch das Augenmerk richten. Es dürfte schon klar geworden sein, dass für ihn die Trennung von Abend- und Morgenland nicht existierte. Ein geistiges Bollwerk Abendland konnte es für ihn nicht geben. Judäa, so betonte er einmal in den »Geständnissen«, sei ihm »immer wie ein Stück Occident, das sich mitten in den Orient verloren«, erschienen (DHA XV, 46), wie umgekehrt Andalusien ein Stück vorbildlicher Orient im Okzident war. Es fällt auf, wie unbekümmert Heine auch hier erlauchte Begriffe und Phänomene auseinandernahm und seine Unterscheidung von schroffen und schönen Besonderheiten anwandte. Entscheidend war für ihn die Frage, was von der jeweiligen Religion und Kultur noch lebensfähig war bzw. fundamentalen gegenwärtigen Lebensaufgaben im Wege stand.

Sein Gegensatzpaar Spiritualismus und Sensualismus überschreitet nicht nur Nationen, sondern auch die Religions- und Kulturgrenzen. Der Spiritualismus verbindet das Christentum und das asketische Judentum, der Sensualismus diagonal die griechische Antike, den Pantheismus seit Spinoza, Goethe und den islamischen Orient. Auf die schroffe Trennung von Leib und Geist, Geist und Materie führt er »unser jetziges sociales Unwohlseyn in Europa«, die »große Weltzerissenheit« zurück, ein Schlüsselsatz der Heineschen Kulturkritik (DHA VIII, 58 und 60). Es gibt einige vielzitierte Aussagen, die die Frage aufwerfen, ob der Autor zur Überwindung dieser Spaltung eine Art sensueller Diesseitsreligion gründen wollte. In der »Geschichte der Religion und Philosophie« heißt es: »[...] wir stiften eine Demokrazie gleichherrlicher, gleichheiliger, gleichbeseligter Götter« (DHA VIII, 61). Der gleichzeitig entstandene siebte Teil des »Seraphine«-

Zyklus beginnt mit der Anspielung auf den petrinischen Gründungssatz der christlichen Kirche:

> Auf diesem Felsen bauen wir
> Die Kirche von dem dritten,
> Dem dritten neuen Testament;
> Das Leid ist ausgelitten. (DHA II, 34)

Solche Formulierungen gehen aber eher auf Heines sakralisierende Sprechweise zurück als auf konkrete Gründungspläne. Nichts lag ihm ferner als organisatorische Ambitionen, er war kein Stefan George mit seinem hermetischen Anhängerkreis und dem Maximinkult.[25] Heines Ziel war eine Aufwertung des Sensualismus, aber innerhalb eines fein tarierten Ausgleiches.

Ein anderer Schlüsselsatz aus der »Geschichte der Religion und Philosophie« wird gerne überlesen, vielleicht weil er drei juristische Fachbegriffe enthält. Danach fordert er, dass man »ein Rehabilitiren der Materie bezweckt und den Sinnen ihre Rechte vindizirt, ohne die Rechte des Geistes, ja nicht einmal ohne die Supremazie des Geistes zu läugnen« (DHA VIII, 49).

Rehabilitation heißt Wiederherstellung, vindizieren und Suprematie bedeuten, den Sinnen ihre Rechte zurückzugeben, ohne die Obergewalt des Geistes zu leugnen. Heine will die Spaltung nicht durch einen platten Sinnen- und Körperkult überwinden, auch nicht durch eine Absage an den Geist. Ob die Kluft zwischen Körper und Geist ganz zu schließen ist, bezweifle ich allerdings. Wenn man älter wird, gerät man in den Kleinkrieg der beiden Akteure. Der Geist – so hofft man wenigstens – entwickelt sich noch weiter, aber der Körper macht sich selbständig und lauert einem bei den unmöglichsten Gelegenheiten auf. Wo bleibt da die »Supremazie« des Geistes?

Seit den »Elementargeistern« verwandelt Heine die anthropologische Antinomie von Spiritualismus und Sensualismus in Kulturkreisbegriffe und spricht von Nazarenern und Hellenen oder von Jerusalem und Athen. Damit kommen auch ästhetische und mediale Aspekte mit ins Spiel, denn mit Hellenismus verbindet sich die Bildkultur des Schönen, mit Jerusalem die Schriftkultur des Wahren. Die deutsche Klassik hatte sich einseitig für die von der Antike abgeleitete Bildkultur des Schönen entschieden und die nazarenische Schriftkultur abgewiesen.[26] Bei Heine kommt es zu dem interessanten Versuch, sich auf die beiden Hauptwurzeln des europäischen Denkens gleichwertig zu besinnen und ihr Spannungsverhältnis, ja vielleicht sogar ihre Versöhnung zum Thema zu machen. Zwanzig Jahre lang verfolgt er in immer neuen Ansätzen diesen Grundgedanken, in zahlreichen Einlagen, am umfangreichsten in seinen Balletten, besonders im »Doktor Faust«. Erst kurz vor seinem Tod muss er in dem tiefgründig bilanzierenden Gedicht »Es träumte mir von einer Sommernacht« festhalten, dass »der Griechen Lustsinn und der Gottgedanke Judäas«, Pan und Moses, unversöhnt bleiben: »Stets wird die Wahrheit hadern mit dem Schönen« (DHA III, 393ff.). Die Gegensätze lassen sich nicht versöhnen, aber sie sind jeder für sich vorhanden und sehr lebendig. Die Figurationen beider Kulturkreise werden noch einmal imaginativ vergegenwärtigt und beherrschen unser Denken und Träumen, wenn auch konflikthaft. Auch auf diesem Feld beweist sich Heines dynamisches Kunst- und Kulturverständnis, bis zuletzt hält er den Spannungszustand am Leben und grenzt sich so unverkennbar von dem statischen, einlinigen Entwurf der Klassik ab.

Auch andere unangenehme Wahrheiten sprach Heine offen an, so die christliche Neigung zur Intoleranz im Unterschied zum ursprünglichen Islam und zur griechischen Göttermythologie. War der »Almansor« ein Dokument christlicher Übergriffe auf den Islam, so der »Rabbi von Bacherach« christlicher Übergriff auf das Judentum. In der Erzählung ging es um die abschreckenden Folgen christlicher Legendenbildung und Ghettoisierung. Schon früh kritisierte er die unseligen Religionskämpfe und bedauerte generell, dass die siegreichen Religionen die vorangehenden Weltbilder zu demontieren pflegten, Beispiel griechische Mythologie oder germanischer Natur- und Volksglauben bei der Einführung des Christentums. Die gewaltsame Eliminierung machte aus Göttern Dämonen und aus Naturikonen Elementargeister, die die Nachwelt in die Irre führten. Was verdrängt wurde, entwickelt sich zur Obsession. Heine beschrieb in seinen mythologischen Schriften kollektive Verdrängungsprozesse lange vor Sigmund Freud. Am Judentum kritisierte er den »Talmudismus«, die Übersteigerung von Gesetzes- und Verhaltensnormen. Er pries Moses Mendelssohn, weil er für einen Abbau jüdischer Detailvorschriften eingetreten war und an die Stelle äußerer Zwänge vernünftige Einsicht und soziale Zweckmäßigkeit zu setzen versuchte (vgl. DHA VIII 72f.).

Aber Heine hatte auch einen Blick für die schönen Besonderheiten. Dazu rechnete er beim Christentum, speziell gemeint sind Christus und das Urchristentum, den spezifischen Anteil an der Konstitution von Weltbürgertum und Menschenrechten. Denn Christus durchbrach die auf das jüdische Volk beschränkte Nationalreligion und öffnete sie für die gesamte Menschheit. »Er berief alle Völker der Erde zur Theilnahme an dem Reiche Gottes, das früher nur einem einzigen auserlesenen Gottesvolke gehörte,« heißt es im Börnebuch, und an gleicher Stelle wird schon Christus das Verdienst zugeschrieben, seine Mitjuden »vom Ceremonialgesetz« befreit zu haben, für Heine der Hauptgrund, weshalb er vom Jerusalemer Stadtmagistrat gekreuzigt wurde (DHA XI 39f.). Mit seinem Einsatz für Gerechtigkeit, Gleichheit und Nächstenliebe bereitete er die Menschenrechte vor. Christus gehört für ihn ausdrücklich zu den Ahnherrn der »Lehre von den

Rechten der Menschheit« (DHA XI, 55). Auf das kosmopolitische Verdienst von Christus ist Heine noch an sechs anderen Stellen zurückgekommen, das war für ihn also ein weiterer Leitgedanke (vgl. DHA VI, 65; VII, 73; VIII, 78; X, 126 und 317; XIII, 295).[27]

Die Beschäftigung mit den Weltkulturen erfolgte nicht überall mit der gleichen Intensität. Selbst mein tunesischer Schüler Mounir Fendri, der bisher beste Kenner der islamischen Thematik, muss einräumen, dass Heines Islambild nicht frei von Klischees war.[28] Immerhin wissen wir, dass es 1823/24 in Lüneburg eine Phase gab, in der er sich eingehend mit dem Koran in der Übertragung von Friedrich Eberhardt Boysen befasste. Sein brieflicher Hinweis gegenüber Moses Moser klingt emphatisch:

> [...] der größte Dichter bist Du, o großer Prophet von Mekka, und Dein Coran, obschon ich ihn nur durch die Boyisensche Uebersetzung kenne, wird mir so leicht nicht aus dem Gedächtnisse kommen! (HSA XX, 137)

Im Gedächtnis blieben ihm drei Aussagen aus dem Koran.[29] Einmal die Bezeichnung der Juden als »Volk des Buches« oder »Volk der Schrift«, womit das Alte Testament gemeint war (3. Sure, Verse 57ff.). Diese freundliche Klassifizierung musste Heine gefallen, weil sie seine hohe Einschätzung der Bibel unterstützte. Dann griff er die muslimische Ansicht auf, dass Gott keine Kinder hatte (Sure 9,30; 19,35; 112, 3). Diese Aussage, Teil des strikten muslimischen Monotheismus, zitierte er z. B. in der »Disputation« als Argument in der rabbinischen Verteidigung der jüdischen Religion (DHA III, 166). Der Kernsatz trug sicherlich dazu bei, dass das Thema der Gottessohnschaft aus Heines Christusbild weitgehend ausgeklammert wird. Die dritte Koranaussage hängt damit zusammen, weil sie Allah als die alleinige Gottesverkörperung bezeichnet. Es handelt sich um den Anfang des muslimischen Glaubensbekenntnisses und lautet übersetzt: »(Ich bekenne, dass) es keinen Gott gibt außer Allah, und dass Mohammed der Gesandte Allahs ist«. Diese Formel zitierte Heine mehrfach, in »Nordsee« III sogar in arabischer Sprache (DHA VI, 147). Will man Heines Islam-Kontakte quantifizieren, muss man seinen intensiven Umgang mit den Geschichten aus »1001 Nacht« und die zahlreichen in Vers und Prosa verstreuten sonstigen orientalischen Bezüge hinzu rechnen. Dann ergibt sich doch ein beachtliches Rezeptionsfeld mit eigenständigem Stellenwert. Diese Einschätzung hat mich davon abgehalten, im »Almansor« wie von manchen Interpreten nur ein verkleidetes Judendrama zu sehen, eine bloße Allegorie jüdischer Leiden im islamischen Gewand. Entsprechend habe ich in meinem »Almansor«-Kommentar statt Allegorie den Begriff Analogie gebraucht (DHA V, 389 ff.). Man ist nicht gehindert, an parallele jüdische Leiden zu denken, aber die maurische Tragik nimmt Heine ernst.

Die »Geständnisse« enthalten Heines abschließenden Religionsvergleich, diesmal in Prosaform. Der Autor summiert die schönen Besonderheiten der einzelnen Religionen und Konfessionen. Die Juden sind für ihn, vertreten durch Moses und Christus, die Verkörperung von Männlichkeit, Sittlichkeit und Gerechtigkeit, beide erhalten sogar den Ehrennamen »Socialisten«, weil sie Eigentum und Sittlichkeit zu vereinen wussten. Die Juden haben sich außerdem um die Menschheit verdient gemacht, indem sie das heilige Weltbuch, die Bibel, auch über Katastrophen hinweg bewahrten und verbreiteten. Luthers Bibelübertragung gehört in denselben Kontext, die Transformation in ein Volksbuch und die persönliche Lektüre aller Gläubigen.[30] Als Ganzes steht der Protestantismus wie schon früher für die »Eroberung der Denkfreyheit«, d. h. für die Befreiung aus dem mittelalterlichen »Glaubenskerker« von Verordnungen, Belohnungen und Bestrafungen. Die Meriten des Katholizismus sieht Heine einmal in der philosophisch-theologischen »Consequenz« seiner Dogmatik und in der tiefen Symbolik seines »Cultus«, also seiner Liturgie (DHA XV, 41ff.). Der Islam wird in dieser Bilanz nicht erwähnt.

Was Heine hier vornimmt, ist methodisch mit der »Goldschmelze« in der Nationalitätenfrage vergleichbar. Er destilliert die wertvollen und edlen Eigenschaften heraus, eine Form von Evaluierung. Im gleichen Zusammenhang zählt Heine auf, was ihn in Biographie und Werk mit den Religionen verbindet: seine »Madonnaperiode« in der frühen Lyrik, die spätere katholische Trauung, die protestantische Taufe und seine vielfachen Bindungen ans Judentum. Diese bunte Mischung hat mich in meinem ersten Heinebuch verleitet, von einem »persönlichen Synkretismus« zu sprechen.[31] Der Vorgang ist aber differenzierter. Weder legt es der Autor darauf an, eine überkonfessionelle Weltreligion zu entwerfen, noch lässt er sich auf eine Einzelreligion festlegen. Eine globale Mischreligion deshalb nicht, weil er in der Spätzeit Religion generell für etwas sehr Individuelles hält. Gegenüber Fanny Lewald und Adolf Stahr bemerkt er im September 1850 gesprächsweise: »Es ist ein eigen Ding damit, dass wir so universelle Religionen haben, während doch gerade die Religion das Individuellste sein müsste« (Werner II, 205). Heines späte religiöse Aussagen laufen alle in dieselbe Richtung: Wiedererweckung des »religiösen Gefühls«, persönliche Gottesgestalt und die ganz persönliche Gottesbeziehung. Die konkreten Religionsformen rücken in die zweite Reihe wie bei der Menschenrechtsfrage die Staatsformen. Entsprechend verbietet sich die Zuordnung Heines zu einer Einzelkonfession oder -dogmatik. Eher sollte man sich an die »Stadt Lucca« erinnern, in der Heine einen Wettbewerb zwischen den Religionen empfahl. Dort würdigte er die Vorzüge der »freien Conkurrenz«, der »Gewerbefreyheit der Götter« (DHA VII, 194ff.). In Anlehnung an Lessings Ringparabel sollten sich die Ringbesitzer bemühen, durch ihr Verhalten die Echtheit ihres Steins »an Tag zu legen«. Natürlich kann man von anderen lernen und fremde Vorzüge integrieren, aber nicht vollständig legieren. Heine verfährt in den »Geständnissen« interreligiös und interkulturell und erkennt durch Vergleich die jeweiligen Schwerpunkte. Diese Blickweise befähigt ihn zu seinem tiefen Christusbild, in dem die revolutionären Anstöße dieser epochalen Figur hervortreten. Heines Christusbild gehört zu den faszinierendsten Zügen seines religiösen Denkens.

Das Thema der globalen Visionen ist damit noch nicht erschöpft.[32] Man denke nur an Heines Neigung, in Vers und Prosa in knappen Ausblicken kühne Weltdiagonalen zu ziehen, konkret-geographisch oder symbolisch-emblematisch. In einem bekannten Achtzeiler kontrastiert er den nordischen Fichtenbaum mit der morgenländischen Palme (DHA I, 165), in seinem Grabgedicht »Wo wird einst des Wandermüden« die südlichen Palmen mit den rheinischen Linden (DHA II, 197). In wenigen Zeilen wird dadurch ein umfassender Raumeindruck geschaffen. Oder man erinnere sich an die zahllosen Stellen, an denen Heine den Kosmos, besonders die Sterne, anruft und mit irdischen Vorgängen verbindet. Die Sterne sind für ihn die »Lichter der Welt«, aber auch die »Todtenlampen« am »Götterhimmel« (DHA II, 107 und 197). In den Sternen, sozusagen Heines Zweitwohnsitz, spiegeln sich Hoffnung und Trauer unserer Erdenwege.

Ich streife diesen Aspekt nur und fasse zusammen. Erste Feststellung: Heines Unzeitgemäßheit im frühen 19. Jahrhundert hat sich im 20. Jahrhundert zunehmend aufgelöst. Was nach dem Ersten Weltkrieg bei Intellektuellen begann, nämlich die Einforderung eines europäischen, ja globalen Horizontes, wurde nach dem Zweiten Weltkrieg zu einer sich beschleunigenden Breitenbewegung. Mit seinem Weitblick ist Heine nach 150 Jahren in hohem Grade zeitgemäß. Zweite Feststellung: Meine Ableitungen wollten zeigen, dass er aus einem zusammenhängenden Ansatz aus denkt und arbeitet. Ich vertrete nach wie vor die These, dass er im geistigen Zentrum über Konstanz und feste Orientierungen verfügte. Es gibt Entwicklungen und Widersprüche im Tagesgeschäft, aber keine Brüche in den Leitlinien. Seit einiger Zeit hat die Gegenthese, Heine als Zerrissenen zu verstehen, wieder Konjunktur. Sie war schon einmal beherrschend in der Zeit des Impressionismus. Man findet Ambivalenz chic und modern, und man möchte Heine als frühen Gewährsmann dafür gern in Anspruch nehmen.[33] Ich halte mich lieber an seine Bemerkung im Börnebuch, »dass ohne innere Einheit keine geistige Größe möglich« ist (DHA XI, 121). Der Akzent liegt auf dem Adjektiv: innere Einheit.[34] Wer an Heine vor allem die Ambivalenzen und Widersprüche betont, setzt sich dem Verdacht aus, nur die Oberfläche wahrzunehmen. Ich hoffe, genug für meine These geworben zu haben.

»Seid unbequem, sei Sand, nicht Öl im Getriebe der Welt«. Dieses Zitat stammt ausnahmsweise nicht von Heine, sondern von einem unserer wichtigsten

Lyriker und Hörspielautoren der Nachkriegszeit, von Günther Eich.[35] Es könnte dem Sinne nach aber auch von Heine formuliert worden sein.

Anmerkungen

1 Vgl. Bodo Morawe: Citoyen Heine. Das Pariser Werk. Bd. 1, 2. Bielefeld 2010. Einschlägig vor allem Band I: Der republikanische Schriftsteller. Morawe begründet seine Leseart gerne mit rhetorischen Argumenten: Heine sei ein Machiavellist und bediene sich durchgehend der Mittel der Verstellungskunst, Simulatio, Dissimulatio oder Ironie. So habe seine Aussage, er sei monarchisch gesinnt, nur Beschwichtigungsfunktion (ebd., S. 27ff.). Die Verstellungskunst, die Heine an Louis Philippe hervorhebt, muss aber nicht zum wichtigsten Verhaltensmerkmal bei ihm selbst gemacht werden. Für eine differenzierte Heine-Interpretation stellt die Ironie zunehmend ein Problem dar. Ich habe wiederholt darauf hingewiesen, dass Heine bei wichtigen Aussagen auf ironische Brechungen verzichtet. Ohne sorgfältige Abwägung zwischen ironisch und ernsthaft Gemeintem wird es keine weiteren Fortschritte geben. Auch gegenüber Morawes theologischen Ableitungen habe ich Bedenken, so gegenüber der These, Heines Aussage in der ersten Fassung von »Nordsee« III, »mein Unglaubensgenosse Spinoza«, sei als »atheistisches ›Outing‹« zu verstehen (ebd., S. 208). Die Formulierung bezieht sich vielmehr auf Spinozas Ausstoß aus der portugiesischen Judengemeinde in Amsterdam, was Heine mit seiner Entfernung vom Judentum durch die Taufe vergleicht (vgl. DHA VIII, 54f./855ff.). Qualitäten haben Morawes Arbeiten bei der Einarbeitung entlegener, bisher übersehener französischer Quellen und Anregungen.

2 Heine kennt auch den Unterschied zwischen Recht und Gerechtigkeit. Die pauschale Anwendung von Recht und Gesetz kann im Einzelfall ungerecht sein. Am alten Londoner Gefängnis Newgate fällt ihm die allegorische Figur der Gerechtigkeit auf. An ihr ist die Hand mit der Waage abgebrochen (Emblem der abwägenden Gerechtigkeit), so dass nur noch »ein blindes Weibsbild mit einem Schwerte übrig blieb« (Emblem der bloßen Gesetzestreue, DHA VII, 228). Heine weiß auch, dass es der gerecht Handelnde meist schwer hat. In dem Lazarus-Gedicht »Laß die heil'gen Parabolen« muss sich der »Gerechte« wie Christus mühsam »unter Kreuzlast« dahinschleppen, während »der Schlechte« glücklich als Sieger auf hohem Ross einher reitet (DHA II, 198). Während Heine Recht und Gerechtigkeit zu seinen Maximen erhebt, wird Thomas Mann ein Jahrhundert später der Menschenwürde besondere Zielfunktionen zusprechen.

3 Zu den für Heine wichtigsten Vertretern der »Humanitätsschule« vgl. Manfred Windfuhr: »Unsere großen Meister«. Materialien zu Heines intellektuellem Deutschlandbild. – In: ders.: Rätsel Heine. Autorprofil – Werk – Wirkung. Heidelberg 1997, S. 185–209.

4 Vgl. Andrea Albrecht: Kosmopolitismus. Weltbürgerdiskurse in Literatur, Philosophie und Publizistik um 1800. Berlin 2005.

5 Das Attribut Kosmopolit oder weltbürgerlich erhalten noch folgende Personen oder Gruppen: Jean Paul (DHA VIII, 141), Johann Friedrich von Cotta und die von ihm verlegte »Allgemeine Zeitung«, für die Heine lange arbeitete und die ein internationales Berichtsprogramm praktizierte (DHA XIII, 289; vgl. auch ebd., 319), weiter die deutschen Popularphilosophen der Aufklärung mit Moses Mendelssohn an der Spitze (DHA VIII, 71). Unter den Franzosen hob Heine speziell hervor: Guizot (DHA XIV, 78) und die Saint-Simonisten, weil sie für die »Beglückung und Verschönerung des Menschengeschlechts« arbeiteten (DHA XII, 259). Zeitweise ausgezeichnet wurden die Russen und die Kommunisten, die Russen als »christlicher Staat«

(DHA VII, 73), die Kommunisten, weil sie in ihrem ursprünglichen Programm für »Cosmopolitismus«, »allgemeine Völkerliebe« und ein »Weltbürgerthum aller Menschen« eintraten (»Préface« zu »Lutèce«, DHA XIII, 295). Die Marxisten ersetzten später den für ihr Sprachempfinden bürgerlichen Begriff Kosmopolitismus durch »Internationalismus«. Heine selbst fehlt in der Ehrenliste nicht. Brieflich nannte er sich den »inkarnirten Kosmopolitismus« (HSA XX, 52), in der »Geschichte der Religion und Philosophie« sprach er von seinem »philosophischen Cosmopolitismus« (DHA VIII, 97).

6 Als Beispiel sei genannt Renate Stauf: Der problematische Europäer. Heinrich Heine im Konflikt zwischen Nationenkritik und gesellschaftlicher Utopie. Heidelberg 1997. Hier bleibt die globale Perspektive blass.

7 Mehr zu Heines prognostischen Überlegungen vgl. Manfred Windfuhr: »Uns gehört die Zukunft«. Grundzüge von Heines Prognostik. – In: »...und die Welt ist so lieblich verworren«. Heinrich Heines dialektisches Denken. [Festschrift für Joseph A. Kruse]. Hrsg. von Bernd Kortländer und Sikander Singh. Bielefeld 2004, S. 101–128.

8 Vgl. Sigrid Weigel: »Das Wort wird Fleisch, und das Fleisch blutet« – Heines Reflexion der Menschenrechte im Buch Gottes und in der Weltgeschichte. – In: Aufklärung und Skepsis. Internationaler Heine-Kongress 1997 zum 200. Geburtstag. Hrsg. von Joseph A. Kruse, Bernd Witte und Karin Füllner. Stuttgart/Weimar 1999, S. 507–525, hier S. 517. Gegenüber den theologischen Aspekten bleiben die weltpolitischen Bezüge unterbelichtet. Im Osteroder Bibliothekstraum, mit dem die Verf. ihre Überlegungen beginnt, sehe ich keinen Zusammenhang mit den Menschenrechten. Hier geht es um den für den jungen Heine existenziellen Gegensatz zwischen trockener Juristenarbeit und lebendiger Dichtung. Der Träumer rettet sich vor der hypertrophen Rechtssophistik der Göttinger Fakultät bei den Göttern von Schönheit und Poesie, Venus und Apollo.

9 Vgl. Geschichtliche Grundbegriffe. Hrsg. von Otto Brunner, Wener Conze und Reinhart Koselleck. Stuttgart 1979. Bd. II, S. 1027 (Artikel Gleichheit).

10 Auch Ludwig Börne greift die Emanzipationsdebatte auf, aber meist nüchterner, auf bestimmte Anlässe beschränkt, z.B. auf die Kammerdebatten in Süddeutschland. Die verallgemeinerte, visionär ausgesprochene Forderung nach der »Emanzipation der ganzen Welt« findet sich bei Börne nicht. Vgl. Ludwig Börne: Sämtliche Schriften. Hrsg. von Inge und Peter Rippmann. Düsseldorf 1964. Bd. III, 385f. und ebd., Bd. V, 574. Emphatischer sein Plädoyer für den Kosmopolitismus im 103. Brief der »Briefe aus Paris«, aber hier nur als jüdisches Selbstbekenntnis (ebd., Bd. III, 758).

11 Vor Heine begegnet der Begriff »Weltrevolution« schon bei Herder und Niebuhr, aber nicht in menschenrechlichen oder sozial determinierten Zusammenhängen. Marx und Engels benutzen ihn nicht, erst Lenin und seine Nachfolger. Vgl. den Artikel »Weltrevolution« im »Deutschen Wörterbuch« (Leipzig 1955. Bd. 14, I. Abteilung, 1. Teil, Sp. 1682f.). Im »Deutschen Wörterbuch« fehlen einige der von Heine gebrauchten Welt-Komposita wie Weltbeglückungsidee, Weltbildung, Weltbühnendichter, Weltpublikum, Welttragödie, Weltvernichtungsidee und Weltzerrissenheit. In Heines Briefen ist noch einmal vom »Weltrevoluzionsgepolter« die Rede (Brief vom 12. Juni 1848 an die Schwester Charlotte, HSA XXII, 282). Die Formulierung »soziale Weltrevolution« stammt nicht von Heine, sondern vom Verlag Hoffmann und Campe. Sie findet sich auf dem Schutzumschlag, mit dem man um 1919 Reste des zweiten »Lutezia«-Bandes »aus aktuellem Anlass neu zu vermarkten suchte« (Heine Sammlung Söhn. Katalog mit buchgeschichtlichen Erläuterungen. Düsseldorf 2010, S. 137).

12 Auch die Bildende Kunst erreicht ihr Publikum ohne den Weg über Sondersprachen, wie Heine beim Delacroix-Gemälde zur Julirevolution im Salon von 1831 erlebt. Das Bild ist ständig

von »einem großen Volkshaufen« umringt (DHA XII, 20f.). Die Literatur kann ihre Ziele aber direkt aussprechen: »Völkerverbrüderung«, »Befreyungskrieg der Menschheit«, »Emanzipation der ganzen Welt«.

13 Walter Erhart meint, der »Befreyungskampf der Menschheit« werde in der Pariser Zeit durch eine »Poetik des Zitats, der Verdopplung und der Wiederholung« abgelöst und lasse sich »nicht länger als zukunftsorientierte Botschaften und Programme codieren und entschlüsseln«; ders.: Der Taumel und die ruhige »Anordnung«. Heines Rhetorik und Poetik der Zeitlichkeit. – In: Rhetorik als Skandal. Heinrich Heines Sprache. Hrsg. v. Kálmán Kovács. Bielefeld 2009, S. 29–50, hier S. 48f. Textartistik und globale Perspektiven schließen sich aber bei Heine keineswegs aus.

14 Vgl. Michaela Wirtz: Patriotismus und Weltbürgertum. Eine begriffsgeschichtliche Studie zur deutsch-jüdischen Literatur 1750–1850. Tübingen 2006. Erfreulich der Einbezug anderer jüdischer Stimmen zu diesem Thema, doch wird der Heinesche Beitrag nicht ausgeschöpft. – Von den unterschiedlichen nationalen Bedingungen leitet Heine auch einen anderen Zuschnitt der erhofften deutschen Revolution ab. Nach der Schlussvision in der »Geschichte der Religion und Philosophie« erwächst sie aus eigenständigen Denkansätzen: dem altgermanischen Pantheismus, dem Luthertum und der »Humanitätsschule« des 18. Jahrhunderts. Entsprechend wird sie noch radikaler als die französische Revolution ausfallen (vgl. DHA VIII, 117ff.).

15 Jeffrey L. Sammons: Heinrich Heine. Stuttgart 1991, S. 137.

16 Anregend zu dieser Thematik Gerhard Höhn: »Sauerkraut mit Ambrosia«. Heines Kontrastästhetik. – In: HJb 48 (2009), S. 1–27.

17 Unter dem Titel »Le Tasse«, in: Goethes Sämtliche Werke. Jubiläumsausgabe. Stuttgart und Berlin o. J., Bd. 38, S. 93ff.

18 Hinweise bei Sabine Bierwirth: Heines Dichterbilder. Stationen seines ästhetischen Selbstverständnisses. Stuttgart ,Weimar 1995 (Stichwort Krieg, S. 476).

19 Ob Hebbel Heine richtig zitiert und in allen Punkten widerspricht, lässt sich nicht entscheiden, zumal bei der Kürze der Notiz.

20 Vgl. dazu Hartmut Steinecke: »Weltliteratur« – Zur Diskussion der Goetheschen »Idee« im Jungen Deutschland. – In: Das Junge Deutschland. Hrsg. von Joseph A. Kruse und Bernd Kortländer. Hamburg 1987, S. 155–172. Steinecke geht nicht darauf ein, dass Heine den jüngeren Kollegen durch sein operatives Kunstverständnis die Stichworte für ihren Literaturbegriff geliefert hatte.

21 Terence James Reed und Alexander Stillmark (Hrsg.): Heine und die Weltliteratur. Oxford u. a. 2000. Im Folgenden beziehe ich mich auf J. A. Kruses Beitrag in diesem Band: »In der Literatur wie im Leben hat jeder Sohn einen Vater.« Heinrich Heine zwischen Bibel und Homer, Cervantes und Shakespeare. – In: ebd., S. 2–23.

22 Jeffrey L. Sammons: Rezension zu Reed / Stillmark [Anm. 21]. –In: The Modern Language Review 97.1 (2002), S. 227–229, hier S. 229.

23 Zu den maßgebendsten Referenzen für den »Almansor« gehört das tragische Liebesepos »Medschnun und Leila«, das Heine in der Version des persischen Dichters Dschami aus dem 15. Jahrhundert gekannt und eingearbeitet hat. An drei Stellen im Stück wird auf das Vorbild verwiesen. Medschnun und Leila sind das wohl berühmteste Liebespaar des islamischen Orients. In der Vorlage scheitert die Beziehung an der Stammesfeindschaft, bei Heine an der gewaltsamen Wiedereinführung des Christentums. Heine verlegt die Geschichte auf die Zeit nach 1492, als nach dem Fall Granadas die Moslems vertrieben oder zwangsweise christianisiert wurden. Im Zeichen ideologischer Gewalt hat die individuelle Liebe zwischen den beiden keine Chance mehr (vgl. zu den Details meinen Kommentar in der DHA V, 386ff.).

24 Diese Welt-Komposita stammen von mir, dürften aber Heines Begriffsverständnis nicht widersprechen.

25 Heine stützt sich auch nicht auf Mythisierungen, wie sie etwa Nietzsche und Wagner bei ihren Religionsentwürfen einsetzten. Im Gegenteil plädiert er ausdrücklich für »Vernunftreligionen«. Im ursprünglichen Anfang der »Geschichte der Religion und Philosophie« stellt er die alten, auf Wunderglauben angewiesenen und von Einzelfiguren gegründeten Religionen modernen Lehren wie dem Saint-Simonismus gegenüber, die von einem Kollektiv ausgebildet wurden und wo »gar keine Mirakel dabey vorfallen«. Es sei denn, fügt er spöttisch hinzu, man bezeichne als Wunder, dass von den jungen Anhängern kürzlich eine von St. Simon unbezahlt gebliebene Schneiderrechnung noch posthum beglichen worden sei (DHA VIII, 447). Schon der humoristische Ton in diesem Kontext zeigt, dass Heine nicht zu den Gurus von Privatreligionen gehört. Auch bei diesem Thema verlässt er nicht den strikten Argumentationszusammenhang.

26 Erhellend dazu Bernd Witte in seiner Abschiedsvorlesung »Moses und Homer. Über den Antijudaismus der deutschen Klassik« (30. November 2010).

27 Nur einmal gibt es einen Bezug der Menschenrechte zum Dekalog, indem sie Heine »die zehn Gebote des neuen Weltglaubens« nennt (DHA XI, 49). Aber das ist eine metaphorische Verknüpfung und gehört zu Heines sakralisierender Sprechweise, die bei ihm neben säkularisierenden Tendenzen einen zumindest gleichen Umfang einnimmt.

28 Vgl. Mounir Fendri: Halbmond, Kreuz und Schibboleth. Heinrich Heine und der islamische Orient. Hamburg 1980, S. 241

29 Belege bei Fendri, ebd., S. 189ff.

30 Die Bibel hatte für Heine in mehrfacher Hinsicht eine wichtige Funktion. Sie war für ihn eine Quelle tiefsinniger Belehrungen, als »Erziehungsbuch« und »große Haus-Apotheke der Menschheit« (DHA X, 125 und XIV, 275). Heine schätzte sie auch als bedeutendes literarisches Dokument, als die »Memoiren Gottes« (DHA VI, 106), in denen »das ganze Drama der Menschheit« aufgezeichnet steht (DHA XI, 38). Schließlich stärkte sie ihn in Krisenzeiten, z. B. auf dem Krankenlager, und war für alle Juden das »portative Vaterland«, das sie auch in der Diaspora geistig am Leben erhielt und ihren Zusammenhalt gewährleistete (DHA XV, 43; vgl. DHA V, 192).

31 Manfred Windfuhr: Heinrich Heine. Revolution und Reflexion. 2. Aufl. Stuttgart 1976, S. 281.

32 Zu den Aspekten globaler Erweiterungen gehört in Heines Spätzeit auch der stoffliche Zuschnitt. Den »Romanzero« und die letzte Verserzählung »Bimini« macht er zu einem Panorama europäischer und außereuropäischer Kulturen, zu lyrischen Weltbüchern.

33 Vgl. Renate Stauf: Heinrich Heine. Gedichte und Prosa. Berlin 2010. Das Sachregister enthält 22 Belege für Ambivalenz, neun Belege für Zerrissenheit und elf für Zwiespalt und Zwiespältigkeit. Martin Walser spricht zugespitzt sogar vom »Glück der Selbstwiderlegung« in seinem Essay »Heines Größe« – In: Heinrich Heine: Französische Zustände. Artikel IX vom 25. Juni 1832, Urfassung. Hrsg. von Christian Liedtke. Hamburg 2010, S. 7–27, hier S. 24.

34 Natürlich verstehe ich den Einheitsbegriff nach wie vor nicht monolithisch. Ich verweise auf das Kapitel »Bewegliche Strukturen« in meinem ersten Heinebuch [Anm. 31], S. 287ff., und auf meinen Aufsatz: Spannungen als autorspezifischer Strukturzug. Friedrich Sengles Heinebild und der Stand der Heinediskussion. – In: Windfuhr [Anm. 3], S. 73–94. Auch ist mir bewusst, dass sich aus Heines Vielschichtigkeit unterschiedliche Schwerpunkte bei seiner Interpretation ableiten lassen. An dieser Stelle geht es mir um Heine als politischen, sozialen, religiösen Denker und Kulturphilosophen. Zu Recht lassen sich andere Akzentuierungen vornehmen: der Künstler Heine, der Sprachmeister, der Kritiker, der Publizist usw. Soweit sie sich auf wesentliche Züge bei unserem Autor beziehen, sind sie gerechtfertigt und ergeben abweichende Heinebilder.

35 Günther Eich: Träume. Frankfurt a. M. 1953, S. 190.

Conspicuous Silence:
Heine's Response to Halévy's »La Juive«

Von George F. Peters, East Lansing, MI

It is likely, though not certain, that Heinrich Heine attended the premier of Fromental Halévy's opera, »La Juive«, at the Paris Opéra on February 23, 1835.[1] As the major, new *grand opéra* of the season the work was feverishly anticipated by the Parisian public and the subject of intense speculation in the press.[2] The composer, who had won the prestigious Prix de Rome in 1819 and been appointed *chef de chant* at the Académie royal de musique in 1827, had had only modest success at the Opéra-Comique but seemed poised to make a breakthrough at the Opéra, indeed to challenge the current supremacy of Giacomo Meyerbeer, who was known to be working on his own grand opera, »Les Huguenots«, that would have its delayed premier the following season. Halévey's collaborator on »La Juive« was none other than Eugène Scribe, the most prolific and best known librettist of the period. Scribe had collaborated with Meyerbeer on the sensation of the 1831 opera season, »Robert le Diable«, and had actually approached Meyerbeer first about composing the new work.[3] Contributing to the expectancy surrounding the premier of »La Juive« was knowledge of its subject matter: the stark confrontation of Christian and Jewish faith at the Council of Constance in 1414 and the martyrdom of Scribe's heroine, the Jewess Rachel, in an *auto-da-fé* in the final act. With its portrayal of religious ceremony and the appearance of Catholic clergy on stage, the recently reinstituted *Commission de Surveillance* was looking closely at anti-clerical and anti-authoritarian elements in »La Juive«.[4] Anticipation was heightened by the expectation that the Opéra director, Louis Véron, was lavishing huge sums on the *mise en scène* and by the fact that the cast comprised some of the leading singers of the day, most notably Cornélie Falcon as Rachel and Adolphe Nourrit in the role of Rachel's adoptive father, Eléazar. Nourrit himself heavily influenced the design of the production and was known to have collaborated with Halévy and Scribe in writing or revising parts of his role.[5] Since July of the previous year, Maurice Schlesinger's influential new music journal, »La Gazette musicale de Paris«, had been periodically announcing progress on the rehearsals—not surprisingly, since Schelsinger also owned the rights to the full score. The premier, originally scheduled for mid-January, was postponed at least twice, until the curtain finally went up on February 23.⁶ The production was an immediate success and gained increasing favor with audiences as cuts and alterations trimmed some of Scribe's excesses in the original text. The Paris press reported widely and in depth on the premier; no less than eighteen reviews appeared within two weeks of the opera's debut, including ones by well-known critics such as Hector Berlioz, Jules Janin, and Édouard Monnais.⁷ Between 1835 and 1893, when the original scenery was destroyed by fire, the Paris Opéra staged »La Juive« 550 times.⁸

Jacques Fromental Halévy (1799–1862). Lithographie von Bernard-Julien Romain. Heinrich-Heine-Institut, Düsseldorf

Whether or not Heinrich Heine was in the audience on the night of the premier of »La Juive«, he was certainly aware of the event and the journalistic maneuvering surrounding it. On April 6, two weeks later, he writes in the context of a longer letter to Meyerbeer:

> Auch gegen Schlesinger ist Büloz in diesem Augenblick mit Recht sehr ungehalten; er hat sich wenigstens unklug betragen bey Gelegenheit der Juive. Über die Vortrefflichkeit dieser Oper ist in ganz Paris nur e i n e Stimme, und diese einzige Stimme ist von Herrn Maurice Schlesinger. Dieser ist jetzt sehr ägirt, daß das Publikum ihm nicht aufs Wort glaubt und diese Oper vortrefflich findet. Es muß ihn und Veron verdrießen, daß das Publikum sich weder von ihren Coulissen noch Trompeten betrügen läßt; diese Herren meinten schon, S i e wären die Schöpfer der Renomeen. Dem Schlesinger wird seine Halsstarrigkeit viel Geld kosten. (HSA XXI, 102f.)

This passage follows an introductory appeal to Meyerbeer for his trust and an unusually candid admission that he, Heine, has two sides, one of which is unflattering. He is no Marquis Posa, he writes, and no Nathan der Weise either. Following the brief mention of Schlesinger and »La Juive«, Heine dismisses the opera – »Doch ich habe Ihnen wichtigeres zu schreiben« – and gets to the point of the letter, a request for money: »Heute müssen Sie wieder helfen und unverzüglich einen Beitrag von fünfhundert, sage fünfhundert Franks zu meiner Verfügung stellen«. That Heine would cast the premier of the rival composer's opera in a negative light before asking for 500 francs is perhaps not surprising. What is surprising, indeed remarkable, is the fact that this reference to »La Juive« is the only recorded mention of the work anywhere in Heine's writings.[9]

Of all the major theatrical events taking place in Paris in the musically lean years between 1835 and the early 1840s[10], including »Les Huguenots«, »La Juive« should, by all rights, have most fully captured Heine's attention. It is the intent of this paper to describe why this is the case and to venture an explanation for Heine's conspicuous silence. Discussion of the curious omission of reference to »La Juive« sheds light on a number of difficulties Heine faced establishing himself as a writer in the frenzied artistic atmosphere in Paris following the July Revolution: on the nature and scope of his music reviews, on the dilemma of publishing in the face of censorship, and on the role of art in the increasingly commercialized world of the Parisian bourgeoisie in the 1830s. At its core, however, Heine's disregard for »La Juive« reveals a striking estrangement from his Jewish roots and his commitment to the cause of Jewish emancipation.

To plausibly argue the significance of this non-event in Heine's life, it is necessary at the outset to establish that by 1835 Heine was well acquainted with the musical scene in Paris, that he personally knew or knew of the major players involved in the preparation and production of »La Juive« – Fromental Halévy, his brother Léon, Scribe, Maurice Schlesinger, Véron, Nourrit – and that he would have been fully aware of the opera, its content and its staging regardless of whether or not he attended the premier. A more detailed examination of the opera, its themes and its reception then follows in order to substantiate the remarkable affinities between the work and multiple facets of Heine's thought. This, finally, will lead to conjecture as to why Heine chose to avoid all commentary on »La Juive« and what this might tell us about his state of mind during the 1830s.

Biographies of Heine typically preface an account of the Paris years by commenting on how quickly the German poet was assimilated into French cultural life and by listing the many notable public figures with whom he became acquainted. »Er hat sie gekannt, sie haben ihn gekannt, die literarischen und musikalischen Größen von Paris«.[11] Soon after his arrival in Paris, Heine was frequenting the salons and soirees of illustrious Parisians, where he came into contact with the elite of French intellectual, political and artistic life.[12] Musical personalities figure prominently among them: Hector Berlioz, Luigi Cherubini, Frédéric Chopin, Franz Liszt, Felix Mendelssohn Bartholdy, Ferdinand Hiller, Georges Onslow, and Gioacchino Rossini, as well as Meyerbeer, whom Heine met in Berlin in 1829 and with whom he remained in close contact throughout the 1830s. Michael Mann notes the significance of the »enormen Umfangs des musikalischen Kreises um Heine« in the context of discussing personal influences on Heine's musical judgments and observes that it was not only musical figures who likely supplied him information and insight into the musical scene, but also numerous fellow journalists with whom he was acquainted and who were writing musical reports for Parisian newspapers.[13] Heine himself gives an impression of the frantic intensity with which he plunged into the social life of Paris in a letter to Karl August Varnhagen on June 27, 1831, five weeks after his arrival: »Hier freylich ertrinke ich im Strudel der Begebenheiten, der Tageswellen, der brausenden Revoluzion; – obendrein bestehe ich jetzt aus Phosphor, und während ich in einem wilden Menschenmeer ertrinke – verbrenne ich auch durch meine eigne Natur« (HSA XXI, 20). In this feverish, post-July Revolution atmosphere we can assume Heine also kept abreast of the latest theatrical triumphs and failures, of the rising and falling fortunes of actors and singers, of gossip and scandals.

To what degree Heine's exposure to musical life in Paris translated into actual attendance of operatic performances at the three major houses, Théâtre-Italien, Opéra-Comique, and the Opéra, is difficult to judge. In a letter to his composer friend, Ferdinand Hiller, of October 24, 1832 Heine announces »Ich bin jetzt ein fleißiger Besucher der Oper« (HSA XXI, 40); however, the statement must be taken with a grain of salt. Heine is in high spirits writing the letter to Hiller; it is here he makes the famous comment that a fish in the sea, when asked how it was doing, would reply, »ich befinde mich wie Heine in Paris«. And the claim to be an industrious opera-goer is in the context of projecting to Hiller an entirely transformed, Parisian Heine.[14] There is, in fact, skepticism among scholars writing about Heine's music reports that he actually attended all of the performances he describes: »Wir können davon ausgehen, daß Heine nicht bei allen Aufführungen anwesend war«.[15] Heine's very first report from Paris for the »Morgenblatt für gebildete Stände«, »F. Hillers Konzert«, begins with reference to the highpoint of the season, the premier of Meyerbeer's »Robert le Diable« that had taken place at the Opéra on November 21, 1831, but the bland statement, »*Robert le Diable* ist noch immer Gegenstand allgemeiner Besprechung« does little to suggests that Heine actually heard the work (DHA XII, 291).[16]

Critics have taken a somewhat apologetic tone when writing about Heine's music criticism, acknowledging that despite childhood violin lessons and close acquaintance with leading composers of the time, Heine was not musically astute. His detractors, such as Gustav Karpeles, have put it less politely, suggesting he was a »musical ignoramus«.[17] It is possible that music per se did not particularly interest him.[18] For this reason it is appropriate to call Heine not a »Rezensent« but rather a »Referent«, or a »Berichterstatter« as he preferred to call himself.[19] Heine's reports on the musical life of Paris thus fall into the same category as his other journalistic writings: »Ihm ging es eher um die richtige Einschätzung der Dinge, die Unterscheidung von Wichtigem und Belanglosem, um das Aufspüren der zukünftigen grundlegenden Entwicklungen […] die Beschreibung und Beurteilung von Personen […] die übergreifenden Situationsanalysen, das Auffinden des charakteristischen Merkmals oder Details«.[20] Hauschild and Werner conclude that in the perception and amalgamation of even seemingly insignificant details, the observer Heine seeks to uncover the »*Signatur* der Zeit«.[21] Be that as it may – and we will return to this issue with regard to »La Juive« – the withering scorn that Heine heaps on the respected music critic and founder of the »Revue musicale«, François-Joseph Fétis, because he writes with technical expertise about music, may well be a clever tactic to rationalize the lack of musical analysis in his own articles. He dismisses writing about musical theory and technique as mere blabber (»Gewäsche«) for the initiate and summarily declares, »die wahre musikalische Kritik ist Erfahrungswissenschaft« (DHA XII, 273).[22] With this sleight of hand Heine renders his ignorance about musical form and theory moot. By legitimizing the idea of writing about musical events as an »experiential science« Heine did, in fact, launch a popular new journalistic form: »He was the first to write about music and musicians not as an expert but as a journalist [. . .] Heine created the easy conversational style of writing that was used by hundreds of imitators. He taught them to write personally, wittily and amusingly«.[23]

Among the personalities who figure prominently in the production of the opera »La Juive« Heine was best acquainted with the formidable music publisher Maurice Schlesinger. Scion of the well-known Berlin publisher Adolf Martin Schlesinger, Schlesinger (born Mora Abraham) had moved to Paris in 1821 and established a highly successful music business linking the French and German music markets through his father's Berlin firm. He dealt in musical instruments and served as the agent and publisher of eminent composers, including Meyerbeer, Liszt, Berlioz, Wagner, and Halévy.[24] Schlesinger specialized in popularizing European piano virtuosi in Paris, among them Lizst, Chopin, and Carl Czerny, and hosted opulent concerts, some of which Heine attended.[25] Particularly after founding the progressive musical journal »La Gazette musicale« to promote his interests in the highly competitive Parisian music business, Schlesinger became a wealthy and influential representative of the moneyed bourgeoisie and a major force in shaping the musical life of Paris. Heine established contact with Schlesinger, a Jewish countryman, immediately upon his arrival in Paris.[26] Later in »Lutezia« he would record his increasing bitterness about Schlesinger's humiliating treatment of artists who were forced to seek out his favor in order to promote their careers: »[...] wie ihm jene Berühmten unterthänig zu Füßen lagen und vor ihm krochen und wedelten um in seinem Journale ein bischen gelobt zu werden« (DHA XIV, 46). Heine had his own business dealings with Schlesinger and was obliged to return 200 francs that had been advanced to him for a text that was to be published in translation in the »Gazette musicale«.[27] In the unpublished 1849 poem »Festgedicht« Heine heaps mockery on Meyerbeer for his shameless manipulation of the press in self-promoting his opera »Le Prophète« and takes a swipe at Schlesinger for his conniving business practices, though by this time he had sold his music business to Gemmy Brandus.[28] Nevertheless, Heine and Schlesinger maintained a relatively cordial relationship up until Heine's death.[29] That Heine was fully aware of Schlesinger's manipulations of public opinion in the case of »La Juive« in 1835 is documented in the letter to Meyerbeer following the premier quoted above (HSA XXI, 102). He expresses his dislike of Schlesinger's tactics more drastically in a letter to Liszt a year later: »In Paris ist alles beym Alten. Der klingende Baum der Musik blüht, obgleich Herr Schlesinger alle Woche daran pißt«. (HSA XXI, 164)

The *director-entrepreneur* of the Paris Opéra who put on the lavish production of »La Juive«, Louis Véron, is another target of Heine's scorn. Like Schlesinger, Véron played a central role in the cultural politics of Paris theatre in the 1830s and 1840s. He founded the »Revue de Paris« and was owner and editor of »Le Constitutionnel« from 1838–1842. It is Véron, Heine writes in the Tenth Letter »Ueber die Französische Bühne« (1837), who made the discovery, as infamous as the discovery of America no less, that riches can be made by catering to the middle class public's taste for »schöne Dekorazionen, Kostüme und Tänze«. Véron »cured« opera of its malaise by appealing to the »Schaulust der Leute« and replacing musical values with »Pracht- und Spektakelstücke«:

> Der Name Veron wird ewig leben in den Annalen der Musik; er hat den Tempel der Göttinn verschönert, aber sie selbst zur Thür hinausgeschmissen. Nichts übertrifft den Luxus, der in der großen Oper überhand genommen, und diese ist jetzt das Paradies der Harthörigen. (DHA XII, 284)

Véron seems to have taken Heine's denouncement in stride. In September 1848 he expressed concern for Heine's state of health; Heine carefully drafted a courteous letter in reply, addressing Véron in post-February Revolution style as »Citoyen!« and reminding him that in his early Paris years he had had intimate contact with many of Véron's protégées (HSA XXII, 294).

The subservience of art to commerce that Heine decries in Véron's productions is generally thought to commence with the Scribe/Auber production of »La Muette de Portici« in 1828 and reach its peak with »Les Huguenots« in 1836. However, Véron's production of »La Juive« the year before serves equally well as a landmark in grand opera's increasing reliance on external, non-musical stage effects.[30] A key figure in this trend was the librettist who supplied the text for both Meyerbeer and Halévy's operas, Eugène Scribe, whose work dominated the French stage for forty years. Having achieved sensational success with his vaudevilles at the Théâtre Français in the 1820s, Scribe was sought out by virtually all of the major composers of the day, including Rossini and Verdi, to supply libretti that would appeal to the public's taste. Along with associates whom he at times charged with fleshing out his poetic ideas, Scribe is said to have produced »between one-half and two-thirds of all the librettos used on the Paris musical stages during the second quarter of the nineteenth century«. He was, quite clearly, »the most influential librettist of his time«[31], or, as Michael Mann calls him, »das Genie der Amüsierungskraft«.[32] Scribe was awarded the Légion d'Honneur in 1827 and elected a member of the Académie Française in 1836, the same year as Halévy.[33]

Scribe is remembered today largely as the father of *la pièce bien faite*, the well-made play, that, it turned out, »was an ideal scaffolding for music: a strong, clearly organized plot set in motion by characters to whom a certain humanity is lacking«.[34] Heine recognized the significant transformation that Scribe's success at the Théâtre Français represented in the evolution of French theatre, commenting in »Ueber die Französische Bühne« that the days of Racine and Corneille were over: »Diese Zeiten sind vorbey [...] heute herrscht die Bourgeoisie, die Helden des Paul de Kock und des Eugène Scribe«. (DHA XII, 257) That Heine has little respect for Scribe as a poet, comes as no surprise; he grants the librettist of Auber's »La part du Diable« »viel Esprit, viel Grazie, viel Erfindung, sogar Leidenschaft«, but laments a total lack of »Poesie«, by which Heine means true poetic distinction (DHA XIV, 52). In describing the musical season a year later, Heine elaborates on the implication of Scribe's astounding monetary, if not artistic success: »Er ist der Mann des Geldes, des klingenden Realismus, der sich nie versteigt in die Romantik einer unfruchtbaren Wolkenwelt und sich festklammert an der irdischen Wirklichkeit der Vernunftheurath, des industriellen Bürgerthums und der Tantième« (DHA XIV, 141).[35] Heine's most memorable reference to Scribe undoubtedly comes at the end of the seventh poem in »Angelique«, written in the early 1830s, in which the distracted poet asks his latest paramour to return the next day, when he might have tickets to »Robert-le-Diable« at the Opéra:

> Es ist ein großes Zauberstück
> Voll Teufelslust und Liebe;
> Von Meyerbeer ist die Musik,
> Der schlechte Text von Scribe. (DHA II, 40)[36]

The central figure in the story of »La Juive« is the composer, Fromental Halévy. A fixture in Parisian musical life from the time he became *chef de chant* at the Théâtre-Italien in 1826 until a decline in health prior to his death in 1862, Halévy reached the peak of his career during Heine's Paris years. He was professor of harmony and accompaniment, later of counterpoint, fugue and composition at the Conservatoire, held the post of *chef de chant* at the Opéra 1829–40, was elected to the Académie des beaux-arts of the Institut de France upon the success of »La Juive«, and held the title of Commandeur de l'ordre impérial at the end of his life.[37] Halévy composed thirty-five operas over a span of thirty years for both the Opéra-Comique and the Opéra.[38] Though none achieved the success of »La Juive«, »La Reine de Chypre« (1841) and »Charles VI« (1843) were well received and remained in the Opéra repertoire.[39]

Despite the fact that Heine and Halévy most likely encountered each other at the salons and soirees hosted by the likes of Schlesinger, Betty Rothschild, Caroline Jaubert, and George Sand, or at dinners with Meyerbeer, Liszt, Rossini or other musical figures Heine knew, there is no concrete evidence the two were acquainted. In his »Korrespondez aus Paris« of 1841 Joseph Mendelssohn records seeing both Heine and Halévy at a concert, noting that Halévy belonged to Schlesinger's stable of composers.[40] And Clara Wieck suggests that she may have encountered both Heine and Halévy at Meyerbeer's in 1839.[41] Halévy himself is said to have led an active social life in Paris, »especially after his marriage in 1842 to Léonie Rodrigues, who was both rich and extravagant«.[42] By all accounts, Halévy was one of the more approachable and friendly members of the highly competitive music circle in Paris during these years. He is called a »frank, candid, unassuming man«,[43] with qualities of »friendliness, amiability, and good nature […] the eagerness to please, the willingness to oblige«.[44] This generous attitude extended to Halévy's relationship with the rival Meyerbeer, whose talents he considered superior to his own.[45] Richard Wagner, who has little good to say about any of the musical figures he engaged with during his unhappy Paris years, recalls Halévy with considerable affection and respect.[46] Nevertheless, there are no extant letters between Halévy and Heine; there is no record that they met. Heine's views on Fromental Halévy, which we shall discuss below, are restricted to his mention in the published music correspondences from Paris, in their revisions in both »Lutezia« and »Lutèce«, and in two letters to Meyerbeer.

The apparent absence of social or critical interaction between Heine and Halévy is all the more surprising in that it is not solely in the musical realm that their interests intersected. Halévy, as well as Halévy's brother Léon and the singer Nouritt, participated in the Saint-Simonist movement that influenced Heine so strongly during the first several years in Paris.[47] Though Léon Halévy severed his formal relationship with the Saint-Simonists around 1827, he served as personal secretary to Claude-Henri Saint-Simon from 1823 to 1825 and wrote the introduction to »Opinions littéraires, philosophiques et industrielles« (1825). In his thinking about theatre's role in society, expressed in an article attributed to him in »Opinions littéraires«, »L'Artiste, le savant, et l'industriel«, Léon assigns the artist in general, and the dramatist in particular, to the visionary »avant-garde« of the new movement, a view not dissimilar to that of Heine:

> Nous avons des armes de toute espèce: quand nous voulons répandre des idées neuves parmi les hommes, nous les inscrivons sur le marbre ou sur la toile [...] la scène dramatique nous est ouverte, et c'est là surtout que nous exerçons une influence électrique et victorieuse.[48]

Léon also contributed to »Le Globe«, the newspaper that announced Heine's arrival in Paris May 1831. Léon writes in his autobiography that his brother Fromental, though not a disciple, was an enthusiastic participant at Saint-Simonist circles. Ralph P. Locke argues that Fromental Halévy's interaction with the Saint-Simonist circle surrounding Olinde Rodrigues and the brothers Pereire »may well have stimulated [...] his social awareness and his interest in intellectual matters«.[49] Nouritt is also known to have attended Saint-Simonist gatherings and salons during 1830–31 and may well have encountered Heine at one or more event in late 1831.[50]

The French theatre world was profoundly affected by the overthrow of the Bourbon monarchy and the onset of the reign of Louis-Philippe. Utopian and Romantic ideas concerning the role of the arts in society had been passionately debated in the late 1820s, with the role of public theatre post-*Ancien Régime* occupying a central place among the Saint-Simonists as well as in the thinking of Romantic theorists such as Charles Sainte-Beuve.[51] The lifting of government censorship in the period following the July Revolution, coupled with the evolving cultural expectations of the new regime, created a hotbed of dramatic speculation and experimentation that affected the playbills of Paris theatres and most notably the state subsidized Opéra. The Halévys, Meyerbeer, Auber, Scribe, Schlesinger, and Véron were all involved in and, to one degree or another, capitalized on the changing relationship between the arts, government, and the public. Heine observed the developments in cultural politics with a keen eye; his reports on Paris music and theatre are essentially a commentary on the manifestation of these events and an interpretation of their meaning. Heine's first article on the musical life of Paris begins with reference to »Robert de Diable«, the opera that launched the development of what Jane F. Fulcher calls »a powerful new aesthetic« at the Opéra, growing out of a tense compromise between cultural guidelines of the state imposed by the Committee of Surveillance, bourgeois tastes, and the directorial and commercial decisions made by the *director-entrepreneur*.[52] Fulcher reads Heine's description of Meyerbeer's music in the »Neunter Brief« of »Ueber die französische Bühne« as a poetic fusion of Saint-Simonist utopian ideals and the Romantic optimism of Sainte-Beuve (DHA XII, 275).

Saint-Simonism attracted a number of young, educated French Jews to its ranks in the 1820s, including, as we have seen, Fromental and Léon Halévy. With the death of Claude Henri Saint Simon in 1825, leadership of the movement passed to a triumvirate consisting of Prosper Enfantin, who was to become the »Pope« of the new religion, St. Armand Bazard, and the Jew Benjamin Olinde Rodrigues. Another Jew, Gustave d'Eichthal, figured among the group of »apostles« close to Enfantin.[54] Rodrigues has been called the »real founder« of what was to become a serious social movement in the first half of the Nineteenth Century. The parents of the Halévys and Rodrigues lived in the same house, and their apartments became a favorite Paris gathering place for both Jews and non-Jews interested in the religious and economic implications of Saint-Simonist doctrine. Heine was well aware of the intersection of Jewish and Christian faith in the new religion, »le Nouveau Christianisme«, posited by Enfantin. The remarkable letter that Enfantin sent to Heine from Egypt in 1835, subsequently published as a brochure by another Jewish leader of the group, Charles Duguet, contains the famous proclamation: »Aujourd'hui l'Orient le rappelle. Voilà le juiferrant, maus ce n'est point un homme; il se nomme point Ahasverus, il se nomme ISRAEL«. (HSA XXIV, 346)[56] The discussions in the salons of Halévy and Rodrigues undoubtedly touched on this central issue with regard to the utopian vision of Saint-Simonism, the full assimilation and equal status of Jews within a new society. Heine himself had wrestled with just this issue through much of the 1820s; it dominated his thinking from the writing of »Almansor« in 1821, through his participation in the »Verein für Cultur und Wissenschaft der Juden«, his baptism, the struggle to complete »Der Rabbi von Bacherach«, up to his ultimate disillusionment about finding acceptance as a Jew in Germany and his departure for Paris in 1831. The story of the Jewish family Halévy and the manner in which the brothers negotiated their personal and professional lives as Jews in post-Napoleonic France presents a fascinating counterpoint to Heine's experience in Germany, though there is no record that Heine took an interest in their story, much less that he lent his voice as a German Jew to the discussions in the Saint-Simonist salons of Rodrigues or Halévy. Léon Halévy dealt with his Jewish heritage through an examination of the religious doctrines of Saint-Simonism and writings on Jewish history, Fromental through the creation of what was long known as the »Jewish opera«, »La Juive«.[57]

Though basic civil rights were granted to the Jews of France in the wake of the French Revolution, it was not until the July Monarchy that true legal equality was reached.[58] The chronicle of the Halévy family during this period is a textbook example of how well-to-do Ashkenazi Jews tried to adapt their religion to life in a country that, on paper at least, had removed the discriminatory barriers against them. The father, Elie Halphen Halévy (born Levy), was the son of an orthodox Jewish rabbi in Fürth. After living in Würzburg he moved to France shortly before 1789, first to Metz, then, after the Revolution, to Paris.[59] The decision to remain in France seems to have been motivated by the promise of equality for Jews, and once in Paris the elder Halévy played an active role in the Jewish reform movement.[60] A Talmudic scholar and Hebrew poet, Halévy co-founded with like-minded reform Jews the first Jewish journal in France, »L'Israélite français: Ouverage moral et littéraire«. Hallman notes that the journal's epigraph, »Tiens au pays, et conserve la foi«, encapsulates the reformist attitude of French Jews negotiating their position at a time (1817–19) when the Bourbon monarchy had yet to fully codify the equal status of Jews.[61] Until his death in 1826 the elder Halévy continued to put his scholarly and poetic talents to work educating French Jews on how to combine Jewish faith and tradition with patriotic allegiance to their country. He did this through work as translator for the Consistoire central de Paris and as permanent secretary of the Paris Jewish community, as well as through theological writings, most notably a catechism for young Jews. Published in 1820, shortly after the founding of the »Verein für Cultur und Wissenschaft der Juden« in Berlin and at a time when the Jewish reform movement in Germany was just gaining momentum, Halévy's »Instruction religieuse et morale à l'usage de la jeunesse israélite« is a remarkably pragmatic guide for Jews on how to reconcile Talmudic teachings with the ideals of French citizenship. While in Germany Eduard Gans and Leopold Zunz were spearheading the effort to lay the scientific foundations from which future Jewish emancipation might ensue, Elie

Halévy's catechism takes emancipation as a given and instructs liberal minded French Jews on how to fuse their Judaic faith with the Christian faith of their countrymen through shared patriotic zeal.[62]

Léon and Fromental Halévy were thus born into an age characterized for them not only by the political upheavals of the fall of the Napoleonic Empire, the Bourbon Restoration, and the July Revolution, but also by the radically changed situation for Jews in French society. Close to Heine in age, these young French intellectuals belonged to the liberal »Generation of 1820«. The Halévy brothers enthusiastically greeted the July Revolution and both wrote works commemorating the event.[63] Imbued with the ideals of liberty, equality, and anti-clericalism, and Saint-Simonist ideas of a utopian society, the Jewish Halévys sought their way in the intellectual and political turbulence of the new bourgeois regime. The similarities in their thinking and their high expectations for the July Monarchy to those of Heine upon his arrival in Paris are striking.

The collaboration of Scribe, Nouritt, and Halévy on »La Juive« captured the essence of the political and religious ferment of the early 1830s. Viewed earlier in the 20th Century as a dusty historical period piece full of dramatic implausibility and theatrical machinations, »La Juive« is recognized today as a powerful and timely musical commentary on themes of religious intolerance and authoritarian repression coupled with the expression of the very human emotions of filial and sexual love, jealousy and revenge. The rehabilitation of »La Juive« that commenced in 1985 with the sesquicentenary publication of a new edition of the full score confirms the earlier praise for the opera by Wagner, Berlioz, and Mahler.[64] Revivals of the work have taken place at the Metropolitan Opera New York (2003), in Vienna (1999), and on numerous German stages since 1988.[65] Recent scholarship on the genesis and reception of »La Juive« in the social context of the early July Monarchy has underscored the degree to which the opera fully captures the spirit of the time. In the context of analyzing the role of the Jew Éléazar, Sieghart Döhring notes how the theme of religious intolerance in the work struck a nerve:

> So traf Eugène Scribe und Fromental Halévys Oper »La Juive« [...] mit der Thematisierung religiöser Intoleranz am Verhältnis zwischen Juden und Christen [...] den Nerv einer Epoche, in der von fortschreitender Judenemanzipation einerseits, höchst widersprüchliche gesellschaftliche und politische Signale ausgingen.[66]

And Diana Hallman, who has published seminal work on the social significance of Grand Opera, judges that the »political and philosophical liberalism that defines this era [the July Monarchy], particularly in its idealized revolutionary beginnings, emerges strongly in the subject of *La Juive*. At its core lies the polemic, central to French thought since the eighteenth century, between the principles of individual liberty and human rights and the principle of traditional authority – namely, authority emblematic of the absolutist *ancien régime*«.[67] In its »Gegenwartsbezogenheit« »La Juive« represents exactly that sort of art work that Young German critics sought out:

> Die Gesinnungskritik des Jungen Deutschland [...] fragt auch unverblümt nach der politischen Gesinnung des Künstlers (die Schauspieler, in der Schauspielkritik, miteingeschlossen). In den zwanziger und dreißiger Jahren dient die politische Theaterkritik einer mehr versteckten politischen Stellungnahme.[68]

»[D]ie großen Fragen der Gesellschaft« that Heine finds so grandiosely expressed in Meyerbeer (DHA XII, 275) are no less present in »La Juive«, along with one key additional theme central to Heine's thinking: Jewish emancipation.

In a situation that bears similarity to that of Heine, biographers of Fromental Halévy disagree on the extent of his allegiance to Jewish faith and tradition.[69] The zeal with which his father pursued Jewish reform does not mean that the family ignored adherence to Jewish religious ritual. On the contrary, Elie Halévy's Talmudic studies and his concern for the proper religious and secular education of young Jews suggest that his children were raised with a knowledge, though perhaps not regular practice, of Jewish ritual. Léon records in his biography of Fromental that he and his brother »were taught at least basic Hebrew as children«.[70] Of particular interest in this respect is the extended description that Fromental wrote in his journal of a visit to the Jewish ghetto in Rome. In this narrative he projects himself as an outsider literally stumbling across the hidden door to the ghetto. Once inside, he describes a hidden synagogue, an overheard religious ceremony, and most interestingly, the various details of a Passover meal, details that later were portrayed in the famous Seder scene in Act II of »La Juive«. The depiction of the ghetto alleys – »d'étroits defiles qui ne méritent pas le nom de rues. Les maisons petites, basses, mal éclairées, étaient remplies de femmes, d'enfants, don't les vêtements attestaient la misère«[71] – faintly echoes details of the Frankfurt ghetto in Heine's »Der Rabbi von Bacherach« (DHA V, 131).

When Scribe first told Halévy of the subject matter of »La Juive«, the clash of Jewish and Christian faith and the martyrdom of Eléazar and Rachel at the hands of religious zealots, he was, as he wrote in his memoirs, deeply moved.[72] The nervous intensity with which he worked on the opera and the marked musical sophistication of the work as compared to his earlier efforts suggest that the Jewish subject matter played a significant role in the creative process. Not noted as a politically engaged liberal, Scribe nevertheless supplied Halévy with a libretto that squarely placed the persecution of Jews in Catholic dominated Europe at the center of the opera and thus directly confronted the bourgeois audience with the theme of latent anti-Semitism still present in French society despite, or indeed because of, the recent granting of full equal rights to Jews. Attacks on Jews had taken place as recently as 1830 and 1832 in Alsace; resentment of Jews in society at large was in no way eliminated through legislation.[73] That Scribe and Halévy deliberately chose to intensify the theme of Jewish persecution is evidenced in the history of the libretto's genesis. Originally the opera was to end with Rachel's conversion; there only Eléazar remains resolute in his Jewishness, taking leave of his adoptive daughter with the words, »A leur dieu sois fidèle! Moi je reste fidèle au mien!« After feverish rewriting, the final version of the opera has Rachel rejecting baptism offered by her biological father and steadfastly adhering to her Jewish faith:

> ELÉAZAR
> Ils veulent sur ton front verser l'eau du baptême,
> Le veux-tu, mon enfant?
> RACHEL
> Qui? Moi! chrétienne? Moi!
> La flame étincelle,
> Venez!
> ELÉAZAR
> Leur Dieu t'appelle!
> RACHEL
> Et le nôtre m'attend!
> C'est le ciel qui m'inspire,
> Je choisis le trépas!
> Oui, courons au martyre,
> Die nous ouvre ses bras![74]

The final chorus exalts in the vengeance taken on the Jews – »Oui, c'en est fait et des juifs nous sommes vengés« – as Rachel is thrown into a caldron of boiling water, with Eléazar to follow.

Heine cannot have been indifferent to this subject matter. The opera is set in the charged atmosphere of the opening of the Council of Constance in 1414, a pivotal event in the history of the Western Church that ultimately ended the papal schism. Scribe replaces the conflict between papal authority and the heretical views of Jan Hus and Jerome of Prague, both of whom were condemned and burned at the stake by the Council, with the historically inaccurate but dramatically effective conflict between the absolute authority of church and state, represented by the historical figure of Cardinal Jean-François de Brogni and the German Emperor Sigismund, and the resolute religious conviction of the discriminated Jew Eléazar and his adopted daughter Rachel, who is not only in love with a Christian prince disguised as a Jew but is also the Christian daughter of Cardinal Brogni. In one of grand opera's most shocking denouements this is only revealed at the moment Rachel is plunged into the boiling caldron when Elázar, having been begged by Brogni to tell him his daughter's fate, responds, »La voilà!«.

Scribe's decision to set »La Juive« against the backdrop of the Council of Constance sets the opera's theme of religious intolerance into what Hallman terms a »Voltairean context« that considerably fueled the controversy surrounding the anticlericalism in the work.[75] Press reviews following the premier immediately picked up on this. The liberal »Constitutionnel«, echoing language of Voltaire in his »Essai sur les moeurs et l'esprit des nations«, devotes several paragraphs to lambasting the historical Council; the Ultraloyalist paper »La Gazette de France« dismisses the opera's »elaborations voltairiennes« as odious.[76] Again, Heine surely must have taken note of this debate; his own critical views on Voltaire contained in »De l'Allemagne depuis Luther« had appeared in the »Revue des Deux Mondes« between March and December 1834; Renduel published »De l'Allemagne« in April 1835, not long after the premier of »La Juive«.

A closer look at the Jewish characters in the opera, their portrayal and their situation in the historical setting of the Council provides further arresting evidence of the relevance of »La Juive« to Heine's thinking. Eléazar and Rachel are to some degree literary stereotypes with which Heine was familiar, though recent researchers have argued that Scribe and Halévy develop the figures through both text and musical underscoring to a degree that takes them beyond mere operatic role types and adds dramatic complexity to the work.[77] Eléazar shares with Shylock both an undisguised love of money and deep paternal love for his daughter, and, as does Shylock, he expresses his deep-seated anger at the treatment accorded him by his Christian fellows. But as Sieghart Döhring has argued, while Eléazar stands in the tradition of similar romantically colored Jewish figures in theatre and opera, his detestation of his Christian oppressors is intensified by Scribe and Halévy to the level of the demonic; in sacrificing himself and his daughter in a paroxysm of hatred and revenge, he is transformed from a victim to a perpetrator.

> Aus der Sicht des Juden ist dies die reale Situation des Pogroms als Gegenstand seiner kollektiven Erfahrung, und es spricht für Scribes und Halévys unbestechlichen Blick auf historische Zusammenhänge, dass sie diesen Gedanken zum Schlüssel für die Psychologie der Rolle wie für die Dramaturgie des Stückes insgesamt gemacht haben.[78]

A few years later in »Shakespeares Mädchen und Frauen« Heine would give his own assessment of Shylock, one that downplays his Jewish fanaticism and sees in Shylock »nur einen Menschen, dem die Natur gebietet seinen Feind zu hassen« (DHA X, 119). In this context it would be surprising if Heine had not taken interest in the conflicted figure of the Jewish goldsmith Eléazar from Constance, who in early sources of the libretto was intended to be a rabbi, »a symbol of religious ardor«.[79]

Rachel is a character developed from the same sources that Heine used in creating »die schöne Sara« in the »Rabbi von Bacherach«. The influence on Scribe of Sir Walter Scott's popular »Ivanhoe« is everywhere evident in the opera, particularly in the portrayal of the beautiful and virtuous daughter with the tinge of eroticism in the tradition of »la belle juive«.[80] Scott's Rebecca, Heine's Sara, and Scribe/Halévy's Rachel share an exotic blend of beauty and sadness, notably expressed in their eyes; all three are steadfast in their love for their father or, in the case of Sara, for her husband, and in their adherence to their Jewish faith. Again, even if Heine did not attend the premier of »La Juive« it is likely he learned of the influence of both »The Merchant of Venice« and »Ivanhoe« on the work through press reports.[81] Scribe borrowed Rachel's situation from another source well-known to Heine, Lessing's »Nathan der Weise«. Like Nathan's daughter Recha, Rachel is an adopted daughter ignorant of her Christian roots until late in the drama; like Racha, she is loved by a Christian who, like the Templar, must wrestle with the conflict of love and faith. In a twist on the plot of Lessing's drama, in »La Juive« it is revealed that the Jew Eléazar had saved the young daughter of the Christian Brogni from a burning house in Rome.[82]

The Passover Seder scene in Act II of »La Juive« is unique in the operatic literature. Having devoted intensive work himself to the detailed description of the Passover ceremony that stands in the center of the first chapter of the »Rabbi von Bacherach«, it is difficult to believe that Heine would not have had a strong reaction to its musical realization in the opera. While some critics of »La Juive« have dismissed the religious ceremony as lacking any »recognizable Jewish element«, Hallman's musical analysis of the Passover prayer, »O Dieu de nos pères«, shows evident ties to Halévy's synagogue compositions.[83] The situation itself is highly dramatic and bears some similarities to the Passover scene in the »Rabbi von Bacherach«. Having endured fierce condemnation by a Christian mob outside the cathedral in Act I, even the threat of execution for working on a feast day, Eléazar and Rachel withdraw to a secret chamber in Act II to observe Passover in a ritualistic setting replete with authentic elements of the Seder ceremony that vividly contrasts with the loud pomp of the Christian ceremony in the earlier scene. Here, too, there is an intruder, the Christian prince Leopold who is disguised as the Jew Samuel and, in a dramatic moment, throws his piece of unleavened bread to the floor. The ceremony is unexpectedly interrupted by the entrance of Leopold's wife, necessitating the quick hiding of the Passover utensils. The genuine atmosphere of the Jewish religious ceremony is then starkly contrasted by the negative trait of the Jewish goldsmith, his bargaining for the highest possible fee for a jeweled necklace he is commissioned to make for Leopold's wife.

The overlap between the intent and thematic content of »La Juive« with Heine's fragmentary novel, »Der Rabbi von Bacherach« is significant. Both works are set in an historical context that is vividly defined, both use a particular, specific instance of Jewish persecution as representative of the general fate of Jews in Christian-dominated Europe, and both clearly intend for the ostensibly distant example of Jewish oppression to stir the consciousness of contemporary European society dealing with the very immediate issue of Jewish emancipation and assimilation. The Halévy/Scribe collaboration overlays the theme of religious intolerance with the inflammatory political question of governmental authority over the rights of the individual, a theme that dominates Heine's journalistic writings of the 1830s.

Given the force of »La Juive's« religious and political message, its immediate and widespread discussion in the Paris press, Heine's own journalistic aspirations in the mid 1830s, and, most significantly, the proximity of the Jewish setting and themes of the opera to Heine's own literary treatment a decade earlier, it is more than idle speculation to ask why Heine took no apparent notice of the work. There are numerous possible reasons, of course. If Heine did indeed attend the premier he may in the first place have been distracted from the opera's more serious themes by the spectacle of the production. Even if he did not see the staging, he could easily have read about it in the Parisian press which reported extensively on the lavish and extremely expensive *mise en scène*. About the festive procession in Act I, replete with elaborately costumed warriors in real metal armor and riding actual horses supplied by the Famous Franconi Circus, one newspaper ironically cautions, »If one is not careful, the Opéra will become a power capable of throwing its armies into the balance of Europe«.[84] The festival in Act III is described by another observer in breathtaking terms as »one of the most beautiful spectacles of nature [...] It is the medieval period itself in all the infinite variety of its dress and its hierarchy«.[85] Unfriendly press reports were particularly disdainful of the manner of execution presented on stage at the opera's conclusion, one writer mocking the cauldron on stage in which the Jews are boiled alive as a »big pot of stew«.[86] Given the distain that he would express for Véron's »Pracht- und Spektakelstücke« in 1837 (DHA XII, 284) it is more than likely that Heine would have viewed the spectacle of Véron's »La Juive« with derision. In the letter to Meyerbeer of April 6, 1835 he makes mention of the production's »Coulissen« and »Trompeten« (HSA XXI, 103). Yet he, unlike Karl Gutzkow, nowhere seizes the opportunity to disparage the obvious excesses of this production.[87]

The most straightforward explanation as to why is simply that at the time of the premier of »La Juive«, February 1835, Heine had no immediate venue for a musical report. The series of articles on »Französische Zustände« that he had sent to Cotta's »Allgemeine Zeitung« since 1831 had been halted at the end of 1832 because of sharpened censorship and pressure brought to bear on the publisher, Baron Cotta, by the Metternich government. The intervening years had seen Heine struggling to maintain a foothold as a journalist and lamenting the debilitating effect of the repressive measures in Germany on his freedom as a writer. He was at odds with both Julius Campe and Cotta because of their tampering with his texts and tried to undo the damage and salvage his reputation with a series of published exculpations, the most notable being the »Vorrede zur Vorrede« of »Französische Zustände« of 1833 (DHA XII, 451). At the same time, however, Campe and Kolb urged Heine to tone down his political rhetoric and consider submitting articles on non-political topics.[88]

As Michael Mann has shown, particularly after the ban on his writing by the Bundestag in December 1835, the reports on the musical life of Paris offered Heine a relatively »harmless« alternative for continuing to support his earnings through journalistic activity, as »notgedrungener Ersatz für die freie politische Meinungsäußerung«.[89] One such opportunity was offered by Maurice Schlesinger, who invited Heine to contribute to his recently founded »Gazette musicale des Paris«.[90] Another invitation came from August Lewald, who in January of 1835, shortly before the premier of »La Juive«, sought to interest Heine in collaborating on a new journal devoted to European theatre, »Allgemeine Theater-Revue«. After several further requests from Lewald Heine finally submitted two musical reports to the »Theater-Revue« in 1837. These became the Ninth and Tenth Letters in »Ueber die französische Bühne. Vertraute Briefe an August Lewald«, articles that Heine described to Campe as »das beste Stück der Arbeit« (HSA XXI, 219).

It is evident that had Heine wished to report on »La Juive« he could have found a venue, as he did a year later following the 1836 premier of Meyerbeer's »Les Huguenots«. He set to work on this article within days and it appeared in the »Allgemeine Zeitung« less than two weeks following the performance. Ten days later Robert Schumann reprinted portions of the article in his »Neue Zeitschrift für Musik«.[91] Appearing under the title »Meyerbeers ›Hugenotten‹ und Rothschilds Renaissance-Palast«, the article deals less with the opera than its composer. The music is described in generalities – »er tritt diesmal mit ganz neuen Formschöpfungen hervor, er schafft neue Formen im Reiche der Töne; und auch neue Melodien giebt er« – and no mention at all is made of the work's dramatic subject matter (DHA XII, 295). The review takes a curious turn when, after comparing Meyerbeer's artistic temperament to that of Goethe, Heine dwells on Meyerbeer's sensitivity to noise – »Schon die Nähe einer Katze kann ihn aus dem Zimmer treiben« – before admonishing his readers not to be mislead by negative press, »hervorgerufen durch den kolossalen Erfolg von Robert le Diable«, orchestrated by the rival publishing house of the Brothers Escudier (DHA XII, 296). The exclamatory remark, »Das war Musik«, that concludes the laudatory review of »Les Huguenots« and leads into the second spectacle of the evening, the Rothschild ball, reflects less on the music than on the reverence of Meyerbeer's adoring public.

Did Heine avoid discussion of Halévy's »La Juive« out of deference to Meyerbeer? Mann reviews the literature surrounding the supposed scandal that Heine was bribed by Meyerbeer and concludes, largely on the basis of the study by Heinz Becker, that no bribery was involved.[92] While unsavory dealings of the type that the anti-Semite Adolf Bartels accused Heine of in 1912 may be out of the question, the fact remains that Heine repeatedly asked Meyerbeer for money and did this pointedly in the letter of April 6, 1835 mentioning »La Juive«.[93] This and other such requests recorded in letters to Meyerbeer in the 1840s need to be taken in the context of Heine's close relationship with the Beer family and the overall generous attitude of the wealthy composer toward Heine's frequent financial difficulties. Jewish solidarity – »das alte Prinzip der Schicksalsverbundenheit und Solidarität der jüdischen Minoritäten untereinander«[94] – may come into play here; however, Meyerbeer's oft-noted sensitivity to attacks in the press and his healthy respect for the power of Heine's pen undoubtedly contributed to his largesse toward Heine. In a mysterious letter thought to date from January 1840 Heine appears to ask Meyerbeer for a sum of 300, or better 500 francs to pay off in cash a certain German music critic with the code name »Lumpazius« (HSA XXI, 344).[95]

With respect to Halévy, it is consistent that Heine took Meyerbeer's part in the rivalry between the two composers, a rivalry that became considerably more formidable with the appearance of »La Juive« in the Opéra's repertoire. It is perhaps telling that Heine lavishes praise on Meyerbeer in the letter of April 6, 1835 – »ich schreibe an den zweyten Meyerbeer, den Maestro divino, den Schöpfer, den Triumphator mit dem Lorbeerkranz, den Geisterfürsten, an den die Menschen, eben so wie an mich, noch lange denken werden« – and that he takes care to refer to progress on the long-awaited »Les Huguenots«, both before mentioning »La Juive« (HSA XXI, 102f.). And, as we saw, Heine gives a one-sided, if not deliberately false assessment of the opera's reception. One evaluation of the Paris press reviews following the premier of »La Juive« concludes,

The reviews make clear that, from the beginning, critics by and large reacted with enthusiasm to La Juive, though audiences were somewhat slower to warm to it. Judicious cuts after the first performance went a long way towards making it more palatable to paying customers.[96]

A second analysis of the opera's initial reception reaches a similar conclusion:

> Although the staging attracted much critical attention, the reviews testify that this alone was not responsible for the impact of La Juive. The music itself – especially that of Act II – and the vocal and dramatic characterizations of the principal singers, all contributed significantly to the opera's eventual triumph.[97]

In several places Heine alludes to his allegiance to Meyerbeer in the rivalry with Halévy. Rudolph Seeliger recalls a conversation between Heine and Heller in 1839 in which Heine joked, »[...] Halevy sei durch Intriguen Meyerbeers bestochen, daß er jetzt so viel schreibe, damit man um so deutlicher sähe, wie wenig an ihm sei«.[98] In a passage added in »Lutezia« to the »Allgemeine Zeitung« report of June 12, 1840 Heine places the same joke in the mouth of Spontini: »Halevy genirt seinen Confrater nicht, und dieser würde ihn sogar dafür bezahlen, daß er nur existiere, als ungefährlicher Scheinrival« (DHA XIII, 70). The purpose here, however, is less to disparage Halévy than to mock Meyerbeer, for by this point Heine's earlier enthusiasm for Meyerbeer's music had been replaced by derision arising from his disillusionment with Meyerbeer's politics and his abandonment of the earlier held belief that Meyerbeer's powerful music expressed the voice of the people in the post-Revolutionary years. By the late 1840s Meyerbeer was for Heine no longer »der Mann seiner Zeit« (DHA XXII, 276) but rather a »Maitre de plaisir der Aristokrasie« (DHA X, 332).

Despite being firmly in the Meyerbeer camp in the 1830s and early 1840s, there are indications that Heine thought more highly of the rival Halévy than meets the eye and that he tempered his praise to mollify Meyerbeer. In a letter of 24 March, 1838 Heine dismisses the Halévy/Scribe opera »Guido et Ginevra ou La peste de Florence« that had premiered several weeks earlier as »schlecht« and »langweilig« but goes on to add:

> Und dennoch es ist etwas in der Oper was mir Respekt einflößt für Halevy, es wird mir nur nicht deutlich was es ist. Es ist etwas zwar langweiliges, aber deutsch Solides in ihm, das vielleicht unseren Landsleuten gefällt; er haschst nicht nach Effekt, er geht so methodisch zu Werk, das man fast vor Ungeduld aus der Haut oder wenigstens aus der Loge springen möchte. (HSA XXI, 268)

This admission that the solid, methodical, German quality of Halévy's music earns Heine's respect is, however, immediately qualified in favor of Meyerbeer:

»Er ist Künstler, aber ohne einen einzigen genialen Funken. Ich kenne einen Meister, bey dem alles Flamme und Kunst zu gleicher Zeit ist! [...] Welche Triumphe erlangen Sie über Ihre Gegner!« (ibid.). In a commentary on Halévy and Casimir Delavigne's »Charles VI« in 1843, republished in »Lutezia« without the long passage on Meyerbeer that follows, Heine describes the composer in similar terms, concluding about the collaborators,

> [...] sie leisteten immer etwas Erquickliches, etwas Schönes, etwas Respektables, Akademisches, Classisches. Beide sind dabey gleich edle Naturen, würdige Gestalten, und in einer Zeit, wo das Gold sich geitzig versteckt, wollen wir an dem kursirenden Silber nicht gringschätzend mäkeln«. (DHA XIV, 52)

Faint praise indeed, perhaps, yet Heine seems to harbor a respect for Halévy's honest »Silber« as compared to Meyerbeer's hidden »Gold«, by which he means the composer's »Le Prophète« which, he goes on to explain, is now awaited with skepticism in Paris fueled by Meyerbeer's appointment as Court Music Director in Berlin: »Es bildet sich hier schon ohnehin eine sonderbare Reakzion gegen Meyerbeer, dem man in Paris die Huld nicht verzeiht die ihm zu Berlin gnädigst zu Theil wird« (DHA XIV, 245 – in »Lutezia« he left this remark out).

Heine has a similarly ambivalent reaction to Halévy's opera »Le Lazzarone« that premiered at the Opéra on March 23, 1844. While there is no evidence that he attended the premier, he includes a report on the opera's failure in the second report on the »Musikalische Saison von 1844«, which Mann surmises was quickly written and added to the first report largely in order to render support for Meyerbeer in the rivalry with Halévy: »Honig für Meyerbeers Ohren mußten Heines etwas überlaute Bemerkungen sein über das ›Mißgeschick‹ der neuen Oper Halévys, dessen Erfolge den Meyerbeerschen zeitweise den Rang abliefen«.[99] Heine has nothing to say about the work itself, reporting simply that »Dieses Werk hat ein schreckliches Schicksal gehabt« and adding the disparaging pun, »Halevy hat hier sein Waterloo gefunden, ohne je ein Napoleon gewesen zu sein« (DHA XIV, 282). He continues with a passage that maintains that the »Pylades« Schlesinger was abandoning his »Orestes« Halévy due to the failure of »Le Lazzarone«. This statement was patently false; Schlesinger stuck by Halévy and sought to salvage »Le Lazzarone«. Volkmar Hansen speculates that Heine removed the offensive passage from »Lutezia« because it was inaccurate (DHA XIV, 1502); however, it seems just as likely that he did so because by the later date he no longer felt obliged to flatter Meyerbeer. The »Lutezia« variant is sympathetic in tone: »Dieses Werk hat ein trauriges Schicksal gehabt; es fiel durch mit Pauken und Trompeten. Ueber den Werth enthalte ich mich jeder Aeußerung; ich konstatiere bloß sein schreckliches Ende«. (DHA XIV, 137) In the French version Heine goes further and praises Halévy as »un grand artiste«, writing about »Le Lazzarone«, »C'est l'œuvre d'un grand artiste, et je ne sais pas pourquoi elle est tombée. M. Halévy est peut-être trop insouciant et ne cajole pas assez M. Alexandre, l'entrepreneur des success et le grand ami de Meyerbeer«. (DHA XIV, 228) Mann posits that Heine omitted the hurtful language in »Lutèce« out of consideration for Halévy, »weil Halévys Kunst ihn zwar ›langweilt‹ aber im Grunde ›Respekt‹ enflößt«.[100] But the statement seems to go further than this in its respect for both Halévy's artistic worth and his character. Heine here echoes the opinion that Halévy was an essentially decent, honest man who, unlike Meyerbeer, eschewed manipulative, »cajoling« tactics to further his own career.

None of this, of course, explains why Heine avoided any reference to that work of Halévy's that seriously challenged Meyerbeer's supremacy on the Paris stage and was clearly superior to the operas that Heine does mention in his musical reports, namely »La Juive«. It is simplest to argue that Heine was distracted in early 1835 by more urgent concerns: anger regarding what he calls the »mutilation« of »Salon II«, expressed in the »Erklärung« of March 19, 1835 (DHA VIII, 495); pressure from Campe on March 15 for news about the next publication (HSA XXIV, 299); the ongoing struggle to maintain a literary footing and political legitimacy in the face of attacks from Börne and Menzel; and last but not least the turbulent love affair with Mathilde that had begun in October 1834.

The more compelling, underlying reason why Heine ignored commenting on »La Juive« and its impact on the 1835 opera season in Paris must have to do with its subject matter. On September 26 of this year Heine published an astonishing statement in the »Journal des Débats«: »Il n'appartient pas à la religion israélite; il n'a jamais mis le pied dans une synagogue«. (DHA XV, 105) This was in response to a notice that had appeared in the paper a few days earlier identifying Heine as an »Israelit« and one of the »chefs libéraux qui sont en fuite«.[101] Similar disavowals of his Jewishness are found elsewhere in the 1830s, for example in »Über den Denunzianten« in 1837, where Heine makes the famous remark in response to Menzel's charge that the Young Germans consisted of »Franzosen und Juden«: »[...] man wendet sich nicht an die überwelken Reitze der Mutter, wenn einem die alterndeTochter nicht mehr behagt«. (DHA XI, 164f.)[102] Having announced in »Seraphine VII« his rejection of both Judaism and Christianity in favor of »Die Kirche von dem dritten, / Dem dritten neuen Testament« (DHA II, 34), Heine was at pains to distance himself from both monotheistic religions, necessitating obfuscation about his religious roots. In a long letter of October 1835 in response to »De l'Allemagne«, Prosper Enfantin called on Heine to reread his »Nouveau Christianisme«, addressing him as the »Prophète« of the new religion in Germany (HSA XXIV, 347). That this call may have intensified Heine's desire to avoid identification with Judaism is evident in the urgent letter Heine wrote to Laube in November where he interprets Enfantin to mean that he, Heine, is the »Kirchenvater der Deutschen«, that is, the champion of a new, »gesunde Religion«. Enemies of Young Germany, Heine writes, have adopted the insidious strategy of labeling him a Jew, relegating him to the synagogue, »mich, den geborenen Antagonisten des jüdisch-mahometanisch-christlichen Deismus« (HSA XXI, 126). This attitude also explains why Heine fought tenaciously, though unsuccessfully, to keep his name out of an anthology of famous Jewish writers being published in Germany at the time.[103]

Heine's non-reaction to the Jewish-Christian conflict in Halévy's »La Juive« may be an example ex nihilo of what Jeffrey L. Sammons calls »his sometimes drastic expression of repudiation of Jewishness«. Sammons notes that Heine evidenced a »lack of solidarity with his fellow Jews«, something that is particularly prominent in Paris, where he came into contact with a »high proportion of them«.[104] This certainly seems to hold true of his acquaintance with Léon and Fromental Halévy and with the Jewish supporters of Saint-Simonism. What Sammons describes as Heine's »lack of direct and explicit interest in contemporary Jewry« is apparent in his avoidance of commentary on the dramatic difference in the status and treatment of Jews in France as compared to Germany that he encountered when he arrived in Paris.[105] Robert C. Holub attributes the diminishment of Heine's obvious self-doubt about his conversion in the 1830s to the fact that »in Paris he was no longer confronted with the ambiguous position of a German Jew« and adds that »In the 1830s we find an even greater endeavor to dissociate himself from Judaism«.[106] Dolf Sternberger takes a more drastic position, arguing that with the abandonment of work on »Der Rabbi von Bacherach« Heine gave up his Judaism entirely and would, upon arrival in Paris, embrace heathenism.[107]

Halévy's »La Juive« offered Heine the opportunity to renew in one form or another his engagement with the burning issue of Jewish emancipation that had occupied him for much of the 1820s. He chose neither to use the journalistic venue nor to return to the obvious choice in the poetic, the unfinished »Rabbi von Bacherach«. Heine had considered including the »Rabbi« in »Salon I« in 1832 (HSA XXI, 39), and Campe reminded him of the pending novel on November 5, 1834 (HSA XXIV, 278). That Heine had earlier drafts, if not the manuscript, of chapters 1 and 2 of the »Rabbi« with him in Paris is expressed in a letter to Campe of 1837 (HSA XXI, 196). In a recent reassessment of the fragmentary novel Bernd Witte has detailed how Heine's commentary on the Passover ritual and the Haggadah represents the displacement of the once intimate and unifying Jewish ceremony into the existential crisis of the Galut. Simultaneously, Witte argues, Heine's retelling of the flight of the Jews out of Egypt is itself a literary flight from the canonical form of the Talmud into the fiction of modernity.[108] It would take the shock of the Damascus Affair in 1840 to motivate Heine to complete what Witte judges to be a text that ushers in a new mode of fictional discourse in European literature »aus dem Geist des Judentums«.[109] At the time of »La Juive« Heine may have wished to »to leave Jewishness«. With the appalling reemergence of the myth of ritual murder of Christians by Jews in Damascus it is clear that Jewishness had not left Heine.[110]

Notes

[1] Fritz Mende assigns a star to this entry in his chronicle of Heine's life, signifying that the event is not documented with certainty. Mende ²1981, 123.

[2] Diana R. Hallman: Opera, Liberalism, and Antisemitism in Nineteenth-Century France: The Politics of Halévy's »La Juive«. Cambridge 2002, 317f.

[3] Ibid., 1.

[4] Ibid., 143.

[5] Ibid., 34ff.

[6] Ibid., 317f.

[7] See Karl Leich-Galland (ed.): Fromental Halévy, »La Juive«: Dossier de presse parisienne (1835). Saarbrücken 1987, 59.

[8] William Albright. »La Juive« (review). – In: The Opera Quarterly 19, No. 3, 2003, 567.

[9] Mende speculates that Heine attended another performance of »La Juive« on January 4, 1841, but this event is also undocumented. Mende, 189.

[10] See Michael Mann: Heinrich Heines Musikkritiken. Hamburg 1971, 57.

[11] Jörg Aufenanger. Heinrich Heine in Paris. München 2005, 43.

[12] Mende, 91. See also: Jan-Christoph Hauschild and Michael Werner: »Der Zweck des Lebens ist das Leben selbst«. Heinrich Heine. Eine Biographie. Köln ²1997, 295.

[13] See Mann [endnote 10], 127f. Mann references the indices to Hirth's edition of Heine's letters and to Houben's »Gespräche mit Heine« »[f]ür einen Überblick der mehr oder minder intimen Beziehungen Heines zu all diesen Männern«. Ibid.

[14] »Ich bin jetzt ein fleißiger Besucher der Oper, ein Anhänger von Ludwig Phillipp, meine Backen sind roth, zwey Finger an der linken Hand sind gelähmt, ich trage helle Röcke u bunte Westen – Sie werden mich kaum erkennen«. HSA XXI, 40.

[15] Ina Brendel-Perpina: Heinrich Heine und das Pariser Theater zur Zeit der Julimonarchie. Bielefeld 2000, 197f.

[16] Here, too, Mende lists Heine's attendance as questionable. 94.

[17] See Jocelyne Kolb: Heine's Amusical Muse. – In: Monatshefte 73 (1981), No. 4, 393. Heine's lack of formal musical knowledge must have been quite obvious. His composer friend Hiller good-naturedly recalls, »Theoretisch oder praktisch verstand Heine garnichts von Musik« and relates that Heine laughingly acknowledged his own ignorance about the term »Generalbass«. Werner I, 234. Most damning in this regard is Ludwig Börne's report to Jeanette Wohl immediately following Hiller's concert on December 4, 1831, in which he claims Heine was

totally »unwissend in Musik« and unable to recognize the movements of Hiller's symphony. Werner I, 252f.

[18] Ferdinand Hiller recalls about Heine, »Die Musik interessirte ihn nicht übermäßig«. Werner I, 232. »Daß er von Musik tief ergriffen gewesen wäre, hatte ich nie zu bemerken Gelegenheit«. Ibid., 234. Hiller adds, »Er, der den Liedercomponisten so Herrliches geboten, wußte doch nicht so recht, was dem Musiker frommte«. Ibid., 233. Christine de Belgiojoso records in a letter to Caroline Jaubert that Heine told the composer Vincenzo Bellini outright that he neither knew nor was interested in getting to know the composer's work. Ibid., 307. Caroline Jaubert recalls that in later years it was Mathilde who hauled Heine along to concerts; and she adds about Heine's professed preference for »la grande musique,« »Ce qu'il entrendait par là serait difficile à préciser, fuyant également l'Opéra, les Italiens et le Conservatoire. Peut-être ne goûtait-il que les symphonies qu'il entendait en rêve«. Ibid., 340.

[19] See Mann [endnote 12], 22f. See also Brendel-Perpina [endnote 15], 187.

[20] Hauschild und Werner [endnote 12], 252.

[21] Ibid. See also Mann [endnote 17], 14: »Es geht ihm [Heine] also in der Musik wie in der Malerei um das ›Aufdecken der Zeitsignaturen.‹«

[22] Heine's mockery is aimed at both Fétis and his son, also a music critic, allowing for an unsavory pun: »Ich kenne nichts Unerquicklicheres, als eine Kritik von Monsieur Fetis, oder von seinem Sohne, Monsieur Foetus, wo a priori, aus letzten Gründen, einem musikalischen Werke sein Werth ab- oder zuraisonnirt wird«. Mann sees Heine's sallies aimed at academic music criticism coming »aus dem Geist der französischen Romantik« and his specific sortie against Fétis as support for Liszt in his feud with the critic. [endnote 17], 204.

[23] Z. M. B. Graf: »Composer and Critic,« 200 Years of Musical Criticism. New York 1946, 208. Cited in Mann [endnote 10], 22.

[24] Mann [endnote 10], 38f. Schlesinger may be best remembered for employing the destitute Wagner to transcribe Meyerbeer's scores for the piano during his unsuccessful Paris years, 1840–41.

[25] See Heine's account in »Lutezia«, DHA XIII, 128, published first in the »Allgemeine Zeitung,« April 29, 1841. See also Mann [endnote 17], 119f.

[26] Heine asks Varnhagen to send him mail care of Schlesinger's address in Paris. HSA XXI, 20.

[27] See Heine's ill-tempered letter to Schlesinger of May 27, 1837, HSA XXI, 211.

[28] DHA III, 241f. In »Festgedicht« Heine satirizes the role of the Jewish press in promoting »Le Prophète« and also makes ironic reference to the opera's completion after thirteen years as a miracle akin to the parting of the Red Sea. Schlesinger is called »ein Beduine, Ein berühmter Rattenfänger«. Ibid. See DHA III, 1004.

[29] See DHA III, 1004.

[30] See Mann [endnote 17], 201, 204.

[31] Karin Pendel: Eugene Scribe and French Opera of the Nineteenth Century. – In: The Musical Quarterly 57 (1971), 536.

[32] Mann [endnote 17], 234.

[33] Herbert Schneider: Scribe, Eugène. – In: Grove Music Online. Web. 28 Mar. 2010. Oxford Music Online. <http://www.oxfordmusiconline.com/subscriber/article/grove/music/25268>.

[34] Pendel [endnote 31], 537.

[35] Like Schlesinger and Véron, Scribe was a shrewd business man and amassed a considerable fortune. He was, however, also generous in his support of fellow artists and »set up a fund for

former colleagues in need, and other impoverished musicians and dramatists, into which he paid 13,000 francs a year«. Schneider [endnote 33].

[36] For the rhyme with »Liebe« to work, of course, »Scribe« must be pronounced in German, perhaps a jibe at the German composer Meyerbeer's catering to the French public's taste.

[37] See Hallman [endnote 2], 84.

[38] See Wendy Thompson and Tim Ashley: Halévy, Jacques (François) Fromental (Élie). – In: The Oxford Companion to Music. Ed. Alison Latham. Web. 28 Mar. 2010. Oxford Music Online. <http://www.oxfordmusiconline.com/subscriber/article/opr/t114/e3094>.

[39] Ibid.

[40] »Das war der Pascha der Rue Richelieu 97 [Schlesinger], mit den sechs Roßschweifen: Meyerbeer, Halevy, Donizetti, Auber, Berlioz und Liszt«. Werner I, 465.

[41] Werner I, 395.

[42] Hugh Macdonald: Halévy, Fromental. – In: Web. 28 Mar. 2010. Grove Music Online. Oxford Music Online. <http://www.oxfordmusiconline.com/subscriber/article/grove/music/12213>.

[43] John W. Klein: Halévy's »La Juive«. – In: The Musical Times, 114, No. 1560, 1973, 141.

[44] Mina Curtiss: Fromental Halévy. – In: The Musical Quarterly, 39, No. 2, 1953, 196.

[45] »Halévy spent much of his life in awe of Meyerbeer, whose talents he thought superior to his own«. Matthew Boyden: Opera: The Rough Guide. London 1997, 126. Cited in Albright [endnote 8], 569.

[46] See Klein [endnote 43], 141.

[47] See Hauschild and Werner [endnote 8], 219ff. For the participation in and writings about Saint-Simonism on the part of the Halévys and Nouritt see Hallman [endnote 2], 47ff. About Nouritt Hallman notes, »Nouritt's blending of theatrical and social roles actualized a belief in the mission of artists as leaders in social reform that was espoused by Saint-Simonians—including the singer«. Ibid., 19.

[48] Quoted in Hallman [endnote 2], 337. Ralph P. Locke argues that this article was »largely written by Léon Halévy« rather than Saint-Simon: Music, Musicians and the Saint-Simonians. Chicago 1986, 37. See Hallman, ibid., 64 (footnote).

[49] Locke, ibid., 35. Cited in Hallman, ibid., 49.

[50] Hallman, ibid., 50.

[51] See Donald Egbert: Social Radicalism and the Arts. New York, 1970, and Jane F. Fulcher: The Nation's Image: French Grand Opera as Politics and Politicized Art. Cambridge 1987. For an analysis of how the reception of Meyerbeer's operas mirrors the political expectations of the post-Revolutionary regime, see Jane Fulcher: Meyerbeer and the Music of Society. – In: The Musical Quarterly 67 (1981), No. 2, 213–229.

[52] French Grand Opera and the Quest for a National Image: An Approach to the Study of Government-Sponsored Art. – In: Current Musicology 35 (1983), 40f.

[53] Meyerbeer and the Music of Society [endnote 51], 224–25.

[54] See Barrie M. Ratcliffe: Crisis and Identity: Gustave d'Eichthal and Judaism in the Emancipation Period. – In: Jewish Social Studies 37 (1975), No. 2, 122–140.

[55] Zosa Szajkowski: The Jewish Saint-Simonians and Socialist Antisemites in France. – In: Jewish Social Studies 9 (1947), No. 1, 34–35.

[56] Heine sent several copies of the letter/brochure to Campe. An abridged translation was published in the »Staats- und Gelehrten Zeitung des Hamburgischen unpartheiischen Correspondenten« in February 1836. See HSA XXIVK, 265.

⁵⁷ Léon Halévy wrote several articles on Jewish affairs and two short histories of Judaism: Résumé de l'histoire des juifs anciens. Paris 1825; Résumé de l'histoire des juifs modernes. Paris 1828. See Szajkowski [endnote 55], 43. Regarding »La Juive« Hallman notes, »Unlike their counterparts in the twentieth century, writers and musicians of the nineteenth century generally viewed »La Juive« as a »Jewish opera« – for better or worse – with some recognizing a certain ethnic aura as well as personal connections of the composer to its subject«. She adds that Cosima Wagner, and presumably Richard, regarded the opera as a »Judenoper«. [endnote 2], 21.

⁵⁸ The Charter of 1830 removed the clause in the Charter of 1814 that declared Catholicism to be the state religion of France, and on February 8, 1831 the law was passed that granted rabbis a state subsidy. See Hallman [endnote 2], 8f.

⁵⁹ Ibid., 75–83.

⁶⁰ Ibid.

⁶¹ Ibid., 73f.

⁶² »From this catechism, along with Halévy's pro-Napoleonic poetry, Talmudic interpretations, biblical poetry, unpublished writings, and work for ›L'Israélite française,‹ emanates a passionate zeal for the intellectual and political fusion of Jews and non-Jews, balanced by a retention of Judaic faith«. Hallman, ibid., 82.

⁶³ Fromental wrote a choral work entitled »Juillet 1830,« Léon two poems, »La Marseillaise de 1830« and »Hymne national en l'honneur des morts et des blesses des grandes journées de juillet 1830«. Ibid., 53f.

⁶⁴ Elizabeth Lamberton: Review of Fromental Halévy: La Juive. Dossier de presse parisienne (1835) by Karl Leich-Galland . – In: Notes (Music Library Association), Second Series, 50 (1993), No. 2, 579.

⁶⁵ Karl Leich-Galland: Ein Meisterwerk der Grand Opéra in der Erstfassung. Web. 2 April 2010 <http://www.alkor-edition.com/juiveger.htm>.

⁶⁶ Väterliche Liebe und Christenhass. Die Rollengestalt des Éléazar in Halévys »La Juive«. – In: Judenrollen. Darstellungsformen im europäischen Theater von der Restauration bis zur Zwischenkriegszeit. Ed. by Hans-Peter Bayerdörfer and Malte Fischer. Tübingen 2008, 21.

⁶⁷ [endnote 2], 5.

⁶⁸ E. Meunier and H. Jessen. Das deutsche Feuilleton. Berlin 1931, 74f. Cited in Mann [endnote 10], 20.

⁶⁹ Curtiss judges that Halévy »seems either to have lacked or evaded any awareness of his inheritance, either social or religious«. [endnote 44], 197. A biographer of the librettist Ludovic Halévy, Léon Halévy's son, concludes that it was through Fromental that »the family severed all traditional ties with Hebrew beliefs and culture«. Eric C. Hansen: Ludovic Halévy: A Study of Frivolity and Fatalism in Nineteenth Century France. Lanham, MD 1987, 3. Cited in Hallman [endnote 2], 74. Hallman reaches a more measured conclusion: »Although they were clearly non-traditional Jews, it is misleading to speak of either [Léon or Fromental Halévy] as a Jew ›in name only.‹ Instead, they embody a changing identity among the first generation of educated, post-emancipation French Jews – the new *israélites* – who were eager to participate more fully as citizens while searching for alternative ways in which to retain their heritage«. Ibid.

⁷⁰ F. Halévy: Sa Vie et ses oevres. Paris ²1863, 8. Cited in Hallman, ibid., 91.

⁷¹ Cited in Hallman, ibid., 90.

⁷² See Hallman, ibid., 2.

⁷³ See Friedrich Battenberg: Das Europäische Zeitalter der Juden. Darmstadt 1990, vol. II, 137.

[74] See Hallman [endnote 2] for a complete analysis of the evolution of the libretto and particularly its ending. 193ff.

[75] Ibid., 125–149.

[76] Ibid., 144–149. Hallman includes longer excerpts from the two reviews (in French and English) in an appendix, 329–333. For the full reviews, along with sixteen further newspaper articles published shortly after the premier of »La Juive« that illustrate the full political spectrum of opinions, from Republican to Ultaroyalist, see Leich-Galland [endnote 7].

[77] See Döhring [endnote 66] and Hallman, ibid., 210–252.

[78] Döhring, ibid., 39.

[79] Hallman [endnote 2], 170.

[80] Ibid., 213–234.

[81] Ibid., 213.

[82] Ibid., 233. Hallman references a program note for the 1999/2000 production of »La Juive« at the Vienna Staatsoper in which Hans Ulrich Becker connects a chorus phrase in the opera to a line in »Nathan«.

[83] See Ruth Jordan: Fromental Halévy: His Life and Music, 1799–1862. London 1994, 104. Cited in Hallman, ibid., 181.

[84] Cited in Albright [endnote 8], 568.

[85] Ibid.

[86] Cited in Hallman [endnote 2], 147.

[87] Karl Gutzkow: Briefe aus Paris. Leipzig 1842, 75f. Cited in Mann [endnote 10], 58.

[88] In a letter of September 1832 (not in 1840, as Mann assumes [endnote 10], 29–30) Kolb describes the icy effect of the latest suppressive measures on the press (HSA XXIV, 143). In January 1833 Heine informs Cotta that given the strictures he no longer has meaningful reports to submit to the paper (HSA XXI, 47). For his part, with his eye on the literary market and the German censors, Campe advises Heine in November 1833, »Doch thun Sie beßer, es hübsch mäßig zu treiben« (HSA XXIV, 219). Out of frustration Heine declares in March 1834, »Ich zieh mich aus der Politik zurück. Das Vaterland mag sich einen anderen Narren suchen«. (HSA XXI, 80)

[89] [Endnote 10], 29, 31.

[90] See Anne Randier-Glenisson: Maurice Schlesinger, Editeur de musique et fondateur de la »Gazette musicale de Paris« 1834–1846. – In: Fontes artis musicae. 38 (1991), 37–48.

[91] See Mann [endnote 17], 198–99.

[92] Heinz Becker: Der Fall Heine – Meyerbeer. Neue Dokumente revidieren ein Geschichtsurteil. Berlin 1958. Cited in Mann [endnote 10], 104.

[93] Adolf Bartels: Heine und Meyerbeer. – In: Deutsch-Soziale Blätter. 27 1912, 661–667.

[94] Hauschild and Werner [endnote 12], 397–399.

[95] Hauschild and Werner judge Heine's efforts on behalf of Meyerbeer in the Paris press campaigns to be not entirely free of self-interest: »Nun waren aber auch hier [...] nicht nur humanitäre Interessen im Spiel«. Ibid. They point out, however, that Meyerbeer continued to support Heine even after Heine repudiated him publicly in 1847. Ibid., 400. See also Mann [endnote 10], 105.

[96] Steven Huebner: Review: Fromental Halévy, ›La Juive‹: Dossier de presse parisienne (1835) by Karl Leich-Galland , La Critique parisienne des ›grands opéras‹ de Meyerbeer: ›Robert le diable‹, ›Les Huguenots‹, ›Le Prophète‹, ›L'Africaine‹ by Marie-Hélène Coudroy. – In: Music & Letters, 71 (1990), No. 4, 579.

[97] Lamberton [endnote 64], 579.

[98] Werner I, 404.
[99] [Endnote 17], 233.
[100] [Endnote 10], 102.
[101] See Mende, 129.
[102] The unpublished variant of this passage phrases the thought differently, though more honestly: »Er [Menzel] behauptet, wir wären alle Juden, obgleich kein einziger von dem Jungen Deutschland sich zum Kultus des Mosis bekannte und auch keiner, mit Ausnahme Ihres gehorsamen Dieners, einen Tropfen jenes glorreichen Blutes in sich trug, dem unser Herr und Heiland entsprossen«. DHA XI, 226.
[103] See B V, 597f.
[104] Jeffrey L. Sammons: Who did Heine Think He Was?. – In: Heinrich Heine's Contested Identities: Politics, Religion, and Nationalism in Nineteenth-Century Germany, ed. by Jost Hermand and Robert C. Holub. New York 1999, 10f.
[105] Ibid., 10.
[106] Robert C. Holub: Confessions of an Apostate: Heine's Conversion and Its Psychic Displacement. – In: Hermand and Holub [ibid.], 80.
[107] Dolf Sternberger: Heinrich Heine und die Abschaffung der Sünde. – In: Dolf Sternberger: Schriften. Frankfurt a.M. 1996, Bd. XII, 193, 197.
[108] Bernd Witte: Jüdische Tradition und literarische Moderne. Heine, Buber, Kafka, Benjamin. Munich 2007, 39–59.
[109] Ibid., 58.
[110] Sammons [endnote 108], 9.

Heinrich Heines schollernd schnöde Klänge: Der »Romanzero« als »Hör«-Buch

Von Ortwin Lämke, Münster

»Mein Leib ist so sehr in die Krümpe gegangen, daß schier nichts übrig geblieben als die Stimme [...]« (DHA III, 177), heißt es im »Nachwort zum Romanzero«. Die Stimme[1], der Stimmklang, aber auch andere Klänge und Geräusche, wie etwa die Tierstimmen, ja selbst die Reime machen aus dem »Romanzero« ein »Hör«-Buch voller Dissonanzen. Michel Espagne fühlt sich durch die späte Lyrik Heines daher an experimentelle Musik erinnert.[2]

Dieser Beitrag soll zunächst den Klangraum des »Romanzero« vorführen. Anschließend möchte ich kurz auf das in diesem Klangraum existierende Verweissystem und seine Funktion eingehen. Und schließlich dreht sich der letzte Abschnitt um die Frage: Was passiert, wenn die Lyrik des »Romanzero« selbst wiederum in Klang überführt wird? Es wird also darum gehen, der Stimme aus Paris noch einmal einen Leib zu leihen. Ich habe zu diesem Zweck zwei unterschiedliche Aufnahmen von »Enfant perdu« analysiert. Wie verhalten sich unterschiedliche gesprochene Versionen zur Interpretation des Textes? Meine These lautet: Der Zugang über die Klanggestalt des Gedichts ermöglicht eine sehr gute Veranschaulichung seiner changierenden Bedeutung und spezifischen Dialektik.[3]

I. Stimmen, Laute, Geräusche, Klänge im »Romanzero«

Heines »Romanzero« leistet die Dekonstruktion der hegelianischen »Weltgeschichte« auf allen Ebenen. Auch in seiner Ästhetik offenbart sich die als Hegel-Abkehr inszenierte Infragestellung der Vorstellung vom Fortschritt in der Menschheitsgeschichte. Übrig bleiben die Trümmer der Realgeschichte, Trümmer, auf denen der Poet sitzt und den Untergang des Gelobten Landes, der Heils- und Erlösungsversprechen, der früheren Hoffnungen besingt. Damit werden sie allerdings noch einmal, im Rahmen der neuen (alten?) historischen Situation, im Nachmärz zu Gehör gebracht. Das scheint mir die allegorisch-autopoetologische Dimension der Figur Jehuda ben Halevys im »Romanzero« zu sein.

Wie Benjamins »Engel der Geschichte« starrt der Poet auf die Trümmer, die den Fortschritt in Frage stellen und nicht mehr eschatologisch gedeutet werden können. Die Stimmen, die sich hier erheben, müssen das Weinen über den Untergang des alten wie des neuen Jerusalem in sich aufnehmen, sie können keine durchrhythmisierten Kampflieder sein, keiner sinnlich tönenden Romantik frönen, sie müssen den Schmerz hörbar werden lassen, als »Perlenthränenlied« (DHA III, 147) wie in »Jehuda ben Halevy« oder »Spottgedicht[ ]« (DHA III, 121) wie in »Enfant perdü«. Es seufzen, schluchzen, lallen, lieberöcheln, stöhnen, schreien, brüllen diese Stimmen. So wird Goethes Werk mit »Raketenlärm« in Verbindung gebracht, »Goethefeyer« auf »alte Leyer« gereimt (DHA III, 117). Diese Ästhetik ist zu einer Feiertagsästhetik geworden, die mit dem rituell zelebrierten Zionslied kontrastiert, das Heine (womöglich mit voller Absicht) fälschlicherweise Jehuda zuschreibt. Auch der zweite große deutsche Klassiker wird nicht geschont und dessen »trampelnd / Deklamirende Passion« kritisiert. Gemeint ist die Ode »An die Freude«, die in »Prinzessin Sabbath« persifliert wird (vgl. DHA III, 128).[4] Die romantische Ästhetik erhält in der »Waldeinsamkeit« eine Beerdigung erster Klasse. Grabredner ist ein Untoter und ehemaliger romantischer Poet, die Nixe, eine weitere Melancholia im Zyklus, »entflieht mit entsetzten Mienen« (DHA III, 83) diesem Romantique défroqué, aber ohne zu schreien. Die Welt der Romantik ist jetzt »stumm«, nur noch der »Bach rauscht trostlos gleich dem Styxe« (ebd.). Die Natur wird entromantisiert und fast vollständig entmythologisiert, es bleibt nur der Hinweis auf das Totenreich. So verfährt Heine auch mit Hegel: Indem er auf ihn zeigt und von Abkehr spricht, bringt er ihn wieder ins Gespräch.

Während die vergessene Tradition der jüdischen Poesie an den Beispielen Gabirols, Jehudas und Iben Esras als »arabisch-althispanisch / Jüdische[ ] Poetenschule« (DHA III, 150) vorgeführt wird (wobei Heine die mitteleuropäische Tradition des Minnesangs parodiert), kommt die Ästhetik alter Form selbst zu Tode: Die »arme Schönheit« »schollert[ ] hinab in's Meer«, das »kreischt« und eben noch von einem »bösen«, »gellenden« Schrei übertönt wurde, dem Warnschrei der Möwe (»Nächtliche Fahrt«; DHA III, 55f.). Wer hat die Schönheit auf dem Gewissen? War es ein Selbstmord? War es das kreischende Meer, seit Jahrhunderten Allegorie des bewegten menschlichen Lebens, von Heine schon im »Buch der Lieder« (»Nordsee«-Zyklus) und in »Ludwig Börne. Eine Denkschrift« als Metapher für die revolutionären Massen in der Weltgeschichte ausgeschrieben? Auch in der »Neuen Welt«, im Vexierspiegel des »Romanzero« Bild für die alte Welt Europas, »tosen die erzürnten Menschenwellen« (»Vitzliputzli«; DHA III, 62). Ist die Schönheit in diesen Fluten untergegangen? Oder ist womöglich der Erzähler der »Nächtlichen Fahrt« schuld? Musste die herkömmliche klassisch-romantische Ästhetik über Bord geworfen werden in einer Zeit, in der alles in Trümmern liegt, in der der »Spleen« herrscht, und das »Idéal« schwindet?[5]

So singen die »Nachtigallen« jetzt »Klagelieder«, »Todtengebete« werden »gebrummet«, und der Mond, ein romantisches Alter ego, in programmatischer Weise in Früh- und Spätwerk zitiert und persifliert[6], hält, anstatt stumm zu bleiben, ein Rede, »Ein Schluchzen und Stöhnen«, zu dem die »Glocken tönen« (»Altes Lied«, DHA III, 103). Auch hier bleibt im Dunkel, wer da schluchzt und stöhnt. Der Mond selbst während seiner Rede? Die Trauergemeinde (»Der Zug«)? Aber besteht die nicht lediglich aus dem »Du« und dem »Ich« im Text? Die Verstorbene gar? (»Du bist gestorben und weißt es nicht«). Der Erzähler? Die Geräusche etablieren einen psychischen Schauplatz, auf dem ein Ego sich im Gedächtnis dissoziiert und wie der Mond spricht, wie die Verstorbenen schluchzt und wie der Erzähler stöhnt.

Während die Schreie Gefahr und Tod signalisieren wie der »gelle[ ] Schrey« der Edith Schwanenhals in »Schlachtfeld bey Hastings« (DHA III, 25), erhebt sich eine Kakophonie der Stimmen aus Gelächter, Angstgeschrei, dem bitteren Lachen des Dichters Firdusi, Brüllen, Röcheln, Trillern, Jammern, Schreien, lallenden Lippen, Seufzen (»Pauvre homme«), Trällern, Psalmodieren, Kichern, Wispern, Schnarchen, Keifen, Pfeifen, dem Gurgeln fetter Gutturale, Trillern, Poltern, rohem Greinen, Locken, Kreischen, Zetern, Schnauben – dies ein Schnelldurchlauf durch die Stimmklänge im »Romanzero«.

Die Geräusche, die hörbar werden, vervollständigen dieses Universum der menschlichen Stimmen: Es klirren die Schilder und die Schwerter, es schnarrt eine springende Saite, das Meer kreischt, die Trümmer des Glücks knistern, Dukaten klingeln, Seifenblasen platzen mehrfach wie Visionen, die Dose der Frau Sorge knarrt grässlich, »Die Alte schneuzt die Nase« (»Frau Sorge«, DHA III, 116), der Hufschlag des Todes wird hörbar, es knallt ein Schuss, Raketenlärm, die Heldensage klirrt, Beifall schallt. Ein schollernd schnöder Klang ertönt, die Lampe ächzt und zischt, der Jordan rauscht, immer wieder ertönen Glocken, Becherklang, »wir« hören den Speer seit 3.000 Jahren über unseren Köpfen schwirren, das Wetzen der Beschneidungsmesser ist zu vernehmen.

Diese Geräuschkulisse wird in den immer wieder zitierten Tierstimmen gesteigert: das Schreien der Karawane, Miaulen wie von Katzen, Gekläffe von Hunden, Klagelieder der Nachtigallen, der »böse Schrey« der Möwe, Rascheln etwelcher Ratten.

Eindeutiger akustischer Höhepunkt im »Romanzero« ist die Beleidigung der Sieger in der europäischen Revolution, des deutschen Nachmärz, Pariser Juni und Oktober in Ungarn, auch weil hier als Steigerung der olfaktorische Reiz hinzutritt: »Das heult und bellt und grunzt – ich kann / Ertragen kaum den Duft der Sieger« (DHA III, 119). Eine negative Synästhesie! Es ist die exakte Umkehr dessen, was Baudelaire in den »Fleurs du Mal« als »Idéal« etabliert[7] und beschreibt den Spleen, die Melancholie, die den kranken Poeten angreift (vgl. ebd.).

II. Lieder

In diesem Universum der Klänge und Geräusche wird aber auch eine extrem gegensätzliche, harmonische wie disharmonische Musik gespielt. Der »Romanzero« enthält ein ganzes Liederbuch.

Bereits das Motto der »Historien« kündigt ein »Heldenlied / Voll Flammen und Gluthen« an, der »weiße Elephant« seufzt: »wenn ich ein Vöglein wär'!« (DHA III, 17), der Gesang der »Valkyren« erklingt schilderklirrend, Totenlitaneien begleiten den Leichnam König Harolds, das Wiegenlied, das Carl I. singt, ist ein Todesgesang, der Apollogott, also der Gott der Musik selbst, singt die Lieder König Davids in Hebräisch, in Spanien wird der Mohrenkönig besungen, der Dichter Firdusi schreibt ein großes Heldenlied, die Indianer singen in »Vitzliputzli« ihre Lieder, ihre Tempel-Musici üben sich in »Gerassel und Getute« (DHA III, 68), die »Todespauke dröhnt«, das »böse Kuhhorn« » kreischt« (DHA III, 69), die Spanier singen »im Chore« »*De profundis!*« (DHA III, 70), die Nixen in der »Waldeinsamkeit« trällern »welsche Romanzen« (DHA III, 80), »schlottrige[ ] Guitarren« klimpern ein Heldenlied von Don Fredrego (DHA III, 85), im »Ex-Nachtwächter« wird das »*Gaudeamus igitur*« gesungen (DHA III, 97), von den Nachtigallen hört man Klagelieder, das »Kämpenlied«, das Nibelungenlied, wird als Heldensage zum Paradigma des Untergangs (DHA III, 118), der Erzähler pfeift die »frechen Reime eines Spottgedichts« (DHA III, 121), also liedhafte Lyrik. Der verwünschte Prinz, der Jude in der Diaspora, bläst verliebt die Flöte, der Gemeindesänger singt »Lecho Daudi Likras Kalle« (DHA III, 126), das Zionslied, Schillers Ode »An die Freude« wird, wie gesagt, persiflierend eingespielt (DHA III, 128), Männerstimmen psalmodieren heilige Texte (DHA III, 130), der Knabe Jehuda rezitiert »In der uralt hergebrachten / Singsang-Weise, Tropp geheißen –« den hebräischen Bibeltext (DHA III, 131), die »alte Weise« »Greint und sumset, wie ein Kessel« (DHA III, 136), die »Clerici« singen Psalmen (DHA III, 137), des sterbenden Rudellos »Liebessang« ertönt (DHA III, 141), der Chor der Engel singt und spielt das Sabbath-Lied im Himmel (DHA III, 149), Iben Esra erhält, beim Melken wehmütig singend, vom gerührten Chan die Freiheit und eine Mandoline, Gabriol ist eine »fromme Nachtigall«, die Liebeslieder intoniert (DHA III, 156), in der »Disputazion« erklingt das »Kyrie Eleyson« (DHA III, 165).

III. Dichter, Helden, Instrumente

Alle denkbaren Instrumente werden im »Romanzero« eingesetzt, nur ein Folterwerkzeug, das Heine verabscheute, fehlt: das Klavier. Die Instrumente werden systematisch bestimmten Positionen zugeordnet. Auf der Seite der Macht tönt es am lautesten. Wenn Trompeten und Fanfaren schmettern, Trommelklang die Luft erfüllt, treten Despoten, Herrscher, Machthaber, Sieger der Geschichte auf. Glockengeläut signalisiert Obrigkeitsstaat und Unterdrückung, das Bündnis von kirchlicher und weltlicher Macht. Daher erklingen Glocken, Trompeten und Fanfaren an bestimmten Höhepunkten im Text gemeinsam. Der lautstarken Demonstration der Macht lassen sich nur Zauberworte, eine Zauberstimme, der Gesang des einzelnen Dichters, der dazu die Leier, Gitarre, Mandoline schlägt und den Untergang der Helden im Lied zelebriert, entgegensetzen. Gegen die Angst hilft dem Dichter dabei nur lautes Pfeifen seiner Lieder. Eine dritte Gruppe von Instrumenten sind jene, die Rausch und Tanz im mystisch-religiösen Wahn begleiten: Pauken und Zimbeln. Nur einmal werden alle Instrumente und der Gesang vereint, mit Ausnahme derer, die für die Mächtigen und Sieger oder ihre Gegner, die Dichter und Verlierer stehen, also mit Ausnahme der Leier, Gitarre, der Trompete, Posaune und Trommel: Jehuda wird im Himmel vom »Chor der Engel« empfangen, Oboe, Violine, Bratsche, »Pauk' und Zimbel« begleiten das »Lecho Daudi Likras Kalle« (»Jehuda ben Halevy« IV; DHA III, 149). Somit bleibt auch die im Himmel gespielte »schöne Musik« (»Fromme Warnung«; DHA III, 111) nicht ohne kritischen Unterton, zumal nur eine »alte Sage« sie vermeldet und der Köhlerglaube aus »Carl I.«, das »Eyapopeya, was raschelt im Stroh?« (DHA III, 26) noch einmal anklingt. Der Text inszeniert mit dem geschilderten Tod Halevys die schon bei Al-Charisi als solche bezeichnete Legende und lädt sie allegorisch zur Urszene des Poeten auf. Sein Anblick gleicht dem eines Sehers, dem Jeremias, dem des Ewigen Juden (vgl. »Jehuda ben Halevy«; DHA III, 148) und auch dem der »Melancholia« Dürers. Aber diese »Melancholia« ist nicht stumm. Sie singt. Mit dem Empfang im »Reich der Sel'gen« erfindet der Erzähler eine angebliche »alte Sage« als »himmlische Sürprise« (ebd.) – diese Erlösungsphantasie ist abgeschmackt, sie ist sogar zynisch, wenn vorher beglaubigt wurde, ein Engel »Der vom Himmel ward gesendet, / Gottes Liebling zu entrücken / Dieser Erde [...]«, habe den Speer geführt und Jehuda getötet (ebd.).

Übrigens enthält die Passage auch eine (implizite und natürlich ironische) Antwort auf die Streitfrage in der »Disputazion«. Der Gott, der hier in die Geschichte eingreift, ist der Gott der Juden. Ins seinem Reich wird das Zionslied gespielt.

Die »Tonspur« im »Romanzero« passt zum Bild von der Weltgeschichte, das der Gedichtband liefert. Sie macht, wie Christian Liedtke über das literarische

Programm des späten Heine schreibt, die »Disharmonie des Nachmärz hörbar.«[8] Und sie bestätigt noch einmal die Existenz eines internen Verweissystems, das der Gedichtband durch seine »Ästhetik des Arrangements« (Altenhofer) tiefenhermeneutisch im Zyklus etabliert:

> Im Zyklus ist das Gedicht nicht herauslösbarer Teil, sondern Moment eines komplexen Zusammenhangs. Es bezieht sich nicht nur formal oder motivisch auf das den Zyklus als ganzes bestimmende Thema, sondern steht auch zu den umgebenden Gedichten in einem mehr oder weniger stark ausgeprägten Verhältnis des Exponierens, Weiterführens, Vertiefens, Wiederaufnehmens, Revozierens.[9]

IV. Im Verweissystem des »Romanzero«: Seifenblasen, Lichter, Herzen

Wie funktioniert dieses Verweissystem des »Romanzero«? In meinem letzten Beitrag zu diesem Thema habe ich versucht, die paradigmatische und die syntagmatische Achse zu den Stichworten »Helden«, »Schüsse«, »Küsse« zu verknüpfen und Hinweise darauf zu liefern.[10] Ich setze das hier fort, indem ich mich auf den »Lazarus« beschränke und postuliere, Heine verwende als Index die Parallelstellenmethode und entwickle aus bestimmten Parallelstellen Lesarten.

> Sie [die Parallelstellenmethode – O. L.] gehört zu den ältesten Kunstgriffen der Hermeneutik und stellt die Umkehrung der Lesartenmethode dar. Der Sinn eines Wortes wird hier nicht mit Hilfe anderer Wörter geklärt, die in früheren Fassungen an derselben Stelle stehen, sondern aufgrund anderer Stellen, in denen aber dasselbe Wort auftritt.[11]

So erfährt ein Gedanke einerseits Beglaubigung, indem er wiederholt wird. Diese Figur der Wiederholung, der Wiederkehr, des Déjà-vu ist eine Haupterkenntnis im »Romanzero«: Auch in der Geschichte »geschieht nichts Neues unter der Sonne«, nicht nur in der Natur, wie Hegel meint.[12] Andererseits wird ein Gedanke quasi durchgestrichen, indem sein Gegenteil beglaubigt wird, er wird variiert, er wird befragt und modifiziert. Wie sieht das konkret aus?

Zunächst zur Figur der Wiederholung, also den Parallelstellen. Ich bleibe im »Klangraum« des »Romanzero«. Im »Lazarus« platzen Visionen, d.h. frühere Glücksvorstellungen, Hoffnungen, Phantasiereisen und Gedankenfluchten. Sie werden als platzende Seifenblasen bezeichnet. Das Platzen einer Seifenblase hat durchaus einen Klang: den des Glottisschlags. Dieses Geräusch wird hörbar, wenn die Stimmbänder sich voneinander lösen. In der »Rückschau« wird daraus ein heftiger Plosivlaut.

> Das waren Visionen, Seifenblasen –
> Sie platzten – Jetzt lieg' ich auf feuchtem Rasen
> Die Glieder sind mir rheumatisch gelähmt,
> Und meine Seele ist tief beschämt. (DHA III, 106)

Die zweite Stelle findet sich in »Verlorene Wünsche«:

> Goldne Wünsche! Seifenblasen!
> Sie zerrinnen wie mein Leben –
> Ach, ich liege jetzt am Boden,
> Kann mich nimmermehr erheben. (DHA III, 113)

Die dritte Stelle nun wird zur Parallelstelle, indem sie die beiden ersten noch einmal aufnimmt und deren Zusammengehörigkeit beglaubigt: Des »Glückes Sonnenglanz« (DHA III, 115) ist vorbei, weil ohne Geld keine Freunde mehr da sind. »Verlorene Wünsche« ist der Geschichte der Freundschaft gewidmet, enthält den Vorwurf des tödlichen Verrats durch Carl Heine, der Finanzen und Gesundheit des Freundes ruiniert habe. Im Traum wird das alte Glück »manchmal« wieder lebendig:

> Mir träumt manchmal, gekommen sey
> Zurück das Glück und der junge May
> Und die Freundschaft und der Mückenschwarm –
> Da knarrt die Dose – daß Gott erbarm,
> Es platzt die Seifenblase –
> Die Alte schneuzt die Nase. (DHA III, 116)

Das Platzen der Seifenblase wird zwischen den beiden grässlichen Geräuschen des Knarrens und Schnäuzens kaum hörbar. Und doch ist der Traum hier das letzte Stück vom Glück, das noch Realität hat für den Erzähler. Die rhythmische Gliederung verbindet den Halbvers » – daß Gott erbarm,« über die Zäsur in der Versmitte und den Wechsel in den Jambus dabei mit dem folgenden Vers. »– daß Gott erbarm,« wird also metrisch an »Es platzt die Seifenblase –« herangerückt und erscheint geregelt, während der Traum rhythmisch in unregelmäßigen Sprüngen vorgetragen wird. Nicht einmal im Traum vermag das Ich für längere Zeit »Frau Sorge« zu entfliehen, das Normale sind Sorge und Unglück.

Wie benutzt Heine nun Parallelstellen, um aus ihnen Lesarten zu entwickeln? Zum Bild der »Seele«, des »Lichts«, »Lebenslichts« baut Heine in den »Lazarus« vier Stellen ein, die, in ihrer Abfolge gelesen, einen deutlichen Kommentar ergeben. Sie erzwingen eine Lesart des Themas. Zunächst wird in »Fromme Warnung« die »Unsterbliche Seele« vor Schaden beim Scheiden aus dem Irdischen gewarnt: »Es geht der Weg durch Tod und Nacht« zur »Hauptstadt des Lichts«

(DHA III, 110f.). Die präsentierte Vorstellung vom Himmel entspricht einem Biedermeier-Idyll mit weichen Pantoffeln und schöner Musik. Im folgenden Gedicht, »Der Abgekühlte«, wird die Vorstellung vom Jenseits in Zweifel gezogen und der Wunsch nach irdischer, menschlicher statt nach transzendenter Liebe formuliert.

> Ja, ich bin bang, das Auferstehen
> Wird nicht so schnell von statten gehen.
>
> Noch einmal, eh' mein Lebenslicht
> Erlöschet, eh' mein Herze bricht –
> Noch einmal möcht' ich vor dem Sterben
> Um Frauenhuld beseligt werden. (DHA III, 111)

Das erlöschende Lebenslicht und das brechende Herz werden durch die Parallelisierung also mit dem eigenen Sterben synonym gesetzt. Der Einbezug der bei Heine stets bedeutsamen Herzchiffre gibt dem Motiv zusätzliches Gewicht. Beim dritten Mal wird das Motiv herausgehoben, indem es im Titel auftritt: »Sie erlischt«. Der Leser erwartet natürlich ein »Es erlischt«, vom Lebenslicht war ja gerade die Rede. Hier nun werden die ersten beiden Stellen kommentiert.

> Die letzte Lampe ächzt und zischt
> Verzweiflungsvoll und sie erlischt.
> Das arme Licht war meine Seele. (DHA III, 120)

Anschließend folgt im »Lazarus« nur noch die Testamentseröffnung, die den Feinden die schlimmste Schmach antut, die wenig christliche *damnatio memoriae:*

> In Vergessenheit versenken
> Soll der Herr Eu'r Angedenken,
> Er vertilge Eu'r Gedächtniß. (DHA III, 121)

Damit wird den Feinden nach jüdischer Vorstellung das unwiderrufliche Ende gewünscht. Solange noch jemand existiert, der sich ihrer erinnert, sind sie nicht endgültig tot.

»Enfant perdü« stellt dann zum Abschluss das Erinnerungsbild vom verlorenen Posten im Freiheitskrieg, das Michael Werner treffend als »poetologisch-politisches Vermächtnis« bezeichnet hat.[13] So möchte der Erzähler in Erinnerung bleiben, dies ist ein zentrale Selbstdefinition, übrigens, wie der Titel andeutet und »Im Oktober 1849« bereits konkretisiert hat, eine als deutsch-französischer, als europäischer Kämpfer für Freiheit und Menschenrechte. Heine deutscht diesen einzigen französischen Gedichttitel im »Romanzero« durch die Ü-Punkte ein, eine bei ihm übliche Schreibweise, was zu einem deutsch-französischen Mischwort führt und biographisch stimmig erscheint. Der Bezug zwischen »Enfant perdü« und »Sie erlischt« ist deutlich. Der berühmte Halbvers der letzten Zeile hier »– Nur mein Herze brach« (DHA III, 122) sagt dasselbe wie der vorletzte dort: »[...] und sie erlischt.« In beiden Fällen ist die Rede vom eigen Sterben und Tod. »- Nur mein Herze brach« ist ja bereits in »Der Abgekühlte« semantisiert worden. Es kann hier also auch als der eigene Tod verstanden werden, das Fallen im »Freyheitskriege« (DHA III, 121).[14] Damit aber bliebe der Erzähler nicht »unbesiegt«, wie vorher behauptet. Der Einzelne als das Partikulare in der Weltgeschichte Hegels geht unter – die Idee nicht.

»Sie erlischt« bildet auch eine Klammer zu den »Hebräischen Melodien«. Denn deren erstes Gedicht, »Prinzessin Sabbath«, endet mit der Schlussfzeremonie am Sabbat:

> Er besprengt damit den Tisch,
> Nimmt alsdann ein kleines Wachslicht,
> Und er tunkt es in die Nässe,
> Daß es knistert und erlischt. (DHA III, 129)

Hier heißt es jetzt also: »es erlischt«. Die Klammer besteht aus dem Hinweis auf eine Kultur, Tradition, hier wird Zugehörigkeit demonstriert, aber nicht als Bekenntnis zu einem Glauben. »Sie erlischt« hat alles Transzendentale durchgestrichen, nur der dichterische Nachruhm bleibt. Hier gebraucht Heine jetzt die selben Worte, es ist eine Lesart entstanden. Etabliert wird ein kultureller, ein Identitätsbezug des Erzählers, er möchte seinem Freund, der den tödlichen Verrat durch den Faustschlag ins Herz begangen hat, eigentlich Geschichten »In Judäas Dialekte« (DHA III, 113) erzählen. Michel Espagne schreibt zu dieser Problematik zusammenfassend:

> L'expérience du judaïsme telle qu'elle est transcrite notamment dans le *Romancero* n'est pas liée à une profession de foie religieuse. Elle correspond à la nostalgie d'une époque mythique, celle du judaïsme medieval [...]. Elle correspond également au sentiment d'une existence problématique, incapable d'adhérer complètement aux categories de la société allemande et en particulier aux modèles esthétiques classiques ou romantiques. Pour retrouver les sources juives, le passage par la société française semble une nécessité.[15]

V. Sprechversion und Interpretation: »Enfant perdü«

Wie klingt nun das »Hör«-Buch »Romanzero«, wenn man den Texten wieder einen Leib gibt, sie spricht?

Bevor wir uns den beiden Sprechversionen zuwenden, eine kurze Übersicht zur metrischen Gliederung des Textes. »Der Vers, fünffüßige Jamben, greift den Bühnenvers des deutschen Dramas auf, wodurch der tragisch-emphatische Charakter des Gedichts unterstrichen wird«, schreibt Michael Werner in seiner Interpretation von »Enfant perdü«.[16] Das ist sicher eine richtige Beobachtung. Dennoch sollte man beim Schluss vom verwendeten Metrum auf den »Charakter« eines Gedichts noch weitere Ebenen in Betracht ziehen (was Werner auch tut). Wolfgang Kayser hält in seiner »Kleinen deutschen Versschule« den Jambus im Vergleich zum Trochäus für weniger ernst, aber zugleich modulationsfähiger: »Der Jambus [...] ist weicher, gleitender und verhaltener als der Trochäus.«[17] Damit könnte das Metrum, das Heine für »Enfant perdü« gewählt hat (es ist überhaupt das bevorzugte Metrum im »Romanzero«), auch einer eher zurückgenommenen, verhaltenen Lesart dienen. Umgekehrt lässt es sich aber auch zur Dramatisierung nutzen, was seine Bevorzugung als Bühnenvers des 18. Jahrhunderts erklärt. Wir benötigen also weitere Ebenen als das Metrum, um zu entscheiden, wie ein Text zu verstehen (das Wort bedeutet im Deutschen ja auch: richtig hören) oder zu sprechen sei.[18]

Welche sind das? Lyrik kommt von altgriechisch »Lyra«, also von einem Saiteninstrument, auf dem im »Romanzero« Apoll, der Gott der Musik und des Gesangs, und an anderer Stelle der Erzähler eines Gedichts spielen. Die Entwicklung der Lyrik hängt im Abendland mit Singbarkeit und Tanzbarkeit zusammen. Am Beispiel eines Liedes lässt sich nachvollziehen, dass vier synchronisierte Ebenen in ein solches überstrukturiertes Sprachgebilde eingehen, wie Jürgen Link das am Beispiel eines Liedes im Walzertakt dargestellt hat.[19] Ich schematisiere und ergänze das Medium:

Lied

1.	Takt	Medium:	Instrument / Stimme
2.	Melodie		Instrument / Stimme
3.	Metrum		Text / Stimme
4.	Semantik		Text / Stimme

Wird Lyrik rezitiert, so finden wir folgende vier Ebenen wieder, wenn ich sie vom Lied auf die Rezitation übertrage:

Gedicht

1.	Rhythmus	Medium:	Stimme
2.	Melos		Stimme
3.	Metrum		Text / Stimme
4.	Semantik		Text / Stimme

Wollten wir das Metrum den Rhythmus eines Textes dominieren lassen, so würden alle Texte »leiern«. Ein gutes Gedicht baut eine interessante Spannung zwischen dem Rhythmus, in dem es gesprochen wird (der kann auch unregelmäßig sein) und dem Metrum, das gewählt wurde. So beobachtet Michael Werner an »Enfant perdü«:

> Metrum und Versrhythmus fallen in der Regel zusammen, nur an einigen signifikanten Stellen treten sie auseinander, und zwar insbesondere am Versanfang [...] sowie zuweilen im Versinneren [...]. In all diesen Fällen hebt die rhythmische Betonung der metrisch unbetonten Silbe das jeweilige Wort bzw. Wortsegment hervor und setzt einen besonderen inhaltlichen Akzent, führt zu einer Intensivierung der Aussage.[20]

Hier spricht Werner die Bedeutung der Spannung zwischen Metrum und Rhythmus für die semantische Ebene an, Ebenen, die, wie gesagt, nicht voneinander isoliert betrachtet und gedeutet werden können, auch wenn sie zunächst in der Analyse getrennt wurden. Bei der Rezitation schließlich tritt noch das Melos hinzu, der Stimmklang. Unter Melos verstehe ich den melodischen Gehalt, die melodische Linie und Klangfarbe, dazu sämtliche Eigenschaften der Stimme einschließlich ihrer Geräuschhaftigkeit (Atmen, Seufzen etc.). Diese auch als paraverbale Ebene bezeichnete Qualität trägt erheblich zum Ausdruck bei. Da die Stimme beim Rezitieren als alleiniges Medium fungiert, realisiert sie Rhythmus und Metrum durch Tonhöhenverlauf, Pausierung, Lautstärkewechsel, Akzentuierung, individuellen Stimmklang und Geräusche.

Kommen wir nun zur individuellen lautlichen Realisierung des Textes von »Enfant perdü«. Zunächst gehe ich auf eine Interpretation von Lutz Görner ein. Es handelt sich um eine Aufnahme aus dem Jahr 1999, die 2001 in der Sammlung von 5 CDs Görners unter dem Titel »Heine Superstar« beim Label Naxos erschienen ist, auf CD Nr. 2 »Heines Werke 2. Teil«.[21]

Lutz Görner spricht »Enfant perdü« in der ersten Strophe ganz unpathetisch, am Schluss behaucht er »gesund nach Haus'« und zeigt einen fast schon frustriert wirkenden Stimmausdruck. Die zweite Strophe ist bei ihm zweigeteilt, denn die Klammer ist stimmlich tiefer abgesetzt, die onomatopoetische Qualität des Schnarchens wird voll ausgekostet durch Längung der Vokale und deutliches uvulares »r« sowie eine tiefere Stimme in »Schnarchen« und »Braven«. In den ersten Teil der Strophe (Vers 6) hat sich eine störend wirkende Atempause vor »Lagerzelt« eingeschlichen, sie wird nötig, weil der Sprecher aus dem Metrum des Gedichts gefallen ist und zwei betonte Silben auf zwei unbetonte folgen lässt. (»Wie in dem Lagerzelt der Freunde Schar« = xxX//XxXxX). Die dritte Strophe wiederholt klanglich in der Klammer die Klammer aus der zweiten. Die »Furcht« hat keine echte Färbung, wird eher en passant zugestanden und schnell übergangen. Das Pfeifen klingt in Görners Sprechweise optimistisch, die letzte Zeile wirkt wie ein erläuternder Nachsatz: »Die frechen Reime eines Spottgedichts«, auch weil er hier das Enjambement sehr weit spannt. Die vierte Strophe betont vom Ausdruck her eher die Bravheit des Soldaten, seine Pflichterfüllung. »So schoß ich gut« wird ohne besonderen Enthusiasmus, aber zügig gesprochen. Die fünfte Strophe dann erhält den skeptischen Tonfall durch eine allmähliche Verlangsamung des Sprechtempos, verstärkt nach dem »Ach, ich kann's nicht leugnen«. Das Fallen und Nachrücken wird sehr zurückhaltend konstatiert, wie eine geschäftsmäßige, selbstverständliche Pflichterfüllung. Dieser Eindruck wird durch einen neutralen Stimmklang und kurze, regelmäßige Pausensetzung hervorgerufen. Die sechste Strophe betont gegen das Metrum das »ich«: »Doch fall ich unbesiegt« (xXXXxX). Dann wechselt Görner wie im vorletzten Vers wieder in das normale Metrum. Am Schluss (»– Nur mein Herze brach.«) beschleunigt er das Sprechtempo, zugleich wird er leiser. Dabei erhöht sich die Sprechspannung, so dass der letzte Halbvers – nach der durch den Gedankenstrich gesetzten Pause – im Ton abgesetzt wird und sehr eindringlich wirkt.

Insgesamt weist die Sprechfassung einen zurückgenommenen Charakter auf. Es wird eine Ausdruckshaltung gewählt, die das pflichtgetreue Festhalten an der einmal übernommenen Aufgabe betont. Die Entscheidung, im vorletzten Vers das Metrum zu durchbrechen und das »ich« zu betonen, wirkt dadurch umso überzeugender. So entsteht an dieser Stelle Pathos mit einem minimalen Aufwand, gerade durch die eher emotional zurückgenommene Grundhaltung, die ansonsten vorherrscht. Hier liegt klar das Zentrum der Interpretation Görners, auch im übertragenen Sinn. Er betont, dass der Erzähler unbesiegt falle und dass seine Waffen eben nicht gebrochen seien, ohne ihm falsches Pathos zuzuschreiben.

Cornelia Kühn-Leitz wählt auf ihrer CD »Oh, Deutschland, meine ferne Liebe. Ein Lebensbild von Heinrich Heine in Lyrik und Prosa« (1999) eine ganz andere Grundhaltung.[22] Schon in der ersten Zeile der ersten Strophe vermittelt die Sprecherin, dass dem Erzähler die langwierige Aufgabe allmählich lästig wird, sie senkt die Stimme am Ende stark ab, und im Gegensatz zum ersten Halbvers sinkt im zweiten Halbvers die Sprechspannung gleichzeitig stark. Im zweiten Vers wird am Schluss gar das »siege« als ironisch markiert, indem Kühn-Leitz es in Betonung (höher) und Stimmausdruck (ironisch) absetzt. In der dritten Zeile fällt die Tonhöhe, sie verlangsamt und setzt eine kurze Pause nach dem recht leisen »Ich wusste«. Indem sie die sich anschließende Hebung auf »nie« stark betont, stellt sie dem Hörer einen Erzähler vor, der nie irgendwelche Hoffnungen auf den Sieg hegte – und trotzdem brav auf dem verlorenen Posten steht. Wie die Zeit sich für die Wache dehnt, vermittelt sie durch die Längung der Vokale in ›Tag‹ und »Nacht«. Die Müdigkeit wird in »schlummrig war« dadurch hervorgehoben, dass es in deutlichem Gegensatz zum lauter gesprochenen »Schnarchen« der »Braven« leiser und tonloser ist. In der dritten Strophe verdeutlicht die Sprecherin die Langeweile noch einmal durch Dehnung und die Einfügung einer kleinen Staupause nach »Nächten« sowie durch eine weitere Staupause vor »auch Furcht«, das etwas schneller und leiser angehängt ist, dadurch intensiviert wird und wie ein Geständnis wirkt. Das Enjambement fällt hier etwas enger aus als bei Görner, dafür setzt Kühn-Leitz wieder eine Pause nach »verscheuchen« und »gepfiffen«. Das »Ja« zu Beginn der vierten Strophe fällt durch eine Tonhöhenverschiebung nach oben innerhalb des Wortes selbst auf – als würde hier auf eine Frage bestätigend geantwortet. Kühn-Leitz beschleunigt dann, nachdem sie in der dritten Zeile noch einmal die Spannung erhöht hat, in der »Kampfszene« im vierten Vers das Tempo (»So schoß ich gut und jagt' ihm eine warme, / Brühwarme Kugel in den schnöden Bauch.«), das Enjambement wird dabei fast weggelesen. Das dient der Dramatisierung. In der fünften Strophe wird der Tonfall dann stark abgesetzt, er wirkt skeptischer, fast bitter. Schon das »mitunter« hat knarrige Anteile. Das Knarren wird besonders stark beim »Ach!«, dem eine längere Pause vorausgeht. Insgesamt ist diese Passage dadurch gekennzeichnet, dass sie sehr leise gesprochen wird und sehr intensiv, mit hoher Sprechspannung. Dazu fällt das Tempo kontinuierlich und die Pausen im zweiten Teil der Strophe werden immer länger. Die sechste Strophe behält diesen Stimmausdruck im ersten Vers bei, nur das Tempo wird erhöht. Besonders auffällig: Kühn-Leitz verwandelt das bei Heine stehende Ausrufezeichen (»Ein Posten ist vakant!«) fast in ein Fragezeichen, indem die Satzmelodie am Ende in der Tonhöhe steigt. Kalt und gequält konstatierend klingt »Die Wunden klaffen«. Der dritte Vers setzt an die Stelle des Kommas eine lange Pause. »Der eine fällt« wird wie aus weiter Entfernung, ohne innere Beteiligung gesprochen, ebenso »die andern rücken nach«. Ganz ohne Pathos klingt das »Doch fall ich unbesiegt«. Die Sprecherin baut eine Spannung über den gesamten letzten Vers hinweg auf, indem sie die beiden eigentlich voneinander abgesetzten Teile so betont, dass ihr Zusammenhang stark hervortritt. Kühn-Leitz betont die erste Silbe ebenso wie die zweite (hier durchbricht sie das erste Mal das Metrum), also »meine Waffen / Sind nicht gebrochen« (XxXx / XXxXx). Damit wird das Pathos wie vorher beim Fallen des Einen und dem Nachrücken der anderen herausgenommen, weil das »nicht« keine einzelne, starke Betonung erfährt, wie sie hier metrisch möglich wäre. Sie erhöht dann die Spannung durch eine lange Pause in der Versmitte (Gedankenstrich Heines), dehnt das »nur« stark, lässt es knarrig werden und setzt danach wieder eine Pause, stockt also, um dann nach »mein Herze« noch einmal eine Pause der gleichen Länge zu lassen und mit einem sehr tiefen, fast ersterbenden, hauchigen »brach« zu schließen.

Hier wird also auf Pathos verzichtet, auch wenn die Kampfszene dramatischer gestaltet ist als bei Görner. Kühn-Leitz vermittelt zugleich das Quälende, die Schmerzen durch die klaffenden Wunden. Zudem wird durch die Sprechfassung ausgesagt, die Waffen seinen nicht das Wichtigste in diesem Kampf. Der Verlust des gebrochenen Herzens, suggeriert die Version, ist viel entscheidender. Die ersterbende Stimme evoziert Verlorensein und Tod. Auch die Vakanz des Postens wird kritisch befragt (man hört fast ein Fragezeichen). Ist dieser Posten wirklich vakant? Lohnt das alles? Die negative persönliche Bilanz des Erzählers ist es vor allem, der Kühn-Leitz die entscheidende Rolle in ihrer Interpretation zuschreibt.

VI. Schluss

Fassen wir zusammen: »Enfant perdü« lässt sich, das haben die beiden Beispiele gezeigt, mit ganz unterschiedlichem Gestus rezitieren.[23]

Dieser Gestus könnte nonverbal (denn neben der paraverbalen Ebene steht beim Sprechen ja auch die nonverbale Ebene, die Körpersprache zur Verfügung – der Stimmklang ist untrennbar mit der Körperhaltung verbunden und wird von ihm beeinflusst) als ein Sprechen des Textes mit teilweise gesenktem Kopf realisiert werden. Das wäre der gesenkte Kopf des Melancholikers, mit dem Blick nach unten. Ich habe eine Deutung von »Enfant perdü« vorgeschlagen, die von diesem, m. E. zu wenig beachteten Gestus ausgeht.[24] Ich dachte natürlich auch an die Selbstspiegelung Heines in der Figur des auf den Trümmern der Geschichte sitzenden Jehuda, der als Melancholiker das Schicksal Jerusalems besingt wie Heine das des neuen Jerusalem Paris.

Dieser Gestus ist ganz offensichtlich einer, mit dem Heine sich identifiziert hat. Er lässt sich, und das halte ich nicht für einen Zufall, in dieser Zeit mehrfach so abbilden.[25] Nun kann man den Text aber auch anders als bei Kühn-Leitz sprechen. Lutz Görner gelingt durch seine recht zurückhaltende Interpretation ein Pathos, das ich als echtes Pathos bezeichnen möchte. Der Text ließe noch sehr viel mehr davon zu – und so hat man ihn vielfach auch verstanden, nämlich als noch wesentlich pathetischer. Im Gegensatz zum teilweise »gesenkten Kopf« bei Kühn-Leitz spricht Görner quasi mit klarem, offenen Blick auf seine Zuhörer, erhobenen Hauptes. Nur ganz zum Schluss ballt er gleichsam die Faust noch einmal kampfbereit. In diesem Sinne hat Gerhard Höhn auch die letzten Zeilen von »Enfant perdü« aufgefasst. Die vier Schlussworte des Gedichts, schreibt Höhn in seinem »Heine-Handbuch«, ließen mit ihrem ebenso melancholischen wie pathetischen »Nur« »[...] keinen Zweifel daran aufkommen, daß der Triumph des Schlechteren und der Untergang des Besseren nicht das letzte Wort der Geschichte ist«, dass »noch im Augenblick des Scheiterns« der »ungebrochene[ ] Glaube[ ] an die Vernunft in der Geschichte« bekräftigt werde.[26]

Ich wollte hier vor allem noch einmal darauf aufmerksam machen, dass Lyrik eine Stimme braucht. Die beiden Hörversionen führen ohne Umstände in eine komplexe literaturwissenschaftliche Auseinandersetzung um das Verständnis des Gedichts. Ihre stimmliche Realisation verdeutlicht, was einer kritischen Hermeneutik bewusst ist: dass dieser Text beide Deutungsmöglichkeiten anbietet. Insofern befinde ich mich gar nicht in Widerspruch zu Gerhard Höhn oder Peter Stein.[27] Wir haben in »Enfant perdü« den Heine vor uns, der sich im »Nachwort« zum »Romanzero« noch einmal zu den »demokratischen Prinzipien« bekennt (DHA III, 180), für die er ein Leben lang gefochten hat, und der diesen Kampf in »Enfant perdü« als Freiheitskrieg bezeichnet. Wir haben es aber zugleich mit dem zutiefst skeptischen Melancholiker zu tun, der sich im Nachmärz fragt, ob der Kampf Erfolg haben wird, so notwendig er im Interesse der Menschheit bleibt. Die große Kunst Heines besteht darin, sich als Vorkämpfer und Wachtposten zu bezeichnen, zugleich aber zu fragen, ob er damit nicht auf verlorenem Posten stehe und die Schlacht nicht von vornherein verloren sei: »Ich wußte, nie komm' ich gesund nach Haus.« »Das Recht des Weltgeistes geht über alle besonderen Berechtigungen«, wie Hegel sagt.[28] Hiergegen opponiert der auf dem Lebensrecht des Einzelnen bestehende Heine. Und wenn Hegel feststellt: »Gott regiert die Welt, der Inhalt seiner Regierung, die Vollführung seines Plans ist die Weltgeschichte«[29], dann meldet Heine seinen Einspruch auch bei Gott an – das lässt sich vielfach im »Romanzero« belegen. Auch das »Nachwort zum Romanzero« ist ein einziges artistisches Vexierspiel zur Frage nach der Bedeutung Gottes für den Einzelnen und nach seiner Verantwortung für die Geschichte.

Die gesprochenen Interpretationen vermögen dieses Changieren, diesen dialektischen Denkansatz so klar und fassbar zu machen, weil ihnen als Medium synchron der Text und sein Metrum, aber vor allem auch ein Rhythmus und ein je eigenes Melos zur Verfügung stehen. Gerade Rhythmus und Stimmausdruck vermitteln entscheidende Informationen darüber, wie ein Text aufgefasst und verstanden werden kann. Eine Konfrontation unterschiedlicher Sprechfassungen, das sogenannte »interpretierende Textsprechen«, bietet damit einen kurzen Weg zur Veranschaulichung komplexer semantischer Verhältnisse.[30]

Die Literaturwissenschaft sollte der Lyrik häufiger einen Leib verleihen und jene »Stimme« hörbar machen, die Heinrich Heine, wie er selbst schreibt, am Ende als einziges übrig geblieben war. Und sie sollte der zyklischen Anlage der Gedichtsammlungen Heines und seiner Tiefenhermeneutik mehr Aufmerksamkeit widmen.

Anmerkungen

¹ Prawer hat sich schon früh mit Heines Stimme befasst und versucht, ihr durch Aussagen zeitgenössischer Ohrenzeugen nahe zu kommen. Vgl. Siegbert Salomon Prawer: Heines Stimme. – In: HJb 3 (1964), S. 56–62.

² Vgl. Michel Espagne: Judaïsme et dissonances dans la poésie tardive de Heine. – In: La poésie de Heinrich Heine. Sous la direction de Michel Espagne et Isabelle Kalinowski. Paris 2000, S. 139–160, hier S. 140. Wilhelm Solms hat Heines Reime untersucht und kommt für den »Romanzero« zum Fazit, Heine habe hier »gegen sämtliche bisher geltenden Reimregeln und -gebräuche verstoßen. Das fängt an mit den Reimklängen. Vermehrt finden sich *unreine* und wirklich dissonante Reime, werden klingende mit gespaltenen Reimen und metrisch korrekte mit gegen das Metrum betonten, synkopischen Reimen verknüpft.« Wilhelm Solms: Reine und unreine Reime von Heine. – In: »… und die Welt ist so lieblich verworren«. Heinrich Heines dialektisches Denken. [Festschrift für Joseph A. Kruse]. Hrsg. von Bernd Kortländer und Sikander Singh. Bielefeld 2004, S. 293–307, hier S. 302.

³ Der jüngste Beitrag zur Diskussion um »Enfant perdu« stammt von Peter Stein. Vgl. Peter Stein: Heinrich Heine im Nachmärz: »Enfant perdu« – Missdeutungen der Begriffe und Widersprüche im Gedicht. – In: HJb 49 (2010), S. 19–29.

⁴ Der Hinweis auf Frankreich ist dezent, aber lesbar: Der »sterbeletzte Seufzer« Jehudas ist »Jerusalem«. In Schillers »Die Räuber« (II, 2) heißt es: »Letzter Seufzer war Amalia.« Vermittelt über die Spiegelfigur des Dichters Jehuda, der physiologische Ähnlichkeit mit dem Erzähler des »Romanzero« besitzt und der nach dem Bericht dieses Erzählers angeblich »Reisebilder« verfasst hat wie Heine, ist an dieser Stelle auch Paris gemeint, das »neue Jerusalem«, und Heines wiederholt melancholischer Blick auf dessen Schicksal. Vgl. etwa Ortwin Lämke: Heines »Geschichtsschreibung der Gegenwart«. Zu Artikel VI der »Französischen Zustände«, zuletzt abgedruckt in: Heinrich Heine. Neue Wege der Forschung. Hrsg. von Christian Liedtke. Darmstadt 2000, S. 237–252. Schiller hat die französische Ehrenstaatsbürgerschaft explizit für »Die Räuber« bekommen. Auf elegante Weise steckt hier im Subtext womöglich der Anspruch des deutsch-französischen jüdischen Intellektuellen auf diese Ehre.

⁵ Eine anders ausgerichtete, u. a. musikgeschichtlich mit der Romanze argumentierende Interpretation der Musik und der Klänge im »Romanzero« hat Helmut Landwehr vorgelegt. Vgl. Helmut Landwehr: Der Schlüssel zum »Romanzero«. Hamburg 2000, insbes. S. 216ff.

⁶ Vgl. »Die Lotosblume ängstigt…« (1822) und »Lotosblume« (1855).

⁷ Vgl. dazu das programmatische Gedicht in den »Fleurs du Mal«, »Correspondances«. In: Charles Baudelaire: Œuvres Complètes. Paris 1961, S. 11.

⁸ Christian Liedtke: »Ich kann ertragen kaum den Duft der Sieger«. Zur politischen Dichtung Heines nach 1848. In: Liedtke (Hrsg.) [Anm. 4], S. 216–236, hier S. 231.

⁹ Norbert Altenhofer: »Ästhetik des Arrangements«. Zu Heines »Buch der Lieder«. – In: ders.: Die verlorene Augensprache. Über Heinrich Heine. Hrsg. von Volker Bohn. Frankfurt a. M., Leipzig 1993. S. 154–173, hier S. 156.

¹⁰ Vgl. Ortwin Lämke: Küsse – Dichter – Helden – Schüsse: Über Motivketten und Chiffren in Heines »Romanzero«. – In: HJb 43 (2004), S. 31–48.

¹¹ Peter Szondi: Über philologische Erkenntnis. – In: ders.: Hölderlin-Studien. Mit einem Traktat über philologische Erkenntnis. Frankfurt a. M. 1967, S. 27f.

¹² G. W. F. Hegel: Vorlesungen über die Philosophie der Geschichte. Auf der Grundlage der »Werke« von 1832–1845 neu edierte Ausgabe. Frankfurt a. M. 1986, S. 74.

¹³ Michael Werner: Heines poetisch-politisches Vermächtnis. – In: Interpretationen. Gedichte von Heinrich Heine. Hrsg. von Bernd Kortländer. Stuttgart 1995, S. 180–194.

¹⁴ Ich schreibe bewusst »kann«, es ist mit Peter Szondi klar, »daß in der Literaturwissenschaft jeder einzelne Beleg, bevor ihm Beweiskraft zugeschrieben wird, nicht weniger sorgfältig für sich interpretiert werden muß als die Stelle, für deren Deutung er als Argument oder Gegenargument herangezogen wird.« Szondi [Anm. 11], S. 21.

¹⁵ Espagne [Anm. 2], S. 156.

¹⁶ Werner [Anm. 13], S. 183.

¹⁷ Wolfgang Kayser: Kleine deutsche Versschule. 27. Aufl. Tübingen, Basel 2002. S. 28.

¹⁸ Damit ist man fast beim Streit um Heuslers Rezitationsmetrik angelangt, der stets die klassische Skansion entgegengesetzt wurde. Inwiefern beiden Seiten in diesem Streit irren, lässt sich bei Dieter Breuer nachlesen. Vgl. Dieter Breuer: Deutsche Metrik und Versgeschichte. 4. Aufl. München 1999, S. 80f.

¹⁹ Vgl. Jürgen Link: Elemente der Lyrik. – In: Literaturwissenschaft. Ein Grundkurs. Hrsg. von Helmut Brackert und Jörn Stückrath. 5. Aufl. Reinbek bei Hamburg 1997, S. 86f.

²⁰ Werner [Anm. 13], S. 183f.

²¹ Lutz Görner: Heine Super Star (5 CDs). CD 2: Heines Werke, 2. Teil. Naxos 2001. (Gesamtspieldauer 62:10 Min.). ISBN 3-89816-073-4.

²² Cornelia Kühn-Leitz: Oh Deutschland, meine ferne Liebe. Ein Lebensbild von Heinrich Heine in Lyrik und Prosa. Leuenhagen & Paris 1999. (Gesamtspieldauer 68 Min.). ISBN 3-923976-21-6.

²³ Den Begriff des »Gestus« entlehne ich bei Hans Martin Ritter, der sein Prinzip des gestischen Sprechens als Lehrer an Schauspielhochschulen entwickelt hat. Das gestische Prinzip geht auf die Theaterarbeit Bertolt Brechts zurück. Vgl. Hans Martin Ritter: Das gestische Prinzip. Köln 1986. Vgl. auch ders.: Sprechen auf der Bühne. Ein Lehr- und Arbeitsbuch. Berlin 1999.

²⁴ Vgl. Lämke [Anm. 10], S. 41f.

²⁵ Zur Zeit der Herausgabe des »Romanzero« zeichnet Ernst Benedict Kietz Heine 1851 ebenfalls mit gesenktem, aufgestütztem Kopf. Und auch das Porträt M.-G. Desboutins, es ist nach 1853 entstanden, zeigt Heine als Melancholiker. Diese Schriftsteller-Porträts bieten einen ganz anderen Ausdruck als die bis Mitte der 40er Jahre entstandenen. Sie sind für mich inszenierte Selbstdarstellungen. Vgl. die Abbildungen bei Christian Liedtke (Hrsg.): Heinrich Heine im Porträt. Wie die Künstler seiner Zeit ihn sahen. Hamburg 2006, S. 64 und S. 72. Zur Tradition des Melancholiegestus bei Künstlerdarstellungen und den Bildnissen Heines vgl. Ekaterini Kepetzis: »Was habt ihr gegen mein Gesicht?« Heinrich Heines zeitgenössische Porträts. – In: ebd., S. 113–134, hier S. 116.

²⁶ Höhn ³2004, S. 146.

²⁷ Vgl. Stein [Anm. 3], S. 24.

²⁸ Hegel [Anm. 12], S. 54.

²⁹ Ebd., S. 53.

³⁰ Vgl. Ortwin Lämke: Grundlagen des interpretierenden Textsprechens. – In: Grundlagen der Sprechwissenschaft und Sprecherziehung. Hrsg. von Marita Pabst-Weinschenk. 2. Aufl. München 2011, S. 182–191.

Synthesemomente in Heinrich Heines lyrischem Fragment »Jehuda ben Halevy«

Von Janina Schmiedel, Hannover

Ich möchte anhand des Fragments »Jehuda ben Halevy« eine besondere Lesart der heineschen Synthese von Kunst und Leben herausarbeiten, die zwar in der bereits von den Jungdeutschen geforderten Aufhebung der Trennung von Politik und Literatur wurzelt, sich aber bei Heine meines Erachtens zu einem eigenen, häufig verkannten Konzept entwickelt und für seine Zeitdichtung von Bedeutung ist.

Exkurse in den Literaturbegriff der Jungdeutschen sowie in Hegels Dialektik geben selbstverständlich die jeweiligen Phänomene nicht in ihrer Differenziertheit wieder, sondern werden nur soweit aufgegriffen, dass sie als Grundlage für das Verständnis der Synthesevorstellung bei Heine dienen können.

Die Untersuchung widmet sich der Synthese von Kunst und Leben bzw. dem ›Lebendigwerden‹ der Kunst als Alternativkonzept zum ›Hineinwirken der Kunst in das Leben‹. Um einen Überblick über die Vielschichtigkeit des Syntheseansatzes zu schaffen, werden auf vier verschiedenen Untersuchungsebenen beispielhaft Synthesemomente in dem 1851 entstandenen lyrischen Fragment »Jehuda ben Halevy« aufgesucht. Unterschieden werden (I.) eine inhaltliche Ebene, (II.) eine stilistisch-formale, (III.) eine Ebene des Verhältnisses zwischen Form und Inhalt sowie (IV.) eine weitere über das rein Textliche hinausgehende Ebene, die sich mit der ›Interaktion‹ von Kunst und Leben befasst und auf der auch der Schwerpunkt meiner Untersuchung liegt.

I.

Auf der inhaltlichen Ebene werden von Heine u. a. die zwei Dimensionen des Talmud (Halacha und Hagada) als Gegensätze thematisiert, unter deren Einfluss Halevy von Kindheit an steht. Halevy wird als eine Figur vorgestellt, in der sich diese Gegensätze auf bestmögliche Weise synthetisch miteinander verbinden. Er wird im ersten Teil des Gedichts als Inbegriff des idealen Dichters verstanden, der – anders als Heine selbst – trotz der Mächtigkeit des Gegensätzlichen nicht unter Zerrissenheit leidet. »Rein und wahrhaft, sonder Makel / War sein Lied, wie seine

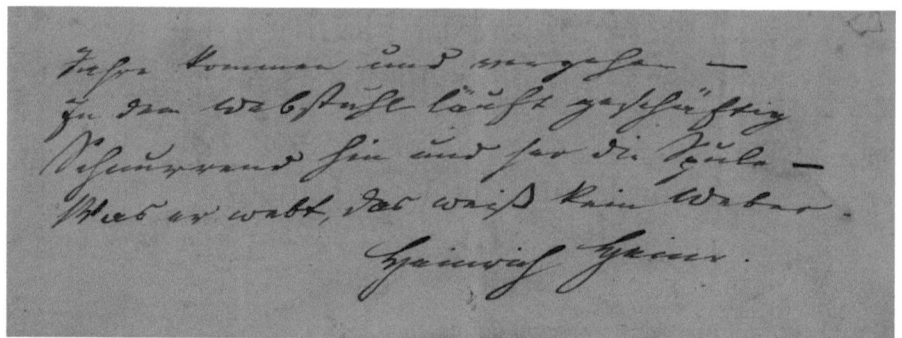

»Jahre kommen und vergehen – / In dem Webstuhl läuft geschäftig / Schnurrend hin und her die Spule – / Was er webt, das weiß kein Weber. Heinrich Heine.«
Eigenhändige Verszeilen aus Kapitel II des »Jehuda ben Halevy«.

Seele« (DHA III, 135) heißt es in der 41. Strophe des ersten Teils. Halevy wächst unter dem Einfluss »[z]wey verschiedne[r] Sorten Lichtes« (DHA III, 132) auf, die metaphorisch für die beiden Teile des Talmud (Halacha und Hagada) stehen. Die Halacha wird mit einer Fechtschule verglichen, die Hagada mit dem Garten der Semiramis, der grün und schön auf Säulen über der Erde blüht. Erstere verkörpert die strenge Schule und disziplinierte Ausbildung, die andere Dichtung und Schönheit. Obwohl Halevy der Hagada in ihrer Eigenschaft als poetisches Werk deutlich mehr zugeneigt ist, ist es von großer Bedeutung, dass er durch die doppelte Lehre geprägt ist und dass sich dadurch in ihm Träumerei mit großer Ernsthaftigkeit verbindet. Auf eine weitere Weise wird Halevy als ›synthetische‹ Figur hervorgehoben: In den Strophen 19–20 in Abschnitt IV beruft Heine sich auf eine Äußerung Alcharisis, dem zufolge Gabirol Gedanken, Ibn Esra Kunst verkörpere und Halevy in seiner Dichtung beides vereine:

> »Durch Gedanken glänzt Gabirol
> Und gefällt zumeist dem Denker,
> Iben Esra glänzt durch Kunst
> Und behagt weit mehr dem Künstler –
>
> Aber beider Eigenschaften
> Hat Jehuda ben Halevy,
> Und er ist ein großer Dichter
> Und ein Liebling aller Menschen.« (DHA III, 151f.)

Auf der stilistisch-formalen Ebene lässt sich das dialektische Prinzip in der Verwendung zweier gegensätzlicher Sprachstile wiederfinden: eines romantischschwärmerischen und eines knapp-konkreten, modernen. Dies möchte ich an einer Textstelle verdeutlichen, in der von den beiden Teilen des Talmud die Rede ist. Heine widmet der Beschreibung der Hagada etwa dreimal soviel Raum wie der Halacha, und er ändert den Sprachmodus, wenn er auf die jeweils andere zu sprechen kommt. Die im Zusammenhang mit der Halacha gebrauchten Begriffe »Gezänke«, »Disput«, »fatal« und »Importanz« kontrastieren mit der poetisch aufgeladenen Darstellung des Gartens:

> Die Hagada ist ein Garten
> Solcher Luftkindgrillen-Art,
> Und der junge Talmudschüler,
> Wenn sein Herze war bestäubet
>
> Und betäubet vom Gezänke
> Der Halacha, vom Dispute
> Ueber das fatale Ey,
> Das ein Huhn gelegt am Festtag,
>
> Oder über eine Frage
> Gleicher Importanz – der Knabe
> Floh alsdann sich zu erfrischen
> In die blühende Hagada,
>
> [...]
>
> Und des Knaben edles Herze
> Ward ergriffen von der wilden,
> Abentheuerlichen Süße,
> Von der wundersamen Schmerzlust
>
> Und den fabelhaften Schauern
> Jener seligen Geheimwelt,
> Jener großen Offenbarung,
> Die wir nennen Poesie. (DHA III, 133f.)

An einer Stelle, auf die auch Bernhild Boie verweist, um das Ineinandergreifen der beiden kontrastierenden Sprachstile aufzuzeigen, ist die Dichte noch größer:

> Aber siehe! aus dem Boden,
> Wo die Leiche eingescharrt war,
> Wuchs hervor ein Feigenbaum
> von der wunderbarsten Schönheit.
>
> Seine Frucht war seltsam länglich
> Und von seltsam würzger Süße
> Wer davon genoß, versank
> In ein träumerisch Entzücken.

> In dem Volke ging darüber
> Viel Gerede und Gemunkel,
> Das am End zu den erlauchten
> Ohren des Chalifen kam. (DHA III, 157)

Boie ordnet hier die Worte »Leiche«, »eingescharrt«, »Volk« und »Chalif« der konkreten Sprache zu, »wunderbarste Schönheit«, »Süße« und »träumerisch Entzücken« der schwärmerisch-lyrischen.[1] Bemerkenswert ist, dass das Verhältnis von betont romantisch-lyrischer und prosaisch-ironischer Sprechweise nicht als ästhetisches Problem zum Tragen kommt, sondern dass beide Sprachmodi miteinander verwoben sind, »ohne daß es zu dem von Heine so gerne als Mittel der Desillusion verwandten Stimmungsbruch kommt [...].«[2]

Auf der dritten Ebene, im Hinblick auf das Verhältnis von Form und Inhalt, fällt vor allem auf, dass der gewählte Sprachmodus an einigen Stellen, an denen von Kunst, Dichtertum und Nachtigallen die Rede ist, zu dem Inhalt im Widerspruch zu stehen scheint. Interessant sind diesbezüglich die Strophen, in denen Heine zunächst allgemein die Notwendigkeit des Vorhandenseins einer Dame für die Minnedichtung erläutert: Die christliche Tradition des Minnesangs wird hierbei mit ironischem Ton, formelhaften Verknappungen, die den Sachverhalt ins Lächerliche ziehen, und spöttischen Ausrufen in Form von Komposita wie »Süße Pomeranzenlande!« und »Schöne Nachtigallenwelt« karikiert:

> [...]
> Und die Layen, edle Ritter,
>
> Stolz auf hohen Rossen trabend,
> Spintisirten Vers und Reime
> Zur Verherrlichung der Dame,
> Der ihr Herze fröhlich diente.
>
> Ohne Dame keine Minne,
> Und es war dem Minnesänger
> Unentbehrlich eine Dame,
> Wie dem Butterbrod die Butter. (DHA III, 137f.)

Den Kontrast lässt Heine jedoch nicht als desillusionierendes Moment stehen, sondern löst ihn, zur Ernsthaftigkeit zurückkehrend, auf, indem er Sprachmodus und Inhalt einander wieder annähert. Wenn er auf das konkrete Beispiel Jehuda Halevys zurückkommt, beschreibt er zunächst in ähnlich spöttischem Ton und mit diversen Anspielungen auf andere literarische Frauengestalten, wie dessen Geliebte nicht ist:

> Keine Kußrechtscasuistin
> War sie, keine Doktrinärrin,
> Die im Spruchcollegium
> Eines Minnehofs dozirte –

und ändert danach den Sprachmodus:

> Jene, die der Rabbi liebte,
> War ein traurig armes Liebchen,
> Der Zerstörung Jammerbildniß,
> Und sie hieß Jerusalem. (DHA III, 138)

Ironische Anspielungen, Verknappungen und Spottkomposita fallen weg, um einer lyrischen Sprache Raum zu geben, die dem Gegenstand angemessener scheint.

Besondere Aufmerksamkeit erhält die vierte Untersuchungsebene, das Ineinandergreifen von Kunst und Leben. Es lässt sich (auch unter Rückgriff auf einige weitere Gedichte) zeigen, dass eine Synthese von Kunst und Leben nicht notwendig die Verarbeitung politisch-gesellschaftlicher Themen in der Kunst bzw. Ausdruck der politischen Gesinnung in der Lyrik bedeutet, sondern auch als ›Lebendigwerden der Kunst‹ verstanden werden kann, also genau anders herum.

II.

Die Autoren des Jungen Deutschland verstanden unter dem Einswerden von Kunst und Leben noch vornehmlich das Kunstwerden politischer Inhalte bzw. in erster Linie ein thematisches Hineinwirken des Lebenswirklichen in die Dichtung und eine Rückwirkung der Gesinnung in der Dichtung wiederum auf den Rezipienten. Der Fokus der Jungdeutschen fiel vor allem auf die aktuelle Zeitgeschichte. Diese mit all ihren Symptomen authentisch zu erfassen, war der Anspruch Laubes und Immermanns in ihren großen Zeitromanen[3] (»Junges Europa oder die Poeten«, »Die Epigonen«, »Münchhausen«) und Mundts in »Moderne Lebenswirren«. »Als führender jungdt. Theoretiker [...]«, so heißt es in Kurt Böttchers »Lexikon deutschsprachiger Autoren«,

> [...] vertrat er [Mundt] im besonderen die Ansicht, daß mit dem Ende der »Kunstperiode« auch das Ende der hergebrachten Genres gekommen sei und daß neue literarische Werke aus einer Mischung von poetisierten Bildern, philos. Gedanken, politischen, sozialen und ästhetischen Reflexionen bestehen müßten, um zeitkritische Aktualität zu erlangen.[4]

Den »Segen der That«[5] erwartete Mundt von keiner der großen politischen Richtungen, die er in »Moderne Lebenswirren« alle in derselben Person als quasi austauschbare Haltungen nacheinander abhandelte. Dem Dichter musste jetzt die Aufgabe zufallen, den Leser aufzurütteln, zum Reflektieren und zum eigenverantwortlichen Handeln zu bewegen. So lässt Mundt seinen Protagonisten, den Salzschreiber Seeliger verkünden:

> Der heutigen Schriftsteller-Generation muß es das höchste Ziel sein, Pfeile des Geistes in ihre Zeit hinauszuschicken, um das Volk der Deutschen aufzuregen und aufzuschütteln. Eines Buches Geist muß in das Volk übergehen, und dann als Buch aufgehört haben zu leben. Es muß wirken und in der Wirkung seinen Geist ausathmen.[6]

Die neue Aufgabe der Kunst war es, das Bewusstsein des Lesers für politische, religiöse und philosophische Zustände und Entwicklungen zu schärfen. Das ist Mundts Vorstellung »eines Brückenschlags zwischen Politik und Literatur«.[7] Vorstellungen dieser Art, die Heine bis zu einem gewissen Grad durchaus teilte und ja auch maßgeblich mitgeprägt hatte, entwickelten sich in den frühen 40er Jahren bis zur Märzrevolution zu einer als operativ zu bezeichnenden Dichtung, gegen die Heine sich mit dem Verweis auf das Primat der Poesie anhaltend verwahrte. Der Begriff der Operativität ist und bleibt problematisch, da er nicht eindeutig definiert ist. Gero von Wilpert fasst operative Literatur im »Sachwörterbuch der Literatur« 2001 als »Sammelbez. für alle Formen polit. engagierter Literatur mit dem Ziel der Massenbeeinflussung und Agitation zu Opposition, Protest, direkter Aktion im polit.-soz. Zusammenhang [...]«[8] auf, während derselbe Begriff im »Metzler Literatur Lexikon« differenzierter definiert ist als »polit. Dichtung, die sich, bei fließender Grenze zur engagierten Literatur, bzw. Littérature engagée, den ästhetisch formalen Leistungen der Moderne implizit polit. Absicht bedient und sich insofern von der vordergründigen Propaganda- und Tendenzdichtung unterscheidet.«[9] Dass diese Uneindeutigkeit im Gebrauch des Begriffs besteht, dessen muss man sich bewusst sein. Auch wenn dies an dieser Stelle nicht vertieft werden kann: Mir geht es um eine Abgrenzung Heines vor allem natürlich gegenüber der ersteren, durch von Wilpert definierten, auf Agitation und auf außerhalb der Kunst Liegendes ausgerichteten Literatur. Aber auch von der der littèrature engagée verwandten Kunst hebt sich das hier vorgestellte Konzept oder zumindest der Aspekt, der sich in Heines Dichtung finden lässt, eindeutig ab.[10]

III.

Wenn also das Operativwerden der Dichtung allgemein die Neigung bezeichnet, ästhetische Ansprüche aufzugeben und die Dichtung für agitatorische Zwecke zu ge- oder missbrauchen, worin besteht dann für Heine eine Synthese von Kunst und Leben, auf die er bis in seine letzten Schriften hinein immer wieder rekurriert? Der von Böttcher verwendete Ausdruck einer »Mischung«[11] ist meines Erachtens geeignet, um den Gegensatz zur Synthese bei Heine hervorzuheben. Um die Vorstellung einer idealen Synthese, die ja auch den Nazarener-Hellenen-Komplex und andere wesentliche Bereiche in Heines Denken dominiert, besser verstehen zu können, folgt ein knapper Exkurs in Hegels Ausführungen zur Dialektik in der »Enzyklopädie der philosophischen Wissenschaften«:

> Das Dialektische gehörig aufzufassen und zu erkennen ist von höchster Wichtigkeit. Es ist dasselbe überhaupt das Prinzip aller Bewegung, alles Lebens und aller Betätigung in der Wirklichkeit. Ebenso ist das Dialektische auch die Seele alles wahrhaft wissenschaftlichen Erkennens.[12]

Hegel geht davon aus, dass jedes Endliche nicht nur durch äußere Umstände begrenzt wird, sondern sich auch aus sich selbst heraus negiert und so die Tendenz hat, sich seinem eigenen Gegenteil zuzuführen. Dies geschieht dadurch, dass ein jedes die Anlage für sein Entgegengesetztes bereits in sich trägt, sich dadurch selbst zum Widerspruch wird und schließlich den Wandel in das eigene Gegenteil vollzieht.[13] Dem Wesen der Dinge entsprechend läuft der dialektische Erkenntnisprozess ab: Zunächst begreift der Verstand einen Gegenstand in seiner »festen Bestimmtheit«.[14] Darauf folgt die Setzung des Gegenteils, durch die der Widerspruch zustande kommt: »Das dialektische Moment ist das eigene Sichaufheben solcher endlichen Bestimmungen und ihr Übergehen in ihre entgegengesetzten.«[15] Der Widerspruch bleibt nicht bestehen, sondern in ihm wird eine neue Einheit erkannt. Die Einheit der aufgelösten Entgegensetzung ist das »positive Resultat«[16] der Dialektik. Die Synthese besteht darin, dass die Gegensätze, obgleich sie einander negieren, sich nicht aufheben, sondern durch ihr Nebeneinander in einen neuen Zustand (den Zustand der Synthese) übergehen. Eben diese Vorstellung ist für Heine in seinen Synthesebestrebungen bedeutend.

IV.

Bei Heine besteht die Synthese von Kunstautonomie und Wirklichkeitsbezug in einem ›Lebendigwerden‹ der Kunst. Dieses Lebendigwerden wird stets durch ein Moment der Liebe, zumeist in Kombination mit tiefer Traurigkeit, Wehmut bzw. Todesnähe erst ermöglicht. Durch die Liebe des Dichters ist dieser in der Lage, Wahrheit in seiner Dichtung hervorzubringen und die angestrebte Synthese von Kunst und Leben zu verwirklichen.

Ulrich Stadler weist auf die Liebe des Dichters als wesentliche Bedingung für die Synthese in »Es träumte mir in einer Sommernacht...« hin. Die Liebe des Künstlers (zur Schönheit, zu seiner Dichtung oder zu einer fiktiven Schönen) ist konstitutiv für die Synthese von Leben und Kunst. Auch Joseph A. Kruse sieht in der Liebe des Dichters einen wesentlichen Aspekt der Synthese.[17] Stadler nimmt an, Heine gelinge die Synthese zwischen Wahrheit und Schönheit ausschließlich in Gedichten, in denen der Tod thematisiert wird bzw. sie gelinge in zunehmendem Maße, je näher Heine der eigene Tod bevorsteht, also erst in den späten Gedichten ab 1848.[18] J. A. Kruse weist jedoch darauf hin, dass es sich bei der Synthesebestrebung und der Liebe als deren Bedingung nicht erst um ein Phänomen des späten Heine handelt, sondern dass dieses bereits im »Buch der Lieder« seinen Ausgang nimmt.[19] Pathetisch, aber von Heine durchaus nicht spöttisch unterlegt, ist die Beteuerung des sterbenden Rudèl in »Geoffroy Rudèl und Melisande von Tripoli«:

> »Melisande! Was ist Traum?
> Was ist Tod? Nur eitel Töne.
> In der Liebe nur ist Wahrheit,
> Und dich lieb‹ ich, ewig Schöne.« (DHA III, 48)

Daraus lässt sich das Verhältnis von Schönheit, Wahrheit und Liebe, das Heine für die synthetische Verbindung im Gedicht möglicherweise als grundlegend erachtete, ablesen oder zumindest erahnen. Die folgenden Beispiele, die sich auf »Jehuda ben Halevy« verwandte Gedichte beziehen, sollen diese Zusammenhänge verdeutlichen.

In dem Gedicht »Es träumte mir von einer Sommernacht...« liegt der tote und gleichzeitig nicht tote Dichter im Sarg, im »[l]autlose[n] Zwiegespräch« (DHA III, 395) mit einer Passionsblume. Der Dichter und die Blume schweigen und sind zugleich in ein intensives Gespräch vertieft. Die Kommunikation zwischen dem Toten und der Blume findet ganz ohne Vermittlung durch Worte statt – der Gesprächs- bzw. Denkinhalt wird direkt geteilt:

> Wir sprachen nicht. Jedoch mein Herz vernahm
> Was du verschwiegen dachtest im Gemüthe –
> Das ausgesprochne Wort ist ohne Schaam,
> Das Schweigen ist der Liebe keusche Blüthe. (DHA III, 394)

Der Moment des gemeinsamen, auf denselben Denkinhalt gerichteten Schweigens, worüber der Leser nichts Konkretes erfährt, kann als lyrischer Ausdruck reiner Dichtung und unschuldiger, vollkommener Liebe angesehen werden. Albrecht Betz spricht hierbei vom

> [...] Bild eines absoluten Augenblicks, das im Gedicht seine Endgültigkeit gewinnt: die Lust der Vereinigung von Poet und Poesie [...]. Dieses Schweigen handelt nicht vom Tod, sondern von Liebe und Verzückung; es ist erfülltes Schweigen. Im imaginären Raum, im erträumten künstlichen Paradies, findet dieses Ich seine Identität, kommt es zu sich selbst – in einem seltenen, instabilen Moment. In solchen Momenten verteidigt es seine Autonomie. Anders gesagt; die Aufhebung der Entfremdung ist hier nur mehr ästhetisch zu erreichen.[20]

Obwohl Albrecht Betz prinzipiell die Möglichkeit der Versöhnung von Wahrem und Schönem, Leben und Kunst leugnet, gesteht er der Poesie die Fähigkeit zu, ein (wenn auch vergängliches) Moment der Harmonie zwischen diesen beiden zu erzeugen. Die Synthese, die Erfüllung eines solchen Moments, hat die unbedingte Liebe der Beteiligten zur Bedingung. Betz bezeichnet die Begegnung zwischen Dichter und Blume zu Recht als Vereinigung von Poet (der Wirklichkeit angehörend) und Poesie. So lässt sich in diesem besonderen Verhältnis ein Bekenntnis zu einer wortlosen, ›eigentlichen‹ Poesie sehen. Die Schönheit haftet nicht dem ausgesprochenen Wort, sondern etwas Davorliegendem an, das nur in der Dichtung seinen Ausdruck hat. Der Moment der erfüllten Liebe, der sich in der Schwebe zwischen Traum und Wirklichkeit bzw. Tod und Leben ereignet, wird als Ort reiner Schönheit und ungetrübter Harmonie identifiziert.[21] Die Liebe des Dichters, die daher nicht als bloß erotische angesehen werden kann – was in »Jehuda ben Halevy« noch deutlicher wird, da der Protagonist dort nicht eine Frau, sondern eine Stadt (mit allem, was sie impliziert) liebt – und sein nicht mehr dem Leben verpflichteter, zugleich aber nicht lebloser Zustand sind Bedingungen sowohl für die Harmonie als auch für die Schönheit dessen, was er hervorbringt. Etwas Ähnliches vollzieht sich auch in der vergleichbaren Szene in »Geoffroy Rudèl«, wenn sich die Gräfin über den sterbenden Sänger beugt. In dem flüchtigen Augenblick des Sterbens findet die Erfüllung beider Liebe und für den sterbenden Troubadour das Wirklichwerden zeitlebens besungener Sehnsucht statt. Auch hier ist der Moment der Erfüllung nicht von Dauer. Verwirklichte Schönheit, erfüllte Liebe, Friedens- und Harmoniegefühle kulminieren in einem flüchtigen Punkt der Vollkommenheit, der sich sodann wieder auflöst.

Die Geliebte verkörpert in den genannten Textbeispielen die vom Dichter bzw. Sänger angestrebte Schönheit, welche sich in ihrer Abstraktheit niemals fassen lässt. In der Rahmenhandlung von »Geoffroy Rudèl« wird die im Mittelteil dargestellte, im Gedicht zum Leben erwachende Szene von der Gräfin Tripoli in die Wandtapete gestickt: »Ihre ganze Seele stickte / Sie hinein, und Liebesthräne / Hat gefeyt das seidne Bildwerk [...].« (DHA III, 47) Auch hier taucht die Träne auf, die in »Jehuda ben Halevy« mit der Erzeugung des dauernden Kunstwerks verbunden ist. Das spätere Erwachen der Figuren ist nur möglich durch die von der Gräfin eingebrachte Liebe zu ihrem Idealbild, zu dem Sänger Rudèl und zu ihrem Kunstwerk. In der Binnenhandlung des Gedichts wird die Kausalität von Liebe und von der Möglichkeit gleichzeitigen Todes und Lebens aufgegriffen. Als (auf einen Wandbehang gestickte) Kunstobjekte erleben die Protagonisten ihre Auferstehung und erkennen: »Gott Amur that dieses Wunder.« (DHA III, 48) Das Lebendigwerden der Toten ist in diesem Gedicht (wie in »Es träumte mir von einer Sommernacht...« durch die Dichtung) nur durch die Kunst möglich. Diese wiederum ist durch die Liebe zum ›ewig Schönen‹ motiviert. In »Geoffroy Rudèl« bewahrt die Tapete den bzw. das Moment der Erfüllung auf und macht ein Wiederaufleben des vergangenen Glücks, ein erneutes Lebendigwerden, möglich.

Eine interessante Variante dieser Zusammenhänge von Dichterliebe und Synthese taucht schon relativ früh in Heines Werk auf, in dem 1819 entstandenen »Nachhall«, worin die Kunst durch »der Liebe Geist« (DHA III, 66) zum Leben erweckt wird:

> Und es wird mir im Herzen viel Ahnung laut:
> Der Liebe Geist einst über sie thaut;
> Einst kommt dies Buch in deine Hand,
> Du süßes Lieb im fernen Land.
>
> Dann löst sich des Liedes Zauberbann,
> Die blassen Buchstaben schaun dich an,
> Sie schauen dir flehend in's schöne Aug‹,
> Und flüstern mit Wehmuth und Liebeshauch. (DHA III, 65f.)

Nicht allein die Liebe des Poeten vermag hier die Schönheit hervorzubringen; sondern erst die ›schönen Augen‹ des Rezipienten, der wie eine ferne, unbekannte Geliebte angeredet wird, muss durch Liebe bzw. Gegenliebe den Zauberbann des Todes lösen. Die Worte erheben sich aus Nebel, Starre und Kälte und erlangen ihre Schönheit für das Auge des Betrachtenden zurück.

Die Textbeispiele haben eine bemerkenswerte Gemeinsamkeit: In »Es träumte mir von einer Sommernacht...« ist es die Liebe des Dichters zu dem Hybridwesen Frau-Passionsblume, in »Geoffroy Rudèl« die Liebe der Gräfin zu ihrem Ideal des Geliebten, in »Nachhall« die Liebe des späten Rezipienten, die die Kunst zum Leben erweckt. – In »Jehuda ben Halevy« ist es einerseits die Gnade bzw. die Liebe Gottes und andererseits die aufrichtige (religiöse) Liebe Halevys zu Jerusalem und seine damit verbundene tiefe Traurigkeit, die in der Klage um die Stadt zum Ausdruck kommt, die die Vollkommenheit seiner Dichtung und ihr Lebendigwerden ausmachen.

V.

Das auf den ersten Blick inkonsistente und in hohem Maße durch Abschweifungen und Exkurse gekennzeichnete Stück ist in seiner poetischen Bedeutung nicht zu unterschätzen. Nigel Reeves weist auf die thematische Komplexität des Gedichts hin.[22] Zugunsten des von mir herausgegriffenen Gesichtspunktes vernachlässige ich den Aspekt des Judentums und die Schlemihl-Episode vollständig, obwohl das auf den ersten Blick unverzeihlich erscheint, da es sich dabei um zentrale Themen des Gedichts handelt. Ich möchte aber den Blick, den ich jetzt auf das Poetische gelenkt habe, dort belassen. Mich interessiert an dieser Stelle die Metapher der Kette aus Tränenperlen. Inwiefern symbolisiert sie das Lebendigwerden der Kunst und eine Synthese von Leben und Kunst?

In den Strophen 43–44 des dritten Teils wird die Verwandlung der Tränen beschrieben:

> Denn es sind die Thränenperlen
> Des Jehuda ben Halevy,
> Die er ob dem Untergang
> Von Jerusalem geweinet –
>
> Perlenthränen, die verbunden
> Durch des Reimes goldnen Faden,
> Aus der Dichtkunst güldnen Schmiede
> Als ein Lied hervorgegangen. (DHA III, 147)

Die Tränen Halevys über die Stadt Jerusalem werden zu kunstvollen Perlen. Sie verkörpern Trauer und Klage, zugleich aber auch die über den Tod des Dichters hinaus andauernde Schönheit. Die sich in der »Schmiede« der Dichtkunst in Perlen wandelnden Tränen bezeichnen den Übergang von der Wirklichkeit, von wirklicher Liebe und wirklichem Schmerz zur Kunst, namentlich zum Zionslied des Jehuda ha-Levy.[23] Ursache dieser Tränen ist der Schmerz, den der Dichter Halevy als Jude über die Zerstörung Jerusalems empfindet. Dieser Schmerz wiederum folgt aus der starken liebevollen Neigung zu der Stadt, die ihm für seine

Heimat und seinen Glauben steht. Liebe und Schmerz des Dichters sind dabei keineswegs übersteigerte romantische Gefühlsregungen, sondern signalisieren aufrichtige Teilhabe und tiefe Anteilnahme am Schicksal des jüdischen Volkes.

Die Tränenperlenkette hat ihr Gegenstück in der Perlenkette des Dareios, deren Weg durch die Jahrhunderte im dritten Teil ausführlich verfolgt wird. Nigel Reeves sieht in den physischen Perlen ein »Symbol des Überlebens der Schönheit inmitten der Turbulenzen einer dreitausendjährigen Geschichte. Die Wechselfälle, denen die Perlen ausgesetzt wurden, dienen wiederum als Parallele zum dreitausendjährigen Schicksal der Juden.«[24] Wie diese Perlen politische Systeme und persönliche Schicksale unberührt überstehen, haben auch die Tränenperlen des Dichters, also seine Dichtung, die Eigenschaft, dessen Leben und die Wechselhaftigkeit der Zeiten zu überdauern. Diese konsistente Schönheit bleibt von weltlichen Dingen unberührt. Dennoch geht sie mit der Wirklichkeit eine Bindung ein. Möglich wird dies in »Jehuda ben Halevy« durch das Moment der Liebe Halevys zu Jerusalem, allererst aber durch die Liebe, die der Gott seinem Geschöpf entgegenbringt. Durch das Küssen des Gottes empfängt Halevy die Gabe des Dichtens:

> […]
> Als der Schöpfer sie erschaffen,
> Diese Seele, selbstzufrieden
>
> Küßte er die schöne Seele,
> Und des Kusses holder Nachklang
> Bebt in jedem Lied des Dichters,
> das geweiht durch diese Gnade. (DHA III, 135)

»Dichter und ihre Gedichte«, schreibt Nigel Reeves, »besitzen […] Eigenschaften, die ihnen Kräfte verleihen, welche über die Grenzen des menschlichen Lebens und die eines frühzeitigen Todes hinausreichen.«[25] Diese Vorstellung ist bei Heine (nicht erst in den späten Gedichten) gewiss nicht frei von Mystik und Romantik: der leidende, sterbende Dichter, die unerreichbare oder nahezu unerreichbare Geliebte, die alles überdauernde Liebe und Schönheit. Aber das Phänomen der Synthese ist nicht als romantische Versponnenheit oder Träumerei zu verkennen. Sie ist vom ästhetiktheoretischen Standpunkt her begreifbar. Sie zeigt sich sowohl auf der inhaltlich-thematischen, auf der formalen Ebene, als auch im Zusammenspiel dieser beiden Ebenen, und sie manifestiert sich in einem flüchtigen Moment der Erfüllung, der sowohl den Gedichtinhalt als auch die Realität des Dichtenden einbezieht: Rudèl findet Erfüllung im Arm der Geliebten, bevor er stirbt, der tote Dichter in »Es träumte mir von einer Sommernacht…« erlebt vor der Desillusionierung einen Zustand der absoluten Kommunikation und die intensivste Art der zur Einheit verschmelzenden Zweisamkeit, Halevy stirbt vor den Toren seiner Geliebten dichtend und bringt im realen Vollzug seines Schicksals ewig andauernde Schönheit hervor. Beständige, fassliche Schönheit scheint es zwar so wenig zu geben wie ewiges Leben. Gerade aber die Vergänglichkeit des Moments vermag sich dem befürchteten Verlust des Schönen in der Kunst entgegenzusetzen, indem nämlich dieses Moment zwar nicht absolut und beständig ist, doch aber von dem wie in »Nachhall« als späterer Geliebter angesprochenen Rezipienten jederzeit und immer wieder aufgefunden und nachvollzogen werden kann.

Anmerkungen

[1] Vgl. Bernhild Boie: Am Fenster der Wirklichkeit. Verflechtungen von Wirklichkeit und Imaginärem in Heinrich Heines später Lyrik. – In: DVjs 48 (1974), S. 352.

[2] Ebd.

[3] In der »Metzler Chronik Literatur« wird »Das Junge Europa« als Roman klassifiziert. Laube selbst spricht von einer Novelle. Vgl. Volker Meid: Metzler Literatur Lexikon. Werke deutschsprachiger Autoren. Stuttgart und Weimar 1993, S. 388.

[4] Lexikon deutschsprachiger Schriftsteller. Von den Anfängen bis zum Ausgang des 19. Jahrhunderts. Neu bearbeitet von Kurt Böttcher u. a. Leipzig 1989, S. 422.

[5] Theodor Mundt: Heine, Börne und das sogenannte Junge Deutschland. Bruchstücke 1.–9. – In: Der Freihafen 3 (1840). H. 4, S. 247.

[6] Theodor Mundt: Moderne Lebenswirren. Briefe und Zeitabenteuer eines Salzschreibers. Reichenbach, Leipzig 1834, S. 152.

[7] Norbert Otto Eke: »Man muß die Deutschen mit der Novelle fangen.« Theodor Mundt, die Poesie des Lebens und die »Emancipation der Prosa« im Vormärz. – In: Der nahe Spiegel. Vormärz und Aufklärung. Hrsg. von Wolfgang Bunzel, Norbert Otto Eke und Florian Vaßen. Bielefeld 2008, S. 300f.

[8] Gero von Wilpert: Sachwörterbuch der Literatur. 8., verb. u. erw. Aufl. Stuttgart 2001, S. 575.

[9] Metzler Literatur Lexikon. Begriffe und Definitionen. Hrsg. von Günther und Irmgard Schweikle. Zweite, überarb. Aufl. Stuttgart 1990, S. 334. Zur Forschungsdiskussion um den Begriff vgl. z. B. Peter Stein: Operative Literatur. – In: Hansers Sozialgeschichte der deutschen Literatur. Bd. 5. Hrsg. von Gert Sautermeister und Ulrich Schmid. München 1996, S. 485–504.

[10] Die Literatur des Jungen Deutschland kann in diesem Fall nicht als operative Literatur bezeichnet werden, sofern nämlich dort das Ringen um ästhetische Formen noch im Vordergrund steht. Gemeint sind hier die lyrischen Texte nationalistischer Dichter um 1815, vor allem aber der wieder erstarkenden politischen Dichtung Freiligraths, Herweghs und Hoffmanns in den 40er Jahren.

[11] Lexikon deutschsprachiger Schriftsteller [Anm. 4], S. 422.

[12] Georg Wilhelm Friedrich Hegel: Enzyklopädie der philosophischen Wissenschaften im Grundrisse. 1830. Erster Teil. Die Wissenschaft der Logik. Mit den mündlichen Zusätzen. – In: ders.: Werke. Hrsg. von Eva Moldenhauer und Karl Markus Michel. Bd. VIII. Frankfurt a. M. 1986, S. 173.

[13] Zur Veranschaulichung führt Hegel als Beispiel das Leben an, das »den Keim des Todes« schon in sich habe und das Lebendige dadurch zum Sterblichen mache. Das Lebende geht schließlich in sein Gegenteil, den Tod, über. Vgl. ebd., S. 173.

[14] Ebd., S. 169.

[15] Ebd., S. 172.

[16] Ebd., S. 176.

[17] Vgl. Joseph Anton Kruse: »Dichterliebe«. Über Heines Gedichte »An die Mouche«. – In: Übergänge. Zwischen Künsten und Kulturen. Internationaler Kongress zum 150. Todesjahr von Heinrich Heine und Robert Schumann. Hrsg. von Henriette Herwig u. a. Stuttgart und Weimar 2007, S. 685.

[18] Vgl. Ulrich Stadler: Literarischer Donquichotismus. Der Gegensatz von Schönheit und Wahrheit bei Heinrich Heine. – In: HJb 20 (1981), S. 15f.

[19] Vgl. Kruse: »Dichterliebe« [Anm. 17], S. 685.

[20] Albrecht Betz: Der letzte Sommernachtstraum. Heines Gedicht »An die Mouche«. – In: Aufklärung und Skepsis. Internationaler Heine-Kongreß 1997 zum 200. Geburtstag. Hrsg. von Joseph A. Kruse u. a. Stuttgart und Weimar 1999, S. 816.

[21] Groddeck weist darauf hin, dass zu den Zeilen »Das ausgesprochene Wort ist ohne Schaam« eine zweite Lesart denkbar ist. Das gesprochene Wort kann nicht nur als schamlos im Sinne von unverschämt gelesen werden, sondern auch als rein und unschuldig, entsprechend dem Zustand Adam und Evas vor dem Sündenfall, einem Zeitpunkt, da ihnen die Scham noch unbekannt war. Vgl. Wolfram Groddek: »Es träumte mir von einer Sommernacht...«. Heines letztes Gedicht. – In: Das Jerusalemer Heine-Symposium. Gedächtnis, Mythos, Modernität. Hrsg. von Klaus Briegleb und Itta Shedletzky. Hamburg 2001, S. 153.

[22] Vgl. Nigel Reeves: Religiöse Disputation und Ermordung. Kräfte und Grenzen der Dichter und der Dichtung in Heines Jehuda ben Halevy. Betrachtungen über Heines Verhältnis zu jüdischer Dichtung und zum Judaismus. – In: Harry ... Heinrich ... Henri ... Heine. Deutscher, Jude, Europäer. Hrsg. von Dietmar Goltschnigg u. a. Berlin 2008, S. 101f..

[23] Inwieweit sich das mit historischen Sachverhalten deckt, kann in diesem Zusammenhang unberücksichtigt bleiben, da hier die poetische Darstellung im Vordergrund steht.

[24] Reeves: Religiöse Disputation [Anm. 22], S. 102.

[25] Ebd., S. 104.

II.

Heines »Vorrede zu den Französischen Zuständen« aus Sicht der Zensurbehörden
Unter Verwendung unbekannter archivalischer Materialien aus dem Geheimen Staatsarchiv Preußischer Kulturbesitz

Von Enno Stahl, Neuss

Über Heinrich Heines Verhältnis zur Zensur ist viel geschrieben worden. Das ist kein Wunder, zum einen, weil er sich wie kein anderer seiner literarischen Zeitgenossen im Visier insbesondere der preußischen Aufsichtsorgane befand. Zum anderen, weil Heine bekanntlich einen ausgesprochen »produktiven« Umgang mit der Zensur pflegte, so dass seiner ironischen, von Fanny Lewald überlieferten Klage bei Aufhebung der Zensur im März 1848 womöglich ein Quäntchen Ernst beigemischt gewesen sein mag:

> [...] ach, ich kann nicht schreiben, ich kann nicht, denn wir haben keine Censur! Wie soll ein Mensch ohne Censur schreiben, der immer unter Censur gelebt hat? Aller Styl wird aufhören; die ganze Grammatik, die guten Sitten. Schrieb ich bisher etwas Dummes, so dachte ich nun, die Censur wird es streichen oder ändern, ich verließ mich auf die gute Censur. – Aber jetzt – ich fühle mich sehr unglücklich, sehr rathlos! Ich hoffe auch immer, es ist gar nicht wahr und die Censur dauert fort. (Werner II, 108f.)

Naheliegenderweise richtete sich die wissenschaftliche Beschäftigung dabei zumeist auf den Autor selbst, also welche persönlichen Folgen Verbot und Zensur seiner Bücher für ihn hatten[1], und auf seine Werke, inwieweit sie behördlicherseits beeinflusst oder gar verstümmelt wurden.[2] Letzteres barg nicht zuletzt für die Editoren die Schwierigkeit, Zensurlücken aus den verschiedenen Manuskriptversionen zu rekonstruieren und so einen gesicherten Textkorpus zu erstellen. Die Schere im Kopf des Autors fand ebenso ihre Berücksichtigung[3] wie der findige Umgang Julius Campes mit den Zensoren.[4] Auch die Arbeit bestimmter Zensoren Heines wurde unter die Lupe genommen.[5]

Was erstaunlicherweise wenig betrachtet wurde, ist die Perspektive der Zensurbehörden selbst, der preußische Beamtenapparat stellte ja ein hochkomplexes Netzwerk zahlloser Verästelungen und Interdependenzen dar[6], das großen Schwankungen unterworfen war, mit Folgen auch für die Ausübung der Zensur: »Ausmaß und Formen staatlicher Zensur waren in der Zeit von 1815 bis 1848 nicht gleichbleibend, sondern wechselten je nach Situation. Phasen besonderer Strenge folgten auf Phasen verhältnismäßiger Milde; gleichzeitig änderten sich die Ansatzpunkte und Methoden der Repression.«[7]

Der Blick darauf ist nicht nur zeitgeschichtlich interessant, insofern eine genaue Darstellung der Abläufe bei einem Zensurfall tiefe Einblicke in den Verwaltungsgang und die Funktionsmechanismen dieser Behörden gestattete. Nein, eine solche Untersuchung würde uns überhaupt erst einmal zu definieren helfen, was Zensur in strengem Sinne eigentlich ist. Denn das ist keineswegs klar. Gerade heute wieder wird der Begriff inflationär und zumeist unzutreffend gebraucht.[8] Um ein besseres Verständnis der Zensurpraxis zu gewinnen, müsste man sich weniger mit den Zensierten und mehr mit den Verwaltungsprozessen beschäftigen, die mit Zensur und Überwachung einer gingen, kurz: mit der Behördenkommunikation. Eine dezidierte Auswertung der umfangreichen preußischen Verwaltungskorrespondenzen steht noch aus, tatsächlich wäre sie wohl eine Arbeit mehrerer Generationen, da die archivalischen Relikte einige hundert Aktenmeter im Geheimen Staatsarchiv Preußischer Kulturbesitz beanspruchen, die Überlieferungen der nachrangigen Ober- und Mittelbehörden, welche sich auf verschiedene regionale Landesarchive verteilen, noch gar nicht eingerechnet.[9] Dennoch sollte ein Anfang nicht gescheut werden.

Ein besonders lohnendes Ziel für eine solche Untersuchung, das gleichzeitig eine genügende Begrenzung in sich birgt, wäre es, die Behördenaktivität im Falle Heinrich Heines in den Blick zu nehmen.[10] Für ihn hatten die preußischen Überwacher sogar eigene Aktenfaszikel angelegt. Nicht nur würde man dadurch detaillierte Erkenntnisse über die jeweiligen Ereignisse rund um Zensur und Verbote der Heine'schen Schriften gewinnen, die Ergebnisse könnten auch zur Fortschreibung von deren Rezeptions- und Distributionsgeschichte beitragen.

An dieser Stelle möchte ich mich auf jenes Werk beschränken, das damals die größte Aufmerksamkeit aller Heineschriften seitens der Obrigkeit auf sich zog, nämlich seine »Französischen Zustände« inklusive der berüchtigten »Vorrede«. Es handelt sich dabei um das allererste Buch Heines überhaupt, das durch Zensorkürzungen beeinträchtigt wurde.[11] Jedoch waren diese Eingriffe gleich so beträchtlich, speziell die »Vorrede« betreffend, dass Heine sie, erweitert um eine »Vorrede zur Vorrede«, noch in zwei Separatdrucken zu publizieren suchte. Um diese verschiedenen Drucke entspann sich ein Verwirrspiel, das den preußischen Verantwortlichen einiges Kopfzerbrechen bereitete, wie wir sehen werden. Zunächst aber möchte ich noch einmal kurz im Überblick die Publikationsgeschichte dieser drei Ausgaben Revue passieren lassen[12], damit die Verwaltungsvorgänge im einzelnen verständlich werden.

Die verschiedenen Fassungen der Vorrede

Schon die Artikelserie, die Heine unter dem Titel »Französische Zustände« in der »Allgemeinen Zeitung« veröffentlicht hatte, hatte für Aufsehen gesorgt und war nach ausdrücklicher Warnung von Seiten der österreichischen Regierung an den Verleger Cotta schließlich eingestellt worden. Den maßgeblichen Grund für die Aufregung um das Buch, in dem Heine seine Artikel dann gesammelt herausbrachte, stellte allerdings Heines Vorrede dar, an ihr lag ihm sehr viel[13], wollte er doch – noch recht neu in Paris – Börne und anderen politischen Exilanten, die ihm kritisch gegenüber standen, unmissverständlich zeigen, dass er »kein bezahlter Schuft« (HSA XXI, 44) der preußischen Regierung war. Der Ton, den er anschlug, war denn auch sehr hart:

> Mögen immerhin die gelehrten Knechte an der Spree von einem großen Imperator des Borussenreichs träumen, und die Hegemonie und Schirmherrlichkeit Preußens proklamieren. Aber bis jetzt ist es den langen Fingern von Hohenzollern noch nicht gelungen, die Krone Karls des Großen zu erfassen und zu dem Raub so vieler polnischer und sächsischer Kleinodien in den Sack zu stecken. Noch hängt die Krone Karls des Großen viel zu hoch, und ich zweifele sehr ob sie je herabsinkt auf das witzige Haupt jenes goldgesporten Prinzen, dem seine Barone schon jetzt, als dem künftigen Restaurator des Ritterthums, ihre Huldigungen darbringen. (DHA XII, 68)

Das war in der Tat weit despektierlicher, als polizeilich erlaubt war! Das preußische Zensuredikt von 1819 hatte explizit die Verunglimpfung gekrönter Häupter dem Bannstrahl der Zensur anheim gestellt.[14] Auch eine geharnischte Passage wie diese:

> Ich traute nicht diesem Preußen, diesem langen frömmelnden Kamaschenheld mit dem weiten Magen, und mit dem großen Maule, und mit dem Corporalstock, den er erst in Weihwasser taucht, ehe er damit zuschlägt. Mir missfiel dieses Gemengsel von Weißbier, Lüge und Sand. Widerwärtig, tief widerwärtig war mir dieses Preußen, dieses steife, heuchlerische, scheinheilige Preußen, dieser Tartüff unter den Staaten. (ebd.)

verfällt eindeutig dem Verdikt, das alle Verhöhnungen des preußischen Staates unter Strafe stellt.[15] Seinem Verleger Julius Campe, der die Lage in Deutschland natürlich besser kannte als der Autor im Exil, war sofort klar, welchen Sprengstoff er hier in Händen hielt, Campe antwortete am 2. November 1832 auf die – späte – Übersendung des Vorworts (der Hauptteil des Buches war bereits in Druck, vgl. DHA XII, 652):

> Vor 14 Tagen schrieb ich Ihnen und machte meinem Unmuth darüber Luft, dass ich nichts, als das Nachdrucken soll, was in der allgemeinen Metze gestanden. – Wahrscheinlich haben Sie das erwartet und deswegen mir ein Vorwort dazu gesandt, das mich in des Teufels Küche liefern soll? – Sind Sie denn so ganz fremd mit der Sachlage, um nicht im Voraus zu wissen, was für m i c h da darauf sitzen würde: druckte ich diese so? – Konnte man mich der Börneschen Briefe wegen peinlich anklagen, die sich in allgemeinen Dingen bewegten: was würde hier geschehen? […] Soviel kann ich Ihnen sagen, der Buchdrucker druckt das nicht: was soll geschehen? (HSA XXIV, 147 f.)

Zum Ärger über die bloße Zweitverwertung von Artikeln gesellte sich nun die Gefahr, in die jeder Beteiligte eines solchen Buchprojekts geriete. Als Kompromiss regte Campe nun Folgendes an:

> Sollten wir der Sicherheit wegen die Verrede censiren lassen? so muß die Vorrede, wenn Sie darauf bestehen daß sie so gedruckt werde, mit einem Vorwort zum Vorwort gedruckt und mit Firma Paris den Käufern gratis nachgeliefert werden, das geht und stellt Sie zufrieden? (ebd., 148).

Das Herzogtum Sachsen-Altenburg verfolgte eine relativ liberale Pressepolitik, die rigiden Karlsbader Beschlüsse von 1819 hatten hier keine »wesentliche Änderung der Handhabung der Zensur nach sich gezogen«.[16] Seit 1831 besaß das Herzogtum sogar eine Verfassung, die einen Presseparagraphen enthielt, eine prinzipielle Meinungsfreiheit (natürlich mit einigen Einschränkungen) wurde so garantiert.[17] Aufgrund dieser lässlichen Zensurpraxis hatte Campe seit 1828 vor allem zeitkritische Bücher in der dortigen Pierserschen Hofdruckerei drucken lassen[18], eine Geschäftsbeziehung, die bis 1838 anhielt. Man sieht daran, dass eine milde Zensur zu damaligen Zeiten durchaus ein wirtschaftlicher Standortvorteil war – die nämliche Druckerei war auch für andere auswärtige Auftraggeber, etwa den berühmten Leipziger Verleger Brockhaus, tätig.

Im Falle der »Vorrede« aber kam es zu sehr umfangreichen Kürzungen durch den Zensor, Campe schrieb am 21. Dezember 1832 an Heine: »Heute habe ich die Zustände empfangen und beginne die Ausgabe. Ihnen sende ich die Vorrede, damit Sie sehen wie sie castriert ist.« (HSA XXIV, 149) Heine war über das Ausmaß der Verstümmelung bestürzt, musste er doch erkennen, dass von seinen harschen Ausfällen gegen den preußischen König und sein Regime kaum etwas übrig geblieben war: »Eben erhalte ich die Vorrede, worin ich vor den Augen von ganz Deutschland als ein trübseliger Schmeichler des Königs von Preußen erscheine

[...]. Ich bin betäubt vor Kummer.« (HSA XXI, 44). Seine Glaubwürdigkeit stand auf dem Spiel und so verfasste er am Neujahrstag 1833 eine Erklärung, die er an die deutschen Journale übersandte: Die Augsburger »Allgemeine Zeitung« kam seiner Bitte um Abdruck am 11. Januar 1833 nach. In diesem Text erklärte er, dass er die »Französischen Zustände« niemals ohne die bewusste Vorrede veröffentlicht hätte, nun aber habe entdecken müssen,

> [...] daß mehr als die Hälfte davon unterdrückt worden; ja, was noch fataler ist, dass durch die Unterdrückungen alles, was ich sagte, nicht bloß entstellt, sondern auch mitunter ins Servile verkehrt worden ist! Gegen jede irrige Deutung, die daraus entstehen kann, will ich mich nun hiermit vorläufig verwahrt haben. (DHA XII, 456)

Gleichwohl war längst entschieden, dass der Separatdruck der Vorrede mit eigenem Vorwort (vgl. DHA XII, 451ff.) veranstaltet werden sollte. Der Druck zog sich jedoch hin, erst am 16. März 1833 berichtete Campe von deren Fertigstellung:

> Die Vorrede i s t g e d r u c k t; liegt zum Abgange bereit. Ich schrieb wegen den Namen des Ver*lags* Ortes, b e k a m k e i n e Antwort! soll sie ins Makulatur geworfen werden? Zu spät kommt sie nicht, das hat gute Wege. (HSA XXIV, 158)

Indes, ausgeliefert wurde diese Broschüre nie, bereits am 1. Februar waren die »Französischen Zustände«, vornehmlich aufgrund der zensierten Vorrede, verboten worden, Campe konnte sich wohl ausmalen, was geschehen würde, käme die unzensierte Fassung auf den Markt. Also hielt er sie bis auf Weiteres zurück.

Inzwischen wurde das Buch ins Französische übersetzt, Ausgangspunkt dafür war die zensierte Fassung, Heine selbst vervollständigte die Zensurlücken. Mitte Juni erschien die französische Fassung erstmalig: »[...] und damit war der Weg frei für die Vorspiegelung, eine fremde Person habe die vollständige Vorrede ins Deutsche rückübersetzt« (DHA XII, 658).

Den Verlag dieses so genannten »Pariser Separatdrucks« übernahmen Heideloff und Campe (Miteigentümer Friedrich Napleon Campe war Julius Campes Neffe), Heine war bereits wegen der Veröffentlichung der deutschen Fassung seiner Artikelserie »État actuel de la littérature en Allemagne« (»Zur Geschichte der neueren schönen Literatur in Deutschland«) mit ihnen im Gespräch – und Ende Juni/ Anfang Juli 1833 erschien die vollständige Vorrede auf Deutsch, und zwar unter dem Titel: »Vorrede zu Heinrich Heine's Französischen Zuständen nach der französischen Ausgabe ergänzt und herausgegeben von P.G..g.r, Leipzig, Heideloff und Campe. 1833«.

Julius Campe hatte bereits auf der Ostermesse 1833 vom geplanten Pariser Separatdruck gehört, eine Entwicklung, die ihm nicht ungelegen kam, Ende Mai schrieb er Heine: »Die Vorrede, denke ich, bleibt am besten liegen; denn wozu wollen Sie alle Brücken hinter sich auf ziehen? Den Verlußt will ich gerne tragen, der mich deswegen trifft; doch nicht mein Wille, sondern der Ihrige entscheide!« (HSA XXIV, 174)

Durch die Pariser Publikation hatte Campe nun alles Recht, seinen eigenen Separatdruck zu vernichten[19], was er aber wohl erst tat, nachdem auch von Seiten der Hamburger Behörden intensiv nach Ausgaben der unzensierten »Vorrede« gefahndet wurde.[20]

Heideloff und Campe hatten ebenfalls wenig Glück mit der Vorrede, das Buch wurde bald nach Erscheinen in Preußen verboten (s. u.) – so versuchten sie, die Auflage an deutsche Verleger abzugeben. Campe berichtete am 28. August 1833, dass auch er gefragt worden sei, die Restauflage gegen Erstattung der Ursprungskosten zu übernehmen, was er natürlich abgelehnt habe (HSA XXIV, 203). Als Philipp Reclam in Leipzig erwog, auf das Angebot einzugehen und einen Nachdruck mit fingierter Verlagsangabe zu veranstalten, verhinderte Julius Campe dieses Geschäft, und zwar recht kompromisslos unter Androhung einer Denunziation, da ihm nur zu klar war, wen die Polizei dann zur Rechenschaft ziehen würde: »[...] ich erklärte den Mann, daß er unter s e i n e m wirklichen Namen damit machen könne was er Lust habe, nur nicht s o , denn jeder würde ihn dann nicht kennen und m i c h für den Verbreiter halten« (HSA XXIV, 207).

Noch einmal hatte Campe Probleme in dieser Angelegenheit: Nachdem im Februar 1834 der Buchhandelsgehilfe Paul Gauger, ein ehemaliger Kommis von Heideloff und Campe, verhaftet wurde, stellte sich heraus, dass dieser als Herausgeber des Pariser Separatdrucks hatte herhalten müssen (s. o.: P.G..g.r = Paul Gauger). Gauger erwies sich als sehr auskunftsfreudig, neben zahlreichen Angaben rund um die Publikation der Vorrede sagte er aus: »Dieselbe Vorrede habe zuerst Campe in Hamburg gedruckt, dann aber die Auslieferung der 3.000 Exemplare betragenden Auflage verweigert.«[21]

Das hetzte Campe die Hamburger Polizei auf den Hals, die ihn am 22. Juli 1834 ausführlich verhörte[22], Campe gelang es aber, sich von jedem Verdacht reinzuwaschen, vielmehr alle Verantwortung auf Heideloff abzuwälzen – danach war die Angelegenheit für ihn erst einmal erledigt.

Die »Vorrede« und die preußischen Behörden

Schon die Verlagsgeschichte von Heines »Vorrede« zeigt, dass es sich aus damaliger Sicht um ein »brandheißes Eisen« gehandelt hat, und die Reaktion der preußischen Überwachungsorgane entsprach dem durchaus: Keines seiner Werke hat »so gewaltige Ströme polizeilicher Tinte gekostet«.[23] Allein zur »Vorrede« existieren umfangreiche Korrespondenzen, zwischen Ober-Zensur-Kollegium und Innenminister, zwischen Innen- und Außenministerium sowie zwischen Außenministerium und verschiedenen Gesandtschaften. Es läge also nahe, dass die Literaturwissenschaft wenigstens in diesem Fall die sonst wenig gewürdigten Verwaltungsakten konsultiert hätte. In früheren Zeiten sind solche archivalisch basierten Ansätze auch in der Germanistik mehr in Mode gewesen als heute.[24] So wurden einige dieser Akten bereits 1900 von Ludwig Geiger ausgewertet[25], und in den 1920er Jahren beschäftigte sich Heinrich Hubert Houben sehr intensiv damit. Deren Informationen, die profund sind und durchaus bis heute Bestand haben, wurden in der Folge zumeist weitgehend übernommen, anscheinend auch von den Bearbeitern der Düsseldorfer Heineausgabe.[26]

Geigers Thema ist jedoch vorrangig die Zensur des »Jungen Deutschland«, den »Französischen Zuständen« widmet er lediglich drei Seiten, der Ablauf ist korrekt wiedergegeben, auch mit einigen wichtigen Zitaten aus den Quellen gewürzt. Houbens Darstellung[27] richtet sich zwar speziell auf die Zensur der Heineschriften, da er aber die gesamte Aktivität der preußischen Behörden, 1826 bei der »Harzreise« angefangen[28], bis hin zu Zensur- und Verbotsfällen lange nach des Dichters Tod[29] thematisiert, musste die Beschreibung der wohl spektakulärsten Zensursache auch bei ihm kursorisch ausfallen, zunächst mehr an der blanken Rekonstruktion der Ereignisse interessiert.

Etwas genauer in die Korrespondenz zu schauen, lohnt sich allerdings schon. Insbesondere, da sich im Geheimen Staatsarchiv Preußischer Kulturbesitz ein Aktenkonvolut der preußischen Gesandtschaft in Dresden auffand, in das bislang überhaupt noch niemand geschaut zu haben scheint und das einige Lücken in den Korrespondenzen zu schließen vermag. Wenn man die gesamte Behördenkommunikation vor Augen hat, erschließt sich in frappierender Weise, in welch große Irritationen gerade die unübersichtliche Verlagssituation im Falle der »Französischen Zustände« die gestrengen Verwaltungsorgane stürzte und wie sehr sie auch in diesen Hochzeiten der Zensur- und Verbotspolitik den Fakten, die von den damaligen Verlegern und Autoren geschaffen wurden, hinterher hinkten.

Dabei war das Ober-Zensur-Kollegium – jene preußische Behörde, die nach den Karlsbader Beschlüssen 1819 ins Leben gerufen worden war, um die Überwachung des Schrifttums zentral zu besorgen – relativ schnell auf das Buch aufmerksam geworden. Kaum einen Monat nach seinem Erscheinen im Dezember 1832 sandte Professor Heinrich Ritter, gerade erst seit einem halben Jahr in dieser Funktion tätig[30], am 7. Januar 1833 einen Brief an den Innenminister von Brenn.[31] In diesem Schreiben[32] begutachtete Ritter die »Französischen Zustände«, wohlgemerkt die in Altenburg zensierte Fassung, die Heine selbst (s. o.) als geradezu servil empfand. Ritter indes entdeckte hier, eingedenk der Tatsache, dass der Hauptteil des Buches größtenteils aus Artikeln aus der »Allgemeinen Zeitung« bestehe, »viele äußerst anstößige Stellen«, welche »Verläumdungen ganzer Stände und Verspottung der christlichen Glaubenslehren beabsichtigen und selbst an unehrerbietigen Äußerungen über Se. Majestät unseres Königs höchster Berater sich nicht zurückhalten.«[33] In einer Randglosse attestierte Ritter insbesondere den Seiten 275, 276 und 277 »Verunglimpfung befreundeter Regierungen«.

Dieses Schreiben trägt eine Paraphe von »Raumer« mit dem Datum 9. Januar 1833 – da der Historiker Friedrich von Raumer (1781–1873) bereits 1831 aus dem Ober-Zensur-Kollegium ausschied, muss diese von Karl Georg von Raumer[34] (1753–1833) stammen, der – mit Friedrich von Raumer weder verwandt noch verschwägert – »als langjähriger Vorsitzender des Berliner Ober-Zensur-Kollegiums fungierte und in dieser Eigenschaft auch für die entsprechenden Verbote Heinescher Werke zuständig war.«[35] Offenbar musste das Urteil des Neumitglieds Ritter erst durch den Vorsitzenden von Raumer abgesegnet werden, bevor es an den Innenminister weitergeleitet wurde, der dann überhaupt erst eine Verfügung gegen das betreffende Buch auszusprechen befugt war.

Hinweise gingen auch von außen ein: So berichtete der Geheime Staats-Minister von Klewitz[36], preußischer Oberpräsident in Magdeburg, dem Ober-Zensur-Kollegium am 26. Januar 1833, dass eine Leihbibliothek ihm unaufgefordert ein Exemplar der »Französischen Zustände« aufgrund von Bedenken gegen den Inhalt vorgelegt habe, vor allem die Vorrede hätten die Bibliothekare als preußenfeindlich eingestuft, doch auch die Artikel selbst: Zwar seien diese bereits in der Augsburger »Allgemeine Zeitung« veröffentlicht gewesen, die Tendenz dieses Blattes – immerhin die auflagenstärkste, deutsche Zeitung – sei aber ebenfalls dergestalt, dass sie »nicht gebilligt werden kann und deren weitere Verbreitung daher zu unterdrücken sein müßte«.[37] Das Schreiben trägt Randvermerke Raumers und Ancillons[38], des preußischen Außenministers, der bereits seit Begründung des Ober-Zensur-Kollegiums 1819 dessen Mitglied war, damals noch als Geheimer Legationsrat im Auswärtigen Amt.[39] Sie plädierten dafür, dieses Schreiben von Brenn vorzulegen, um diesen endlich zum Handeln zu bewegen.

Der Innenminister wurde allerdings nicht eher tätig, bis am 29. Januar 1833 eine königliche Kabinettorder von Friedrich Wilhelm III. höchstpersönlich an ihn erging: »Ich erwarte Ihre baldige Anzeige, was wegen der zu Hamburg und Offenbach gedruckten, höchst verwerflichen beiden Bücher: ›französische Zustände von Heine‹ und ›Mittheilungen aus dem Gebiete der Länder- und Völkerkunde von Börne‹[40] verfügt worden ist.«[41]

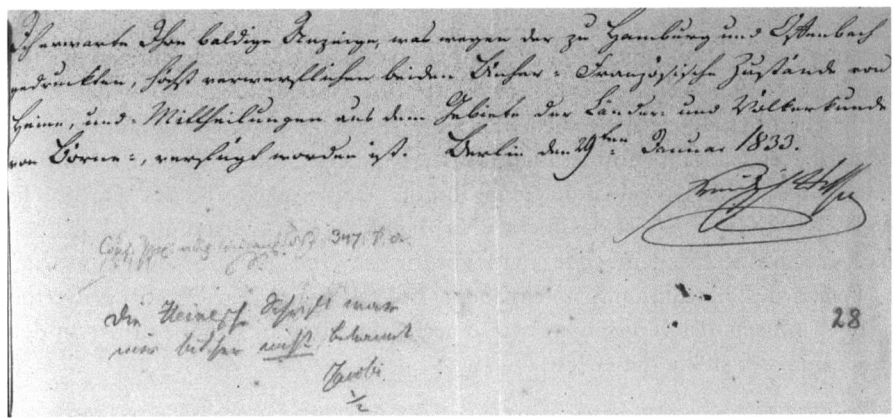

Königliche Kabinettorder Friedrich Wilhelms III. vom 29. Januar 1833.
Geheimes Staatsarchiv Preußischer Kulturbesitz, Berlin

Zwei Tage später nun, am 1. Februar 1833, erließ von Brenn das Debit-Verbot der »Französischen Zustände« und wies die preußischen Oberpräsidenten an, dafür zu sorgen, »daß diese Schrift weder öffentlich angekündigt und verkauft, noch in öffentlichen Lese-Zirkeln und Leihbibliotheken geduldet werde.«[42] Bis zu diesem Zeitpunkt aber war das Buch bereits fast zwei Monate in Umlauf, eine recht lange Zeit, wenn man bedenkt, dass die damaligen Buchhändler angesichts der politischen Lage für sehr schnellen Vertrieb sorgten und zumeist nur minimale Exemplarzahlen von den Polizeibehörden beschlagnahmt werden konnten.[43] Am 17. Februar 1833 ereilte von Brenn denn auch eine Königliche Rüge, solche Verbote in Zukunft schneller umzusetzen.[44]

Noch umständlicher agierte der preußische Überwachungsapparat, als Ende Juni/Anfang Juli 1833 der Pariser Separatdruck in den Handel kam. Die erste Reaktion darauf kam aus der Rheinprovinz, am 14. August 1833 meldete der Koblenzer Oberpräsident Philipp von Pestel (1767–1835):

> Ich bin auf die Broschüre »Vorrede zu Heine's französischen Zuständen, nach der französischen Ausgaben ergänzt u. herausgegeben von P.G.g.r. Leipzig bei Heideloff u. Campe 1833« aufmerksam gemacht worden, welche nicht blos Ausfälle gegen die deutschen Fürsten überhaupt, sondern insbesondere die heftigsten Angriffe gegen die preußische Regierung und

seine Majestät den König enthalten soll. Ich habe vorläufig verfügt, dass deren Verbreitung und Debit nicht geduldet, dieselbe vielmehr bis auf Weiteres, wo sie sich öffentlich ausgelegt oder zum Verkaufe findet in Beschlag genommen, zugl. auf deren unverweilte Zurücksendung bei den Buchhändlern bestanden werde und stelle Euer Exz. die weitere hochgeneigte Entscheidung ehrerbietig anheim.[45]

Interessant ist, dass von Pestels vorläufiges Verbot auf reinem Hörensagen beruhte (»enthalten soll«), er das Buch selbst also wohl gar nicht in Händen hielt. Wahrscheinlich eilte der »Vorrede« ihr Ruf voraus – angesichts der Brisanz der unzensierten Fassung – immerhin erinnert Heine Friedrich Wilhelm III. darin an sein Verfassungsversprechen und zeiht ihn der Treulosigkeit und des Wortbruchs (vgl. DHA XII, 72) – ist das nicht verwunderlich. Umso erstaunlicher ist aber, dass erst am 20. September 1833 ein Votum des Ober-Zensur-Kollegiums, hier in Person des erzreaktionären »Urheber[s] der schmachvollen Demagogenverfolgung«[46] Gustav Adolf Tzschoppe (1836 geadelt) erging. In seiner Adresse an den Innenminister stellte dieser fest,

[...] daß diese Broschüre zu den frechsten Machwerken gehört, die gröbsten Ausfälle gegen die diesseitige[47] Regierung so wie die härtesten Verunglimpfungen Sr. Majestät des Königs und der Königl. Familie enthält, so daß wir auf Grund dieser Mittheilung einiger Mitglieder des Collegii keinen Anstand nehmen, bei sr. Exz. auf ein schleuniges Verbot der in Rede stehenden Schrift zu dringen.[48]

Ausdrücklich weist Tzschoppe darauf hin, dass bereits die in den »Französischen Zuständen« unvollständig abgedruckte Vorrede und das Buch selbst verboten waren: »Die jetzt vollständig erschienene Vorrede möchte daher in keinem Falle zur Verbreitung geeignet seyn.«[49] Da die Schrift unter 20 Bogen stark sei, also jedenfalls einer Vorzensur unterlegen haben müsse, stelle er dem Innenminister anheim, zusätzlich »das Ministerium der auswärtigen Angelegenheiten zu einer Beschwerde bei der Königlich Sächsischen Regierung darüber zu veranlassen, dass eine solche Schmähschrift [...] in Leipzig hat erscheinen können.«[50]

Offensichtlich konnte Tzschoppe sich nicht vorstellen, dass diese Schrift einfach ohne Imprimatur gedruckt sein könnte, und da Heideloff und Campe zur Tarnung den Verlagsort Leipzig angegeben hatten, vermutete er dort nun folgerichtig den pflichtvergessenen Zensor. Der wackere Gesinnungsbeauftragte fiel also auf eine einfache Desinformation der Verleger hinein, obwohl die Broschüre ja sogar den Hinweis auf die ausführende Setzerei enthielt: »Gedruckt bei Dondey-Dupré, Ludwigstr., n° 46«, was die französische Herkunft eigentlich recht wahrscheinlich machte.

Von Brenn antwortete dem Oberpräsidium zu Koblenz am 29. September 1833, indem er ein Verbot der Heideloff'schen Vorrede erließ. Diese Verfügung erhielten auch alle übrigen Oberpräsidenten und Ancillon[51]; eine Abschrift ging zudem an das Ober-Zensur-Kollegium.[52]

Erneut waren damit über zwei Monate seit dem Erscheinen des Separatdrucks verstrichen. Zwei weitere Wochen später (15. Oktober 1833) informierte Ancillon von Brenn, dass er den preußischen Gesandten am Dresdener Hof »angewiesen habe sowohl wegen der Fahrlässigkeit des betreffenden Censors bei der Sächsischen Regierung Beschwerde zu führen, als auch wegen der Beschlagnahme und der Confiskation der noch im Buchhandel befindlichen Exemplare jener Schrift die erforderlichen Anträge zu machen.«[53]

Vom selben Tag stammt auch das Schreiben Ancillons an Johann Ludwig von Jordan (1773–1848), Vertreter Preußens im Königreich Sachsen. Darin berichtet Ancillon vom Verbot der »Vorrede« und der Empfehlung des Ober-Zensur-Kollegiums, Beschwerde gegen die »Fahrlässigkeit« der sächsischen Zensurbehörde zu führen, und beauftragte den Gesandten nun seinerseits, eine offizielle Rüge bei der dortigen Regierung anzubringen. Er unterstrich die Schändlichkeit der Schrift, in der König und königliche Familie beleidigt würden, und kündigte an, von Jordan ein Exemplar zu eigener Prüfung zukommen zu lassen, wobei *nicht zu bezweifeln* sei, dass darin die anstößigsten Stellen vorkämen. Seine Wortwahl verrät, dass auch Ancillon die Schrift vermutlich gar nicht kannte, sondern sich allein auf das Votum seines Kollegen Tzschoppe verließ.

Ferner verlangte der Außenminister, bei der sächsischen Regierung unverzüglich auf Verbot und Beschlagnahme der Schrift zu dringen sowie darauf, den verantwortlichen Zensor zur Verantwortung zu ziehen. Über den Erfolg der Maßnahmen wünschte er baldmöglichst informiert zu werden. Beigelegt war der gesamte Vorgang in Abschriften, also mit dem Brief des Oberpräsidenten der Rheinprovinz, dem Gutachten Tzschoppes und von Brenns Verbotsdekret vom 29. Sept. 1833.[54]

Von Jordan handelte nun relativ rasch, am 18. Oktober 1833 (einen Tag nach Erhalt von Ancillons Post[55]) schrieb er an den sächsischen Außenminister Johannes von Minckwitz (gest. 1857), um »gegen gedachte Schmähschrift eine dringende Beschwerde bei der Königl. Sächsischen Regierung zu begründen.«[56]

Aus seinem Herzen machte von Jordan keine Mördergrube, sondern er gestand freimütig, was die Lektüre des Heineschen Werks bei ihm angerichtet habe: »Der Inhalt desselben ist von der Art, dass ich von dem Gefühl der höchsten Indignation überwältigt, es kaum über mich gewinnen konnte das Ganze durchzulesen, und die anstößigsten Stellen mit Rothstift anzustreichen.«[57]

Überhaupt bergen von Jordans Korrespondenzen einige wertvolle Hinweise, so auch in dem ausführlichen Rechenschaftsbericht an Ancillon, den er am 25. Oktober 1833[58] verfasste:

> Meine erste Sorge nach Empfang E.E. geehrtester Verfügung v. 15. d. M. war, mir ein Exemplar der berüchtigten Broschüre ›Vorrede zu Heine's französischen Zuständen‹ zu verschaffen. Durch Vermittlung eines Bekannten gelang es mir ein solches in der hiesigen Arnoldschen Buchhandlung aufzufinden. Es war dies das letzte, wovon ich mich durch Nachfrage bei den übrigen Buchhändlern in Dresden überzeugt habe.

Seine Feststellung zum Schluss, die wohl zur Beruhigung der Berliner Behörde dienen sollte, ist indes zweischneidig – denn, dass nurmehr ein einziges Exemplar der »Vorrede« in Dresden aufzufinden war, kann man genauso als Beleg dafür werten, wie weit die Verbreitung bereits gediehen war, vor allem wenn es richtig sein sollte, dass die erwähnte Arnold'sche Buchhandlung – nach Aussage Gaugers – neben der Winter'schen Buchhandlung in Heidelberg zu den hauptsächlichen Distributeuren von Heines Werken gezählt hat, wie Geiger schreibt.[59] Denn dann stünde zu vermuten, dass die Arnold'sche Buchhandlung sicher einen erheblich höheren Bestand an Büchern gehabt haben wird, nur dass zu diesem Zeitpunkt bereits bis auf eines alle verkauft worden waren. Nur weil andere Buchhändler das Buch nicht vorweisen konnten, heißt das nicht, dass es sich dort nicht ebenfalls im Sortiment befunden haben mag. Man sieht also, dass die Akten auf manche offene Fragen – im Kommentar des betreffenden DHA-Bandes heißt es etwa: »Über Vertrieb und Absatz des Pariser Separatdrucks ist wenig bekannt«[60] –, wenn nicht Antworten, so doch zumindest Fingerzeige geben können, die, weiter zu verfolgen, sich lohnen dürfte.

Von Jordan lässt auch Ancillon gegenüber keinen Zweifel an seiner Empörung über den Inhalt der Heine'schen Schrift, sie sei

> [...] von der Art, daß dadurch Alles überboten wird, was die Frechheit der Presse bis jetzt erzeugt hat. Jede Zeile enthält frevelhafte Verunglimpfungen gegen die allerhöchste Person unseren verehrten Monarchen, gegen die Königliche Familie und ständige Verläumdungen gegen die Preuß. Regierung. Ich hielt mich daher verpflichtet, den mir von E.E. in Bezug auf jene Broschüre ertheilten Aufträge schleunigst Folge zu geben.[61]

Seine Beschwerde bei der sächsischen Regierung verfolge einen doppelten Zweck, nämlich möglichst genaue Auskunft über die Verbreitung der Schrift zu erlangen sowie für deren Beschlagnahme zu sorgen. Leider waren die Sachsen in ihrer Pflichtauffassung nicht so ganz nach dem preußischen Geschmack, wenngleich der Gesandte von Jordan durchaus seine Drähte hatte, um die Verwaltung zur Aktivität zu bewegen, wie er verriet:

> Das Königlich Sächsische Ministerium wußte, wie so oft der Fall ist, gar nichts von der Sache, & nur durch Beifügung des von mir erstandenen Exemplars gelang es mir, die betreffende Behörde von der Wichtigkeit meiner Beschwerde zu überzeugen. Auf diese ist bis heute, wegen der Abwesenheit des Ministers von Minckwitz, noch keine amtliche Ant-

wort eingegangen, aber es ist dennoch durch die Vermittlung des Präsidenten der Landes-Direction G. von Wietersheim, Alles geschehen, was unter den obwaltenden Verhältnissen möglich war.[62]

So hatte er unter anderem herausgefunden,

> [...] daß in Leipzig keine Buchhandlung unter der Firma Heideloff & Comp. vorhanden ist, daß diese Firma dagegen seit mehreren Jahren in Paris etabliert ist, bedeutend Geschäfte mit Deutschland macht & deshalb eine Commandite in Nürnberg errichtet hat, daß bei der in Leipzig angestellten genauen Untersuchung nur zwei Exemplare bei einem gewissen Buchhändler Lange vorgefunden & daß ihm diese in Commission von der E.F.Nast'schen(?) Buchhandlung in Ludwigsburg zugesendet worden, daß man, um diese Spur zu verfolgen, die Würtembergische Behörde bereits requirirt, bisher aber noch keine Antwort erhalten hat.[63]

Zudem hat er erfahren, dass dergleichen aufrührerische Schriften gewöhnlich über Zweibrücken in Deutschland eingeführt würden.[64]

Er versicherte Ancillon, alles zu tun, um den ferneren Debit in Sachsen zu verhindern, bzw. zu kontrollieren, ob die Schrift womöglich doch noch irgendwo auftauche. Am Ende wies er darauf hin, »daß die Zustände von Heine mit der berüchtigten Vorrede, jedoch mit bedeutenden Censurlücken in Hamburg bereits in diesem Jahre bei Hoffmann & Campe abgedruckt wurde.«[65]

Diese Information, die Ancillon eigentlich überhaupt nicht neu sein konnte, da Tzschoppe die zensierten und später in Preußen verbotenen »Französischen Zustände« in seinem Votum explizit erwähnt hatte, versetzt diesen in Alarmbereitschaft. Am 1. November 1833 schreibt Ancillon an von Brenn, in der Anlage Jordans Schreiben:

> Da, nach dem Gesetzblatte der Königlich Würtembergischen Regierung, in dem dortigen Lande die fragliche Schrift bereits seit dem 5.v. Monats verboten ist, so habe ich mich für den Augenblick, was den Druck derselben Broschüre in Hamburg betrifft, nur darauf beschränkt, den dortigen Königlichen Gesandten aufzufordern, sich ein Exemplar des dortigen Abdrucks derselben zu verschaffen und baldmöglichst einzusenden, damit man, nach vorheriger Einsicht derselben, zu beurtheilen vermag, in welchem Grade die Hamburger Censurbehörde sich als zuverlässig, oder böswillig dabei gezeigt hat.[66]

Zugleich verständigte er von Brenn darüber, dass er von Jordans Schreiben auch dem Königlichen Gesandten beim Bundestag hat zugehen lassen. Zu diesem Zeitpunkt, drei Monate nach Erscheinen des Pariser Separatdrucks, wusste die preußische Obrigkeit also noch immer nicht mit endgültiger Gewissheit, wo welche Fassung des besagten Werks gedruckt und der Zensur vorgelegt worden war. Wenn Ancillon in seinem Schreiben von einem Hamburger Abdruck »derselben Broschüre« spricht, ist ihm offensichtlich die Existenz der zuerst erschienenen

Buchausgabe der »Französischen Zustände« nicht mehr präsent, was die Ermittlungen nicht gerade vereinfacht oder gar beschleunigt. Erst der preußische Gesandte in Hamburg, Ludwig von Hänlein, brachte etwas Licht ins Dunkel, am 4. November 1833 konnte er Ancillon nähere Angaben zu deren Entstehungsgeschichte vermelden, welche

> [...] hierselbst von Hoffmann & Campe verlegt wurde und in jedem Buchladen und jeder Lesebibliothek zu haben ist. Der Autor dieses Machwerks wollte die von E.E. erwähnte, in Paris gedruckte schmähliche Vorrede auch hier ihrem ganze Inhalte nach seinem Buch vorsetzen und drucken lassen; allein sowohl der hiesige Censor als der Verleger hat sich dieses verweigert & die lückenhafte Vorrede ist mit Hrzg. Sachsen-Altenburgischer Censur so abgedruckt worden, wie sie sich in der Anlage befindet.
> Späterhin wollte der Buchhändler Reclam der jüngere zu Leipzig diese Vorrede anonym drucken lassen & bei Hoffmann u. Campe in Verlagen geben, allein diese Buchhandlung hat sich auf dieses Geschäft einzugehen ebenfalls geweigert. Einige von auswärts eingesandte anonyme Exemplare der ganzen schmählichen Vorrede, sollen sofort von den Empfängern cassirt worden seyn & diese Schmutzschrift würde hier in ihrer urschriftlichen Fassung nicht wohl aufzufinden seyn.[67]

Hier erst fällt der entscheidende Hinweis auf die Altenburgische Zensur, wohlgemerkt die Zensur der »Französischen Zustände«, nicht aber den Pariser Separatdruck betreffend – das Buch war also nur mittelbar durch das Auftauchen der unzensierten »Vorrede« erneut ins Visier der preußischen Zensurverwaltung geraten, hier in Person des Ministers der auswärtigen Angelegenheiten Ancillon.

Nachdem dieser von Hänleins Auskunft erhalten hatte, wandte er sich am 11. November 1833 erneut an von Jordan und verlangte von ihm beim Herzoglich-Altenburgischen Ministerium darauf hinzuwirken, »daß nicht nur der Censor wegen dieses groben Verstoßes auf das Nachdrücklichste zurechtgewiesen, sondern auch in den Herzoglichen Landen der fernere Debit jenes Werkes fördersamst verhindert werde.«[68] Von Jordan kam diesem Ersuchen unmittelbar nach Eingang dieses Schreibens nach und richtete am 14. November 1833 die offizielle Beschwerde an den Herzoglich-Sächsisch-Altenburgischen Staatsminister Edler von Braun, worin er vermerkte, dass die »in Hamburg bei Hoffmann und Campe erschienene Ausgabe der ›französischen Zustände von H. Heyne‹ vor ihrem Abdruck die Herzoglich Sachsen-Altenburgische Censur passiert habe, nachdem früher sowohl der Censor in Hamburg als auch der genannte Verleger deren Aufnahme verweigert hatten.«[69] Er forderte vom sächsischen Minister, »daß der Censor vorgedachter Broschüre zur gebührenden Verantwortung gezogen und streng zurecht gewiesen, daß sie selbst aber schleunigst im Bereiche der jenseitigen Staaten mit Beschlag belegt und ihr fernerer Debit untersagt werde.«[70]

Ausgelöst worden war der gesamte Prozess vom Brief des Oberpräsidenten der Rheinprovinz mit Datum 14. August 1833, gedauert hatte er bis Mitte November. Houben fasste diese Aktivitäten in dem einem Satz zusammen, dass die preußische Regierung, »nachdem durch die sächsische Regierung Druck- und Zensurort festgestellt war, sich im November 1833 bei der sachsen-altenburgischen Regierung beschwerte.«[71] Das ist so nicht ganz richtig, wie wir gesehen haben – die sächsische Regierung hatte zu diesem Zeitpunkt lediglich erklärt, dass nicht Leipzig, sondern Paris Druckort der »Vorrede« gewesen war. Um die Zensur der »Vorrede« ging es nun gar nicht, da diese ja offensichtlich ohne jede Zensur gedruckt worden war. Die Information über den Zensur- und Druckort der Hoffmann und Campe'schen Buchpublikation »Französische Zustände« dagegen stammte vom Hamburger Gesandten und nicht der sächsischen Regierung.

Geigers Darstellung des Sachverhalts ist richtiger, aber auch nicht vollends korrekt, denn er paraphrasiert von Jordans Schreiben bezüglich der »Vorrede« dahingehend: »Außer dieser unverstümmelten cursirte in Deutschland die verstümmelte, von der ein Nachdruck in Altenburg hergestellt zu sein scheint. In Folge dessen wurde die preußische Beschwerde dort vorgebracht.«[72] Die »verstümmelte«, also zensierte Fassung der »Vorrede« war aber kein *Nachdruck* aus Altenburg, sondern die erheblich umfangreichere Buchpublikation der »Französischen Zustände« inklusive »Vorrede«. Auch der DHA-Kommentar über den Ablauf der Ereignisse – unter Berufung auf Aktensignaturen, die noch aus dem Zentralarchiv Merseburg stammen[73] – stimmt nicht hundertprozentig, hier heißt es: »Der König maß der Sache große Bedeutung bei, wie weitere Schritte im Oktober 1833 beweisen: er ließ in Altenburg, wo das Buch gedruckt worden war, einschreiten und die Auslieferung untersagen.« (DHA XII, 662) Jedoch nicht der König ließ hier einschreiten, sondern seine Beamten, der Apparat nämlich operierte in Zensursachen für gewöhnlich autonom, ohne jedes Eingreifen des Königs, der lediglich im Februar 1833 den säumigen Innen- und Polizeiminister auf Trab gebracht hatte. Und die unternommenen Schritte (zumindest jene, welche die in den Quellenangaben genannten Blattzahlen belegen) ereigneten sich nicht im *Oktober*, sondern im *November*. Man sieht, auch die Philologen sind nicht davor gefeit, sich im Gewirr der verschiedenen Buch-Fassungen und der preußischen Ermittlungen gegen dieselben zu verstricken.

In Sachsen-Altenburg gab man sich reumütig, Minister von Braun antwortete von Jordan am 29. November 1833

[...] daß Ihrer Requisition entsprechend der fernere Debit des bei Hoffmann & Campe in Hamburg erschienenen Ausgabe der ›französischen Zustände von Heine‹ untersagt, ingleichen die Beschlagnahme der etwa noch vorgefundenen Exemplare dieser Schrift alsbald verfügt worden ist. Von letzteren hat sich indessen nur noch das Censur-Exemplar vorgefunden, wie nach dem längeren Zeitraume, seitdem der Druck der Schrift hier stattgefunden hat, ohnehin zu vermuthen stand. Ebenso war das Manuscript schon früher an den Verleger zurückgeschickt worden.[74]

Bei aller Verbindlichkeit konnte sich der sächsische Minister denn doch den zarten Hinweis auf den späten Zeitpunkt der preußischen Anfrage nicht verkneifen (»nach dem längeren Zeitraume«) – denn Druck und Vorzensur der »Französischen Zustände« lagen Ende November 1833 schon gut ein Jahr zurück. Gleichzeitig aber stand er nicht hintan, sein

> [...] lebhaftes Bedauern über diesen abermaligen Fehlgriff der hiesigen Censur auszudrücken, welcher indessen noch aus der Zeit vor deren neuer, bis jetzt bewährter Einrichtung herrührt. Gleichwohl müssen wir bemerken, daß der damalige Censor, der übrigens bereits seit längerer Zeit von dieser Function entfernt worden ist, seinen guten Willen durch reichliche, oft über mehrere Seiten fortlaufende Censurstriche bestätigt und nur darin gefehlt hat, daß er, wie mit Recht hätte erwartet werden können, nicht der ganzen auch in ihrer verkümmerten Erscheinung noch indignirendsten*[75] Vorrede die Genehmigung zum Druck völlig versagte.[76]

Tatsächlich waren die beiden altenburgischen Zensoren Hans Conon von der Gabelentz (der vermutlich Heines »Zustände« »bearbeitet« hatte) und Regierungsassessor Schuderoff (der mehr für die Zeitungen zuständig war) bereits im Jahr 1832 ihrer Ämter enthoben worden – Grund dafür war allerdings nicht Heine gewesen, sondern die dortigen – unter der milden Altenburger Zensur – immer mutiger agierenden politischen Zeitungen.[77]

Von Jordan sandte eine Abschrift dieser Korrespondenz am 10. Dezember 1833 nach Berlin[78], doch scheint dieser Brief sich mit einem neuerlichen Schreiben Ancillons vom 13. Dezember 1833 gekreuzt zu haben, in dem der Außenminister nachhakte, um

> [...] baldmöglichst darüber unterrichtet zu werden: ob und in welcher Art die Herzoglich Altenburgische Regierung, dem Ew. Excellenz, unter 14ten v. M. mitgetheilten diesseitigen Wunsche gemäß, den von dem dortigen Censor bei Durchlassung der Vorrede zu ›Heine's französischen Zuständen‹ begangenen Verstoß gerügt hat.[79]

Am 19. Dezember 1833 endlich konnte Ancillon dem Innenminister von Brenn abschließend berichten,

> [...] in welcher Art die Herzöglich-Sachsen-Altenburgische Regierung den Verstoß des dortigen Censors bei Ertheilung der Druckerlaubniß zu der oft erwähnten Vorrede zu Heines französischen Zuständen zu entschuldigen sucht, in der Anlage Abschrift desjenigen Schreibens zur geneigten Kenntißnahme ganz ergebenst mitzutheilen, welches das Herzogliche Ministerium unterm 29. v. M. in dieser Angelegenheit an den Königl. Gesandten zu Dresden gerichtet hat.[80]

Am selben Tag wies Tzschoppe den Freiherrn von Brenn auf die französische Übersetzung hin, »in welcher sich auch eine vollständige, mit giftigen Bemerkungen versehene Uebersetzung der von Ex. am 29. Sept. verbotenen, bei Heidloff und Campe in Leipzig erschienenen Vorrede zu jenem Buch von Heine«[81] befinde, daher sei es zwingend notwendig, auch diese zu verbieten, ein Ansinnen, dem von Brenn nun erheblich schneller, nämlich am 26. Dezember 1833, zwei Tage nach Weihnachten, bereits stattgab.[82]

Die ganze Affäre um die »Französischen Zustände« hatte nun fast ein ganzes Jahr gedauert, vom ersten Zensurgutachten Professors Ritters (7.1.1833) bis zum Verbot der letzten Ausgabe von Heines Schrift. Beendet war die Angelegenheit damit noch immer nicht, doch die Vernehmungen Gaugers und Campes sind hier nicht mehr unser Thema.

Gerade vor diesem Hintergrund ist es ein Akt unfreiwilliger Komik, dass der sächsische Beamte von Lindenau am 15. Januar 1834 von Jordan – auf sein Ersuchen vom 18. Oktober 1833[!] – noch einmal offiziell darüber aufklärte, dass nach seiner Beschwerde sofort die geeigneten Maßnahmen ergriffen worden seien, dass aber Heideloff in Paris sitze und Leipzig nicht Druckort gewesen sei, aber es in Sachsen auch nicht zum Debit gekommen sei. Das alles hatte Jordan, wie gesehen, bereits am 25. Oktober nach Berlin gemeldet.[83] Dessen Unmut über die sächsische Verwaltung, den er gegenüber Ancillon äußerte (s. o.), wird hier allerdings verständlich.

Insgesamt zeigt sich, dass die preußische Zensurverwaltung alles andere als schnell und effektiv arbeitete, im Grunde – das belegen die Korrespondenzauszüge deutlich – hinkte sie den Aktionen der Verleger und Buchhändler stets hinterher. Die Einrichtung eines Ober-Zensur-Kollegiums, das keine eigenen Verbote aussprechen konnte, sondern stets Innen-, Außen- oder Kultusministerium zu konsultieren hatte[84], war zu schwerfällig, um den dynamisch sich entwickelnden Buchmarkt dauerhaft zu unterdrücken.

Nach der Thronbesteigung Friedrich Wilhelm IV. erfolgte 1841 zunächst eine Lockerung der Zensurpraxis, die kaum ein Jahr später wieder zurückgenommen wurde. Am 4. Februar 1843 wurde eine neue »Censur-Instruktion« verabschiedet, mit der eine umfassende Neuorganisation des Zensurwesens einherging – der Innenminister war nun die alleinige, oberste Instanz der Zensurverwaltung, das Ober-Zensur-Kollegium wurde durch ein Ober-Zensur-Gericht ersetzt, das selbstständig tätig werden und Verbote aussprechen konnte.[85] Doch auch dieses gestraffte Verfahren erwies sich als unwirksam, ja, kontraproduktiv – noch im Jahr 1846 klagte der preußische Innenminister Ernst von Bodelschwingh (1794–1854) gegenüber seinem Kollegen Karl Ernst Wilhelm von Canitz und Dallwitz (1787–1850) vom Auswärtigen Amt:

> Die Entscheidungen des Obercensurgerichts können, bei dem gesetzlich geordneten Geschäftsgange [...] nicht früher als nach Verlauf mehrerer Monate auf die polizeiliche Beschlagnahme folgen. Sollten die Bundesregierungen daher erst durch die Mittheilung dieser Entscheidungen von der diesseits verhängten Beschlagnahme einer Schrift in Kenntniß gesetzt werden, so würde eine solche Benachrichtigung ohne allen wesentlichen Nutzen seyn. Die Schrift würde in denjenigen Staaten, in welchen sie bis dahin frei cirkuliren konnte, den Leserkreis, welchen sie überhaupt zu erwarten hatten, bereits gefunden haben und ein nunmehriges(?) Verbot in einem oder dem andern Staate würde nur dazu dienen, die Aufmerksamkeit des Publikums von Neuem auf eine in den meisten Fällen bereits vergessene Schrift zu lenken.[86]

Die Versuche der preußischen Herrschaft, die widerständigen Autoren, Verleger und Buchhändler zu gängeln, waren also kaum von Erfolg gekrönt, der Wegfall der Zensur war historisch unumgänglich, schon aus wirtschaftlichen Gründen: Der ständig expandierende Buchmarkt musste diese Fesseln sprengen, um weiter zu florieren. Weit effektiver als alle Experimente, die unliebsamen Schriften durch eine Vorzensur bereits im Keim zu ersticken, war die »Zensur ohne staatlichen Zensor, eine informelle bzw. strukturelle Zensur«[87], die durch das erste preußische »Gesetz über die Presse« vom 12. Mai 1851 einsetzte. Ab jetzt konnten die Verleger Bücher ohne vorherige Kontrolle publizieren, dann aber waren sie unter Umständen einer nachträglichen Verfolgung ausgesetzt, an die Stelle der Zensur trat nun das Strafrecht. Auch wenn das heutige Presserecht bei weitem nicht so rigide gehandhabt wird wie das preußische in der zweiten Hälfte des neunzehnten Jahrhunderts – die Anbindung an das Strafrecht existiert nach wie vor. Dass Bücher auch heute nicht immer unproblematisch sind, zeigen die Verbotsverfahren der letzten Jahre.

Dieser Versuch, die Kommunikationsprozesse der preußischen Zensurbehörden, so weit das geht, lückenlos zu rekonstruieren, hat – wie ich denke – gezeigt, dass auch bei einem so viel beschriebenen und erforschten Autor wie Heinrich Heine durch die Einbeziehung der Verwaltungsakten neue Facetten ans Licht treten können, auch Korrekturen bisheriger Annahmen ermöglicht werden, so winzig sie auch sein mögen.

Anmerkungen

[1] Vgl. Jan-Christoph Hauschild/Michael Werner: »Der Zweck des Lebens ist das Leben selbst.« Heinrich Heine. Eine Biographie. Frankfurt a. M. 2005, S 356–387; Bernd Kortländer: Heinrich Heine. Stuttgart 2003 (Kapitel: Kampf gegen die Zensur, S. 278–291).

[2] Vgl. dazu die Kommentarbände der DHA.

[3] Vgl. DHA V, 863ff.; Manfred Windfuhr: Florentinische Nächte: Zensur und Selbstzensur nach dem Bundestagsbeschluß. – In: ders.: Rätsel Heine. Autorprofil – Werk – Wirkung. Heidelberg 1997, S. 303–327.

⁴ Vgl. Edda Ziegler: Julius Campe, der Verleger Heinrich Heines. Hamburg 1976.
⁵ Heinrich Hubert Houben: Der ewige Zensor. Längs- und Querschnitte durch die Geschichte der Buch- und Theaterzensur. Kronberg/Ts. 1978 (Reprint von 1926). Vgl. das Kapitel: »Ein Sekretär Goethes als Zensor« über Karl Ernst John. Dazu auch: Walter Gruppe: Goethes ehemaliger Sekretär John als Zensor Heinrich Heines. – In: Der Deutschunterricht 11 (1956), S. 623–626; Friedrich Ludwig Hoffmann wird erwähnt in DHA VI, 534.
⁶ Eine gute Darstellung des preußischen Beamtenapparats in der ersten Hälfte des neunzehnten Jahrhunderts liefert Lothar Dittmer: Beamtenkonservatismus und Modernisierung. Untersuchungen zur Vorgeschichte der Konservativen Partei in Preußen 1810–1848/49. Stuttgart 1992.
⁷ Windfuhr: Florentinische Nächte [Anm. 3], S. 303.
⁸ Vgl. dazu: Enno Stahl: »Eine Zensur findet… statt«. Die preußische Überwachung von Literatur und Presse in der Rheinprovinz. – In: Enno Stahl / Cornelia Ilbrig: Literarisches Leben am Rhein. Quellen zur literarischen Infrastruktur 1830–1945. Ein Inventar. Bd. 3: Kommentar und Register. Düsseldorf 2008, S. 41–65. Erste Ergebnisse einer archivalisch fundierten Analyse der Verwaltungskorrespondenzen finden sich in: Enno Stahl: Die Überwachungsorgane in der Rheinprovinz. Akten aus dem Landesarchiv NRW. – In: Zensur! Literarisches Leben aus Sicht der Überwacher. Hrsg. von Enno Stahl und Bernd Kortländer Bielefeld 2011 (in Vorbereitung). Dass der Zensurbegriff, den doch jeder unmittelbar zu verstehen glaubt, tatsächlich keine verlässliche Definition gefunden hat, war auch Common Sense bei einer Tagung im Heinrich-Heine-Institut: »Das literarische Leben des 19. Jahrhunderts im Spiegel der Zensur« (22. und 23. Oktober 2009). Ähnliche Erkenntnisse wurden zuletzt bei der von York-Gothart Mix organisierten Tagung »Kunstfreiheit und Zensur in der Bundesrepublik Deutschland (1949 bis 2009)« im Deutschen Literaturarchiv Marbach formuliert. Vgl. Zensur in Deutschland? – In: Fachdienst Germanistik 9 (2010), S. 2.
⁹ Das erste Problem besteht allein schon darin, die jeweiligen Akten in der Masse der Materialien überhaupt zu identifizieren: Für den Bereich der Rheinprovinz ist dies im Rahmen eines vom Landschaftsverband Rheinland geförderten, im Heinrich-Heine-Institut erarbeiteten Projekts geschehen. Vgl. Stahl / Ilbrig: Literarisches Leben am Rhein [Anm. 9].
¹⁰ Der Verfasser plant dieses Thema augenblicklich im Zusammenhang eines größeren Projekts anzugehen.
¹¹ Vgl. Windfuhr: Florentinische Nächte [Anm. 3], S. 305.
¹² Vgl. zum Folgenden: Heinrich Hubert Houben: Verbotene Literatur von der klassischen Zeit bis zur Gegenwart. Ein kritisch-historisches Lexikon über verbotene Bücher, Zeitschriften und Theaterstücke, Schriftsteller und Verleger. Bd. 1. Nachdruck der Originalausgabe von 1924: Hildesheim 1992, S. 395ff. [Heine S. 385–429] – hierin die Zensurgeschichte; die Korrespondenzen Campes auswerten und damit die Publikationsgeschichte rekonstruieren können, hatte als erster Walter Wadepuhl. Vgl. Walter Wadepuhl: Heines »Vorrede zu den Französischen Zuständen«. Ein Beitrag zur Geschichte der preussischen Zensur. – In: PMLA 58, 2 (1943), S. 499–513. Die Bearbeiter der DHA orientieren sich eng an diesen beiden, die Chronik der verschiedenen Drucke findet sich in der DHA XII, 649–666.
¹³ Vgl. Christian Liedtke: Heinrich Heine. Reinbek b. Hamburg Neuausgabe 2006, S. 108.
¹⁴ No. 564: Verordnung, wie die Zensur der Druckschriften nach dem Beschluß des deutschen Bundes vom 20ten September d. J. auf fünf Jahre einzurichten ist. Vom 18ten Oktober 1819. – In: Gesetz-Sammlung für die Königlichen preußischen Staaten 1819. Berlin 1819, S. 228.
¹⁵ Ebd.

[16] Karl Schneider: Beiträge zur Geschichte der politischen Zensur im Herzogtum Sachsen-Altenburg in der ersten Hälfte des 19. Jahrhunderts. – In: Zeitschrift des Vereins für Thüringische Geschichte und Altertumskunde, NF, 29 (1931), H. 2 (Teil 1), S. 417–463, hier: S. 430. Schneider hat in diesem ersten ebenso wie im zweiten Teil seiner Untersuchung (ebd. 30 (1932), H.1, S. 215–268) die Altenburgische Zensurpraxis anhand der Aktenlage im Thüringischen Hauptstaatsarchiv Altenburg minutiös aufgearbeitet, Heine allerdings und speziell die »Französischen Zustände« finden hier erstaunlicherweise kaum Erwähnung.

[17] Ebd., S. 430f.

[18] Ebd.

[19] Einen hundertprozentigen Beleg für die Existenz des Altenburger Separatdrucks gibt es allerdings nicht, da – ungewöhnlich genug – kein einziges Exemplar mehr erhalten ist. Houben bezweifelt noch, dass es ihn tatsächlich gegeben hat. Vgl. Houben: Der ewige Zensor [Anm. 5], S. 72f. In der Forschung geht man aber davon aus, wenngleich die Gründe eher philologischer Natur sind: Es ist fraglich, ob Campe seinen wichtigsten Autor so belogen hätte, zumal die Idee zum Separatdruck von Campe selbst aufgebracht wurde (vgl. HSA XXIV, 148). Auch spricht für die Existenz dieses Separatdrucks ein Brief der Piererschen Hofdruckerei, die ja den Druck der Broschüre besorgt hatte, sie schreibt am 31. August 1833 an Campe: »Sie bringen zu eigener und H.'s Sicherheit ein so bedeutendes Opfer und dieser Lump läßt die Gesch. anderwärts nochmals abquetschen, während er wissen muß daß sie bei Ihnen fertig liegt!« (DHA XII, 657)

[20] Vgl. DHA XII, 657.

[21] Houben: Verbotene Literatur [Anm. 13], S. 399. Houben gibt auch in seinem Werk »Der ewige Zensor« ausführliche Informationen über das Verhör Gaugers ebenso wie die anschließende Untersuchung gegen Julius Campe. Vgl. Houben: Der ewige Zensor [Anm. 5], S. 66–73.

[22] Vgl. dazu: ebd., S. 401 und DHA XII, 663ff.

[23] Houben: Der ewige Zensor [Anm. 5], S. 64.

[24] Vgl. dazu: Enno Stahl: Methodische und quellenkundliche Voraussetzungen für eine Sozialgeschichte der Literatur. – In: Kulturelle Überlieferung: Bürgertum, Literatur und Vereinswesen im Rheinland 1830–1945. Hrsg. von Bernd Kortländer, Cornelia Ilbrig und Enno Stahl. Düsseldorf 2008, S. 66–83.

[25] Vgl. Ludwig Geiger: Das Junge Deutschland und die preußische Censur. Nach ungedruckten archivalischen Quellen. Berlin 1900.

[26] Den Zensurakten vorgebunden ist auch heute noch ein Nutzerverzeichnis, daraus lässt sich ablesen, welche Forscher diese spezielle Schriftstücke wann ausgewertet haben. Geiger taucht hier auf (1899), Houben mehrfach 1922 und 1928, danach ist der einzige Heineforscher, der später auch mit Veröffentlichungen zu dieser Thematik auf sich aufmerksam machte, Walter Grupe. Allerdings wurden von einigen Heineakten in den fünfziger Jahren Mikrofilme bzw. Fotokopien für die Nationalen Forschungs- und Gedenkstätten Weimar und die Staatsbibliothek Berlin angefertigt sowie in den 70er Jahren für die Dresdener Landesbibliothek, so dass sich nicht mit letzter Gewissheit sagen lässt, dass die Heineforschung keine (autopsierte) Notiz mehr von diesem Material genommen hat. In der Literatur – zumindest, was die »Französischen Zustände« angeht – fällt jedoch keine Untersuchung auf, die über Geiger und Houben hinausginge.

[27] Vgl. insbesondere: Houben: Verbotene Literatur [Anm. 13], S. 385–429.

[28] Die »Harzreise« wurde – stark zensiert – im Berliner »Gesellschafter« erstveröffentlicht, vgl. Houben: Verbotene Literatur [Anm. 13], S. 385f.

[29] Ebd., S. 424ff.

[30] Ebd., S. 395.

³¹ Gustav Adolf Ewald Freiherr von Brenn (1772–1838) teilte sich seit 1830 das Ministerium des Inneren mit dem langjährigen, hoch betagten Innenminister Friedrich von Schuckmann (1755–1834), er war hier als Staatsminister des Innern und der Polizei für die Zensurangelegenheiten verantwortlich.

³² GStA Pk, I. HA Rep. 101 Ober-Zensur-Kollegium und Oberzensurgericht, E Lit. H, Nr. 21 (1828–1841) – Die Zensur u. Debit der von Heinrich Heine erschienenen Bücher u. Schriften, Bl. 27.

³³ Diese Stelle ist bei Houben: Verbotene Literatur [Anm. 13], S. 395 nicht völlig korrekt zitiert.

³⁴ Vgl. Ernst Friedländer: Raumer, Karl Georg von. – In: ADB Bd. 27, S. 416–418.

³⁵ Windfuhr: Florentinische Nächte [Anm. 3], S. 325.

³⁶ Wilhelm Anton von Klewitz (1760–1836).

³⁷ GStA Pk, I. HA Rep. 101 Ober-Zensur-Kollegium und Oberzensurgericht, E Lit. H, Nr. 21 (1828–1841) – Die Zensur u. Debit der von Heinrich Heine erschienenen Bücher u. Schriften, Bl. 34.

³⁸ Jean Pierre Frédéric Ancillon (genannt Friedrich oder Johann Peter Friedrich (1767–1837).

³⁹ Vgl. Friedrich Kapp: Die preußische Preßgesetzgebung unter Friedrich Wilhelm II. (1815–1842). Nach den Akten im Königl. Preußischen Geh. Staatsarchiv. – In: Archiv für Geschichte des deutschen Buchhandels 6 (1881), S. 185–249, hier S. 193.

⁴⁰ Gemeint sind hier die Bände 3 und 4 der »Briefe aus Paris«, die als Titelausgabe unter diesem irreführenden Namen erschienen waren. Vgl. Geiger: Das Junge Deutschland [Anm. 22], S. 25 und Houben: Verbotene Literatur [Anm. 13], S. 395.

⁴¹ GStA Pk, I. HA Rep. 77 Ministerium des Innern, Tit. II, Lit. H, Censur-Sachen. Specialia, Nr. 22 (1831–1848), Bl. 28.

⁴² GStA Pk, I. HA Rep. 101 Ober-Zensur-Kollegium und Oberzensurgericht, E Lit. H, Nr. 21 (1828–1841) – Die Zensur u. Debit der von Heinrich Heine erschienenen Bücher u. Schriften, Bl. 33.

⁴³ Das belegen die Beschlagnahmezahlen in den Verwaltungsakten immer wieder – selbst in späteren Zeiten, als mit dem Oberzensurgericht – gegenüber dem Ober-Zensur-Kollegium, das mehr nur ein »Papiertiger« war (vgl. dazu Stahl: »Eine Zensur findet ... statt« [Anm. 8], S. 51), ein ungleich schlagkräftigeres Instrument zur Gängelung von Presse und Buchmarkt gegründet worden war. So wurden 1844 etwa von Heines »Deutschland. Ein Wintermärchen« gerade mal 2 Exemplare in Magdeburg, 3 in Posen und kein einziges in Berlin aufgefunden. Vgl. Houben: Verbotene Literatur [Anm. 13], S. 422. Im Falle des »Deutschen Volksliederbuches« des Vormärzverlegers Heinrich Hoff beschlagnahmten die preußischen Untersuchungsbehörden gerade einmal 3 Exemplare in zwei Erfurter Buchhandlungen (Bl. 17), 7 in drei Breslauer (p. 19), 6 in drei Posener (Bl. 24), 3 in Schönighs Buchhandlung zu Paderborn (Bl. 26) und 7 in zwei Saarbrücker Buchhandlungen (Bl. 29) – GStA Pk, I. HA Rep. 77, Tit. 2 Spez.-Lit. V, Nr. 38. Diesen Hinweis verdanke ich James M. Brophy, University of Delaware, Wisconsin.

⁴⁴ GStA Pk, I. HA Rep. 77 Ministerium des Innern, Tit. II, Lit. H, Censur-Sachen. Specialia, Nr. 22 (1831–1848), s. Bl. 32.

⁴⁵ Ebd., Bl. 43.

⁴⁶ Geiger: Geiger: Das Junge Deutschland [Anm. 22], S. 9.

⁴⁷ Bei Houben »preußische«, vermutlich zur Verständnissicherung.

⁴⁸ GStA Pk, I. HA Rep. 77 Ministerium des Innern, Tit. II, Lit. H, Censur-Sachen. Specialia, Nr. 22 (1831–1848), Bl. 41RS.

⁴⁹ Ebd.
⁵⁰ Ebd.
⁵¹ GStA Pk, I. HA Rep. 77 Ministerium des Innern, Tit. II, Lit. H, Censur-Sachen. Specialia, Nr. 22 (1831–1848), Bl. 44/45.
⁵² GStA Pk, I. HA Ober-Zensur-Kollegium und Oberzensurgericht, H, Nr. 21 (1828–1841), Bl. 44.
⁵³ GStA Pk, I. HA Rep. 77 Ministerium des Innern, Tit. II, Lit. H, Censur-Sachen. Specialia, Nr. 22 (1831–1848), Bl. 46.
⁵⁴ I HA Rep. 81 Dresden, Nr. 548 – Presse- und Zensurangelegenheiten, Bd. 1, o. P. Diese Quelle ist deshalb interessant, weil hier sämtliche wichtigen Korrespondenzen, die – falls keine Kanzleikopien gemacht wurden – über mehrere Aktenbestände verteilt sind, in einem Konvolut zusammengefasst sind.
⁵⁵ In seinem Brief heißt es: »Mit gestriger Post erhielt ich eine Verfügung der mir vorgesetzten Behörde vom 15. d. Monats...« – I HA Rep. 81 Dresden, Nr. 548 – Presse- und Zensurangelegenheiten, Bd. 1, o. P.
⁵⁶ I HA Rep. 81 Dresden, Nr. 548 – Presse- und Zensurangelegenheiten, Bd. 1, o. P.
⁵⁷ I HA Rep. 81 Dresden, Nr. 548 – Presse- und Zensurangelegenheiten, Bd. 1, o. P.
⁵⁸ Hier zitiert nach einer Abschrift im Innenministerium: GStA Pk, I. HA Rep. 77 Ministerium des Innern, Tit. II, Lit. H, Censur-Sachen. Specialia, Nr. 22 (1831–1848), Bl. 51.
⁵⁹ Geiger: Das junge Deutschland [Anm. 22], S. 28. Houben dagegen spricht an dieser Stelle von anderen Buchhändlern, vornehmlich aus Frankfurt und Württemberg. Vgl. Houben: Verbotene Literatur [Anm. 13], S. 398. Welche Version hier stimmt, konnte im Rahmen dieser Arbeit nicht anhand der Stuttgarter Verhörsprotokolle Gaugers verifiziert werden.
⁶⁰ DHA XII, 660.
⁶¹ GStA Pk, I. HA Rep. 77 Ministerium des Innern, Tit. II, Lit. H, Censur-Sachen. Specialia, Nr. 22 (1831–1848), Bl. 51.
⁶² Ebd.
⁶³ Ebd.
⁶⁴ GStA Pk, I. HA Rep. 77 Ministerium des Innern, Tit. II, Lit. H, Censur-Sachen. Specialia, Nr. 22 (1831–1848), Bl. 52.
⁶⁵ Ebd.
⁶⁶ GStA Pk, I. HA Rep. 77 Ministerium des Innern, Tit. II, Lit. H, Censur-Sachen. Specialia, Nr. 22 (1831–1848), Bl. 50.
⁶⁷ I HA Rep. 81 Dresden, Nr. 548 – Presse- und Zensurangelegenheiten, Bd. 1, o. P. – als Anlage zu Ancillons Brief vom 11. November, hier zwischen den Briefen Jordans (vom 18. und 25. Oktober). Interessant erscheint an dieser Stelle, dass von Hänleins Informationsstand sich mit dem deckt, was Campe in seinem oben zitierten Brief (HSA XXIV, 207) berichtet. Hatte von Hänlein diese Auskünfte womöglich von Campe direkt?
⁶⁸ I HA Rep. 81 Dresden, Nr. 548 – Presse- und Zensurangelegenheiten, Bd. 1, o. P.
⁶⁹ Thüringisches Staatsarchiv Altenburg, Geheimes Ministerium zu Altenburg, Nr. 2915, Bl. 50.
⁷⁰ Thüringisches Staatsarchiv Altenburg, Geheimes Ministerium zu Altenburg, Nr. 2915, Bl. 50RS.
⁷¹ Houben: Der ewige Zensor [Anm. 5], S. 65.
⁷² Geiger: Das junge Deutschland [Anm. 22], S. 27.

⁷³ Diese Akten liegen heute im Geheimen Staatsarchiv Preußischer Kulturbesitz, wurden dort im eigentlichen Signaturenkern allerdings kaum verändert. Es gibt daher keinen Grund daran zu zweifeln, dass die Akte »Zentralarchiv Merseburg, Rep 77 Sect. Pars. Censur. Sach. Spec. Lit. H. Nr. 22« identisch mit jener von uns in extenso zitierten Akte GStA Pk, I. HA Rep. 77 Ministerium des Innern, Tit. II, Lit. H, Censur-Sachen. Specialia, Nr. 22 ist.
⁷⁴ GStA Pk, I. HA Rep. 77 Ministerium des Innern, Tit. II, Lit. H, Censur-Sachen. Specialia, Nr. 22 (1831–1848), Bl. 54.
⁷⁵ Bei Geiger: Das junge Deutschland [Anm. 22], S. 27: »indignirenden«.
⁷⁶ GStA Pk, I. HA Rep. 77 Ministerium des Innern, Tit. II, Lit. H, Censur-Sachen. Specialia, Nr. 22 (1831–1848), Bl. 54.
⁷⁷ Schneider: Zensur im Herzogtum Sachsen-Altenburg [Anm. 14], S. 442f.
⁷⁸ I HA Rep. 81 Dresden, Nr. 548 – Presse- und Zensurangelegenheiten, Bd. 1, o. P.
⁷⁹ I HA Rep. 81 Dresden, Nr. 548 – Presse- und Zensurangelegenheiten, Bd. 1, o. P.
⁸⁰ GStA Pk, I. HA Rep. 77 Ministerium des Innern, Tit. II, Lit. H, Censur-Sachen. Specialia, Nr. 22 (1831–1848), Bl. 53.
⁸¹ GStA Pk, I. HA Rep. 101 Ober-Zensur-Kollegium und Oberzensurgericht, E Lit. H, Nr. 21 (1828–1841) – Die Zensur u. Debit der von Heinrich Heine erschienenen Bücher u. Schriften, Bl. 46.
⁸² GStA Pk, I. HA Rep. 101 Ober-Zensur-Kollegium und Oberzensurgericht, E Lit. H, Nr. 21 (1828–1841) – Die Zensur u. Debit der von Heinrich Heine erschienenen Bücher u. Schriften, Bl. 49
⁸³ I HA Rep. 81 Dresden, Nr. 548 – Presse- und Zensurangelegenheiten, Bd. 1, o. P.
⁸⁴ Vgl. dazu Stahl: »Eine Zensur findet ... statt« [Anm. 8], S. 51.
⁸⁵ Vgl. ebd., S. 53f.
⁸⁶ GStA Pk, III. HA Ministerium der auswärtigen Angelegenheiten I, Nr. 9005, Bl. 3 Auch diesen Quellenhinweis erhielt ich von James M. Brophy, dem ich an dieser Stelle herzlich dafür danken möchte.
⁸⁷ Dieter Breuer: Geschichte der literarischen Zensur in Deutschland. Heidelberg 1982, S. 181.

»Ss' harz in benken gejt mir ojß«
Heinesche Motive im Werk
des jiddischen Dichters Oscher Schwarzman

von Roland Gruschka, Heidelberg

Die Rezeption und die Nachwirkung von Heines Lyrik waren in der modernen jiddischen Literatur bis in die Zeit des Ersten Weltkriegs besonders ausgeprägt.[1] Mehreren Generationen jiddischer Dichter, unter ihnen kein geringerer als I. L. Peretz (1852–1915), einer der drei Klassiker der modernen jiddischen Literatur, diente Heine in bestimmten Schaffensperioden als Inspirationsquelle und literarisches Vorbild.[2] Daher kann es auch nicht überraschen, einen deutlichen Einfluss Heines in dem Werk eines Dichters zu finden, der in der Sowjetunion als Gründergestalt der sowjetisch-jiddischen Lyrik kanonisiert und um dessen Person ein Heldenkult betrieben wurde. Die Rede ist von Oscher Schwarzman[3], der, noch keine 30 Jahre alt, 1919 als Rotarmist im russischen Bürgerkrieg fiel. Zusammen mit seinem Cousin Dowid Hofschtejn (1889–1952), mit Lejb Kvitko (1890–1952), Dovid Bergelson (1884–1952) und anderen zählt man ihn zu der kurzlebigen, später so genannten »Kiewer Gruppe« jiddischer Dichter und Schriftsteller der Jahre 1918–1920, die heute als einer der maßgeblichen Wegbereiter des Modernismus in der jiddischen Literatur gilt und deren Werke einen festen Platz im Kanon der jiddischen Literaturgeschichte haben.[4] Die poetologischen Wurzeln und die Inspirationsquellen der einzelnen Kiewer Dichter sind von der Forschung bisher erst in Ansätzen wirklich erkannt und dargestellt worden, was im Falle Schwarzmans aufgrund der ihm von offizieller Seite zugeschriebenen Position um so auffallender ist. Eine Aufdeckung heinescher Motive im Werk Oscher Schwarzmans, die im vorliegenden Beitrag anhand ausgewählter Gedichte vorgenommen werden soll, wird daher nicht nur einen bislang unterschätzten Zugang zu seiner Dichtung eröffnen, sondern auch zur Untersuchung der vielschichtigen Verschränkungen von jüdischer Heine-Rezeption und jiddischem literarischem Modernismus beitragen.

Biografisch-historische Skizze[5]

Oscher Schwarzman wurde 1890 in dem bei Korostyschiw gelegenen ukrainischen Dorf Wilnja geboren. Kindheit und frühe Jugend verbrachte er vorwiegend in der ländlichen Umgebung von Berditschew und Kiew, in der sein Vater wechselnden Gewerben nachging und zuletzt in einem Kontor in der Forstwirtschaft arbeitete. Wie es bei der jüdischen Minderheit im Zarenreich weit verbreitet und für sie zu jener Zeit auch kaum anders möglich war, erfolgte die Bildung durch *melámdim* (jidd., Sg. *melámed*), jüdische Gemeinde- oder Privatlehrer, die im sog. *chéjder* (»Zimmer«, einer meist in der eigenen Wohnstube eingerichteten Schule, Pl. *chadórim*) traditionell-religiöse, aber zunehmend auch weltliche Gegenstände lehrten.[6] Es ist gleichermaßen ein Zeichen für Oscher Schwarzmans Intelligenz wie für die materielle Enge in seinem Elternhaus, dass er ab dem vierzehnten Lebensjahr selbst als *melamed* unterrichtete. 1908 besucht er Abendkurse an einer russischen »Kommerzschule« in Berditschew und verfasst erste Gedichte in jiddischer Sprache, nachdem er sich bereits auf Russisch, Ukrainisch und Hebräisch versucht hat. Es sind die Jahre, in denen der so genannte *Jiddischismus*, die jiddische Sprach- und Kulturbewegung der osteuropäischen Juden, starken Zulauf erhält, auch wenn sich die Aktivitäten der einzelnen, säkularistischen Organisationen auf Grund der staatlichen Restriktionen im Zarenreich vorwiegend auf das Feld der Literatur und Kultur konzentrieren.[7]

Ab 1909 ist Schwarzman in Kiew ansässig, wo er in jüdischen Haushalten Stunden als Hebräischlehrer gibt. In Schwarzmans Leben treffen durchaus heterogene Einflüsse aufeinander: Stammten seine Eltern aus dem chassidischen Milieu, waren sein älterer Bruder David, bei dem er 1905 wohnte, und einige seiner Freunde in der sozialistischen, später kommunistischen Bewegung organisiert (sein Bruder, ein Berufsrevolutionär, wurde sogar 1912 auf der Prager Konferenz für kurze Zeit in das Zentralkomitee der Partei der Bolschewiki gewählt).[8] In Kiew schließt er sich einem bunten Kreis jugendlicher Literaturenthusiasten und Jiddischisten an, von denen einzelne, so wie er, erste literarische Versuche unternehmen. Gemeinsam liest man alles, was auf Jiddisch erhältlich ist[9], vor allem die jiddischen Klassiker I. L. Peretz und Scholem Alejchem, daneben die hebräischen und jiddischen Dichtungen Chaim Nachman Bialiks (den Schwarzman selbst noch aus Kindertagen persönlich kannte), aber auch russische und andere europäische Literatur, letztere zumeist in russischer Übersetzung. Schwarzmans Gedichte verschaffen ihm die Bekanntschaft jiddischer Literaten und Intellektueller aus einem eher bürgerlichen, z. T. gut situierten und bereits stark russifizierten Umfeld, allen voran des Romanciers, Dichters und Publizisten Dovid Bergelson, der eine entschieden modernistische und universalistische Auffassung von Literatur vertrat.[10]

1911 wird Schwarzman eingezogen und dient in der Kavallerie. Während der Jahre des monotonen, von militärischem Drill geprägten Kasernenlebens entstehen nur wenige neue Gedichte. Den Ersten Weltkrieg erlebt Schwarzman ohne längere Unterbrechung im Kampfeinsatz an der polnischen und litauischen Front; er wird verwundet, erhält mehrere Auszeichnungen und wird zum Unteroffizier befördert. Nach seiner Entlassung aus dem Militärdienst kehrt er Ende 1917 nach Kiew zurück, wo jiddischistische Schul- und Kulturorganisationen unter dem Dach der überparteilichen »Kultur-Liga« eine rege Tätigkeit entfaltet haben, die erst 1920 mit dem Sieg der Bolschewiki und der politischen Gleichschaltung durch das Regime ihr Ende finden wird.[11] Im Verlag der »Kultur-Liga« geben Dovid Bergelson und der symbolistische Erzähler »Der Nister«[12] die literarischen Almanache der »Kiewer Gruppe« *Éjgenß* »Eigenes« (1. Band 1919, 2. Band 1920) und *Úfgang* »(Sonnen-) Aufgang« (1919) – heraus, in denen auch Schwarzmans Gedichte erscheinen.

Oscher Schwarzman gehört keiner politischen Partei an, aber die Erfahrungen von Krieg und Bürgerkrieg lassen in ihm Sympathien für die Bolschewiki wachsen.[13] Doch erst 1919, unter dem Eindruck der Pogrome der Weißen Armeen und ukrainischer Nationalisten gegen die Juden, wird aus stiller Sympathie offene Gefolgschaft: Schwarzman meldet sich als Freiwilliger zur Roten Armee, in der er wiederum als Kavalleriesoldat und auch als politischer Agitator dient.[14] Im August 1919 fällt er in der Nähe der ukrainischen Stadt Sarny.

Schon kurz nach Schwarzmans Tod erklärte ihn Dowid Hofschtejn, selbst ein Anhänger der Oktoberrevolution und als so genannter »Mitläufer« in führender Position im sowjetisch-jiddischen Kulturleben aktiv, zum »ersten« Dichter einer neuen Ära und verhalf ihm damit zu einer bleibenden, herausgehobenen Stellung in der offiziellen sowjetischen Literaturgeschichte, die Chone Shmeruk später als »Kult« bezeichnet hat.[15] Dieser »Kult«, in dem sich die Verehrung für den begabten Dichter und das Gedenken an den Märtyrer auf den Schlachtfeldern des Bürgerkriegs bis zur Ununterscheidbarkeit miteinander vermischten, ermöglichte in der Sowjetunion im Rahmen der offiziellen sowjetisch-jiddischen Minderheitskultur[16] eine vergleichsweise umfangreiche und trotz ihrer ideologischen Scheuklappen durchaus ernst zu nehmende Schwarzman-Forschung. Dennoch bleibt in der Summe das Erreichte hinter dem zurück, was in einem weniger repressiven System und ohne die durch die geschichtlichen Wechselfälle des 20. Jahrhunderts erzwungenen Brüche möglich gewesen wäre.

Nachlass und Periodisierung

Der Verbleib von Schwarzmans literarischem Nachlass ist heute ungeklärt; das meiste, darunter eine unbekannte Zahl poetischer Werke, muss als verloren gelten.[17] Daher wird die Forschung auf absehbare Zeit darauf angewiesen bleiben, mit den Editionen und spärlichen Materialien zu arbeiten, welche die sowjetisch-jiddischen Literaturwissenschaftler zusammengestellt und über die Jahre hinweg veröffentlicht haben. Als wissenschaftliche Editionen sind u. a. eine 1923 von Nochem Ojßlender und Busi Spivak bei der »Kultur-Liga« veröffentlichte Sammlung (AL1923), ebenso die von Max Erik und Michl Levitan an der Ukrainischen Akademie der Wissenschaften erstellte und mit ausführlichen Einleitungen versehene Sammlung von 1935 (LuB1935) sowie die 1961 von Arn Vergelis besorgte Leseausgabe (AL1961) zu erwähnen.

Insgesamt haben sich 65 jiddische Gedichte Schwarzmans erhalten. Die in den Editionen abgedruckten Briefe sind in Bezug auf sein dichterisches Schaffen nur bedingt ergiebig.[18] Diese unbefriedigende Quellenlage stellt für die vorliegende Arbeit jedoch kein grundsätzliches Hindernis dar, weil eine Erforschung von Motiven und anderen Form- und Stilelementen ihren Ausgangspunkt in den Werken selbst zu nehmen hat, und weil nicht nur im Bereich der poetischen Technik alle Behauptungen über Einflüsse zugeschriebener oder selbst-erklärter Vorbilder letztlich an den Gedichten selbst bestätigt werden müssen.

Ungeachtet des geringen Umfangs und der Unvollständigkeit von Schwarzmans literarischer Hinterlassenschaft sind in der Sowjetunion Versuche unternommen worden, sein Werk zu periodisieren. Diese Einteilungen orientieren sich ausnahmslos an der Biografie, wobei dem Ausbruch des Ersten Weltkriegs und der Oktoberrevolution die Rolle bedeutender Zäsuren zugeschrieben wird. Der gewollte Charakter solcher Einteilungen liegt auf der Hand; unstritig bleibt jedoch, dass in den »frühen« Werken bis etwa 1913/14 die Natur- und Liebeslyrik vorherrscht, während in den späteren Werken andere Themen im Vordergrund stehen: der Krieg, die ungewisse Zukunft, die Not der Bevölkerung im Allgemeinen und des jüdischen Volkes im Besonderen. Zumindest zwei Gedichte Schwarzmans von 1919 – *In úfschtand* (Im Aufstand) und *Di schwárze múter-nacht* (Die schwarze Mutter-Nacht) – sind eindeutig aus einer pro-revolutionären, pro-bolschewistischen Haltung heraus verfasst und als Bekenntnis zu verstehen. In ästhetischer Hinsicht lässt sich eine Entwicklung von einem neuromantisch zu nennenden Stil der frühen Gedichte hin zu einem symbolistisch beeinflussten Impressionismus beobachten.

Vorbilder und Inspirationsquellen

Wie bei allen Dichtern von Originalität, die über das Epigonale hinausgewachsen sind, ist auch im Falle Oscher Schwarzmans die Suche nach Inspirationsquellen und literarischen Vorbildern, welche einen tatsächlichen (und nicht bloß behaupteten) Einfluss auf das poetische Schaffen des Autors hatten, ein schwieriges, aber kein völlig hoffnungsloses Unterfangen. Sowjetische wie nicht-sowjetische Literaturwissenschaftler waren mit dem Benennen solcher Vorbilder – gestützt auf biographische Fakten – schnell bei der Hand. Vor allem der spätere israelische Nationaldichter Chaim Nachman Bialik wurde und wird (u. a. mit Hinweis auf persönliche Begegnungen in Schwarzmans früher Jugend) ins Feld geführt.[19] Inwieweit Bialik tatsächlich Einfluss auf Schwarzmans Dichtung und Poetik hatte, bleibt jedoch umstritten.[20] Andere hebräische und jiddische Autoren, deren Werk Schwarzman gekannt haben muss, finden so gut wie keine Erwähnung. Der Kreis möglicher Vorbilder und Inspirationsquellen erweitert sich beträchtlich, wenn berücksichtigt wird, dass Schwarzman als sehr belesen in der russischen Literatur galt, dass er z.B. Lermontovs und Alexej Kolzows Gedichte ebenso kannte wie die symbolistische Lyrik Konstantin Balmonts, und dass er darüber hinaus seinerzeit moderne Dichter anderer Sprachen wie z.B. Paul Verlaine oder Émile Verhaeren schätzte.[21]

Heinrich Heine verdient gegenüber anderen möglichen Vorbildern und Inspirationsquellen schon deswegen besondere Aufmerksamkeit, weil er von Schwarzmans frühen Jahren an dessen erklärter Lieblingsdichter war.[22] Während sich andere jiddische Dichter vor und nach ihm von Heine als dem poetischen Vorbild ihrer Jugend zu lösen versuchten (unter ihnen auch I. L. Peretz)[23], war Schwarzmans Vorliebe für Heine deutlich beständiger. Ein wichtiges Zeugnis dafür stammt von seinem Jugendfreund Nochem Ojßlender (1893–1962), später in der Sowjetunion ein einflussreicher Hochschullehrer auf dem Gebiet der jiddischen Literaturgeschichte:

> Ich erinnere mich noch an einige Begegnungen mit Oscher im Herbst 1918. Einmal hat er zwei Abende nacheinander bei mir auf dem Zimmer verbracht. Diese Abende sind mir deshalb in Erinnerung geblieben, weil sie äußerst eigenartig verlaufen sind: Beide Abende haben wir zusammen Heinrich Heine gelesen.
> Gewiss war das [zu der Zeit] nicht [mehr] aktuell, absolut nicht aktuell. Aus Moskau hatten uns schon damals Alexander Bloks »Die Zwölf« erreicht, auf dem Tisch lagen Bücher mit Jessenins und Majakowskis Gedichten. Und das Wichtigste: In derselben Stadt Kiew hatte sich zu dieser Zeit schon eine große Literaturbewegung herausgebildet, es war eine reiche jiddische Literatur mit so vielen [klangvollen] Namen entstanden. Und in solch einer Zeit hat es Oscher auf einmal zu Heinrich Heine hingezogen, besonders zu den Liedern der »Nordsee«. Das war durchaus seine Natur: Stets zog es ihn zu den klassischen Autoren hin.[24]

Vermutlich haben Schwarzman und Ojßlender in jenen Tagen (und auch zu früheren Gelegenheiten) Heine in russischer Übersetzung gelesen. Um die Jahrhundertwende war das lyrische Werk Heinrich Heines so gut wie vollständig ins Russische übersetzt und in zahlreichen Anthologien und mehreren »Gesamtausgaben« verfügbar.[25] Sogar die mit blasphemischen Spitzen durchsetzten »Nordsee«-Zyklen lagen, allen Eindämmungsversuchen der Zensur zum Trotz, seit 1859 in einer viel gelobten Übertragung des revolutionären Demokraten M. L. Michajlov (1829–1865) vollständig auf Russisch vor.[26] Dagegen hatte man in der jüdischen Welt zu Oscher Schwarzmans Zeiten eben erst begonnen, Heine wirklich systematisch und umfassend ins Jiddische und Hebräische zu übersetzen. Die erste große jiddische »Gesamtausgabe« erschien 1918 in New York in acht Bänden.[27] Sie enthielt die früheste bekannte (und vollständige) jiddische Nachdichtung der »Nordsee«-Lieder.[28] Es ist zwar nicht ausgeschlossen, aber doch eher wenig wahrscheinlich, dass einer dieser Bände noch 1918, mitten im Bürgerkrieg, seinen Weg nach Kiew und in Schwarzmans Hände fand. Dagegen könnten die beiden durchaus David Frischmanns hebräische Übersetzungen der »Nordsee« zur Hand gehabt haben, die zu dieser Zeit in Moskau in der Zeitschrift »Ha-Tekufa« (»Die Epoche«) erschienen waren.[29] Unabhängig davon werden Ojßlender und Schwarzman auch eine Reihe anderer Heine-Gedichte in hebräischer oder jiddischer Übersetzung (oder als freie Nachdichtung) in den ihnen zugänglichen literarischen Zeitschriften gelesen haben. Dieser Rezeptionsweg kann jedoch nur angemessen bewertet werden, wenn von einer gleichzeitigen Lektüre der umfangreichen russischen Heine-Übersetzungen ausgegangen wird.[30]

Die Quellen geben keine eindeutige Auskunft darüber, ob oder inwieweit Schwarzman Heine im deutschen Original las. Im Allgemeinen scheint Schwarzman die deutsche Dichtung in hohem Maß in russischer Übersetzung vermittelt worden zu sein.[31]

Zur Forschungslage in der Sowjetunion

In der offiziellen sowjetischen Literaturgeschichtsschreibung hatte Heine spätestens Mitte der 1920er Jahre seinen Ehrenplatz als »russischer Klassiker« gegen alle radikalen Tendenzen behauptet und gehörte seitdem zum sogenannten »progressiven Erbe«.[32] Dennoch hat sich die sowjetisch-jiddische Literaturkritik nicht allzu lange mit der Frage nach Heines Einfluss auf Schwarzmans Dichtung aufgehalten und ihr keine gründliche Untersuchung gewidmet. 1922 hatte der Kritiker, Bühnenschreiber und Literaturhistoriker Jecheskl Dobruschin (1883–1953), der in früheren Jahren selbst als Dichter hervorgetreten war, in einem kurzen Artikel Schwarzmans Gedichte, insbesondere seine Liebeslyrik, eher intuitiv und im Vorbeigehen als »echt heinisch« charakterisiert.³³ Dagegen polemisierte Nochem Ojßlender mit den Worten, dass Schwarzmans Romantik in seinen Augen

> [...] eher an Kolzow als an Heinrich Heine erinnerte. Und man hat [damals] gespürt [sic], dass Schwarzman, obwohl Heine sein Lieblingsdichter war, dennoch schwer mit Heines Wirkung gerungen hat.³⁴

Im Anschluss an Ojßlenders Polemik von 1924 scheinen die sowjetisch-jiddischen Literaturwissenschaftler die Frage nicht weiter verfolgt zu haben. Lediglich Arn Gurschtejn (1895–1941), der an verschiedenen Pädagogischen Instituten sowohl jiddische als auch russische und allgemeine Literaturgeschichte lehrte, äußerte sich sehr knapp mit der (im Prinzip zutreffenden) Bemerkung, dass Schwarzmans Romantik die typisch heinesche Ironie fehle.³⁵ Heines Einfluss auf Schwarzman wurde fortan zwar nicht grundsätzlich bestritten, rückte aber zunehmend in den Hintergrund. In der Regel beließ man es dabei, Heine als eines von Schwarzmans Vorbildern neben anderen zu benennen, oder unterschlug ihn ganz. Die Hauptursache für diese Entwicklung liegt allerdings nicht etwa darin, dass Ojßlender überzeugende Argumente gehabt hätte. Vielmehr erforderten die seit Mitte der 1930er Jahre in der sowjetischen Literatur offiziell verbindlichen Paradigmen des Sozialistischen Realismus und einer »revolutionären Romantik« eine Umdeutung von Schwarzmans Lyrik, bei der ein konsequenter Rückgriff auf die Rolle Heines als Vorbild des Dichters nur gestört hätte.³⁶ Die offizielle Aufwertung der großrussischen Kultur Ende der 1930er Jahre ließ es den Kritikern darüber hinaus opportun erscheinen, literarische Parallelen vor allem bei russischen Dichtern zu suchen. Damit hatte die sowjetische Schwarzman-Forschung einen viel versprechenden Interpretationsansatz aufgegeben. Die jiddische Literaturkritik in den anderen Ländern hat Schwarzman dagegen – trotz oder gerade wegen seiner Funktion als Ikone sowjetischer Dichtung – nie genug Beachtung geschenkt, um die Frage nach dem Einfluss Heines auf sein Werk überhaupt in hinreichender Deutlichkeit zu stellen.

Dieser Faden soll im Folgenden wieder aufgenommen werden. Zu diesem Zweck stelle ich vier Gedichte Oscher Schwarzmans aus seinem Frühwerk, aus den Jahren 1910–1912 vor, die beispielhaft und konkret illustrieren, wie stark er bei der Wahl seiner Motive auf Heines Lyrik zurückgreift. In beschränktem Maße erlauben diese Gedichte auch Rückschlüsse darüber, inwieweit er dabei von der Ideenwelt Heines (so wie er sie verstand) beeinflusst war. Auch wenn solche Motive ab 1914 in Schwarzmans Werk zurücktreten, sollte die Möglichkeit einer andauernden, mehr subtilen Beeinflussung nicht von vornherein ausgeschlossen werden.

Motive aus dem »Buch der Lieder«: »Heinesch« (AL1961, S. 43)

Am deutlichsten zeigt sich der Einfluss in einem Gedicht von 1911, das bereits die Herausgeber der Edition von 1935 als »heinesch« bezeichnet haben.[37]

(lojt Héjnen)[38]

Nacht bahójert, gring baótemt,
rut di erd in frílingß schojß,
un fun mir is wajt majn líbßte,
ß' harz in bénken gejt mir ójß.

Asój hárzik singt der fojgl:
érgez sucht sajn líbßte im.
Ober mich sucht izt nit kéjner,
un doß harz tut wej mir schtum.[39]

Harbßt 1911

Wörtlich ins Deutsche übertragen:

(nach Heine)

Von Nacht bedeckt, mit leichtem Atem,
ruht die Erde im Frühlings-Schoß,
und meine Liebste ist weit weg,
mein Herz vergeht vor Sehnsucht.

So herzergreifend singt der Vogel:
Irgendwo sucht seine Liebste ihn.
Aber mich sucht jetzt niemand,
und mein Herz schmerzt mir still.

Herbst 1911

Eine unmittelbare Vorlage lässt sich nicht erkennen, am ehesten besteht noch eine Nähe zu »Neuer Frühling« 37 (DHA II, 27f.): Die Erde »schläft im Schooß der Nacht« (ebd.). In dem »Vogel«, der bei Schwarzman nachts »so herzzerreißend« singt, ist ohne Schwierigkeit Heines Nachtigall zu erkennen, im »Neuen Frühling« ein Symbol für unerfüllte Sehnsüchte.[40] Auch andere Symbole und Motive aus Heines »Buch der Lieder« und dem »Neuen Frühling« kehren in Schwarzmans Werk häufig in nur geringer Veränderung wieder, darunter der Rabe – bei Schwarzman »ein Vogel«, der mit »sehnendem Krächzen« sein Nest sucht[41], der Frühling, die Blume, der Monat Mai, oder die »Perlentränen«.[42]

»Nacht bahojert, gring baotemt« ist anscheinend, wie der von den Herausgebern hinzugefügte Titel besagt, tatsächlich eine freie Dichtung »in heinescher

Manier« bzw. »nach Heine-Motiven« – ein Genre, das Schwarzman in der russischen Literatur seiner Zeit bereits vorfand, wo es sich seit Mitte des 19. Jahrhunderts neben Heine-Nachahmungen sowie Parodien und Scheinparodien auf Heines Werk ausgesprochener Beliebtheit erfreute.[43] Einen noch stärkeren Impuls mag ihm die Welle von Heine-Imitationen gegeben haben, die ab 1880 in der modernen hebräischen (in schwächerem Maße in der jiddischen) Literatur zu beobachten ist und die vorwiegend Liebes- und Naturlyrik hervorbrachte.[44]

Die Inspiration der »Nordsee«

Die beiden »Nordsee«-Zyklen Heines erweisen sich als eine wesentliche Inspirationsquelle für drei Gedichte Schwarzmans aus den Jahren 1910–1911, nicht nur in der Wahl einzelner Motive, sondern auch in der Ideenwelt und dem erzählerischen Aufbau. Nur auf den ersten Blick mag es paradox anmuten, dass sich die poetische Kraft dieser Verarbeitung gerade in Gedichten zeigt, bei denen Schwarzman besonders frei mit der Vorlage umgeht. Diese Unabhängigkeit wird nicht zuletzt dadurch unterstrichen, dass das Grundelement der »Nordsee« – das Meer – in diesen Gedichten abwesend ist. Dennoch bleibt das jeweilige Vorbild klar zu erkennen.

a) »Komm' zu mir...« (AL1961, S. 36)

> Kum zu mir...
>
> Kum zu mir... afíle in driml
> lechzt majn harz dich sen un hern,
> rajß sich op fun wajtn himl,
> wi a réjner, bláßer schtern.
>
> Breng far got majn héjße tfíle,
> éfscher wet er dich mir schénken,
> in farnáchtn gróje, schtíle,
> wen majn harz gejt ojß fun bénken.
> O, fun sint ch'hob dich bagégnt,
> hot majn bénkschaft kejn derfílung,
> kum un ker mir um majn jugnt
> un majn erschtn, schéjnem fríling.[45]
>
> 1910–1911

Wörtlich ins Deutsche übersetzt:

> Komm' zu mir...
>
> Komm' zu mir... sogar im Schlummer
> lechzt mein Herz danach, dich zu sehen und zu hören,
> reiß' dich los vom fernen Himmel,
> wie ein klarer, heller Stern.
>
> Trage vor Gott mein heißes Gebet,
> vielleicht wird er dich mir schenken,
> in der grauen, stillen Dämmerung,
> wenn mein Herz vor Sehnen vergeht.
> Oh, seit ich dir begegnet bin,
> fand meine Sehnsucht keine Erfüllung,
> komm' und bringe mir meine Jugend zurück
> und meinen ersten, schönen Frühling.
>
> 1910–1911

Das Gedicht greift ein Moment aus Heines »Nachts in der Cajüte« (DHA I, 374ff.) auf. Anklänge an das Vorbild werden durch das Bitten an die Geliebte »Komm zu mir« und das Gebet um die Erfüllung des Wunsches hergestellt (das sich bei Schwarzman allerdings noch konventionell an Gott richtet und nicht an den Sternenhimmel, der bei Heine der Spiegel der Geliebten ist). Die Motive des Halbschlafs oder Wachtraums[46], des Frühlings, ja sogar die Gleichsetzung der Geliebten mit einem »klaren, hellen Stern« – bei Schwarzman eher ein Vergleich – finden sich auch in Heines früher Lyrik. Das »rajß sich op fun wajtn himl,/ wi a réjner, bláßer schtern« ruft die Assoziation der Sternschnuppe hervor; Anklänge an die bei Heine positiv besetzten »fallenden Funken« (DHA I, 377) aus »Nachts in der Cajüte« sind sicher kein Zufall.[47]

b) »Im Himmel, im grauen« (AL1961, S. 38)

> In himl in grójen, in úmendlech-bréjtn[48]
> umsíßt sucht an éntfer dajn júnge neschóme.
> Zu alt is der himl, zu groj sájne wolkn
> zu gebn dajn harz chotsch a schtikl nechóme.
>
> Kiew, 1910–1911

Wörtliche Übersetzung ins Deutsche:

> Im Himmel, im grauen, im grenzenlos-weiten
> vergebens sucht eine Antwort deine junge Seele.

> Zu alt ist der Himmel, zu grau seine Wolken,
> deinem Herz auch nur ein Stückchen Trost zu spenden.
>
> Kiew 1910–1911

Das Gedicht wurde offensichtlich durch Heines »Fragen« aus dem zweiten »Nordsee«-Zyklus (DHA I, 419) angeregt. Obwohl bei Schwarzman das Kernstück der heineschen Vorlage – die Strophe mit den Fragen nach dem »Räthsel des Lebens« – fehlt, ist eine Übereinstimmung in der Wahl der Motive und ihrer Verknüpfung miteinander nicht zu übersehen. Der »Jüngling-Mann« kehrt als »junge Seele« wieder, die ebenso vergebens nach Trost sucht wie das Vorbild und ebenso wenig eine »Antwort« erhält. Der Adressat der Fragen sind bei Heine die Wogen, die über Wind, Wolken und Sterne mit dem Himmel verknüpft werden. Schwarzman wählt, vielleicht mehr intuitiv als bewusst, den bewölkten, grauen, aber unendlich-weit gespannten Himmel als poetisches Äquivalent.[49] Bei Heine haben der Himmel und die Natur als Träger metaphysischer Sinnstiftung und Tröstung längst ausgedient.[50] Schwarzman fasst dieses Unvermögen der Natur in das Bild eines »zu alten« und ergrauten Himmels, das er wiederum von Heine, allerdings aus einem anderen Werk, übernommen hat: Der Parallelismus in Vers 3 »zu alt« – »zu grau« ruft die Assoziation altersgrauen Haars hervor; ein Vorbild dazu findet sich in Heines »Neuem Frühling« im »Greisenantlitz« des Himmels, »umwoben/ Von dem Wolkenhaar, dem grauen« (DHA II, 29).

Im jiddischen Gedicht werden die konkreten Sinn-Fragen ausgespart, was einen größeren Interpretationsspielraum zulässt. Jedoch gibt es keine Anhaltspunkte dafür, dass Schwarzman die von Heine gestellten Fragen grundsätzlich für anstößig hielt und *deshalb* vermieden hätte.[51] Auch wollte er die Verse nicht etwa (in bewusster Abweichung von der Vorlage) als Ausdruck von Liebesschmerz (statt Weltschmerz) verstanden wissen: Ein Vergleich mit dem Bilderreichtum und der Eindeutigkeit, mit der in anderen Gedichten Schwarzmans der Liebesschmerz beschrieben wird[52], erlaubt vielmehr den Schluss, dass in »In himl, in grojen« keine alternative Fokussierung auf das Liebesthema vorgesehen ist, zumal die Metapher des »zu alten« Himmels sonst nirgends in Schwarzmans Oeuvre gebraucht wird.[53] Das Motiv an sich mag mit der Vorstellung vereinbar sein, dass der Himmel in früherer Zeit sehr wohl Sinn stiften konnte und sich womöglich dereinst wieder verjüngt. In der assoziativen Verbindung mit der »unendlichen Weite«, die naturwissenschaftlichen Laien mit höherer Schulbildung um 1910 gewöhnlich noch als eine unwandelbare Eigenschaft des Weltalls gilt[54], erhalten die Apostrophierungen »*zu* alt« und »*zu* grau« jedoch einen eher endgültigen Charakter. Dadurch bleibt im jiddischen Gedicht die post-romantische und anti-metaphysische Stoßrichtung der Vorlage grundsätzlich erhalten – ganz gleich, auf welche Fragen sich der in ihm geäußerte Weltschmerz letztendlich beziehen mag. Die von Oscher Schwarzman gebrauchte Anrede »dein« drückt (deutlicher als die von Heine gewählte Perspektive auf die dritte Person) aus, dass die dargestellte Welterfahrung keineswegs als eine Erscheinung aufgefasst wird, die nur wenige Einzelne betrifft, geschweige denn eine, der beide Dichter gänzlich fremd gegenüber stehen. Oscher Schwarzman erweist sich damit als ein säkularer, modernistischen Ideen zugewandter Jude, für den eine Ordnung des Kosmos auf den Menschen hin keine Gewissheit mehr ist, was angesichts seiner Biographie auch nicht verwundern sollte.[55] Schwarzmans Gebrauch religiöser Symbolik, einschließlich der Anrufung Gottes, die sich in früheren wie späteren Gedichten findet, ist stets im Licht dieser Verse zu sehen, wenn auch alle sich daran anschließenden Fragen noch einer Klärung bedürfen.[56] Wo Schwarzman auf jüdische Symbole zurückgreift (so gab er einem Fragment gebliebenen Zyklus den Titel »Schábeß« – »Schabbat«[57]), handelt es sich eher um einen Akt kultureller Selbstvergewisserung, nicht um ein Bekenntnis zu traditioneller Religiosität.[58]

c) »Und es würde das Geheimnis« (AL1961, S. 46f.)

Schließlich lässt sich eine Nachwirkung von Heines Lyrik in »Un ß'wolt dem ßod« (Und es würde das Geheimnis, 1911) wiederfinden, das wohl als eines der gelungensten Liebesgedichte Schwarzmans gelten darf. Nicht umsonst war »Un ß'wolt dem ßod« das erste seiner Werke, das gedruckt wurde; es erschien 1913 in der Wilnaer Zeitung »Di judische welt«, deren Literaturteil zu jener Zeit von Dovid Bergelson herausgegeben wurde.[59]

> Un ß'wolt dem ßod banácht di erd
> derzéjt di wintn schtílerhejt,
> wolt in-der-frí gerójscht der wald,
> un ß'wolt gerédt schojn kínd-un-kejt:
>
> Si hot im lib...
> Si hot im lib...
>
> Der kwal wolt ájngerojmt dem tajch,
> wolt er batóg antkégn sun,
> in brejtn feld, far wajtn schljach[60]
> derzéjlt derfún:
>
> Si hot im lib!
> Si hot im lib!
>
> Ss'wolt jéder mentsch mich, wi a frajnt,
> bagríßt mit líbe ba sajn schtub,

un ß'wolt geschtrált,
un ß'wolt geschájnt:

Si hot dich lib?!
Si hot dich lib?!

Ch'wolt afn hechßtn féldsn-schpiz
arúfgegangen, sich geschtélt
zu losn wißn mit a bliz
a halber welt:

Si hot mich lib!
Si hot mich lib!

Kiew 1911

Wörtliche Übersetzung ins Deutsche:

Und es würde das Geheimnis nachts die Erde
den Winden in aller Stille erzählen,
dann rauschte morgens früh der Wald,
und Kind und Kegel würden schon reden:

Sie liebt ihn...
Sie liebt ihn...

Die Quelle würd' es dem Fluss einflüstern,
dann würde dieser Tags darauf der Sonne
im weiten Feld auf dem langen Weg
davon erzählen:

Sie liebt ihn!
Sie liebt ihn!

Jedermann würde mich wie einen Freund
herzlich in seinem Haus empfangen,
man würde [freudig] strahlen,
es würde [mir entgegen]leuchten:

Sie liebt dich?!
Sie liebt dich?!

Dann würde ich auf den höchsten Felsenkamm
hinaufsteigen und mich dort hinstellen,
um die halbe Welt[61] mit einem Blitz
wissen zu lassen:

Sie liebt mich!
Sie liebt mich!

Kiew 1911

Das Gedicht zeigt deutliche Berührungspunkte mit Heines »Der Phönix« (DHA I, 419ff.) aus dem zweiten »Nordsee«-Zyklus. Wie der Ausruf »Sie liebt ihn!« in der Vorlage bildet das »Si hot [...] lib« ein überleitendes Bindeglied zwischen den einzelnen Strophen. Schwarzman variiert die Tonlage des Motivs und erreicht durch die Einbindung in eine romantische Kette des Weitertragens eine effektvolle Klimax. Zwar hat der mythische, außerhalb der gewöhnlichen Realität liegende Ursprung der Botschaft des Phönix keine Entsprechung bei Schwarzman, allerdings schafft das »Und«, mit dem das jiddische Gedicht einsetzt, einen offenen Raum, der von Lesern und Hörern auf verschiedene Weise gefüllt werden kann. Anders als bei Heine findet die Botschaft nicht in einem synchronen »Nachhall« in Natur und Dichter ihr Ziel, sondern breitet sich über die tönende Wald und Flur zu den Menschen aus. Wie in Heines »Nordsee«-Liedern erscheint die Natur nicht (mehr) als Dekoration (vgl. DHA I, 1024), die lediglich das Innenleben des Lyrischen Ich illustriert, vielmehr wirkt sie auf das Ich zurück.[62] Bei Schwarzman steht dieser Vorgang allerdings im Konditional (erkennbar an der jiddischen Form »wolt« – würde), wodurch er in eindeutiger Weise auf der Ebene des Gewünschten, Erträumten, oder zumindest des inneren Erlebens, nicht aber in der ›gegenständlichen Welt‹ angesiedelt werden soll. Das Stilmittel des Konditionals findet in der deutschen Romantik eine gewisse formale Parallele im Gebrauch des Konjunktiv irrealis bei Eichendorff (allen voran in »Mondnacht«, 1835) und anderen Dichtern; in der russischen Lyrik des 18. und 19. Jahrhunderts ist es zumindest nicht völlig unbekannt.[63] In Heines Natur- und Liebeslyrik sind diese Stilmittel eher selten. Allerdings scheint das Lyrische Intermezzo »Und wüßten's die Blumen, die kleinen« (DHA I, 153ff.) bei Schwarzmans Wahl und durchgehendem Gebrauch des Konditionals Pate gestanden zu haben (zumal dieses, genau wie das jiddische Gedicht, mit einem »und« einsetzt).[64]

Ausblick

Die hier vorgestellten Beispiele sind typisch für die Verarbeitung heinescher Motive in Schwarzmans frühen Gedichten. Es überwiegt ein ernster, neo-romantischer Ton; eine ironische Brechung oder Ambivalenz, die so charakteristischen Züge von Heines Oeuvre, sind bei Schwarzman nicht erkennbar.[65] Vereinzelt klingen melancholische, wenn nicht pessimistische Stimmungen an – womöglich durchaus gegen die Intention des Dichters.[66] Von der seinerzeit viel gelesenen, aber umstrittenen »Dekadenzliteratur« blieb Schwarzman anscheinend nicht unberührt, obwohl er das Weltbild der Dekadenz abgelehnt zu haben scheint.[67] In dem geistigen Klima des *fin de siècle* und des »Silbernen Zeitalters« waren solche ambivalenten Einstellungen unter russischen Intellektuellen und jüdischen Kulturaktivisten im Zarenreich weit verbreitet.[68] Oscher Schwarzmans neo-romantische Verarbeitung heinescher Motive ist ohne eine gleichermaßen neo-romantische Lektüre von Heines Werk schwer vorstellbar, die sich allerdings in deutlicher Weise von den zeitgenössischen Heine-Diskursen russischer, jiddischer und hebräischer Schriftsteller abheben würde.[69] Unabhängig davon zeigen die hier vorgestellten Gedichte nicht nur in ästhetischer Hinsicht eine Originalität und Modernität, die sich in Schwarzmans späteren, eher impressionistisch-symbolistischen Werken fortsetzt.

Schwarzman gilt zu Recht als einer der ersten, die eine Natur- und Liebeslyrik ohne offen politische Allegorisierung und, wie die Beispiele zeigen, durchaus auch ohne Bezugnahme auf spezifisch jüdische Inhalte in die jiddische Lyrik eingeführt und über das *fin de siècle* hinaus verankert haben.[70] Heines Werk – durch eine neo-romantische Brille gelesen – diente ihm dabei als Haupt-Inspirationsquelle. In dieser Hinsicht hat Heine über Schwarzman Anteil am literarischen Modernismus der »Kiewer Gruppe«, ja sogar weit darüber hinaus an der gesamten modernen jiddischen Literatur.

Anmerkungen

In diesem Beitrag stehen jiddische Begriffe und Zitate in einer auf Sprecher des Deutschen zugeschnittenen Umschrift, ebenso Personennamen, sofern im Deutschen keine anderen Schreibweisen geläufiger sind. Zu dieser Umschrift vgl. Marion Aptroot und Roland Gruschka: Jiddisch. Geschichte und Kultur einer Weltsprache. München 2010, S. 177 ff.

Des Weiteren werden die folgenden Kürzel verwendet: AL1923 steht für Oscher Schwarzman: Ale lider. Hrsg. von N. Ojßlender und B. Spivak. Kiew 1923; LuB1935 für Oscher Schwarzman: Lider un briw. Hrsg. von M. Levitan und M. Erik. Kiew 1935; AL1961 für Oscher Schwarzman: Ale lider, un briw. Hrsg. von Arn Vergelis. Moskau 1961.

[1] Vgl. z. B. J. Raphael: Heinrich Heine – Eine hebräische Bibliographie. – In: HJb 7 (1968), S. 39–57; ders.: Heinrich Heine in der jiddisch-literarischen Welt. – In: HJb 9 (1970), S. 140–147.

[2] Vgl. Sol Liptzin: Heine and the Yiddish Poets. – In: The Jewish Reception of Heinrich Heine. Hrsg. von Mark H. Gelber. Tübingen 1992, S. 67–76.

[3] In der englischsprachigen Literatur ist die Schreibweise in der sogenannten YIVO-Transkription üblich: Osher Shvartsman. In russischen Quellen und Sekundärliteratur ist er als Ošer Markovič Švarcman bekannt.

[4] Zur Kiewer Gruppe vgl. z. B. Seth Wolitz: The Kiev-Grupe (1918–1920) Debate: The Function of Literature. – In: Modern Jewish Studies Annual 2, zugl. Yiddish 3, zugl. Studies in American Jewish Literature 4 (1978), S. 97–106; Gennady Estraikh: In Harness. Yiddish Writers' Romance with Communism. New York 2004, S. 30–36; Chone Shmeruk: Yiddish Literature in the U.S.S.R. – In: The Jews in Soviet Russia since 1917. Hrsg. von Lionel Kochan [3]Oxford 1978, S. 242–280, hier S. 247–253; sowie David Shneer: Yiddish and the Creation of Soviet Yiddish Culture 1918–1930. Cambridge 2004, S. 136 ff., 142 ff.

⁵ Als biografische Hauptquellen vgl. im Folgenden N. Ojßlender und B. Spivak: Biografische ßkize. – In: AL1923, S. 9–26; [Anonym]: Oscher Schwarzmanß biografje. – In: LuB1935, S. 33–44; R. Zionowska: Derinerungen wegn Oscher Schwarzmanen. – In: LuB1935, S. 45–82; Nochem Ojßlender: Jugnt, jugnt! Wi a schpilndike wel… – In: Ssowetisch hejmland, Februar 1980, S. 118–146; Arn Vergelis: Arajnfir-wort. – In: AL1961, S. 3–10.

⁶ Gleichwohl blieb die Bildung in den meisten *chadorim* noch traditionell ausgerichtet. Zum jüdischen Bildungswesen im Zarenreich vgl. etwa Chaim Z. Kazdan: Yiddish Education. – In: Encyclopaedia Judaica. Hrsg. von Fred Skolnik u. a. Detroit u. a. ²2007, Bd. VI, S. 187–189; Mordechai Zalkin: Heder. – In: The YIVO Encyclopedia of Jews in Eastern Europe. Hrsg. von Gershon D. Hundert u. a. New Haven 2008, Bd. I, S. 709–710, Estraikh: In Harness [Anm. 4], S. 13–14; David E. Fishman: The Rise of Modern Yiddish Culture. Pittsburgh 2005, S. 29–32; Steven Zipperstein: Transforming the Heder: Maskilic Politics in Imperial Russia. – In: Jewish History [Festschrift für Chimen Abramsky]. Hrsg. von Ada Rapoport-Albert u. a. London 1988, S. 87–109.

⁷ Vgl. Fishman: Modern Yiddish Culture [Anm. 6], S. 16; Estraikh: In Harness [Anm. 4], S. 9–13.

⁸ Vgl. LuB1935, S. 34; Zionowska: Derinerungen [Anm. 5], S. 52f., 63; AL1961, S. 8f. Vgl. auch Roland Gruschka: Osher Shvartsman and Soviet Yiddish Literary Criticism: A Mythopoetic Discourse. – In: Yiddish Poets and the Soviet Union, 1917–1948 (Papers of the 1st Heidelberg International Conference in Modern Yiddish Studies 2008). Hrsg. von Daniela Mantovan. Heidelberg (im Druck).

⁹ Eine wichtige Rolle spielten dabei jiddische Zeitungen wie »Der frajnd«, der, 1903 in Sankt Petersburg gegründet, zuletzt in Warschau erschien.

¹⁰ Vgl. Joseph Sherman: Dovid Bergelson (1884–1952): A Biography. – In: Dovid Bergelson. From Modernism to Socialist Realism. Hrsg. von Gennady Estraikh u. Joseph Sherman. Oxford 2007, S. 7–78, hier S. 8, 16f., 20. Vgl. auch Estraikh: In Harness [Anm. 4], S. 16f.

¹¹ Dazu vgl. Estraikh: In Harness [Anm. 4], S. 36; Wolitz: The Kiev-Grupe [Anm. 4], S. 105.

¹² »Der Verborgene«, nach einem Begriff aus der Kabbala gewähltes Pseudonym von Pinchas Kahanowitsch (1884–1950).

¹³ Aufgrund der Quellenlage ist es schwierig, einzelne Stationen dieser Annäherung an die Bolschewiki mit Bestimmtheit nachzuzeichnen. In einem Brief aus Petrograd (St. Petersburg) von Juli 1917 gesteht Schwarzman noch offen, dass es schwer für ihn sei, eine »eigene Linie zu finden« und »das Falsche vom Richtigen zu unterscheiden«, vgl. AL1923, S. 23; LuB1935, S. 42. Für die Monate zwischen Oktoberrevolution und Anfang 1919 machen die Biographien in den Ausgaben AL1923, LuB1935 und AL1961 auffallend wenig konkrete Aussagen, so dass die Forschung auf Indizien angewiesen bleibt.

¹⁴ Vgl. LuB1935, S. 43f.

¹⁵ Vgl. Dowid Hofschtejn: Oscher Schwarzman. – In: Di rojte armej. Kiew, 22.1.1920, Nr. 1 (7); ders.: Kerper-werde (zu Oscher Schwarzmans zwejtn jorzajt). – In: Der emeß. Moskau, 11.10.1921, Nr. 69. Zum Schwarzman-Kult s. Shmeruk: Yiddish Literature [Anm. 4], S. 250, sowie Gruschka: Shvartsman and Soviet Yiddish Literary Criticism [Anm. 8].

¹⁶ Zur Geschichte s. Shmeruk: Yiddish Literature [Anm. 4], Shneer: Yiddish [Anm. 4], Marion Aptroot und Roland Gruschka: Jiddisch. Geschichte und Kultur einer Weltsprache. München 2010, S. 144ff., 158ff.

¹⁷ Im Folgenden vgl. Gruschka: Shvartsman and Soviet Yiddish Literary Criticism [Anm. 8].

¹⁸ An dieser Stelle kann darüber hinaus nur als Vermutung geäußert werden, dass aus politischer oder persönlicher Rücksichtnahme nicht alle seinerzeit verfügbaren Briefe Schwarzmans

in die sowjetischen Editionen aufgenommen wurden und dass andere aus ebendiesen Gründen in den sowjetischen Arbeiten nur in Auszügen zitiert werden.

[19] So z. B. Nachmen Majsel: Forgejer un mitzajtler. New York 1946, S. 207.

[20] Natürlich färbt die politische Beurteilung Chaim Nachman Bialiks, der als Hebraist und Zionist für die sowjetisch-jiddischen Kritiker zum feindlichen Lager gehörte, stets auch auf das literaturwissenschaftliche Urteil über sein Werk ab. Dennoch ist die Frage nach Bialiks Einfluss auf Schwarzman mit dieser Feststellung keineswegs beantwortet. Zum Verhältnis von Schwarzmans zu Bialiks Werk vgl. z. B. einerseits Jecheskl Dobruschin: Oscher Schwarzman. – In: Gedankengang. Hrsg. von Jecheskl Dobruschin. Kiew 1922, S. 70–74, hier S. 70ff., andererseits Arn Vergelis: Di goldene kejt fun der jidischer literatur. – In: Ssowetisch hejmland, April 1963, S. 101–112, hier S. 104. Bisher wurden (nicht nur von sowjetischer Seite) auffallend wenige im eigentlichen Sinne poetologische Vergleiche zu den beiden Dichtern versucht, die obendrein, sogar gemessen an Vergelis' und Dobruschins kurzen Skizzen, meist oberflächlich und vage bleiben. Eher biografisch argumentieren Dowid Hofschtejn: Oscher Schwarzman [Nachruf]. – In: Ufgang. Kiew 1919, S. 129–131; Ojßlender: Jugnt, jugnt! [Anm. 5], S. 138ff., und Zionowska: Derinerungen [Anm. 5], S. 65ff. Derzeit bereite ich eine Arbeit zum Verhältnis von Schwarzmans Oeuvre zu Bialiks vor.

[21] Vgl. Ojßlender: Jugnt, jugnt! [Anm. 5], S. 130f., 145; Zionowska: Derinerungen [Anm. 5], S. 63ff.; Schachne Epschtejn: Oscher Schwarzman (kapitlech fun a monografje). – In: Di rojte welt 6, Sept. 1929, S. 112–133, hier S. 130f.

[22] Vgl. Zionowska: Derinerungen [Anm. 5], S. 65, sowie im Folgenden Nochem Ojßlender: Der frajnt majner, der dichter afn ferd (zum 75tn geburtßtog fun Oscher Schwarzman). – In: Ssowetisch hejmland, Sept./Okt. 1964, S. 142–148, und ders.: Weg ajn – weg ojß. Kiew 1924, zit. n. Mojsche Chaschtschewazki: Sajn lebnßweg un schafn. – In: Ssowetisch hejmland, Oktober 1969, S. 5–11.

[23] Vgl. z. B. Majsel: Forgejer un mitzajtler [Anm. 19], S. 102, 107; ders.: J. L. Perez. Sajn lebn un schafn. New York 1945, S. 326–327.

[24] Nochem Ojßlender: Der frajnt majner [Anm. 22], S. 146.

[25] Vgl. German Ritz: 150 Jahre russische Heine-Übersetzung. Bern 1981, S. 205, 274f.

[26] Erstveröffentlichung in: Russkoe slovo 1, 1859, S. 107–140. Zu Michajlovs Schwierigkeiten mit der Zensur vgl. z. B. Jakov I. Gordon: Heine in Rußland 1830–1860. Übers. aus dem Russischen von Eva-Maria Fiedler. Hamburg 1982, S. 243; Ritz: 150 Jahre russische Heine-Übersetzung [Anm. 25], S. 268f.

[27] Di werk fun Hajnrich Hajne in acht bend. Hrsg. und übersetzt von Reuven Iceland [Ajsland] u. a. New York 1918.

[28] Di werk fun Hajnrich Hajne [Anm. 27], Bd. VI: Doß buch fun di lider. Hrsg. v. Reuven Iceland [Ajsland]. New York 1918, S. 221–264.

[29] Vgl. Bernhard Wachstein: Bibliographisches zu Heinrich Heines fünfundsiebzigstem Todestag. – In: Menorah 9 (1931), S. 223–231, hier S. 225f.

[30] Jüdische Intellektuelle im Zarenreich waren in der Regel vielsprachig und konnten so an mehreren literarischen Diskursen gleichzeitig teilnehmen und sie miteinander verknüpfen. Vgl. Dan Miron: Verschränkungen. Über jüdische Literaturen. Göttingen 2007.

[31] Ein starkes Indiz dafür ist Schwarzmans jiddische Fassung von Goethes *Wanderers Nachtlied* (1780). Als unmittelbare Vorlage diente ihm Michail Lermontovs Nachdichtung *Gornye veršiny* (1840), deren Versmaß, Reimschema und Motive Schwarzman in seiner Übersetzung weitgehend bewahrt (vgl. AL1961, S. 28, 144):

(fun Géten)

Schpizn barg farschlófn
in der fínzt'rer nacht;
toln frisch-batój'te
ótemen banácht.
Ss'schtojbn nit di wegn,
ß'rojscht nit mer der wald;
wart a wájle – ß'ójchet
ópruen sich bald.

1910

Wörtlich aus dem Jiddischen ins Deutsche übersetzt lautet das Gedicht:

(von Goethe)

Gipfel eingeschlafen
in der finsteren Nacht
mit frischem Tau bedeckte Täler
atmen tief im nächtlichen Schlaf.
Es stauben nicht mehr die Wege
es rauscht nicht mehr der Wald;
warte eine Weile – wirst auch Du
dich bald ausruhen.

32 Vgl. z. B. F. P. Schiller, u. a.: Gejne, Genrich. – In: Literaturnaja Enciklopedija. Hrsg. von der Kommunistischen Akademie. Moskau 1929, Bd. II, Sp. 434–453. Zur Naturalisierung Heines als Klassiker der russischen Literatur vgl. z. B. Ritz: 150 Jahre russische Heine-Übersetzung [Anm. 25].

33 Dobruschin: Oscher Schwarzman [Anm. 20], S. 72f.

34 Nochem Ojßlender: Weg ajn – weg ojß [Anm. 22], S. 82, zit. n. Chasch/Schewazki: sajn lebnßweg [Anm. 22] S. 8.

35 Arn Gurschtejn: An onhejb. – In: Oscher Schwarzman. Samlung gewidmet dem XX. jortog fun sajn heldischn tojt. Hrsg. v. Arn Kuschnirow. Moskau 1940, S. 70–78, hier S. 71.

36 Vgl. Gruschka: Shvartsman and Soviet Yiddish Literary Criticism [Anm. 8].

37 Der Erstdruck in LuB1935, S. 103, trägt statt einer Überschrift in Klammern den Vermerk »Af Hejneß schnit« (»In heinescher Manier« oder »Heinesch«), über dem Wiederabdruck in AL1961, S. 43, heißt es dagegen (ebenfalls in Klammern) vage: »lojt Hejnen« (»nach Heine«). Das Original bestand in einer Aufschrift auf einer Fotografie und trug anscheinend keinen Titel, vgl. LuB1935, S. 152.

38 »Hejne«: Sowjetisch-jiddische Form, beeinflusst durch die russische Aussprache »Gejne«. Die standard-jiddische Form ist »Hajne«.

39 Der Reim »im – schtum« ist nur in der Standardsprache unrein, nicht aber im südostjiddischen Dialekt des Dichters, wo die Aussprachen etwa »im« und »schtim« lauten.

40 Natürlich besitzt das Jiddische eine eigene Bezeichnung für die Nachtigall: »ßólowej«. Schwarzman verwendet das aus dem Russischen entlehnte Wort (vgl. russ. »solovej«) wohl deswegen nicht, weil es an dieser Stelle nicht in das Metrum passt.

41 Vgl. »Wen mir sájnen béjde gewórn zeschéjdt« (»Als wir beide voneinander schieden«; 1913; AL1961, S. 60), vom künstlerischen Standpunkt aus gesehen nicht Schwarzmans bestes und reifstes Gedicht.

⁴² »Frühling«: Vgl. oben »Nacht bahojert, gring baotemt«; »Blume«: Vgl. z.B. »Ss'schmekt majn líbßte« (»Es duftet meine Liebste«, 1909–1910), AL1961, S. 24f.; auch: »Me hot mir gesógt, as du hoßt sich zeblít« (»Man sagte mir, Du bist erblüht«; [1914?]), s. Ojßlender: Der frajnt majner [Anm. 22], S. 146; »Mai«: Vgl. z.B. »Eß treft 'soj oft in ónhejb maj« (»So oft zu Maibeginn«, 1914), AL1961, S. 61–62; »Perlentränen«: Vgl. z.B. »Ich wil majn hárzwejtik zewéjnen« (»Ich möchte mein Herzleid ausweinen«, 1910), AL1961, S. 34.

⁴³ Vgl. Gordon: Heine in Rußland [Anm. 26], S. 234, 301–335. Theoretisch könnte Schwarzman bei diesem Gedicht konkreten russischen Vorbildern solcher Heine-Nachahmungen gefolgt sein. Allerdings muss er Heines Werke so gut gekannt haben, dass er solcher Vermittlung gar nicht bedurft hätte.

⁴⁴ Vgl. Hamutal Bar-Yosef: The Heine Cult in Hebrew Literature of the 1890's and its Russian Context. – In: Gelber: The Jewish Reception [Anm. 2], S. 127–138, hier S. 128f.; ders.: Romanticism and Decadence in the Literature of the Hebrew Revival. – In: Comparative Literature 46 (1994), S. 146–181, hier S. 158f. Vgl. auch Liptzin: Heine and the Yiddish Poets [Anm. 2].

⁴⁵ Der Reim »derfilung – friling« ist nur in der Standardsprache unrein, nicht aber im südostjiddischen Dialekt des Dichters, wo die Aussprachen etwa »derfíling« und »fríling« lauten.

⁴⁶ Jidd. »driml« umfasst in etwa die Bedeutungen: Schlummer, Dösen, Halbschlaf, Wachtraum, ›Nickerchen‹.

⁴⁷ Demgegenüber stehen die »fallenden *Sterne*« (für die er eben *nicht* das Wort »Funken« gebraucht) aus dem »lyrischen Intermezzo« 59 (DHA I, 193) und dem »Unstern« (DHA II, 79) bei Heine für eine gescheiterte Liebe. Solche Assoziationen kann Schwarzman allerdings nicht vorgesehen haben, weil das Lyrische Ich ja gerade um die *Erfüllung* seiner Liebe bittet.

⁴⁸ Jidd. »brejt« ›breit, weit‹ bezeichnet die *räumliche* Ausdehnung und Weite, nicht aber die Ferne, Entfernung oder den linearen Abstand (für letzteres steht im Jiddischen das Adjektiv »wajt«). In Schwarzmans Ausdruck »umendlech-brejt« verbinden sich Unendlichkeit und grenzenlose Weite.

⁴⁹ Vielleicht lässt sich sogar behaupten, dass Schwarzman die unruhige nächtliche See des Vorbilds gewissermaßen in den Himmel ›verlegt‹.

⁵⁰ Dazu s. Regina Grundmann: »Rabbi Faibisch, Was auf Hochdeutsch heißt Apollo.« Judentum, Dichtertum, Schlemihltum in Heinrich Heines Werk. Stuttgart 2008, S. 265f.

⁵¹ Es kann jedenfalls davon ausgegangen werden, dass Schwarzman der vollständige Inhalt von Heines Gedicht bekannt war: Die russischen Übersetzungen von F.I. Tjutčev (veröffentlicht 1830) oder M. L. Michajlov (veröffentlicht 1859) geben z.B. Heines explizite Fragen unverkürzt wieder. Glaubt man der leicht anekdotischen Überlieferung von Schwarzmanns Bekannter R. Zionowska, war »In himl, in grojen« eine Improvisation, geschaffen »auf einem Spaziergang« im Park, vgl. LuB1935, S. 151. Unabhängig davon trägt das Gedicht von seiner Form her den Charakter eines in sich abgeschlossenen, fertigen Werkes.

⁵² Vgl. neben den in Anm. 42 schon genannten Gedichten »Wen mir sajnen bejde geworn zeschejdt« und »Ich wil majn harzwejtik zewejnen« z.B. auch »In a mútlosn hárbßt-tog« (»An einem mutlosen Herbsttag«, 1910), AL1961, S. 26–27; »Kind, bißt jung« (»Mein Kind, du bist jung«, 1910), AL 1961, S. 29f.; »Eß trefn minútn« (»Es ereignen sich Minuten«, 1912), AL 1961, S. 52.

⁵³ Gegen diese Annahme spricht m. E. auch nicht, dass bei Heine im »Neuen Frühling« 41 gerade »Lieb' und Lieder/ in dem menschlichen Gemüthe« »welken« (DHA II, 29).

⁵⁴ Naturwissenschaftliche und philosophische Spekulationen über grenzenlose, aber endliche und nicht-statische Universen blieben vor dem Ersten Weltkrieg bzw. bis Einsteins Arbeiten von 1917 allem Anschein nach weitgehend auf einen schmalen Kreis von Gelehrten beschränkt.

Zu solchen Theorien vgl. z. B. Max Jammer: Das Problem des Raumes. Die Entwicklung der Raumtheorien. Darmstadt ²1980, S. 138–220. Schwarzmans Topos vom unendlichen, grenzenlosweiten Himmel beruht ohne Zweifel auf den seinerzeit konventionellen Weltbildern, die von den damaligen Umbrüchen auf dem Gebiet der Wissenschaft noch nicht berührt wurden.

⁵⁵ Im Leben des jungen Heine markierten die »Fragen« bekanntlich eine durch das Nordsee-Erlebnis hervorgerufene Wendung zu metaphysisch-religiösen Themen (vgl. DHA I, 1052). Inwieweit Oscher Schwarzmans Gedicht ebenfalls ein autobiografisches Moment eigen ist, muss an dieser Stelle offen bleiben. Nach der Darstellung seiner Biographen muss er jedoch 1910 mit verschiedenen nach-romantischen, auch religionskritischen, philosophischen Strömungen des 19. Jahrhunderts, die eine solche »Entzauberung der Welt« verarbeiten, längst eine gewisse Bekanntschaft gehabt haben, wenn auch vermutlich in einer eher popularisierten Form und z. T. vermittelt über Umgang mit deren Anhängern. Darunter fallen ohne Zweifel der Schopenhauer'sche Pessimismus, dem Schwarzman selbst nicht anhing (vgl. Ojßlender: Jugnt, jugnt! [Anm. 5], S. 122f.), und natürlich der Marxismus (vgl. Zionowska: Derinerungen [Anm. 5], S. 52f.). Über die sog. »Dekadenzliteratur« wurde er mit pessimistischem und irrationalistischem Gedankengut konfrontiert, vgl. Ojßlender: Jugnt, jugnt! [Anm. 5], S. 124.

⁵⁶ Für eine atheistische Deutung von Schwarzmans religiöser Symbolik vgl. z. B. Schachne Epschtejn: Oscher Schwarzman. Kiew u. Charkow 1929, S. 66ff.; Jecheskl Dobruschin: Der dichter fun sun un kraft. – In: Kuschnirow: Oscher Schwarzman [Anm. 35], S. 51–69, hier S. 64ff. Zum sowjetischen Hintergrund solcher Deutungen vgl. Gruschka: Shvartsman and Soviet Yiddish Literary Criticism [Anm. 8]. Eine Arbeit zu diesem Thema ist in Vorbereitung.

⁵⁷ Vgl. AL1961, S. 84.

⁵⁸ Zum Kulturverständnis jiddischistischer Intellektueller um 1917–1919 vgl. z. B. Kenneth Moss: Jewish Renaissance in the Russian Revolution. London 2009.

⁵⁹ Vgl. LuB1935, S. 38; Dovid Bergelson: A sun-baschajnter ris. – In: Kuschnirow: Oscher Schwarzman [Anm. 35], S. 10–14.

⁶⁰ Im südostjiddischen Dialekt des Dichters lautet die Aussprache von »tajch« etwa »tach«, so dass ein reiner Reim entsteht: »tach – schljach«.

⁶¹ Im Original ›eine halbe Welt‹, im Deutschen nicht angemessen übersetzbar.

⁶² In einigen der späteren von Heine inspirierten Gedichten Schwarzmans werden Naturmotive wieder in einer rein allegorisch-illustrativen Funktion eingesetzt. Dies steht jedoch nicht im Widerspruch zu der Beobachtung, dass sich der poetologische Grundentwurf der »Nordsee« auch in dem hier besprochenen Gedicht von 1911 wiederfindet.

⁶³ Das Russische besitzt einen Konditional bzw. Konjunktiv (»soslagatel'noe naklonenie«), dessen Funktion denen der jiddischen Formen zumindest ähnlich ist. Bezeichnenderweise scheint das Stilmittel des ›romantischen Irrealis‹ in der russischen Lyrik vor allem in Nachdichtungen und Variationen deutscher Vorbilder, nicht zuletzt Heines, gebraucht worden zu sein. Der Gebrauch des Irrealis und seiner grammatischen Äquivalente als Stilmittel in der Lyrik der verschiedenen europäischen Literaturen wäre ein lohnendes Objekt für komparatistische Studien.

⁶⁴ In seiner Natur- und Liebeslyrik gebraucht Heine den Konjunktiv vor allem, um den Kontrast von innerem Erleben und der profanen Realität noch zu verstärken und so die hehre Romantik in einer um so drastischeren Wendung ironisch zu brechen. Vgl. auch »Lyrisches Intermezzo« 53 (DHA I, 187) oder »Neuer Frühling« 36 (DHA II, 27).

⁶⁵ Vgl. dazu oben Arn Gurschtejns Beobachtung, ders.: An onhejb [Anm. 35].

⁶⁶ Anhaltspunkte dafür geben Ojßlenders Darstellung von Schwarzmans Verhältnis zu den eigenen Werken, vgl. Ojßlender: Jugnt, jugnt! [Anm. 5], S. 133f., aber auch überlieferte Varianten.

Die sowjetische Literaturkritik blendete diese Ambivalenz zugunsten einer optimistischen Lesart aus. Vgl. Gruschka: Shvartsman and Soviet Yiddish Literary Criticism [Anm. 8].

[67] Vgl. Zionowska: Derinerungen [Anm. 5], S. 62ff.; Ojßlender: Jugnt, jugnt! [Anm. 5], S. 131.

[68] Vgl. Bar-Yosef: Romanticism« [Anm. 44], Moss: Jewish Renaissance [Anm. 58].

[69] Vgl. Liptzin: Heine and the Yiddish Poets [Anm. 2], Bar-Yosef: Heine Cult [Anm. 44], Clara Hollosi: Views on Heine in Russia in the Beginning of the 20th Century. – In: HJb 17 (1978), S. 175–185.

[70] Vgl. Estraikh: In Harness [Anm. 4], S. 17. Zu Landschaftsmotiven in der hebräischen und jiddischen Lyrik vgl. auch den Kritiker Bal-Machschoweß: Geklibene schriftn. Bd. IV. Warschau 1929, S. 37f.

III.

Beer Carl Heine

Von Sylvia Steckmest, Hamburg

Am 21. Januar 1810 wurde in Hamburg-Neustadt in der 2ten Marktstrasse Beer Carl Heine geboren. Sein Rufname war Carl, und Beer war sein jüdischer Vorname. Seine Eltern, Betty Heine geb. Goldschmidt und der Bankier Salomon Heine, ein Onkel des später bekannten Dichters Heinrich Heine, hatten zu dieser Zeit noch fünf Kinder, drei waren bereits verstorben.[1] Carl, der Letztgeborene, sollte das große Erbe seines Vaters antreten.

Hamburg hatte zu jener Zeit ca. 106.000 Einwohner, davon waren 6% Juden, die zum größten Teil in der Neustadt lebten. Die Stadt war seit 1806 von den Franzosen besetzt, und zum Jahresende 1810 erklärte man Hamburg sogar zur »Bonne Ville de L'Empire Français«. Carl war vier Jahre alt, als die französische Herrschaft endete. Er wird keine Erinnerungen an die Besatzer gehabt haben, zumal er seit 1812 an der Elbe aufwuchs[2], in der später von seinem Cousin Heinrich so genannten »Affrontenburg« (DHA III, 195), die auf dänischem Territorium lag und somit dem Zugriff der Franzosen entzogen blieb.

Ob Carl nur Privatunterricht bei Herrn Vatke erhielt oder auch eine öffentliche Schule besuchen konnte[3], ist nicht überliefert. Auch über seine Ausbildung in der Bank seines Vaters oder in anderen deutschen Bankhäusern ist nichts bekannt. Jedenfalls lernte er später noch von Vetter Maximilian etwas Hebräisch, wie er in einem Brief erwähnte. Er war der Auffassung: »[...] es geht doch nichts über unsere Muttersprache!« (HSA XXIV, 226)

Um 1831, also vor seiner Mündigkeit, reiste Carl nach Paris, wo sich sein Vetter, der Dichter Heinrich Heine niedergelassen hatte. Zu jener Zeit verzeichnete die Stadt Paris 800.000 Einwohner, darunter waren 7.000 Deutsche.[4] Nachdem Carls älterer Bruder Hermann im Bankhaus Fould in Paris gelernt hatte, sollte auch Carl in dieser Bank, wahrscheinlich als Volontär, weiter ausgebildet werden. Doch die späteren Monate seines Pariser Aufenthalts fielen in eine heikle Zeit – die Cholera grassierte in Europa. Carls Bruder Hermann hielt sich 1831 zum zweiten Mal in Italien auf und starb in Rom, aber wohl nicht an der Cholera, denn sonst hätte Felix Mendelssohn Bartholdy, der sich zur selben Zeit in Rom aufhielt, sicherlich über diese Seuche berichtet.

Nun richtete sich Salomons ganze Hoffnung auf den einzigen Sohn Carl. Diese Hoffnung schien in Gefahr, als Carl nun an der Cholera erkrankte. Die Geschichte nahm jedoch einen guten Verlauf, sein Vetter Heinrich pflegte ihn gesund.[5]

Auf Carls Heimreise folgte ein Zwangsaufenthalt in Valenciennes, von wo er an Heinrich schrieb:

> Mit vieler Freude sehe ich, daß die Krankheit in Paris abnimmt.[...] An Courage den noch übrigen Theil dieser unangenehmen Zeit zu überstehen, wird es Dir nicht fehlen; nachher wird man sich am Ende noch freuen, die Zeit mitverlebt zu haben;[...] ich weiß nicht, ob Du diese liebe Stadt kennst, sonst brauchte (ich) Dir nicht zu sagen, daß sie an Langweiligkeit ihres Gleichen sucht. – Leider ist die Quarantaine viel länger, als ich vermuthete, und mir in Paris gesagt worden. – Die von Paris kommenden Reisenden, so hieß es, müssen sechs volle Tage in Valenciennes bleiben und man merkt eigentlich erst hier an der Gränze für wie verpestet das schöne Paris gehalten wird. (HSA XXIV, 122)

Carl hatte sich allerdings eine Geschlechtskrankheit in Paris eingefangen, einen Tripper. Er hoffte ohne Rückfall nach Hamburg zu kommen. Diese Erkrankung mag ein Grund dafür sein, dass seine spätere Ehe kinderlos blieb. Andererseits blieben die Pariser Erinnerungen, mit seinen freien Vergnügungen und ersten Liebeserfahrungen, bei Carl immer in guter Erinnerung.

Am 6. oder 7. Mai 1832 traf Carl wieder in Hamburg ein, früher als erwartet. Die Eltern waren gesund und munter. Nach Veröffentlichung von Heinrich Heines Artikel über die Cholera in der »Allgemeinen Zeitung« antwortete Carl ihm: »[...] ich freute mich Deiner erwiesenen Freundschaft, wofür [ich] Dir ewig dankbar sein werde. – Paris werde ich nie vergessen, zu viele Erinnerungen knüpfen sich daran und viele Schmerzen.« (HSA XXIV, 153)

In einem Brief an Heinrich in Paris vom Januar 1835 klagte Onkel Salomon über Magenleiden. Er schrieb, dass er nie mehr gesund wäre, aber mit 67 Jahren zufrieden sein müsse, denn das sei der Lauf der Natur. Weiter berichtete er: »[...] Carl ist Gottlob Zimlich wohl, oft macht Er Nächtliche Besuche ich nehme es ihm nicht übel, Gott gebe nur, das seine Gesundheit dabei nicht Leidet, es wird von Dir gesprochen.« (HSA XXIV, 295) 2.000 Francs schickte er als Geschenk mit. Heinrich könne das Geld von ihm dreist annehmen. Er sei faul geworden und die Tante grüße auch. Der Nachsatz, von Carl geschrieben, lautete: »Wie sieht es diesen Winter in Paris aus? Ich bekomme mitunter große Sehnsucht, was viel sagen will. – Lebe wohl und vergnügt. – Dein Freund C. H.«

Nach einer geschäftlichen London-Reise fragte Carl seinen Vetter: »Wie gefällt Dir Cécile?« Heinrich sollte sich nämlich später als Heiratsvermittler betätigen, als Carl um die Hand der reichen Bankierstochter Cécile Furtado anhalten wollte. Im Oktober 1835 war Carl noch unsicher. Er schrieb:

> [...] bei meiner letzten Anwesenheit in Paris fand ich sie dem Äußern nach sehr verändert niedliche Züge hatten sich in etwas grobe verändert und selbst der Knochenbau schien sich nicht zum Besten zu gestalten und sich der Rücken sehr zum Runden zu nahen. – in geistiger Hinsicht habe ich das Mädchen früher sehr gern leiden mögen; ich bemerkte viel Verstand und Herz, [...] bei meiner letzten Anwesenheit hatte sie aber so sehr im Äußern verloren, daß ich als guter Epicuräer der viel auf Schönheit und hübschen Körper, gepaart mit guten Eigenschaften des Herzens und des Geistes hält, darüber verwundert war. (HSA XXIV, 349)

Anschließend bemerkte er noch entschuldigend über die 13-Jährige, sie war »[...] indeß damals in ihren so genannten Schlingel Jahren«, in der Hoffnung, sie würde sich zum Positiven entwickeln.

Carls Schwestern hatten sich alle taufen lassen, bevor sie heirateten oder kurz danach, Carl wollte aber seinem jüdischen Glauben treu bleiben und eine Jüdin heiraten:

> Du kannst Dir denken, daß ich bei den vielen Aufforderungen zum Heirathen auf diese gekommen; da ich mich durchaus nicht taufen will, und ich gern den Wunsch der Eltern erfüllen will komme ich auf solche Gedanken [...]. Eine gute Familie, deren man sich nicht zu schämen braucht, ist gar zu wichtig [...]. Wie schwer ist dieses und wenige gibt es nur in jüdischen Familien. (HSA XXIV, 357)

Damit war nicht nur ein gutes Ansehen, sondern auch, und wohl in erster Linie, der finanzielle Hintergrund gemeint. Heinrich Heine sprach in Vertretung von Carls Vater, der im Januar 1837 Witwer geworden war, auf Rocquencourt, dem Familienschloss bei Versailles, bei der Familie Furtado-Fould vor. Die Verbindung der Familien Fould und Heine bestand schon sehr lange. Angefangen bei einem Freund von Carls Vater, Abraham Mendelssohn, der dort als Kassierer tätig gewesen war[6], über die beiden Söhne Salomons, die ihre weitere Ausbildung in der Bank Fould genossen hatten. Darüber hinaus gab es seit langem geschäftliche Verbindungen zwischen den beiden Bankhäusern.[7] Der Wohltäter Cerfbeer im Elsass, der ein Verwandter von Giacomo Meyerbeer war, war derjenige gewesen, der Beer Lion Fould den Aufstieg ermöglicht hatte. Und Giacomos Eltern in Berlin waren wiederum mit Salomon Heine gut befreundet, der für sie deren Reichtum mehrte.

Die Familie Furtado war sephardischen Ursprungs aus Bayonne in Südfrankreich, wo Céciles Großvater Rabbiner gewesen war, und ich gehe davon aus, dass dessen Cousin Abraham Furtado 1807 den Vorsitz beim großen Sanhedrin in Paris innehatte, ebenfalls dabei waren drei Söhne von Cerfbeer. Sein vierter Sohn heiratete in die Familie Heine ein, seine Braut war eine Tochter von Bela Kassel geb. Heine.

Beide Familien, Fould und Furtado, waren inzwischen einflussreich und hatten, im Gegensatz zu den Heines, auch politische Ambitionen.[8] Carls zukünftige Schwiegermutter Rosa geb. Fould hatte zwei bekannte Brüder, Achille und Benoit. Achille Fould sollte später französischer Finanzminister unter Napoleon III. werden. Er hatte 1834 Carls Nichte aus Hamburg, Henriette Goldschmidt, geheiratet.[9] Sein Bruder Benoit war mit Helene Oppenheim aus dem Kölner Bankhaus Sal. Oppenheim vermählt. Im Jahr 2010 wurde es, nach 221 Jahren der Eigenständigkeit, von der Deutschen Bank für eine Milliarde Euro übernommen. Als die Tochter von Salomon Oppenheim 1813 heiratete, wurde gleichzeitig mit dem Heiratskontrakt die Gründung der Bank »B. L. Fould & Fould-Oppenheim« in Paris vereinbart.[10]

1837 – ein Jahr vor seiner Hochzeit – investierte Carl mit seinen guten Bekannten Adolph Jencquel und Dr. August Abendroth in ein großes Bauprojekt in Hamburg: den Kauf der Uhlenhorst, nordöstlich an der Außenalster. 70.700 Mark Banco zahlten die drei Investoren für das Schwemmland, das wegen der Wassermühle an der Lombardsbrücke nicht trockengelegt werden durfte.[11]

In der Stadt war es aber eng, die Stadttore wurden jede Nacht fest verschlossen. Wer Häuser vor den Toren besaß, wohnte dort zumeist nur in den Sommermonaten. Für die dicht bevölkerte Stadt hätte Land erschlossen werden müssen, man scheute aber die hohen Investitionskosten. Für die Käufer der Uhlenhorst sollte sich der Erwerb erst nach vielen Jahren lohnen.

Dr. Abendroth, Sohn des Bürgermeisters aus der Franzosenzeit, kämpfte jahrelang mit den Behörden, er investierte am meisten an Zeit, Mut und Geld in das Projekt. Erst die Kinder und Enkel profitierten jedoch davon. Hätte es den Brand von 1842 nicht gegeben, wäre der hohe Wasserstand der Alster mit Rücksicht auf die Mühle noch viele Jahre erhalten geblieben. Den drei Investoren wurde sogar unterstellt, sie hätten den Brand selbst initiiert, zumindest würden sie sich als Grundstücksspekulanten betätigen.

Zuerst wurden auf der Uhlenhorst Kanäle zur Entwässerung des Landes gezogen, Heidehügel wurden abgetragen und Brücken gebaut. Ein Landungsplatz an der Straße An der schönen Aussicht musste angelegt und das Moorloch in den schönen Feenteich umgewandelt werden. Bislang waren Wagenräder im Schlamm versunken, denn die alten Pfade waren in trostlosem Zustand. Nun wurden Steinwege angelegt.

Erst nach der Finanzkrise von 1857, um 1860, wurde die Uhlenhorst ein Erfolg. Sie entwickelte sich dann zu einer Goldgrube und war äußerst profitabel für die

Erben. So wird auch Cécile Heine später aus dem Projekt Gewinne erzielt haben, denn sie hinterließ bei ihrem Tod viel mehr Geld als ihr verstorbener Ehemann 1865. Mehr als 4 Millionen Francs kann sie allerdings nicht daraus erwirtschaftet haben[12], und das ist bei der Gesamtsumme ihres Erbes von angeblich 180 Millionen Francs natürlich nur ein kleiner Betrag.[13]

Von Beginn an gab es auf der Uhlenhorst eine Adolph-, eine August- und eine Carlstraße, denn das Baugelände war Privatbesitz und die Straßennamen konnten die Investoren selber festlegen.[14] Die Adolphstraße trägt heute den Namen Herbert-Weichmann-Straße. 1860 lebten nur 5.000 Menschen in dem neuen Viertel, das damals noch nicht zur Stadt gehörte, denn die Torsperre gab es noch bis Ende 1860. Das letzte Grundstück wurde 1902 verkauft. Nach dem Ersten Weltkrieg lebten ca. 45.000 Menschen dort.

Vor seiner Hochzeit, nämlich im Juni 1838, reiste Carl auch noch nach Stockholm, da sich der Handel mit Schweden für Hamburg vorteilhaft entwickelte. 2/5 aller schwedischen Geld- und Wechselgeschäfte liefen über Hamburg. Carls Vater hatte zwei schwedische Anleihen vermittelt, denn die neu erschlossenen Erzvorkommen wurden dringend für die Eisenbahnen und andere technische Neuerungen gebraucht.[15]

Trotz aller Bedenken hatte Carl sich schließlich für Cécile entschieden, denn eine bessere Partie konnte er nicht machen. Am 15. September 1838 konnte in Paris und danach auf dem Familienschloss Rocquencourt die große Hochzeit stattfinden.[16] Auch Salomon Heine hatte sich auf den beschwerlichen Weg gemacht, begleitet von seiner Nichte Charlotte Christiani, geb. Isaac Heine, aber ohne Carls Schwester Therese, die nach überstandener Krankheit lieber zu Hause blieb. Carl war gespannt, was sein Vater von Cécile halten würde, denn dieser kannte sie ja noch nicht. Salomon war zufrieden, und Carl äußerte sich positiv über Céciles gutes Gemüt, ihren klaren Verstand, ihre Freundlichkeit und ihre Liebenswürdigkeit. Vermutlich ließ er aber seine Frau im Unklaren über seine Geschlechtskrankheit. Ob Carls Befreiung vom Militärdienst am 16. Januar 1836 damit im Zusammenhang stand, konnte nicht geklärt werden.[17]

Nach der Hochzeit kehrte Carl mit seiner elf Jahre jüngeren Frau und seinem Vater zurück nach Hamburg. Nun avancierte er vom Prokuristen zum Teilhaber der Bank Salomon Heine. Er war 28 Jahre alt, sein Vater war bereits 71 Jahre. Offiziell, laut Eintrag im Handelsregister, war Carl seit dem 31. Dezember 1837 der Kompagnon seines Vaters.[18]

Von der Witwe oder den Erben des Senators Sontag erwarb Carl ein großes Haus an den Großen Bleichen Nr. 28, ohne das den Juden damals noch verwehrte Grundeigentum erwerben zu können. Drei männliche und zwei weibliche Dienstboten sorgten für den Haushalt.[19] Nach dem großen Brand 1842 wurde auch die Bank Salomon Heine in dieses Haus verlegt. In das Haus am Jungfernstieg, in dem sein Vater nach dem Tod seiner Frau und dem Auszug Carls allein lebte, zog nun Carls Schwester Therese mit ihrem Ehemann Dr. Adolph Halle ein. Zuvor hatten sie im eigenen Haus, einem Hochzeitsgeschenk ihres Onkels Hartwig Hesse[20], in der ABC-Straße gewohnt, das sie nun weiter vermieteten. Zuletzt sollte das die Adresse von Salomon Heine nach dem Brand werden, wo er die letzten beiden Jahre seines Lebens verbrachte.

Bei dem großen Brand von 1842 war Salomons Haus, das er seit 1824 für 5.500 Mark pro Jahr gemietet hatte[21], gesprengt worden. Carls Haus in den Großen Bleichen 28 blieb unbeschädigt; gegenüber jedoch wurden viele Häuser Opfer der Flammen. So wurde auch das Haus von Henry Heine, seinem Onkel, an den Großen Bleichen vernichtet.[22]

Etwas Gutes hatte der Brand, wie Carl an seinen Vetter in Paris später berichtete:

> [...] die Juden dürfen in der freien und Hansestadt seit den 1 Dec d. J. wohnen wo sie wollen, selbst auf dem Landgebiete; sie dürfen Häuser auf ihren Namen haben, aber sonst kein Recht, was sie im Mindesten den anderen Großbürgern ähnlich macht. (HSA XXVI, 52)

Ende Mai 1843, also ein Jahr nach dem Brand, berichtete Carl seinem Vetter nach Paris:

> Der Materialismus, der ohnehin unsere Eigenthümlichkeit ist, macht sich seit dem Feuer noch mehr geltend, die Gebäude wachsen aus der Erde, manches Unkraut kömmt zum Vorschein und das Leben hat stets die nämliche Tendenz, die Du so sehr liebst. Wir bekommen breite Straßen, hohe Häuser, aber keine amüsantere Menschen. – Das Wetter bleibt kalt und unfreundlich; der Aufenthalt in Ottensen bleibt aber immer schön und angenehm und jeder von uns freut sich des Nachmittags, wenn er die Ruinen und den Schutt hinter sich hat. (HSA XXVI, 71f.)

In dem selben Brief hieß es außerdem:

> Lieber Harry! ich habe gestern Dein liebes Schreiben vom 22ten erhalten und mich nicht wenig über Deinen Humor, Deine Witze, bald gemüthlich, bald scharf, gefreut – Du bist ein ganzer Kerl, hast die Sprache so in Deiner Gewalt, daß man die Hiebe für Zückerbrot entgegen nimmt und sich herzlich damit freut. (HSA XXVI, 71)

So freundlich klangen Briefe von Carl an seinen Vetter in Paris noch ein Jahr nach dem großen Brand und ein Jahr vor Salomons Tod.

Das gesprengte Haus am Jungfernstieg war 1843 schon wieder im Aufbau. 1836 hatte Salomon Heines Schwiegersohn Dr. Adolph Halle das Grundstück gekauft. Als Therese und ihr Mann das Haus bezogen, wurde das Grundstück auf den Namen von Therese Halle geb. Heine eingetragen. Das neu erbaute Haus war Thereses Erbe.[23] Der Architekt des Neubaus war der bekannte Franz Gustav Forsmann. Therese war die einzige von Carls Schwestern, die noch am Leben war. Erst als sie mit ihrem Mann nach Dresden zog, hatte Carl dieses Haus wieder bezogen, nachdem er sein eigenes Haus an die Vereinsbank 1861 verkauft hatte.[24] Er verlegte damit auch die Bank Salomon Heine zurück in die alten Räume.

Am 23. Dezember 1844 starb der Patriarch Salomon Heine, nicht ohne ein umfangreiches Testament zu hinterlassen, in dem er seinen Sohn Carl zum Alleinerben der Bank erklärte. Um 20 Millionen Mark Banco betrug nach meiner Schätzung das Gesamtvermögen. Carl erhielt die Hälfte dieser Summe sowie die Villa mit Garten an der Elbe zum unbeschränkten Eigentum. Später kaufte er sogar noch Land hinzu. Auch den Schimmel des Vaters erhielt er. Die Familienbilder, die beim Hamburger Brand in Salomon Heines Haus am Jungfernstieg gerettet werden konnten, erbte dagegen seine Schwester Therese.

Juden ließen sich in einem einfachen Holzsarg zu Grabe tragen. Auch Salomon wollte das so haben. »Mein Sarg kostet 4 Mark und 8 Schilling«, sagte er. Aber kurz vor seinem Tod glaubte er noch nicht ans Sterben, und seinen Ärzten traute er sowieso nicht. Drei Wochen vor seinem Tod ließ er sein Testament aufsetzen, womit das zuvor geschriebene ungültig wurde. Hierin bestimmte Salomon, dass sein Sohn Carl und die Schwiegersöhne nicht zum Grabe folgen sollten. Alles sollte »ohne Gepränge« morgens um 8 Uhr, ohne Rede und Danksagung im Tempel vonstattengehen. »Meinem Sohn erlasse ich alle und jede bei unseren Glaubengenossen üblichen Trauerzeremonien, namentlich auch das sogenannte Kadisch.« Salomon wollte für sich denselben Stein, den er für seine Frau Betty ausgewählt hatte.[25] Selbst die Todesanzeige wollte er kurz und knapp gefasst haben, und so erschien sie auch:

> Am 23-sten dieses Monats starb unser geliebter Vater, Schwiegervater und Großvater Salomon Heine im 78. Jahr seines Lebens. Von der stillen Teilnahme seiner Freunde überzeugt, betrauern ihn tief seine Kinder und Enkel.

In seinem Zirkular für die Geschäftsfreunde hieß es:

> Der Sohn des Verewigten, Carl Heine, bisheriger Associé des Hauses, wird das Geschäft unter unveränderter Firma fortsetzen; sein Bestreben wird sein, den Grundsätzen des Vaters zu folgen.[26]

Dass die Beerdigung trotzdem zu einem großen Ereignis wurde, dafür konnte Salomon nichts.

Bereits am 30. Dezember 1844, sieben Tage nach dem Tod seines Vaters, schrieb Carl einen Brief an Heinrich, indem er ihm mitteilte, er habe 8.000 Mark Banco geerbt und sonst nichts. Dieses Geld wollte Carl auch noch selbst verwalten und dem Vetter nur die Zinsen zukommen lassen. Von seiner jährlichen Rente auf Lebenszeit war nicht mehr die Rede. Heinrich meinte, die Rente sei gesichert, das habe ihm sein Oheim versprochen; Carl meinte, die 8.000 Mark Banco seien ausreichend. Nun begann ein eineinhalbjähriger Kampf um das Geld, der beiden Parteien schadete; bei Carl litt das Image, bei Heinrich die Gesundheit. Heinrich war ohnehin enttäuscht, denn er hatte vielleicht mit einer Million als Erbe gerechnet. Seine Brüder erhielten ebenfalls 8.000 Mark Banco, die sie allerdings nicht benötigten. Heinrich klagte, dass »[…] Carl Heine's Großmuth kaum bis an die Waden meiner Bedürfnisse reicht« (HSA XXIII, 52).

Auf einen Brief von Fürst Pückler-Muskau, der 1846 intervenieren wollte, antwortete Carl:

[...] meine Handlungsweise gegen den Dichter H. Heine hat derselbe sich selbst zuzuschreiben.
Stets Anhänger seines großen Talents und ihn von Jugend an vertheidigend, können Ew. Durchlaucht denken, daß es mir selber schwer fällt, sein Betragen durchaus tadeln zu müssen; um so fataler ist es mir, wenn dem Anschein nach nur eine Geldverlegenheit als Motiv dient und der Welt gegenüber zu meinem Nachtheil entschieden werden mag.
Ich habe leider bittre Klagen gegen H. Heine zu führen und briefliche Beweise in Händen, die mich nöthigen, in meiner Handlungsweise zu beharren. Die Pietät, die ich meinem verstorbenen geliebten Vater schuldig bin, gebietet mir selbst, der Bosheit Schranken zu setzen. (Werner I, 585f.)

Schon zuvor waren manche Briefe zu diesem Thema geschrieben worden: Carl bot Heinrich eine Rente von 2.000 Francs pro Jahr an, wenn er auf die 8.000 Mark Banco verzichten würde. Heinrich war empört; durch die nervliche Anspannung traten bei ihm Lähmungserscheinungen auf. Am 8. Januar 1845 hatte er an Julius Campe in Hamburg geschrieben:»Ich will mein Recht, und müßte ich es mit meinem Tode besiegeln.« (HSA XXII, 151) An Julius Campe folgte ein weiterer Brief am 4. Februar 1845: »Carl Heine [...] ist eben*so* starrköpfig wie verschlossen. [...] Carl Heinen ist es gleichgültig, was die Leute reden. Er hat nur drey Leidenschaften: die Weiber, Zigarren und Ruhe.« (HSA XXII, 160) Und am 1. September 1846 stand in dem Brief an Campe:

Wahrlich nicht die Geldsache, sondern die moralische Entrüstung, daß mein intimster Jugendfreund und Blutsverwandter das Wort des Vaters nicht in Ehren gehalten hat, das hat mir die Knochen im Herzen gebrochen und ich sterbe an diesem Bruch. (HSA XXII, 224)

Am 6. Juli 1846 schrieb Carl an Heinrich:

> Die mir persönlich angethanenen Beleidigungen will ich vergessen, nur kann und darf ich nicht vergessen die Art und Weise, wie Du über meinen herrlichen Vater geschrieben. – Bereutest Du dieses, so sei Dir hiermit die Hand der Versöhnung gereicht. (HSA XXVI, 166)

Doch Carl blieb nachtragend. Ihn ärgerten die respektlosen Äußerungen Heinrichs über seinen Vater und den Clan seiner französischen Verwandtschaft, und er befürchtete weiterhin Ähnliches. Und ich glaube, dass seine Befürchtungen berechtigt waren, sieht man sich allein die Schreiben Heinrichs über Giacomo Meyerbeer an.[27]

Allerdings war Heinrich Heine kein so armer Mann, wie man glauben mochte. Nachdem er sich verpflichtete, »keine familienschädlichen Enthüllungen« zu veröffentlichen, erhielt er von Carl eine jährliche Rente auf Lebenszeit garantiert. Der Ehefrau Mathilde sicherte Carl die Hälfte der Summe als Witwenrente zu, nach seinem Tod sollte sie sogar 5.000 Francs jährlich erhalten. Heinrich Heine starb 1856, man kann wohl sagen, als recht wohlhabender Mann.[28]

1848 hatte das Ehepaar Carl und Cécile eine Pflegetochter bekommen. Das Kind war am 28. Oktober 1847 als uneheliche Tochter von Céciles Bruder Paul Furtado und Marie Morel geboren worden. Ein Jahr danach beschlossen beide zu heiraten, doch kurz vor der Hochzeit starb Paul. So wurden Cécile und Carl Vormünder des Kindes, das mit vollständigem Namen Adelaide Paule Laure Juliette Marguerite hieß, und am 18. März 1858 wurden sie sogar ihre Adoptiveltern. Die Akte begann folgendermaßen:

> Wir Frederik der VII. von Gottes Gnaden König zu Dänemark, der Wenden und Gothen, Herzog zu Schleswig, Holstein, Stormarn, der Dithmarschen und zu Lauenburg, wie auch zu Oldenburg. Thun kund hiermit [...].[29]

Erst kurz vor der zweiten Hochzeit von Paule wurde die Adoption 1881 in Paris von Cécile bestätigt.[30] Jahre später schrieb Mary Sloman in ihren Erinnerungen: »Jede Emanzipation der Frau war streng verpönt. Man war sittsam und konstatierte mit »dégout«, daß die schöne Paule Heine [....] gar zu Pferde stieg.«[31]

Paule lebte später in Frankreich. Sie war seit 1866 in erster Ehe mit Michel Ney, Duc d'Elchingen de la Moskowa (1835–1881) verheiratet, in zweiter Ehe seit 1882, nach der Ermordung ihres ersten Mannes, mit Victor Masséna, Duc de Rivoli, Prince d'Essling, dessen Familie ursprünglich Menasse hieß (1836–1910). Beide Ehemänner waren Nachkommen von Napoleons Marschällen.[32]

Paules Tochter aus erster Ehe heiratete Joachim Napoleon Prince Murat, ebenfalls ein Nachkomme eines Marschalls von Napoleon, dessen Großneffe heute, ebenfalls ein Joachim Prince Murat, ein Cousin 5. Grades von Max Warburg in

Hamburg ist.[33] Paules Sohn aus erster Ehe heiratete 1898 die Prinzessin Eugenie Bonaparte aus der Linie von Napoleons Bruder Lucien.[34]

Die Hermann Heine'sche Stiftung, die Carls Vater nach dem Tod seines Sohnes Hermann 1837 ins Leben gerufen hatte, war zuerst mit 570.000 Mark Banco Stiftungskapital ausgestattet. Hiermit sollten Einzelpersonen, die eine Firma gründen wollten, mit Geld ausgestattet werden, das sie nach einigen Jahren zurückzahlen mussten. Die Einrichtung war zuerst nur für Juden gedacht, da es noch keine Gleichstellung mit den Christen gab. Sollte sich dies aber ändern, so hatte Salomon verfügt, sollte das Geld auch für Christen bereit stehen.[35]

Schon am 27. Februar 1848 erhielt die Administration von Carl ein, wie es hieß:

> [...] auf die anspruchsloseste Weise abgefasstes Schreiben nebst 100 000 MBco, worin mit dessen weiterer Genehmigung 80 000 MBco dem Stammkapital einverleibt werden und 20 000 MBco vorläufig flüssig verbleiben sollen, um die zu bewilligenden Darlehen zu vermehren.[36]

Es handelte sich um die Erweiterung der Kredite an Christen, die Carl schon bevor das Gesetz zur Gleichstellung der Konfessionen in Kraft trat, mit einer Kapitalerhöhung vorweg nahm.

Im selben Jahr, also 1848, wurde Achille Fould, der Bruder von Carls Schwiegermutter, erstmals Finanzminister in Frankreich. Die Brüder Emile und Isaac Pereire sowie Achille Fould hatten die Idee zur Gründung einer Volksbank in Paris – genannt Crédit Mobilier.

Carl Heine machte sich ebenfalls Gedanken über eine neue Bank in Hamburg, die der Crédit Mobilier in Paris ähnlich sein sollte. Die Gründung der Hamburger Vereinsbank am 30. Juli 1856 kam Carls Plänen zwar zuvor, aber er verwirklichte sein Vorhaben und gründete mit sechs Mitstreitern wenig später die Norddeutsche Bank. 20 Millionen Mark Banco sollte das Kapital der Gesellschaft betragen, gebildet durch Aktien à 500 Mark Banco. Das Geschäft der Norddeutschen Bank sollte sich auf den Giroverkehr, das Diskontieren von Wechseln, Edelmetallhandel, Gewährung von Darlehen gegen Pfand und alle sonstigen bankmäßigen Geschäfte erstrecken. Blankokredite, wie sie in Salomon Heines Bank bewilligt worden waren, wurden allerdings nicht gewährt.

Der Senat hielt eine solche Bank »1. für überflüssig 2. für wahrscheinlich schädlich und 3. für gewiß höchst gefährlich«. Die zu Anfang beantragte Notenausgabe wurde generell abgelehnt. Die Commerzdeputation, die zuerst gar nicht nach ihrer Meinung gefragt worden war, befürwortete aber die Gründung.[37] Am 15. Oktober 1856 wurde der Geschäftsbetrieb eröffnet. Carl war mit 1.300.000 Mark Banco an der Bank beteiligt, Direktor war Joseph Beschütz aus Berlin, der dort zuvor die Bank von Joseph Mendelssohn & Co geleitet hatte.[38] Carl saß im Aufsichtsrat. Zwei weitere Aufsichtsratmitglieder jüdischer Abstammung waren Paul Mendelssohn Bartholdy, der jüngste Bruder des Komponisten Felix Mendelssohn Bartholdy, und Ferdinand Jacobson, der Halbbruder von Jeanette Goldschmidt, die Heinrich Heine in Cuxhaven kennen gelernt und der er viel Aufmerksamkeit geschenkt hatte.

Da es bei der Gründung der HAPAG, mit Carls Schwager Adolph Halle, aufgrund mangelnden Kapitals fast zum Scheitern gekommen wäre, wurde die Kapitalbeschaffung für Unternehmen eine wichtige Aufgabe für die Bank.[39] Eine bedeutende Beteiligung stellte die Gründung der Norddeutschen Affinerie 1866 dar, heute Aurubis, die aus den Silber- und Kupferschmelzen von Beit und Jonas (zuvor Goldschmidt) hervorgegangen war. Im Gründungskomitee saß auch Ferdinand Jacobson.

Kurz nach den beiden Bankgründungen geriet Hamburgs Wirtschaft 1857 in eine schwere Krise. Carl Heines Bank Salomon Heine und die Norddeutsche Bank schienen nicht direkt betroffen zu sein, sie konnten sogar Darlehen vergeben. Allerdings entging die Hamburger Börse nur knapp einem Fiasko. »So komplett und klassisch ist noch nie eine Panic gewesen wie jetzt in Hamburg«, berichtete Friedrich Engels Anfang Dezember 1857 seinem Freund Karl Marx[40], der auch ein Verwandter der Heines war. Was war passiert?

Die Krise begann in den Vereinigten Staaten und rollte über England nach Hamburg. Die Gründe waren zu viele Kredite, Überspekulation im Warenhandel und Schwindel-Unternehmen. Hamburg traf es in Deutschland am schwersten. Die Hamburger Läger waren randvoll, und die Waren fanden keine Käufer. Zudem hatten die Kaufleute eine übergroße Zahl an Wechseln akzeptiert und diskontiert, aber die englischen Wechsel wurden in Hamburg nun nicht mehr für sicher gehalten, und die Wechselproteste häuften sich.[41]

»Der Senat bietet seit 14 Tagen ein ebenso bemerkenswertes als klägliches Schauspiel«, schrieb Baron Testa. Aber die Kaufleute ergriffen nun selbst die Initiative und bildeten am 23. November 1857 einen Garantie-Diskonto-Verein.[42] Zu den aktiven Gründern gehörten Carl Heine und seine Bank Salomon Heine mit einer Einlage von 500.000 Mark Banco. Die Norddeutsche Bank war mit einer noch größeren Einlage dabei. Trotzdem brachen immer mehr Stockholmer Häuser zusammen, die nach dem Krimkrieg mit ihren Krediten spekuliert hatten, und der Staat war nicht bereit, weitere Hilfe zu leisten. So musste bereits am 28. November die Tätigkeit des Vereins eingestellt werden.[43]

Angesichts dieser Hilflosigkeit entschloss sich Carl, den stockenden Wechselverkehr auf eigene Rechnung wieder zu beleben. Noch am selben Tage erklärte er sich bereit, den Hamburger Maklern Wechsel in Höhe von jeweils 20.000 Mark

Banco abzunehmen. Als Carl innerhalb kürzester Zeit Papiere im Gesamtwert von einer Million Mark Banco erworben hatte, wurde in den Räumen der Börse ein »donnerndes Hoch« auf ihn ausgebracht. Gottfried Cohen nannte das »etwas Unerhörtes in Hamburgs Annalen« und fuhr fort: »ich habe Männer gesehen, denen darüber die Thränen in die Augen kamen, ob aus Rührung über die edle That oder aus Scham über den Zustand der Börse, ich mag es wahrhaftig nicht entscheiden.«[44] Doch dieser mutige Einsatz blieb eine Ausnahme. Leider verhinderte diese Tat nicht das weitere Abrutschen in die Krise. Viele alte Firmen mussten Konkurs anmelden. Darunter war auch Moritz David Goldschmidt mit seiner Firma Deutsche & Schweizer Manufakturwaren. Der Urgroßvater von George Arthur Goldschmidt in Paris hatte Schulden beim Bankhaus Salomon Heine sowie bei der Norddeutschen Bank.

Carl hatte unterdessen bei Nathan Meyer Rothschild in London nach einer Silberanleihe angefragt, aber nichts erreichen können. Carl schrieb an die Bank of England und an Baring Brothers. Er bat um Unterstützung für Hamburg mit 500.000 Pfund Sterling.[45] Nun erinnerte man sich in London an die Krise von 1799. Die große Schiffslieferung mit Geld, die auch Carls Verwandten, das heißt den Neffen und Bankier seiner Großmutter Mathe geb. Popert, retten sollte, war damals im Meer vor Texel versunken.[46]

Carl fragte auch bei James Rothschild in Paris an, ob er nicht 10 Millionen Francs in Silber leihen könnte. Er stellte für den Fall, dass es nicht zustande käme, in Aussicht, so hieß es: »[...] dass der Kaiser Napoleon III. jene Summe leihe, wenn mit Einverständnis des Senats, Heine seinen Schwiegervater (sic) den Minister Fould, entsprechend schreibe«.[47] Im Senat gab es dagegen Widerstand, denn es wäre ein gefahrvoller und schmachvoller Schritt.

Die Norddeutsche Bank versah das Handelshaus Merck mit einem zweiten Darlehen von 2 Millionen Mark, obwohl es zuvor bereits 800.000 Mark erhalten hatte. Einen Bankrott des größten Handelshauses wollte man unbedingt verhindern. Sollte Merck fallen, drohte nicht nur die Börse zusammenzubrechen, auch Rothschild in Frankfurt hätte suspendieren müssen, glaubte man.[48]

Am Ende der dramatischen Situation wurde von Österreich aus ein Sonderzug mit Silberbarren nach Hamburg geschickt, der am 15. Dezember 1857 eintraf und die Rettung bedeutete. Möglicherweise waren es Alexander und Paul Mendelssohn gewesen, die auf den Silberschatz in der Nationalbank auf Wien hingewiesen hatten.[49] Man schrieb von Hamburg aus an Moritz Heckscher, den Sohn von Salomon Heines einstigem Geschäftspartner, der seit 1853 als Hamburger Repräsentant in Wien lebte.[50] »Die Zustände übersteigen jede Beschreibung, denn es ist mit Ausnahme von Heine und den Mittelhäusern fast kein größeres Haus mit großen Geschäftsverbindungen welches nicht bedroht erscheint.«

Im Juni, also nach einem halben Jahr, traf der Silberzug wieder in Wien ein, inklusive der Zinsen.[51] Konkurse gab es allerdings zuhauf, 10 von 12 Handelshäusern, die mit Skandinavien in Geschäftsverkehr standen, waren ebenfalls darunter, aber die großen Firmen waren gerettet und Carl legte zur Unterstützung des Stockholmer Garantie-Vereins noch einmal eine Anleihe von 9 Millionen Banco Mark auf.[52] Allerdings wurden Stimmen laut, die meinten, Hamburg hätte sich mit weniger Egoismus auch selbst helfen können.

Für das Israelitische Krankenhaus, das Carls Vater durch eine große Geldspende im Jahre 1839 ermöglicht hatte – am Ende waren es insgesamt 123.000 Banco Mark, fast 60% mehr als zuerst veranschlagt – spendete Carl 1864 die Summe von 400.000 Mark »in guten Staatspapieren« zur Deckung der Unterhaltskosten.[53] Die jüdische Gemeinde war aufgrund eines neuen Gesetzes nicht mehr in der Lage, für das Krankenhaus aufzukommen, da Juden jetzt nicht mehr verpflichtet waren, in der jüdischen Gemeinde Mitglied zu sein und Beiträge zu zahlen. 51 Familien waren sofort aus der Gemeinde ausgetreten. Im Februar 1865, bei einem Besuch seiner Schwester in Dresden, formulierte Carl Heine die bis heute gültigen Fundamentalbestimmungen des Israelitischen Krankenhauses und teilte dem Krankenhauskollegium mit, dass er das Geld in Bückeburger und Norwegischen Hypothekenbank-Obligationen angelegt hätte.[54]

Wenig bekannt ist sicherlich Carls finanzielles Engagement mit 6.000 Mark Banco beim Aufbau einer Gewerbeschule für das weibliche Geschlecht. Nachdem ein Versuch zur Gründung einer Mädchen-Hochschule 1852 gescheitert war, sollte danach An den Pumpen, wo der Senat ein Grundstück zur Verfügung gestellt hatte, ein Gebäude für die Gewerbeschule errichtet werden. 36 Schülerinnen konnten dort 1866 einziehen. Aus dieser Schule ging später die Modeschule hervor. Zu den engagierten Frauen gehörte zuerst die Ehefrau von Moritz David Goldschmidt, Johanna geb. Schwabe, die sich aber später auf die Fröbelschen Kindergärten konzentrierte. Emilie Wüstenfeld berichtete:

> So gab es bald darauf einen anderen, durch seine Wohltätigkeit in Hamburg unvergessenen Mitbürger, Herrn Carl Heine, der bis dahin unsere Wirksamkeit nur wenig kannte, uns einen ehrenvollen Beweis seines Vertrauens gab, nachdem wir ihm unseren Plan mitgeteilt hatten, der seine völligste Billigung fand und ihn veranlaßte, eine unerwartet große Summe dafür zu zeichnen.[55]

Bekannter ist Carl Heines großes Engagement als Kunstmäzen. Sein Schwager Dr. Adolph Halle war bereits seit 1822 Mitglied im Hamburger Künstlerverein, ebenfalls Carls enger Mitarbeiter in der Bank, Carl Mosengel und der Bildhauer Vivié, Bruder von Carls Buchhalter. Adolph Halles 1849 verstorbener Onkel Hartwig Hesse hatte schon früh eine Kunstsammlung aufgebaut und vermachte sie der noch zu gründenden Bildergalerie.[56] Dies war der Grundstock für eine öffentliche Sammlung. Die Bilder wurden zuerst in den Börsenarkaden gezeigt; man war froh, diese – wenn auch knappen – Räumlichkeiten zu haben.[57]

Der Kunstverein, der wie andere Kunstinteressierte zur Unterbringung der Gemäldegalerie für größere Räume warb, sprach »von der freiwilligen Beteiligung wohlhabender Mitbürger«. Folgerichtig erließ auch das »Commitee für den Bau eines öffentlichen Museums«, das sich unter dem Vorsitz von Dr. August Abendroth etabliert hatte, einen Spendenaufruf. Für die Kunsthalle wurde dann sogar mehr gespendet als für den Neubau der Börse wenige Jahre zuvor, und das bei den Hamburger Pfeffersäcken!

Carl gab 1858 25.000 Mark für den Bau der Kunsthalle, wie die städtische Gemäldegalerie heißen sollte.[58] Ob Carl selbst ein intensiver Kunstsammler war, steht nicht fest, da alle Bilder nach Frankreich mitgenommen wurden. Bekannt ist nur, dass er eine Marmorstatue des Bildhauers Vivié besaß – Mädchen mit Taube. Der Vater des Bildhauers war als Buchhalter bei Salomon Heine beschäftigt gewesen, der Bruder des Bildhauers war nun bei Carl und auch bei Therese als Buchhalter tätig, wodurch eine persönliche Beziehung zum Künstler bestand. Zu vermuten ist, dass Carl eine große Anzahl an Bildern besaß, darunter viele Familienporträts. So z. B. ein Bild seines Bruders Hermann, das ihm seine Schwester Therese geschenkt hatte.

Carls großes Interesse an der Kunst offenbarte das in seinem Testament ausgesetzte Legat von 200.000 Mark für den Ankauf von Bildern. Die Zinsen des Kapitals sollten

> […] zum Ankauf guter und geprüfter Bilder für die Galerie verwendet werden. Bei gleichem Kunstwert sollen Bilder, die von Hamburger Künstlern herrühren, bevorzugt werden. Nach Ablauf von zwanzig Jahren soll es der Verwaltung freistehen, entweder in der selben Weise mit der Verwendung der Zinsen fortzufahren, oder auch, wenn sie es angemessen findet, das Kapital oder einen beliebigen Teil desselben, zur Vermehrung der Kunstschätze der Galerie zu verwenden.[59]

Noch vor Alfred Lichtwarks Amtsantritt als Direktor der Kunsthalle war bereits ein Monumentalgemälde von Hans Markart – »Einzug Kaiser Karls V. In Antwerpen« – von Carls Geld gekauft worden. Da das Gemälde zuerst auf einer Reise quer durch Europa gezeigt wurde, ließ sich der Preis auf 50.000 Mark drücken. Erst 1881 kam das Bild nach Hamburg und hat bis heute einen Ehrenplatz in der Kunsthalle, damals aber gab es viele Stimmen gegen den Ankauf.

Lichtwark, der Therese persönlich kannte, hielt sich an Carls Weisung, eine gute Sammlung Hamburger Kunst vom Mittelalter bis in seine Zeit anzuschaffen. Auf seiner Suche entdeckte und kaufte er die Altäre von Meister Bertram und von

Meister Franke, die bis heute zwei der bedeutendsten Schätze der Kunsthalle sind. Da die Zinsen aus dem Legat nicht ausreichten, durfte man für diesen Zweck auch an das Kapital herangehen. 65.000 Mark kostete allein Meister Bertrams Altar.[60]

Nach dem Ersten Weltkrieg zerstörte die Inflation auch Carls Vermächtnis; sein Geld war nichts mehr wert. Glücklicherweise erwiesen sich die Gemälde als inflationssichere Kunst.

Über Carls Ehefrau war bis auf die Briefe zwischen Heinrich und Cécile bislang wenig bekannt. Heinrich Heine, nannte sie in seinen späteren Jahren »das schlechte Stück«, versöhnte sich aber wieder mit ihr. Nicolai Gretsch bezeichnete sie 1841, nach einem Besuch in der Heine-Villa an der Elbe, als »eine schöne, liebreizende, schwarzäugige französische Jüdin, die der alte Schwiegervater bis zum Wahnsinn liebt!«[61]

Erst als Witwe trat Cécile ins Rampenlicht der Geschichte. Während des Krieges 1870/71 unterstützte sie das Rote Kreuz in Frankreich und organisierte Krankentransporte für verwundete französische Soldaten. 1884 gründete sie ein Waisenhaus in Paris. Die Straße, in der sich das Gebäude befand, heißt seit 1897 Rue Furtado-Heine. Cécile finanzierte weitere Institutionen und erwarb 1882 in Nizza direkt am Meer ein Gebäude als Erholungsheim für Soldaten: »la Fondation Furtado-Heine«.[62] Hier verbrachte Napoleons Schwester Pauline verh. Borghese aus Rom zwei Saisons zur Erholung. Auf einen 15-seitigen Brief von Emilie Wüstenfeld, die um Geld für einen neuen Schulbau für Mädchen bat, reagierte Cécile nicht.[63] Bei den Fundamentalbestimmungen des Israelitischen Krankenhauses versuchte sie sich einzumischen und Änderungen durchzusetzen. Beides wurde vom Krankenhaus abgelehnt. Dennoch spendete sie dem Israelitischen Krankenhaus in Hamburg 50.000 Mark, wenn auch erst auf Bitten des Krankenhauses.[64]

Kurz vor ihrem Tod wurde Cécile mit dem Rang des Offiziers der Französischen Ehrenlegion ausgezeichnet; eine seltene Ehre für eine Frau. Auch hatte sie, die ihrem Glauben treu blieb, eine prächtige Synagoge in Versailles bauen lassen.[65] Noch heute gibt es in Paris ein neues Altersheim mit dem Namen Furtado-Heine.

Carl lebte mit seiner Frau seit 1858 abwechselnd in Frankreich und in Hamburg, auch wenn Juden seit der Verfassungsreform ab 1849 endlich Bürger werden durften. Aber sie waren Außenseiter geblieben; selbst die reichsten gehören nicht zur sogenannten »Gesellschaft«.

Carl und Cécile wohnten im Winter, wenn sie in Paris waren, in ihrem Stadtpalais, genannt Hotel de Ville, in der Rue de la Pépinière, später zog Cécile in die Rue de Monçeau, den Sommer verbrachten sie teilweise in Rocquencourt oder in Südfrankreich auf ihrem Landgut. Laut Testament besaß Carl ein weiteres Landgut mit Namen Orahorvitza (deutsch: Nussdorf), das er um 1850 für 400.000 Gulden gekauft hatte.[66] Heute liegt es zwischen Kroatien und Serbien, damals im Österreich-Ungarischen Kaiserreich. Nur zweimal ist er dort gewesen. Die Kaufverhandlungen hatte sein Neffe Hermann Heine, Sohn seines Onkels Henry, geführt. Warum kaufte Carl sich ein Gut, eine sogenannte Herrschaft? Hatte das einen Sinn? Der Vergleich mit anderen Personen, die sich ein Gut zulegten, zeigt, dass man dadurch eine Nobilitierung erhalten konnte, Gutsbesitzer zu sein, war meist eine Voraussetzung dafür. Hatte Carl gehofft, dadurch dem »von Heine« näher zu kommen, wie es auch für seinen Vetter Gustav möglich wurde?

Am 4. Juli 1865 starb Carl bei einem Ausritt in der Nähe des Landgutes in Südfrankreich durch einen Schlaganfall. Das offizielle Dokument in Hamburg lautet:

> Hierdurch erfüllen wir die schmerzliche Pflicht, Ihnen das am 4.Juli dieses Jahres in Bagnères de Luchon erfolgte Hinscheiden des Herrn Carl Heine, alleiniger Inhaber des Bankhauses Salomon Heine anzuzeigen. Nach dem Willen des Verblichenen erlischt die Firma dieses Hauses, und wird Letzteres nur noch für die Liquidation der laufenden Geschäfte fortbestehen [...].[67]

Sein Testament war in ähnlichem Stil aufgesetzt wie das seines Vaters, nur nicht ganz so umfangreich. Seine Frau wurde Universalerbin. Beigesetzt wurde er in Paris auf dem Friedhof Père Lachaise, auf dem ebenfalls Marschall Davout begraben liegt, der Hamburg bis 1814 besetzt hielt. Carl hinterließ 40–60 Millionen Francs[68], das waren ca. 20–30 Millionen Mark Banco. Damit war ein Konkurs seiner Bank ausgeschlossen, denn damals haftete ein Privatbankier noch mit seinem ganzen Vermögen.

Carl hatte der Jüdischen Gemeinde ein Jahreseinkommen von ca. 200.000 Mark Banco angegeben. Aus diesem Betrag errechnete sich die 2%-ige Steuer, die an die Gemeinde zu entrichten war. Carl hatte 4.000 Mark Banco pro Jahr gezahlt. Im Dezember des Jahres 1865 fragte Cécile nach der Liquidationsabgabe, da sie aus der Hamburger Gemeinde austreten wollte. Ihr wurde mitgeteilt, dass sie als Ablösung die fünffache Summe des Jahresbeitrages, das heißt 20.000 Mark Banco plus 2.000 Mark Banco extra zu zahlen habe, da sie erst im Dezember den Antrag gestellt hatte.[69] Das war eine Summe, für die man ein kleines Haus kaufen konnte.

Cécile erbte von ihrem Mann u.a. auch die Villa an der Elbe. Diese ließ sie aber nach dem deutsch-französischen Krieg verfallen, denn nach Deutschland reiste sie nie wieder. Sie starb am 10. Dezember 1896 auf dem Familienschloss Rocquencourt. Cécile wollte nicht neben ihrem Mann begraben werden, sondern in Rocquencourt neben ihrem Bruder Paul Furtado.

War die Ehe von Carl und Cécile eine glückliche? Man hat nicht den Eindruck, dass es eine große Liebe war. Carl schrieb bereits nach den ersten Ehejahren an Heinrich:

Beer Carl Heine
(1810–1865)
Gemälde von Hermann
Steinfurth. Historische
Fotografie.
Heinrich-Heine-
Institut, Düsseldorf

Was die Regierung meiner Französin anbelangt, so weiß ich eigentlich nicht wer den Stab führt [...]. Ein guthes Gemüth, klarer Verstand, Freundlichkeit und Liebenswürdigkeit ist reichlich genug für eine Frau und ich begnüge mich mit diesen wenigen Eigenschaften. (HSA XXVI, 72)

Das heißt, wenn er mehr wollte, besuchte er sicherlich andere Frauen.

Von Carl hängt ein Bild in der Hamburger Kunsthalle, gemalt von Hermann Steinfurth, der bei Gerdt Hardorff Unterricht erhalten hatte, einem Freund von Carls Vater. Ein behäbiger, gut genährter, seriöser Mann blickt vom Bild gelassen in die Ferne, Napoleons Haltung imitierend. Das Gemälde wurde nach Carls Tod 1871 nach einem Foto gemalt, das ich im Staatsarchiv fand[70], im Auftrag, der zwei Jahre zuvor fertig gestellten Kunsthalle mit dem Geld aus Carls Legat.[71]

Carl hält darauf lässig eine Zigarre im Mund, den linken Arm stützt er auf einem Podest ab, während auf dem Gemälde aus dem Podest eine Säule wurde und die Zigarre verschwand. Der dunklere Hintergrund auf dem gemalten Bild lässt sein Gesicht schmaler und jünger erscheinen. Da das Werk in Hüfthöhe endet, ist die legere Beinhaltung nicht zu sehen. Auf dem Foto wirkt Carl meiner Meinung nach authentischer, wenn auch nicht schmeichelhafter. Dennoch, das positive, geschönte Bild schuf der Künstler.

Anmerkungen

[1] Vgl. Staatsarchiv Hamburg (im Folgenden: StAHbg), Bestand 522-1, Jüdische Gemeinde 62b, Bd. 1.

[2] Vgl. Bärbel Hedinger und Julia Berger (Hrsg.): Joseph Rameé. Gartenkunst, Architektur und Dekoration. Ein internationaler Baukünstler des Klassizismus. München, Berlin 2003, S. 78.

[3] Vgl. StAHbg, Bestand 232-2 Testamentsbehörden, Serie A, Carl Heine.

[4] Vgl. Jörg Aufenanger: Heinrich Heine in Paris. München 2005, S. 24.

[5] Vgl. Joseph A. Kruse: Heines Hamburger Zeit. Hamburg 1972, S. 87, und Wolfgang Hädecke: Heinrich Heine. Eine Biographie. Reinbek 1989, S. 278f.

[6] Vgl. Hans Christian Worbs: Felix Mendelssohn-Bartholdy. Reinbek 1974, S. 9, und Thomas Lackmann: Das Glück der Mendelssohns. Geschichte einer deutschen Familie. Berlin 2005, S. 101.

[7] Siehe dazu Briefe im Heinrich-Heine-Institut von Henry Heine, Bruder von Salomon Heine, der mit der Bank Fould & Fould Oppenheim auf Französisch korrespondierte.

[8] Vgl. David Landes: Die Macht der Familie. Wirtschaftsdynastien in der Weltgeschichte. A. d. Engl. von Karl Heinz Siber. München 2008, S. 104.

[9] Vgl. Anthony Allfrey: The Goldsmiths. London 1996, S. 112.

[10] Vgl. Michael Stürmer: Wägen und Wagen. Das Bankhaus Sal. Oppenheim & Cie. Die Geschichte der Bank und einer Familie. München 1989, S. 41. Diese Bank war die letzte, die von Hoffaktoren abstammte.

[11] Vgl. Wilhelm Melhop: Die Alster. Hamburg 1832, S. 517, und Matthias Schmoock: Uhlenhorst 1860–1945. Ein photographischer Streifzug. Bremen 1999, S. 6f. Die Fläche betrug 130 ha.

[12] Vgl. Percy Ernst Schramm: Hamburg, Deutschland und die Welt. Hamburg 1952, S. 21ff.

[13] Vgl. Michel Lange: Cécile Charlotte et Paule Furtado Heine: deux grandes philanthropes de la fin du dix-neuvième siècle. – In: GenAmi, Nr. 51, März 2010, S. 9–11.

[14] Vgl. StAHbg, Bestand 622-1/1 Abendroth, IV Nr. 19.

[15] Vgl. Schramm: Hamburg [Anm. 12], S. 374.

[16] Vgl. StAHbg, Bestand 332-1 II Wedde II, Bd. 43, Nachtrag der Hochzeit in Hamburg vom 15.9.1838.

[17] Vgl. StAHbg, Bestand 341-1, Bürgermilitär BC 41 Bd. XIV.

[18] Vgl. StAHbg, Bestand 231-3, Handelsgericht B 16769.

[19] Wie Anm. 16, Bd. IV.

[20] Vgl. StAHbg, Bestand 232-2 Testamentsbehörden, Serie A, Therese Halle geb. Heine.

[21] Vgl. StAHbg, Bestand 341-1 Bürgermilitär, BC 41 Bd. I bis VIII.

²² Vgl. ebd., Bd. VIII.
²³ Vgl. StAHbg, Bestand 522-1 Jüdische Gemeinde 773a (Originaltestament von Salomon Heine).
²⁴ Vgl. Carl Franz Scholl und Walter Matthies: Hundert Jahre Vereinsbank in Hamburg 1856–1956. Hamburg 1956, S. 9.
²⁵ Vgl. Anm. 23.
²⁶ StAHbg, Bestand 231-3, Handelsgericht B 16769
²⁷ Vgl. Heinz Becker: Der Fall Heine-Meyerbeer. Neue Dokumente revidieren ein Geschichtsurteil. Berlin 1958, S. 79ff.
²⁸ Vgl. Michael Werner: Genius und Geldsack. Zum Problem des Schriftstellerberufs bei Heinrich Heine. Hamburg 1978, S. 144f.
²⁹ Lange: Cécile Charlotte et Paule Furtado Heine [Anm. 13], S. 9. Die Akte liegt im Nationalarchiv in Paris.
³⁰ Vgl. ebd.
³¹ Mary A. Sloman: Erinnerungen. Hamburg 1957, S. 9.
³² Lange: Cécile Charlotte et Paule Furtado Heine [Anm. 13], S. 11.
³³ Vgl. Stammtafel von Familie Goldschmidt, erstellt von Frédéric de Goldschmidt-Rothschild (im Besitz der Verrfasserin).
³⁴ Vgl. Joseph A. Kruse: Heine-Zeit. Stuttgart 1997, S. 41.
³⁵ Vgl. Die milden Privatstiftungen zu Hamburg. Hrsg. auf Veranlassung des Vereins für Hamburgische Geschichte. 2., umgearb. u. veränd. Ausg. Historische Einleitung von Karl Koppmann. Hamburg 1870, S. 57; siehe auch das Testament von Salomon Heine.
³⁶ StAHbg, Hermann Heine'sche Stiftung, A 680/ 0101.
³⁷ Christian Schmuck: Die Norddeutsche Bank 1856–1956. Diplomarbeit. Hamburg 1996, S. 16.
³⁸ StAHbg, Emil Lehmann: Lebenserinnerungen 1. Band, 1823–1843, S. 86.
³⁹ Vgl. Schmuck: Die Norddeutsche Bank [Anm. 37], S. 18.
⁴⁰ Gerhard Ahrens: Die Überwindung der Hamburger Wirtschaftskrise von 1857 im Spannungsfeld von Privatinitiativen und Staatsintervention. – In: Zeitschrift für Hamburgische Geschichte 64 (1978), S. 1–30, hier S. 25.
⁴¹ Schramm: Hamburg [Anm. 12], S. 415.
⁴² Vgl. Karl Marx: The Financial Crisis in Europe. – In: The New York Daily Tribune, Nr. 5202, 22.12.1857, S. 4.
⁴³ Ahrens: Überwindung [Anm. 40], S. 10.
⁴⁴ Ebd., S. 14.
⁴⁵ Ernst Baasch: Zur Geschichte der Handelskrisis von 1857. – In: Zeitschrift für Hamburgische Geschichte 30 (1929), S. 81–105, hier S. 86.
⁴⁶ Allfrey: The Goldsmiths [Anm. 9], S. 68.
⁴⁷ In Hamburg wurde fälschlicherweise von verschiedenen Seiten behauptet, Achille Fould sei der Schwiegervater von Carl Heine.
⁴⁸ Vgl. Schramm: Hamburg [Anm. 12], S. 417f.
⁴⁹ Vgl. Baasch: Handelskrisis [Anm. 45], S. 89.
⁵⁰ Abraham Marcus Heckscher war Salomon Heines Geschäftspartner gewesen, bis dieser aus der Firma ausstieg. Sein Sohn Moritz wurde ins erste Frankfurter Parlament gewählt.
⁵¹ Vgl. Baasch: Handelskrisis [Anm. 45], S. 90.
⁵² Vgl. Schramm: Hamburg [Anm. 12], S. 428, und Baasch: Handelskrisis [Anm. 45], S. 99.

⁵³ Mary Lindemann: 140 Jahre Israelitisches Krankenhaus. Vorgeschichte und Entwicklung. Hamburg 1981, S. 24ff. und StAHbg Bestand 522-1 Jüdische Gemeinde, Nr. 12 S. 338 a, b, c.
⁵⁴ StAHbg, Bestand 522-1 Jüdische Gemeinde, Nr. 516 Bl. 83.
⁵⁵ StAHbg, Bestand 622-1/113 Emilie Wüstenfeld Nr. 7.
⁵⁶ Ludwig Gelder: Drei Hamburger Kunstförderer mit Langzeitwirkung. Hartwig Hesse, Carl Heine, Julius Campe jr. Hamburg 1996 (Vortrag im Heine-Haus Hamburg am 2.12.1996), S. 3f.
⁵⁷ Ebd. S. 6.
⁵⁸ Ebd., S. 8.
⁵⁹ Ebd.
⁶⁰ Ebd., S. 9ff.
⁶¹ Nicolai Gretsch: Briefe über Hamburg (1835–1837–1841). Aus den Berichten eines russischen Reisenden. Übers. u. hrsg. von Clemens Heithus. Hamburg 1992, S. 80f.
⁶² Vgl. Lange: Cécile Charlotte et Paule Furtado Heine [Anm. 13], S. 10f., und den Artikel Furtado-Heine, Cécile – in: Dictionaire des femmes juives en France, URL: http://www.afmeg.info/squelettes/dicofemmesjuives/pages/notice/furtado.htm [Link überprüft am 24.06.2011].
⁶³ Wie Anm. 55.
⁶⁴ StAHbg, Bestand 522-1, Jüdische Gemeinde, Bd. 12, S. 389f.
⁶⁵ Vgl. Lange: Cécile Charlotte et Paule Furtado Heine [Anm. 13], S. 10.
⁶⁶ Vgl. Anm. 3.
⁶⁷ Vgl. Anm. 26.
⁶⁸ Vgl. Paul Emden: Money powers of Europe in the nineteenth and twentieth century. London 1937, S. 150, und die Vermögensaufstellung bei Hans Konrad Stein: Interessenkonflikte zwischen Großkaufleuten, Handelskammer und Senat in der Frage des Zollanschlusses Hamburgs an das Reich 1866–1881. – In: Zeitschrift des Vereins für Hamburgische Geschichte 64 (1978), S. 55–89, hier S. 83.
⁶⁹ Moses Martin Haarbleicher: Zwei Epochen. Aus der Geschichte der deutsch-israelitischen Gemeinde in Hamburg. Hamburg 1886, S. 486 und StAHbg, Bestand 522-1 jüdische Gemeinden, Band 12, S. 402–405.
⁷⁰ StAHbg, Bestand 522-1 jüdische Gemeinden Nr. 531.
⁷¹ Freundliche Auskunft von Dr. Jenns Howoldt, Hamburger Kunsthalle.

Der arme Vetter Hermann Schiff

Von Olaf Briese, Berlin

Schiff, Hermann (eigentlich David Bär Schiff), pseud. Isaak Bernays u. Heinrich Freese, ein Vetter Heinrich Heines, wurde am 1. Mai 1801 von jüdischen Eltern unter ärmlichen Verhältnissen in Hamburg geboren, absolvierte seine Vorstudien auf dem dortigen Johanneum und besuchte dann die Universität Göttingen, um Philosophie zu studieren, machte dort auch 1824 sein Doktorexamen. Er beschäftigte sich in der Folge bald mit Musik, bald mit der Litteratur, siedelte alsdann nach Leipzig über, wo er mit seinem Freunde Wilh. Bernhardi (s. d.) die Monatsschrift »Der Dichterspiegel« redigierte (1826), u. ging dann nach Berlin, wo er längere Zeit für den »Gesellschafter« u. den »Freimütigen« arbeitete u. sich eine leidlich gesicherte Stellung erwarb. Um das Jahr 1835 kehrte er nach Hamburg zurück, u. hier ergriff er die verschiedenartigsten, oft abenteuerliche Erwerbszweige: so war er Schauspieler, Musiker, Fechtmeister, Ballettänzer, Dichter, Notenschreiber. Dabei befand er sich gewöhnlich in sehr dürftigen Verhältnissen, so daß sich die Behörde sogar gezwungen sah, ihn einige Zeit ins Werk- und Armenhaus aufzunehmen, aus dem ihn der Redacteur der »Reform«, Richter, befreite. Indessen zog auch dieser Freund schließlich seine Hand von ihm zurück, als er sah, daß es unmöglich sei, Sch. aus seiner Versumpfung emporzureißen. Ebenso unglücklich verheiratet und ebenso verwildert wie Grabbe, nur noch tiefer gesunken wie dieser, endete Sch. endlich am 1. April 1867 im Hamburger Armenhause.[1]

Dieser Eintrag in Brümmers Dichterlexikon hat den Schriftsteller Hermann Schiff, den Stiefcousin Heinrich Heines, endgültig zur persona non grata erhoben. Er ist vergessen, verdrängt, vertrieben. Charlotte Embden schrieb ihrem Bruder Heinrich Heine am 26. März 1852, man könne Schiffs an sich unterhaltsame Besuche leider nicht dulden, da seine ungepflegte Erscheinung »schauderhaften Geruch« verbreite (HSA XXVII, 33); ebenso ist er auch aus der guten Stube der Literatur verwiesen worden. Die einzigen literarischen Rehabilitierungsversuche bis heute erfolgten im Zug der Wiederentdeckung der jüdischen »Ghettogeschichten« (von denen auch Schiff einige schrieb). Eine einzige gründliche biographische Arbeit, auf die man sich heute stützen kann, legte der Heine-Forscher Friedrich Hirth 1913 vor.[2] Seine Studie rettete Schiff vor allen Originalitäten und versuchte, ihn in christliche Horizonte zu integrieren, muss aber dennoch als Basis gelten, auf die jeder Zugang zu Schiff aufbaut.

Was weiß man verbürgt? Welche biographischen Fehlinformationen Brümmers – siehe oben – können korrigiert werden? Geboren wurde Schiff am 23. April 1801, also eine erste Korrektur, und zwar nicht als Vetter Heines. Er war dessen Vetter bzw. Cousin zweiten Grades, darüber hinaus aber wurden beide durch Querheirat innerhalb der Familie auch zu Stiefcousins. Außerdem waren seine Eltern anfangs wohlhabend (die dritte Korrektur). Ab Ostern 1822 studierte er Jura in Berlin, dort verkehrte er wahrscheinlich bei den Varnhagens, auch zu Stiefcousin Heinrich, mit dem er zeitweilig Stube an Stube wohnte, gab es engen Kontakt; Schiff soll Heine mehrmals finanziell ausgeholfen haben. Von dort ging er nach Jena und wurde dort 1825 mit der Arbeit »De natura pulchri et sublimis«, also einer Untersuchung über das Schöne und Erhabene, zum Doktor der Philosophie promoviert; angesichts seines literarischen Schaffens geradezu eine Ironie. In Göttingen also, die nächste Korrektur, hat er niemals studiert. Von Jena aus wandte sich Schiff nach Leipzig und erprobte das Leben eines freien Schriftstellers. Mit Wilhelm Bernhardi (Tiecks Neffen) gab er eine Zeitschrift heraus, und in seinen eigenen frühen Arbeiten, Orgien aus Mord und Selbstmord, schloss er sich eng der Schauerromantik an, vor allem E. T. A. Hoffmann und Tieck (»Nachlaß des Kater Murr«, »Höllenbreughel«, beide 1826). Wie Schiff später in »Heine und der Neuisraelitismus« berichtete, teilte Heine ihm nach der Lektüre mit: »Entweder Du bist meschugge oder Du gehst direct darauf aus es zu werden.«[3]

Bereits Ende 1826, wohl auch aufgrund fehlenden Erfolgs, kehrte Schiff nach Hamburg zurück, und als auch hier journalistische Erfolge ausblieben, Anfang des Jahrs 1830 wieder nach Berlin. Auf Empfehlung Heines wurde er Mitarbeiter bei Friedrich Wilhelm Gubitz' »Gesellschafter« und Willibald Alexis' »Freimütigem«, journalistisch-literarischen Unterhaltungszeitschriften. Für die nächsten fünf Jahre war Schiff finanziell gesichert, sein literarisches Schaffen, bester Nachfahr der Romantik und Schauerromantik, war auf der Höhe. An Berliner Theatern wurden Stücke von ihm aufgeführt. Journalistisch hielt er sich nicht klein, er legte sich mit dem Literaturpapst Wolfgang Menzel an, dem er dessen Goethe-Hass vorwarf; aber auch Heine, dessen Erfolgskurve stetig stieg, ging er zunehmend an und hielt ihm seinen jüdischen Kosmopolitismus und seine frankophile Einstellung vor; Grabbe, den er stillschweigend beerbte (und der 1835 in seiner tolldreisten Oper »Der Cid« unter anderen Berliner Journalisten auch Schiff burlesk verewigte), widmete er böse Verrisse. Er rang mit seinem Judentum, schwankte zwischen jüdischer Herkunft und romantisch verklärtem Deutschtum, und ein literarisches Resultat waren Judengeschichten mit antijüdischer Tendenz. Mit Vorliebe malte er orthodoxe, fanatische Juden. Diese antijüdische Tendenz war auch der Grund dafür, dass Heine sich mit Vorworten oder Rezensionen öffentlich nie für seinen Stiefcousin einsetzte. Im Stillen wirkte er aber durchaus für ihn. Er vermittelte ihn an Gubitz, an Alexis und an Campe, und als Autor schätzte er ihn ohnehin. Aus einem Familienbrief nach Hamburg vom 9. Juli

1851: »Alles, was der dumme Kerl schreibt, ist gut, äußerst merkwürdig, und er hat mehr Talent, als unzählige andere, die berühmt sind. So ist auch in der Litteratur alles Glück.« (HSA XXIII, 105) Einen Monat später, beim Besuch seines Bruders Gustav, hielt Heine mit seinem Lob noch weniger hinter dem Berg:

> Dieser dumme Kerl [...] ist ein wahres Genie. Er hat mehr plastische Darstellungsgabe als alle neueren Poeten zusammen, die jetzt in Deutschland leben. Es ist kaum zu begreifen, daß er so wenig Anerkennung gefunden hat. Sein Buch ist tiefsinnig, voll sprudelnden Witzes, wahrhaft künstlerisch, und was die Hauptsache ist – es hat das Verdienst, mich unendlich amüsirt zu haben. Schiff hat jedoch die Schmutzseite des jüdischen Lebens zu grell beleuchtet.« (Werner II, 271)

Schiff selbst war 1841 zum Christentum übergetreten, offenbar auch mit Blick auf seine im selben Jahr geschlossene Ehe mit einer viel jüngeren Schauspielerin, die nach zuverlässigen Zeugen nur einen Tag währte, ihn aber ein Leben lang finanziell und bürokratisch verfolgte. Mitte der dreißiger Jahre verließ Schiff plötzlich Berlin, und sein Lebenswandel wurde unstet. Er lebte in Ostfriesland und Emden, und er versuchte in Hamburg, Hannover und wieder in Leipzig journalistisch Brot zu finden. Mehr oder weniger schlug er sich durch, nicht selten auch mit finanzieller Hilfe von Bekannten. In Leipzig, nach wie vor mit jugendlichem Enthusiasmus, brachte er romantisches Werk und romantisches Leben erneut ekstatisch in Einklang. In der Zeitschrift »Europa« berichtete im Jahr 1866 ein Anonymus über die vierziger Jahre dort:

> Ein Kreisler des wirklichen Lebens, führte er den Geigenbogen noch besser als die Feder und war, solange seine Lebenssonne dem Zenith nahe stand, weit öfter Musiker als Dichter. Kenner, die ihn gehört haben, bezeichnen sein Geigenspiel als ein merkwürdiges, genial wildes, doch war nicht zu spielen, sondern ein Orchester zu leiten seine Leidenschaft. Große Orchester konnte man ihm nicht übergeben, da er voll von Schrullen steckte und über Mode und Anstand Ideen hatte, die sich z. B. dadurch verrieten, daß er, zur Begleitung von Damen auf einem Spaziergange eingeladen, nach Hause eilte, um Toilette zu machen, und in Wasserstiefeln wieder erschien.[4]

1847 erfolgte die Ausweisung aus der sächsischen Metropole, es ging zurück nach Hamburg; die Revolutionszeit verbrachte Schiff in Hannover. Über ein außergewöhnliches politisches Engagement ist nichts bekannt; überliefert sind satirische Journalbeiträge, in denen er Ende 1848 die Verhängung des Wrangel-Zustands in Berlin verspottete. In Hannover wirkte er 1851 auch ein halbes Jahr als Redakteur des »Krakeelers«, wurde aber nach Beleidigungsstreitigkeiten mit dem Verleger für drei Wochen arretiert. Ende 1851 endete ein nächstes journalistisches Intermezzo in Hamburg – er gab kurzzeitig das politische Volksblatt »Vetter Michel« heraus – ebenfalls mit einem einmonatigen Gefängnisaufenthalt (wegen journalistischer

Brief von Hermann David Schiff an Heinrich Heine, 5. September 1851
Heinrich-Heine-Institut, Düsseldorf

Unbotmäßigkeit gegenüber dem Militär). Anschließend erfolgte die Ausweisung aus Hamburg, und weil er sich nicht fügte, wurde er nochmals kurzzeitig verhaftet und lebte danach in Altona. Aber wovon? Meist von nichts, und zunehmend auch von Flüssigem, und als es für den Verzweifelten nicht mehr zum Essen und Trinken reichte, wurde Schiff am 19. Februar 1857 auf sein eigenes Gesuch in das Hamburger »Werks- und Armenhaus« aufgenommen, wo er mehrere Monate bis zum 8. Juli verbrachte. Dazu der Hamburger »Freischütz«:

> Am Sonntag und Mittwoch ist es erlaubt, einen Inwohner des Werk- und Armenhauses zu besuchen. Ich fühlte mich in der Seele des unglücklichen Schriftstellers gedemütigt, als ich den Raum betrat, in welchem er sich befand. Er hat kein eigenes Zimmer, sondern muß es mit zwanzig Personen teilen, worunter einige krank sind. Mag der geistvolle Mann durch verkehrte Lebensweise sein Herabkommen veranlaßt haben – diese sich selbst auferlegte Strafe ist zu hart. Daß er in seiner Buße ohne Hilfe gelassen wird, kann nur in Deutschland geschehen. [...] Schiff hat nur zum Trunke gegriffen, sich in seiner Not zu betäuben, sein Ehrgefühl abzustumpfen, weil er mit all seinem Wissen ein Bettler sein muß. Tätigkeit unter streng sittlichem Regime kann ihn retten. Und man läßt ihn im Werk- und Armenhause! Mich befiel eine mit Unwillen gepaarte Wehmut, als ich den auf der Universität graduierten Hamburger Mann in Holzpantoffeln mir entgegenkommen sah.[5]

Nach dieser traurigen Episode scheint sich Schiffs Leben mit Unterstützung einiger Gutwilliger wieder etwas konsolidiert zu haben; Romane und Novellen fanden wieder etwas stärker die öffentliche Aufmerksamkeit, und er versuchte sich 1860 für ein halbes Jahr als Redakteur des »Nordsterns«, eines Blatts mit offenbar früh-sozialdemokratischer Tendenz. Das gegen ihn angestrengte Gerichtsverfahren, um ihn unzurechnungsfähig zu erklären, scheiterte am 12. Oktober 1864. Er verstarb in der Nacht vom 1. zum 2. April 1867 – ein extremes Leben, ein extremer Schriftsteller in einem extremen Jahrhundert. Er wusste, worüber er berichtete, als er am endlosen Schwarzbuch des Jahrhunderts mitschrieb, er hatte so seine Erfahrungen: prekariöser Schriftsteller, diskriminierter Jude und schlichtweg Zeitgenosse.

Gegen den Strom

Schiff, ein Autor der Moderne, war ein moderner Autor. Spätestens mit seiner Novelle »Helden des dreißigjährigen Friedens« von 1854, die von der allmählichen Verwandlung eines Selbstmordkandidaten in ein Einhorn handelt – ein Gregor Samsa des Spätbiedermeier – kann er als Autor der Weltliteratur gelten. Wer diese Novelle gelesen hat, wird sich der Meinung anschließen müssen, dass die Steigerung von grotesk nicht *kafkaesk*, sondern *schiffesk* lautet. Wofür steht dieser schiffeske Autor? Er, ein sicherer Kantonist, steht für eine Kultur des Hinschauens. Er ist ein Seher in Farbe und Totalversion einer sich an der Morgenröte verkohlenden Welt. Was sieht er? Alle erdenklichen Katastrophen. Das sind nicht *Natur*katastrophen, sondern *Sozial*katastrophen. Gleich anderen Außenseitern, Verdrängten und Vergessenen – Ernst Ortlepp, Julius Mosen, Johann Karl Ritter Braun von Braunthal – ist er ein Chronist der Sozialpathologien des 19. Jahrhunderts.

Ortlepp beispielsweise setzte 1835 in einem epischen Gedicht dem Terroristen Joseph Fieschi uneingeschränkt ein Denkmal, dem Mann, der im selben Jahr mit einer Höllenmaschine aus 24 Flintenläufen zwölf Personen umgemäht hatte, aber eben nicht, wie beabsichtigt, den französischen König Louis-Philippe. Metternich, entsetzt über dieses Gedicht, ließ es sofort verbieten; später übrigens war Ortlepp ein uraltes, trinkfestes Faktotum im Naumburger Gymnasium Schulpforta, und der junge Nietzsche hing an seinen Lippen. Mosen, ebenfalls heute vergessen (»Ritter Wahn« von 1831 behandelte die Tragödie ewiger Unsterblichkeit ohne wirkliches *Leben*, »Ahasver« von 1838 umgekehrt die Tragödie ewigen Lebens ohne *Unsterblichkeit*), wurde von Richard Wagner um die Idee zu »Rienzi« bestohlen, eine Parabel auf einen Tyrannenmörder, der selbst zum Tyrannen wird. Braun von Braunthal schließlich, Metternichspitzel wie metternichbespitzelt gleichermaßen, ließ 1851 einen ebenso allmächtigen wie gelangweilten Tyrannen – einen zweiten Gott – die Welt so radikal vernichten, dass Frau, Mann und Maus nicht übrig blieben und der ganze Kosmos wankte.

Auch Schiff steht für eine solche Literaturgeschichte, eine andere Literaturgeschichte, eine verdrängte. Er schrieb Literaturchroniken des Grauens, Sozialchroniken des Grauens, Kulturchroniken des Grauens. Als *Splatter-Schiff*, wie er hier genannt werden soll, versuchte er, diesem Grauen Worte zu geben: »Blätter aus dem Tagebuch eines Wahnsinnigen« (1824), »Höllenbreughel« (1826), »Die Hexen« (1826), »Die Blutrache« (1830), »Die Kindesmörderin« (1834), »Aus dem Leben der Giftmischerin Gesina Margarethe Gottfried« (1835), »Der Häßliche« (1835), »Die Geistererscheinungen« (1835), »Das Gespensterbuch« (1838), »Gevatter Tod« (1838), »Alexander und der Totenschädel« (1842), »Das Tollhaus« (1842), »Regina oder das Haus Todtenstein« (1858), »Der gespenstische Rabbi« (1860), »Das verkaufte Skelett« (1866). Und er übersetzte dieses Grauen in Motive wie Magie, Aberglauben, Zauberei, Mord, Selbstmord, Schicksalsfluch, Totenhochzeit, Wunderheiler, Übersinnliches, Folter, Gespenster, Somnambule. Er figurierte es in Personen wie Giftmischerinnen, Hexen, Teufeln, Selbstmördern, Wiedergängern, Gespenstern, Nihilisten, Werwölfen, Räubern, Trinkern, Spielern, abgefeimten Wunderkindern. Er lokalisierte es an Orten wie Grab, Friedhof, Irrenhaus, Wirtshaus, Hölle, Spital, Krankenzimmer, Anatomiesaal, Verlies.

All das wirkt oftmals konventionell, oftmals standardisiert. Aber gerade in diesen heute eher schablonenhaft wirkenden Rittergeschichten finden sich regelmäßig irritierende Einschübe wie in »Das Marienkind« von 1842, die wie nebenher einen Mord um eine Thronfolge beschreiben. Der Plot ist nicht sonderlich realistisch angelegt: Die noch ungeborene Tochter einer von ihrem Mann zu Tode gequälten Fürstin kommt auf wundersame Weise in den Himmel, wächst auf dem Mond als Engel auf, wird wieder auf die Erde versetzt und dort von ihrem Stiefbruder ermordet. Die, die von ihm bestialisch geschunden worden war, will nur noch getötet werden und zurück in den anheimelnden Himmel. Und derjenige, der sie tötet, tut es mit einer Beiläufigkeit, als handele es sich um eine fällige Verabredung:

»So geh zu Deinen Engeln!« [...]. Ein Fauststoß, mit mörderischer Geschicklichkeit nach ihrem Herzen geführt, vollendete augenblicklich die Unthat. »Sieh' Mutter!« lächelte er mit Henkerlust, »sie zuckt kaum noch, sie erstarrt schon!«[6]

Was besagt diese Szene? Schiff ist ein Seismograph der Alltäglichkeit, der Alltäglichkeit des Absurden. Er berichtet aus der Todeszone der Normalität, er sendet chiffrierte Dokumente über die Fortschritte eines Heranwachsenden; der Heranwachsende ist die Moderne. Es sind Nachtprogramme aus dem Inneren der geschlossenen Anstalt. Sie beschreiben – literarische Schwarzarbeit – das Herz der Finsternis von innen heraus. Schiff sitzt am blutigen, unkaputtbaren Herzen der heranwachsenden Welt, er nimmt uns hinein in ihren unverwüstlichen Blutkreislauf, und er hört auf das Pulsieren des rasend-robust pubertierenden Probanden. Bei aller Kontinuität lassen sich unterschiedliche Schaffensphasen unterscheiden. In der *ersten* Phase, in der zweiten Hälfte der zwanziger Jahre, folgt er E.T.A. Hoffmann und Tieck, arbeitet eher epigonal. Dann, in einer *zweiten* Phase, ab ca. 1830, findet er einen eigenen Schauerstil. Das Grauen wird nicht mehr phantastisch abgedämpft wie bei E.T.A. Hoffmann, sondern schlägt zu, mitten aus dem Leben heraus. Wie in einem guten Horrorfilm schlägt es nicht mehr imaginär zu, sondern ganz handfest, wie in einem entschlossenen *Splatter*. Dann folgte eine *dritte* Schaffensphase, ab Ende der vierziger Jahre. Schiff wandte sich verstärkt jüdischer Emanzipationsliteratur zu, ein Modethema und ein Thema, mit dem er endlich kurzzeitig zu Geld kam. Das war seine »realistische« Phase, und eine Sentenz aus der Novelle »Noch ein Luftschloß« (1854) kann durchaus als programmatisch dafür gelten: »Keine Romantik mehr, sondern bare Zahlung; keine Abenteuer mehr, sondern Geschäfte; keine Ritter mehr, sondern Banquiers.«[7]

Hier noch einmal zurück zur zweiten Phase, zu dem Text, der mit zu den besten von Schiff gehört: »Varinka, oder: Die rote Schenke« von 1830, eine Novelle, die von Schiff mehrmals variiert wurde. Sie spielt in russischen Landen.

Varinka, die herrische Gutsbesitzertochter, schlägt dem Verwalter mit der Reitpeitsche ins Gesicht. Dieser schwärzt sie aus Rache an, petzt dem Vater, dass es einen Liebhaber gebe. Der Vater, der andere Pläne mit ihr verfolgt, sucht sie sofort aufgebracht auf, und Varinka sperrt ihren Geliebten eilends in eine Truhe. Während der Auseinandersetzung von Tochter und Vater erstickt er in dieser Kiste, übrigens mit einer Beiläufigkeit, die schon den weiter oben geschilderten Tötungsakt auszeichnete; Varinka hat also nunmehr ein Entsorgungsproblem. Sie, ein ebenso unbekümmertes wie berechnendes *It-Girl*, lässt ihren toten Liebhaber von einem Knecht beseitigen, der ihn in der Newa versenkt; daraufhin wird sie erpresst. Nunmehr müssen von ihr auch die Mitwisser beseitigt werden, es kommt zu einem Alkoholgelage, zu einer Orgie in der »Roten Schenke«, und Varinka vergiftet die Knechte. Warum ist die Schenke rot? Sie *ist* nicht rot, sie *wird* rot, wird von Varinka in flammendes Rot getaucht:

> Ivan war der Letzte, der noch Besinnung hatte. Noch einmal richtete er den sterbenden Blick empor. – »Ich verbrenne, Schwester! Gebieterin! – Rettet mich, Ihr seyd ja sonst so gut! so gut!« »Nun Ivan! bist Du mit Deiner Dienerin zufrieden?« höhnte Varinka; »hat sie nicht pünktlich gehorcht?« – Und mit dem Fuß stieß sie ihn in die Flamme. – Sieh! Du bist ein wenig roh, darum brate ein wenig; nun bist Du bald ein Muster der Diskretion und Delikatesse.[8]

Das ist Schiff in Bestform: Mord mit Willen und Widerwillen, Traumgesichte, Tollhäuser, Teufelsbosheit, Inzest und Leichenmoder, Scheintod, Folter und alles mögliche Pathologische aus der Nachtseite der Kultur. Da hat einer die innere Zensur überwunden und lässt, Aufstand der Anständigen, sein Unbewusstes sprudeln, all die Phantasmen, die das Zwangsgerüst Kultur ansonsten wegregelt.

Doch nicht bzw. nicht nur in seiner Radikalität liegt Schiffs Modernität. Mindestens drei weitere Merkmale kommen hinzu: erstens gewollte *Marktfähigkeit*, zweitens *Intertextualität* und drittens *Selbstreferentialität*. Seine strukturelle Marktfähigkeit, die ihm tragischerweise aber persönlich nie selbst Markterfolge beschied, führte ihn auf einen literarischen Weg, auf dem er Positionen der Romantik, des Jungen Deutschland und des »literarischen Realismus« ebenso adaptierte wie später die der entstehenden »Ghetto- bzw. Judenliteratur«. Was seine Intertextualität betrifft, so ist sie eine, die romantische Vorstellungen von Autorschaft – nämlich schwacher Autorschaft – beerbte. Schiff konnte bedenkenlos adaptieren und auch plagiieren. So war »Varinka« ein Werk eines unbedeutenden französischen Autors, das 1830 in einer unbedeutenden Übersetzung erschien. Diese war wiederum auch nur die französische Fassung einer Geschichte, die bereits in den »Skizzen« des aufklärerischen Kriminalschriftstellers August Gottlieb Meißner in Deutschland erschienen war, der die Geschichte ebenfalls hier oder da aufgegriffen haben konnte... Und Schiffs literarische Selbstreferentialität, gleichfalls ein romantisches Verfahren, kam beispielsweise in der Novelle »Die Genialen« von 1826 zur Geltung. Darin wurde ein aufstrebender Autor namens Schiff, der die schlechte Eigenschaft habe, seine literarischen Erfindungen über den *Autor* urteilen zu lassen, von einem Leser auf höchst ernüchternde Weise charakterisiert:

> Er trägt die Spuren der Krankhaftigkeit nicht minder wie die ganze Zeit, seine ganze Erfindung und Empfindung ist stets auf die höchste Spitze hinaufgeschraubt! – Was läßt sich überhaupt von einem jungen Menschen sagen, der sich nur mit Bagatellen abgiebt! Er ist nur ein Schiffchen, ohne gehörigen Ballast, das keine große Fahrt antritt, nicht in die offene See sticht, was untergeht, scheitert, vielleicht auch nur leck wird.[9]

Für diese genannte Modernität, für Schiff überhaupt, gab es Vorgänger, so in der Romantik: Gespenstergeschichten Tiecks, Arnims und Brentanos, der märchen- und legendenhafte Horror Hoffmanns, die schwarze Übermenschenromantik Byrons. Vorbilder waren gleichfalls Schicksalsdichter wie Zacharias Werner, Ernst von Houwald oder Adolph Müllner. Die zerrissenen und wahnsinnigen Kunstfiguren der Jungdeutschen kamen als Leitbilder hinzu, gleichfalls die sich dokumentarisch gebende Pitavalliteratur, die Horror in verdauliche Form brachte. Überhaupt war der große Strom von Trivialliteratur, der weder romantisch noch jungdeutsch war, sondern einfach nur als Gebrauchsliteratur zirkulierte, auch für Schiff motivierend. Im Anschluss, im Einklang und im Widerstreit mit all diesen Vorgängern bratschte er – Schiff verdiente u.a. auch als Bratschist sein Geld – kratzige Wiegenlieder der Moderne. Er spielte den Verhältnissen ihre eigene Melodie vor, eine Kakophonie des Dämonischen, ein surrender Soundmix für kommende Geschlechter. Er bewährte sich als korrumpierbarer-unkorrumpierbarer Intellektueller, gestählt in lebenslangem Kampf in der Daseinsverklärungsopposition, bewährte sich als bescheidener antizivilisatorischer Widerstandskämpfer, nicht unvertraut mit dem Korsett zivilisatorischer Verwahranstalten.

Mit dem Strom

Mit dem Autor Schiff verhält es sich wie mit einem Puzzle, versteckt in einem Rätsel, das aus Fragezeichen besteht. Er war kein literarisches Bolzenschussgerät, kein autopoietischer Marschflugkörper, kein mehrere Millionen Jahre wartender ontischer Schläfer. Allenfalls ist er als *embedded* Autor anzusehen, als Autor, der aus der Todeszone der Normalität berichtete und der das, was er an Grauen sah, umkodierte zu Märchen, Gleichnissen und Legenden. Das heißt, nicht nur Schiff ist verdrängt worden. Auch *er* hat verdrängt. Er konventionalisierte das Grauen, brachte es ins Akzeptanzformat. Zu oft, gerade in seiner Anfangsphase, kleidete er seine Befunde in das Gewand des Märchenhaften, Legendenhaften, in Rittergeschichten und Trivialromane. Er arrondierte sein eigenes Erschrecken mit pazifizierenden Stereotypen und übersetzte es ins Hergebrachte. Nicht immer brach er Konventionen. So kommt es, dass sein umfangreiches Werk mitunter auch aus literarischen Versatzstücken besteht, auch aus Plagiaten von Versatzstücken wie seine Novelle »Der schwarze Manufrio« (1831). Auf bestimmte Weise war auch er letztlich nur ein Aufschreibesystem, ein Diskursvertreter, und zwar zumeist ohne Exzellenzanspruch. Er war ein ins Glied getretener Diener der Alltäglichkeit, und er übte sich im Gleichschritt kultureller Unauffälligkeit. Letztlich hielt auch er fest am Firnis der Zivilisation, am Katzengold der Kultur.

Als Zeuge wie als Überlebender war Schiff manchmal unambitioniert bis zur Selbstverleugnung, er war kein Ankläger, nicht einmal Zeuge der Anklage. Welche Milchstraße sollte man auch anklagen? Mitunter, daraus ist kein Geheimnis zu machen, trug er selbst bedenkenlos die Fratze zur Schau, die er entlarvte. Als Kind des Markzeitalters bediente auch er gnadenlos den Markt. Auch er betrieb serielle Produktionsarbeit, künstlerische Fließbandarbeit, *literarischen Fordismus*. Er war kein gewollter literarischer Revolutionär, weder inhaltlich noch formal. Inhaltlich unternahm er allenfalls teilnehmende Beobachtung, empathielos und mit Hang zu abgefederten Sarkasmen. Und formal und trotz des überbordenden, gerechtfertigten Lobes etwa von Heine, war er viel zu oft *kein* Konformitätskiller. Was er betrieb, kann als »nonkonformative Affirmation« bezeichnet werden, und sein literarisches Vorgehen bestand aus einem Amalgam aus marktorientierter Innovationsresistenz einerseits und marktorientiertem Innovationszwang andererseits. Dennoch war Schiff kein Minderdichter. Auge in Auge mit der Furie der Durchschnittlichkeit betrieb Schiff mit Blick auf den literarischen Markt subversive Originalitätsverweigerung. Auch er behielt krampfhaft Façon, schwamm mit dem Strom, hielt fest an überkommenen literarischen Formen, überkommenen Gattungen und Motiven bis zum Formelhaften. Nicht alles, was er z. B. an Rittergeschichten schrieb, muss heute revitalisiert werden. Dennoch wurde seine Mimikry-Perspektive wie durch massierten Drohneneinfall immer wieder kurzzeitig gestört. Aus der Tiefe des Raumes! Einbruch des Plötzlichen! Schiff lieferte beflissen standardisierte Bausteine des Erzählens, durch die sich, raffinierte Kontrast-Ästhetik, fortlaufend der Riss des Unerhörten und Unglaublichen zieht. Als Beispiel wäre »Luftschlösser« von 1854 anzuführen, wo – Horror des Realen – in die eher müde plätschernde Novellenhandlung hinein der Bankiersneffe Oskar gänzlich unerwartet die Seiten wechselt und 1848 als Einpeitscher auf den Barrikaden kämpft.

Exkurs über den Tiger

»Was ist das, was in uns lügt, mordet, stiehlt?« Diese Frage Woyzecks in Georg Büchners gleichnamigem Bühnenfragment (1836/37) lässt sich lakonisch mit Schiff beantworten: der Tiger in uns. 1835 schrieb er in einer Erzählung über eine Giftmischerin: »Die Natur erzeugt auch menschliche Hyänen und Tiger.«[10] Auch Schiff vertrat, wie nicht wenige andere Intellektuelle seiner Zeit, Positionen einer »negativen Anthropologie«. Und negativ heißt hier nicht, es ginge um eine Position der Nichtfeststellbarkeit. Negativ bedeutet nicht Unentschiedenheit oder Opposition gegen vorherrschende Meinungen, sondern wortwörtlich das direkte Gegenteil von »positiv«. Um den Horizont abzustecken, dazu ein verdeutlichendes Statement des jungdeutschen Autors Heinrich Laube (mit dem Schiff in Leipzig regelmäßig nicht nur Mineralwasser trank). Aus Laubes »Das Neue Jahrhundert« (1833): »Der ganze Mensch ist ein *Monstrum*. Drei Flaschen Wein rauben ihm den Vorzug vor dem Thiere.«[11]

Der Tiger, das Tier – das bedeutete einen klaren Akzentwechsel gegenüber den herkömmlichen Aufklärungsdiskursen über den »Tiger«. Im 18. Jahrhundert hatte sich ein erster bedeutender Umbruch vollzogen. Der »Löwe«, der aristokratische Herrscher des Menschenreichs, ebenso edel-gelangweilt wie konkurrenzlos-stark, war zum *Tiger* geworden, zur hinterhältigen und blutrünstigen Adelsbestie. Die adligen Potentaten, der Adel an sich, war zoologisch mutiert zum widerwärtigen Raubtier. Aus Schachtners Libretto für Mozarts Opernentwurf »Zaide« (1779/81) die Brandrede der in einen anderen Sklaven verliebten Sklavin wider den sexuell zudringlichen Tyrannen: »Tiger! wetze nur die Klauen,/ Freu Dich der erschlichnen Beut'./ Straf ein törichtes Vertrauen/ Auf verstellte Zärtlichkeit./ Komm nur schnell und töt' uns Beide,/ Saug der Unschuld warmes Blut,/ Reiß das Herz vom Eingeweide/ Und ersätt'ge Deine Wut.«[12] In den Revolutionszeiten setzte dann ein metaphorisches Tauziehen um diesen Begriff ein, man kann von metaphorischen Barrikadenkämpfen sprechen. Hier die Revolutionäre, die den reaktionären Tiger Adel geißelten, dort die Verfechter von Legitimität, die die revolutionären Rudel als Tiger verdammten.

Das waren politische Debatten des 18. Jahrhunderts. Inzwischen hatten sich längst skeptische und pessimistische Menschenbilder durchgesetzt, negative Anthropologien, unterlegt mit Tiger-Metaphern. Damit kam es zu einer zweiten metaphorischen Transformation. Nicht lediglich die Spezies des Tyrannen, sondern der Mensch *an sich* galt als tigerhaft. Er war nicht auf »Zukunft«, sondern auf »Herkunft« konditioniert, auf eine tierische, auf eine brutale. Hier Beispiele von Autoren, die Schiff beerbte, mit denen er zeitweise eng zusammenarbeitete bzw. die er durch Presseveröffentlichungen begeistert rezipierte: Der Mensch als

»geschminkter Tiger« (Grabbe: »Herzog Theodor von Gothland«); Mensch als »Tiger, wenn er Blut leckt« (Alexis: »Die Besessenen von Loudun«); »Das ist der Sinn des Tigers« (Büchner: »Dantons Tod«). In der Romantik hatte es betreffende sporadische Impulse gegeben, aber nur sporadisch und letztlich klar abweisend; Tiger gehörten dressiert. Bei Eichendorff war alles Tigerhafte Synonym des rasend Revolutionären; das Grimm'sche Märchen »Brüderchen und Schwesterchen« kehrte die Degenerierungsspirale anhand von drei Stationen optimistisch um: statt erstens zum Tiger oder zweitens zum Wolf mutierte das Brüderchen lediglich zum gutmenschelnden Reh. Aber jungdeutsche Autoren, und das gehörte zu ihrem Skandalpotential, brachen mit Gedanken-Tabus, ließen den Tiger von der Leine. Laube machte – wie oben zu sehen – den Menschen zum *Monstrum*, andere Jungdeutsche machten ihn zum *Tiger*.

All das waren Metaphern, waren Gedankensplitter, waren Aphorismen. Im Hintergrund lauerten ausgeformte philosophische Anthropologien, sie lauerten und warteten auf ihre Zeit. Der wohl größte damalige Negativ-Anthropologe, Arthur Schopenhauer, hatte 1818 in »Die Welt als Wille und Vorstellung« den Menschen als »Raubthier mit einem Maulkorb«[13] bezeichnet, als reißend-egoistische Bestie, die nur durch den Zwangskerker rechtlicher und staatlicher Gewalt im Zaum gehalten werden könne. Schopenhauer war bis 1848 ein absolutes Nichts, eine Nullität, war bekanntlich im öffentlichen Diskurs nicht existent. Erst nach der gescheiterten Revolution wurde der Vergessene bekannt. Beim zweiten bedeutenden Negativ-Anthropologen jener Jahre, dem Publizisten Wolfgang Menzel, war es umgekehrt. Sein Schwarzbuch »Geist der Geschichte« von 1835 war damals leidlich bekannt, dafür ist es heute inzwischen vollständig vergessen und überlagert von gutmeinenden Invektiven, die, Wiederholung des Immergleichen, dem üblichen Wissen folgend, Menzels Ruf auf den des Heine-, Börne- und Franzosenfressers beschränken. Das ist bedauerlich, denn es handelt sich bei diesem Buch um die erste rein innerweltliche Apokalypse in Deutschland. Menzel war ungenierter Vordenker einer menschlichen Selbstvernichtung. In bösartig anthropofugaler Perspektive beschrieb er den nahenden Untergang der Menschheit an sich selbst. Sie richtet sich selbst zugrunde, und zwar ohne jedes göttliche Eingreifen. Denn ihr anthropologisches Gerüst sei nicht durch Kultur zu zähmen. Die ungezügelte Bedürfnisdynamik, die sich in der Moderne immer mehr entfesselt, treibt auf die Katastrophe zu. »Geist der Geschichte« ist ein anthropologisch grundierter »Geist des Kapitalismus«, und dessen tierischer Gehalt kassiere sich katastrophal selbst:

> Sollte nicht die Geschichte mit einer allgemeinen *Verwilderung* enden? Blicken wir auf die Schicksale einzelner gebildeter Völker, so sehen wir dieselben aus einem Zustand natürlicher Roheit, unschuldiger Wildheit sich zu Gesittung und Kultur emporarbeiten, nach einer

kürzern oder längern Periode des Glanzes aber in eine selbstverschuldete Verwilderung zurückfallen, die alle Früchte der Kultur in Gift verwandelt, um die schamlos wieder erwachten thierischen Begierden damit unheilbar zu entzünden. [ ] Der Schooß der civilisirten Gesellschaft geht mit Ungeheuern schwanger […]. Das Ende kann kein anderes seyn, als wie es unsere Väter schon geahnet in der Nibelungen Noth und in dem allgemeinen Vertilgungskampfe der Götter, den die alte Edda weissagt. Dieses Heldengeschlecht kann sich nur selbst zerstören im Kampf Aller gegen Alle. Nur dieß ist ein würdiger Schluß des großen Heldengedichts unserer Erde. Wohl mag er aber zusammenfallen mit der Zerstörung der Natur, und in der letzten Schlacht der Menschen mögen die Elemente mitkämpfen, und die Erde auf dem Grabe ihrer Kinder sich selbst opfern.[14]

Die Antiquiertheit des Hässlichen

In der »Der Häßliche« (1835), einer für Schiff ungewöhnlich friedvoll ausgehenden Liebesnovelle, hat er nicht zuletzt auch ein tragisch-liebenswürdiges Selbstbild seiner eigenen Person gezeichnet, »ein unansehnlicher, verwachsener Mann«[15], hässlich eben. Aber was bedeutet hässlich? Dieser Begriff ist eine der größten Täuschungen der Moderne, ist eine grandiose *black box*. Was genau und spezifisch bezeichnet er? Er bezeichnet nichts, er ist völlig unspezifisch (wie auch der Gegenbegriff, von dem er beständig parasitär zehrt, nämlich das »Schöne«). Alles, was irgendwie deviant erscheint, wird geradezu zwanghaft unter diese Kategorie gepresst. Das ist ebenso der rasanten Karriere dieser Kategorie geschuldet, wie es sie vorantreibt. Hatte beispielsweise noch Fichte es 1798 in seiner »Sittenlehre« kategorisch abgelehnt, »verzerrte, gepresste, ängstliche Formen«[16] und ausdrücklich »Häßlichkeit« in der Kunst Gestalt werden zu lassen, gewann bereits bei seinen Romantikerfreunden genau dieses Hässliche einen nicht unerheblichen ästhetischen Stellenwert. Aber Schlegel, Solger usw.: Wer auch immer darüber schrieb, stellte zwar Hässliches in Rechnung, wollte es aber normativ bezähmen. Und überdies blieb das Hässliche stets rein auf *Kunst* beschränkt. Die Welt als solche war keinesfalls »hässlich«. Erst Karl Rosenkranz' »Aesthetik des Häßlichen« von 1853 universalisierte das Phänomen für alle Kulturbereiche. Das war genau die Zeit, in der der späte Heine dichtete: »O schöne Welt, du bist abscheulich!« (»Im May«; DHA III, 186). Gerade an Rosenkranz, dessen erklärtes Ziel es war, das Hässliche metaphysisch zu entschärfen, knüpfte sich die Karriere dieser Kategorie, und entsprechende Denkschablonen waren und sind bis heute vorprogrammiert.

Zuvor ein Blick zurück auf Kunst, auf eine Kunst vor dem 19. Jahrhundert, die sehr wohl und unbekümmert um theoretische Verdikte stets »Hässliches« thematisierte. Denn im Leben war es immer schon da, auch in der Kunst war es immer schon da. Allenfalls gab es Diskrepanzen zwischen den allzu bekannten nackten Realitäten im Leben oder in der Kunst und krampfhaft aufrechterhaltenen idealisierenden Selbstverständnissen. Aber die Kunst hatte schon immer ihre mehr oder weniger verdeckten Realismen. Hölle, Teufel, Monstren – all das wurde, um allein nur in Europa zu bleiben, von Anfang an Gegenstand christlicher Malerei. Auch der Realismus etwa der aufstrebenden holländischen Malerei verschloss sich nicht den Wirklichkeiten, und in den Werken Franz Xaver Messerschmidts (»Kopf-Stückhe«), Johann Heinrich Füsslis (»Der Nachtmahr«) oder Francisco de Goyas (»Desastres de la guerra«) wurde der Albtraum Kultur im späten 18. und frühen 19. Jahrhundert direkt zum künstlerischen Thema.

Der Hegelianer Rosenkranz brachte dann zu Papier, was alle längst wussten: dass es in der Welt und in den Künsten auch hässlich zugehe. Das war zweifellos ein großes Verdienst, war ein herber Schlag in alle doppelzüngigen Philisterfressen. Schon 1836 hatte Rosenkranz – und das war *seine* Tiger-Reprise – erklärt:

> […] die Vulcane speien noch immer Feuer; die Orkane reißen die Dächer von dir geheiligten Kirchen; Tiger fallen fromme Missionare an […], von dem Fanatismus des Bösen zu schweigen, der, wenn man Attentate, wie Fieschi's Höllenmaschine [ ] erlebt, eher zu steigen, als zu sinken scheint.[17]

Damit stemmte er sich gegen den verordneten Kulturoptimismus, damit verbreitete er metaphysisch schlechte Laune, damit kratzte er am Image der besten aller möglichen Welten. Und im Jahr 1853 legte er umstandslos nach: »Wir stehen inmitten des Bösen, und des Uebels, aber auch inmitten des Häßlichen.«[18] Aber zu dieser Zeit, 1853, bedeuteten solche Statements nichts anderes als wohlfeil abgefederte Allgemeinplätze. Schopenhauer hatte mittlerweile den öffentlichen Diskurs erstürmt, und der Hegelianer Rosenkranz kam gerade noch zur rechten Zeit, um auf seine Weise das »Hässliche« theoretisch zu domestizieren. Denn darum ging es ihm erklärtermaßen, um nichts anderes. Er wollte es akzeptieren, aber ins »Komische« und »Heitere« auflösen, er entschärfte es nicht durch normative Abweisung und Ausgrenzung, sondern durch normative Umarmung: »Das Schöne schließt das Häßliche von sich aus, das Komische dagegen fraternisirt mit dem Häßlichen, nimmt ihm aber zugleich das Abstoßende dadurch, daß es, dem Schönen gegenüber, seine Relativität und Nullität erkennen läßt.«[19] Auch Rosenkranz war getrieben von einem Helfer-Syndrom, er arbeitete an der Rettung der Welt, er rettete sie auf seine philosophische Weise.

Rosenkranz hatte zu seiner Zeit seine Verdienste. Geblieben aber ist das Gespenst des »Hässlichen«, um das die nachfolgenden Generationen wie um eine Monstranz, wie um einen Fetisch herumhüpfen. Die Gelehrtenfalle hat zugeschnappt. Denn »das Hässliche« ist nichts anderes als eine hohle Unifizierungskategorie mit dem Status verschämter Affirmation. Als Parasit des Schönen ist »das Hässliche« nichts anderes als ein bequemer Platzhalter, schmarotzerhaft-symmetrisch an sein Gegenbild gebunden. Es ist nichts anderes als eine untaugliche Vereinheitlichungskategorie, tauglich allenfalls als billige Leimrute phantasieloser Ausstellungskuratoren – ein müde Skandale verheißender Ordnungsbegriff, eine kulturpolitische Sortierungschiffre, ein Unifizierungsmonstrum. Als intellektueller Kontrollfetisch dient es nach wie vor dem Feldherrenblick der Weltvereinfachung. »Das Hässliche« ist, als blindes Fernglas, Fokus einer überlebten Metaphysik, es ist grundsätzlich antiquiert. *Das* Schöne? *Das* Komische? *Das* Hässliche? Wer hat es jemals gesehen, gehört, geschmeckt? Das »das«, also der bestimmte Artikel, ist der eigentliche Nenner aller besessenen Weltverklärer. Sie leiden an einem gravierenden Wahrnehmungsfehler, der sich als Sprachfehler camoufliert. Denn es gibt kein »das«. Der bestimmte Artikel ist eine rationalistische Sprachdroge, ist sprachliche Bewusstseinsvernebelung mit dem Ziel imaginierter Eindeutigkeit. Der *bestimmte* Artikel halluziniert etwas *Bestimmtes*, noch dazu im aberwitzigen Singular. Diese Kopulation von bestimmtem Artikel und Naiv-Singular ist ein intellektuell tötender Gedankencocktail. Wo sollte sich Bestimmtes, Festgestelltes finden lassen, noch dazu in der Droge des Singulars? *Die* Macht, *das* Lager, *die* Globalisierung, all diese Surrogate von Dummschwätzern? An »dem« Hässlichen ist nichts mehr zu retten, es hilft nur *tabula rasa*. Natürlich, Kommunikation ist auf sprachliche Vereinfachungen und Verallgemeinerungen angewiesen. Das ist der kulturelle *state of the art*, das ist ihr Vorzug und ihre Crux. Alle positivistischen Versuche zur Sprachbereinigung mussten an diesem schlichtweg gegebenen Faktum zwangsläufig scheitern. Es führt kein Weg zurück hinter die Usancen von Sprache. Aber das sollte und darf nicht als Generalpardon für alle metaphysischen Unbedarftheiten gelten. Es gibt nicht »das« Hässliche, allenfalls gibt es »Hässliches«. Und es reiht sich ein in eine Kaskade anderer Phänomene: Abnormes, Ekliges, Monströses, Widerliches, Abscheuliches, Schmutziges, Dekadentes, Ungeheuerliches, Verzerrtes, Plumpes, Obskures, Verrücktes, Abartiges, Entstelltes, Grässliches, Entsetzliches, Disproportionales, Unförmiges, Schreckliches, Verstörendes, Scheußliches, Orgiastisches, Exzessives, Grausames, Schockierendes, Bizarres und so weiter und so weiter. Letztlich wäre hier ohnehin eigentlich immer adjektivisch zu sprechen. Aber Sprache ist eben das Kulturmedium, das nicht grundlos zum Substantiv, und nicht nur zum Substantiv, sondern zum Singular drängt. Begriffe und Kategorien unifizieren. Das ist ihre Stärke, und das ist ihre Schwäche, ihre Schwäche angesichts *nomadischer* Realität, angesichts *monadischer* Realität. Aber Korrespondenzverhältnisse sind dennoch möglich, sie sind unbedingt möglich. Und es ist möglich, auf starre, manövrierunfähige Begriffstanker, die noch dazu von metaphysischen Lasten kontaminiert sind, zu verzichten, wie eben *das Hässliche*. Es gibt nicht *das Hässliche*, vielmehr gibt es angemessene sprachliche Formen, um buntscheckige Verhältnisse und gespenstige Realitäten wahrzunehmen.

Was hat das alles mit Schiff zu tun? Es kann hier nicht darum gehen, *Literatur* und *Theorie* gegeneinander auszuspielen. Das sind gänzlich unterschiedliche Kultursysteme auf einem völlig unterschiedlichen Abstraktionsniveau. Skandalös allerdings wäre ein Zusammentreffen dieser Systeme im Modus des »Hässlichen«, das auch Schiff zu einem emanzipativen Exponenten des »Hässlichen« erklären würde. Er ist kein Schriftsteller des Hässlichen. Ebenso ist er kein »Chronist« *des Hässlichen*, allenfalls ist er Chronist einer Geschichtsakzeleration, die sich, im Modus des Namenlosen, beständig voranflieht. Auf ins Offene! Wer hat schon Welt begriffen und Begriffe von der Welt?

Leinen los!

Schiff gibt Nachrichten aus Absurdistan, Verkehrsmeldungen aus Karambolagien, Wetterberichte aus Tsunamesien, Doku-Soaps aus der pädagogischen Provinz, Schwarzseherreporte in Serie, literarische Sprengsätze aus dem Hinterhalt: »Die Hexen« handelt von einer politischen Adelsintrige; der über dieser Hexenintrige wahnsinnig gewordene Otto feiert mit der Leiche seiner Geliebten eine Totenhochzeit und klammert sich an ihren blutroten Totenschädel. In »Varinka« geht es, wie oben schon umrissen, um eine unbeirrt mordende Amazone. »Der Krystall« ist die Geschichte einer gespenstischen Intrige gegenüber einer Bauerstochter, die sich den Heiratsplänen der Eltern widersetzt und die in Mord und Selbstmord endet. »Die Geistererscheinungen« ist der literarische Bericht von einem Studentenspaß an einem Anatomieprofessor, ein Spaß, der, qua Leichenschändung, zum Selbstmord eines der an dieser Aktion Beteiligten führt. »Das Marienkind« handelt, wie ebenfalls oben erwähnt, von einem irdischen Kind, das als Engel auf dem Mond lebte und, zurückgekehrt auf die Erde, bedenkenlos ermordet wird. »Das Tollhaus« thematisiert die nächtliche Initiation eines jungen Mannes in die absurd-wahnsinnigen Anforderungen des Lebens. »Das Margarethenfest« ist eine surreale Novelle über drei Personen, die sich wechselseitig für den Teufel halten und wechselseitig anfallen; eine sehr optimistische Tragödie, denn hier erliegt letztlich nur einer der betroffenen Akteure seinen Verletzungen. Die schon erwähnte Novelle »Helden des dreißigjährigen Friedens« ragt unter diesen Arbeiten zweifellos heraus. Es ist die Geschichte einer Verwandlung eines Durchschnittsjünglings in ein Einhorn, wodurch seine Lebensziele am Ende erfüllt werden. Aber dem unerfüllten Jahrhundert werden vom Einhorn abschließend beträchtliche Defizite attestiert. Allein mit *diesem* Text, Schiffs Meisterstück und *schiffesk* in bestem Sinn, kann er als unsterblich gelten. Unsterblich? Was hieße unsterblich? Ein plötzlich auftauchender Revenant? Ein hartnäckiger Wiedergänger und Partisan? Ein respektloser literarischer Kratz-, Spuck- und Spukgeist?

Anmerkungen

[1] Franz Brümmer: Lexikon der deutschen Dichter und Prosaisten des neunzehnten Jahrhunderts. Fünfte, in Nachträgen ergänzte und bedeutend vermehrte Ausgabe. Bd. 3. Leipzig o. J. [1901], S. 417.

[2] Friedrich Hirth: Hermann Schiff. – In: Lebensbilder von Honoré de Balzac. [...] Aus dem Französischen übersetzt von Dr. [Hermann-David Baer] Schiff. Drei Teile in zwei Bänden. Mit einer Geschichte des Werkes und einer Biographie Schiffs hrsg. von Friedrich Hirth. Bd. 1. München, Leipzig 1913, S. LIII-CCVI.

[3] Hermann Schiff: Heinrich Heine und der Neuisraelitismus. Briefe an Adolf Strodtmann. Hamburg, Leipzig 1866, S. 105.

[4] Europa 1866, Nr. 7, zit. n. Hirth: Hermann Schiff [Anm. 2], S. CXXIII. Hirth zitiert mit einigen Lautstandsabweichungen, ein Reprint des Originals findet sich in: Marion Dudella: Hermann Schiff. Ein jüdischer Dichter zwischen Spätromantik und Vormärz. Magisterarbeit in der Philosophischen Fakultät II [...] der Friedrich-Alexander-Universität Erlangen-Nürnberg 1999, Anhang.

[5] Der Freischütz 1857, Nr. 54, zit. n. Hirth: Hermann Schiff [Anm. 2], S. CLXXIXf.

[6] [Hermann Schiff]: Das Marienkind. Geschichte eines Engels. Leipzig 1842, S. 53.

[7] [Hermann Schiff]: Luftschlösser. Vom Verfasser des Schief-Levinche. Hamburg 1854, S. 175.

[8] Dr. Schiff: Varinka, oder: Die rothe Schenke [...]. Berlin und Königsberg in der Neumark 1834, S. 79f.

[9] D[r]. Schiff: Die Genialen. – In: ders.: Höllenbreughel. Novellen. Leipzig 1826, S. 85–288, hier S. 240.

[10] Dr. Schiff: Der Reiz des Bösen. – In: Der Gesellschafter oder Blätter für Geist und Herz. Nr. 24, 11. Febr. 1835, S. 113.

[11] Heinrich Laube: Das Neue Jahrhundert. Bd. 2, Leipzig 1833, S. 315.

[12] Zit. n. Hermann Abert: W. A. Mozart. Neubearb. u. erw. Ausg. von Otto Jahns Mozart. 7. Auflage. Bd. 1. Leipzig 1955, S. 683.

[13] Arthur Schopenhauer: Die Welt als Wille und Vorstellung [...]. Leipzig 1819, S. 498.

[14] Wolfgang Menzel: Geist der Geschichte. Stuttgart 1835, S. 192ff.

[15] Hermann Schiff: Der Häßliche. – In: ders.: Glück und Geld. Novelle. Hamburg 1836, S. 157–216, hier S. 159.

[16] Johann Gottlieb Fichte: System der Sittenlehre nach den Principien der Wissenschaftslehre. – In: ders.: Sämmtliche Werke. Hrsg. von J. H. Fichte. Bd. 4. Berlin 1845, S. 1–365, hier S. 354.

[17] Karl Rosenkranz: Die Verklärung der Natur. Eine skeptische Untersuchung. December 1836. – In: ders.: Reden und Abhandlungen zur Philosophie und Literatur. Berlin 1839, S. 155–205, hier S. 170.

[18] Karl Rosenkranz: Aesthetik des Häßlichen. Königsberg 1853, S. 3.

[19] Ebd., S. 9f.

Karl Hillebrand:
vergessen, missverstanden oder unverstanden?
Ein Forschungsbericht

Von Anna Maria Voci, Rom

»Karl Hillebrand heute halb vergessen, mit Unrecht. Denn er war einer der ersten deutschen Schriftsteller durch ein Jahrzehnt hindurch. Sein merkwürdiges Schicksal...«.[1] Mit diesen Notizen spielte Friedrich Meinecke 1939 auf den blassen und schwachen posthumen Ruhm an, den das *fatum* dem Historiker, Literaturhistoriker und Essayisten Karl Hillebrand vorbehielt, der in 1849/50 als Sekretär Heinrich Heines eine wichtige Rolle bei der Entstehung des »Romanzero« spielte.[2]

Hillebrand, 1829 in Gießen geboren, musste Deutschland 1849 aus politischen Gründen verlassen und lebte seitdem vorwiegend in Frankreich (bis 1870) und in Italien (bis 1884). Durch seine historischen Werke und seine literatur- und kulturhistorischen Essays suchte er zwischen den vier Kulturen zu vermitteln, deren Sprachen er auch meisterhaft beherrschte: Deutschland, Frankreich, Italien und England. Er kam in diesen Ländern zu großer Berühmtheit als Intellektueller und geistreicher Essayist. Nach seinem Tode (1884) geriet er jedoch weitgehend in Vergessenheit. Dafür sind in der Sekundärliteratur, wie sich im Laufe dieses Berichts herausstellen wird, verschiedene, sogar gegensätzliche Erklärungen gegeben worden.

Schon an dieser Stelle möchte ich auf einen Grund hinweisen, der meiner Meinung nach ausschlaggebend gewesen sein könnte. Nachdem er wegen des deutsch-französischen Krieges Frankreich verlassen musste, wo er bis 1870 in Douai eine Professur für vergleichende ausländische (i. e. deutsche, italienische, englische) Literatur innehatte, entschied sich Hillebrand 1871, als er sich in Florenz niederließ, für eine Existenz als unabhängiger Intellektueller, der nur von seiner Feder lebte, frei von amtlichen Verpflichtungen. Er lehnte folglich Berufungen an deutsche Universitäten (Bonn, Gießen, München) und an das florentinische Istituto di Studi Superiori ab. Er entschied sich für ein Leben nach dem von ihm so geliebten und bewunderten Vorbild der von den Fesseln eines staatlichen Amtes weitgehend freien, großen Geister und Denker der Goethezeit, ein Vorbild, das jedoch in den 70er Jahren des 19. Jahrhunderts bereits unzeitgemäß geworden war. Damit schnitt er sich vom Hochschulbetrieb ab, und zwar gerade in einem Moment, in dem bereits seit einigen Jahren die Institution der Universität und der Beruf des Universitätsprofessors eigentlich fast der einzige Betätigungs-, Verwirklichungs- und Geltungsbereich der geistigen Arbeit eines Intellektuellen geworden war.

Zum Schaden seines Nachruhms kommt auch die Tatsache hinzu, dass seine zahlreichen Schriften in vier verschiedenen Sprachen in mehr als zwanzig europäischen und nordamerikanischen Zeitschriften erschienen, also weit verstreut waren und es zum guten Teil auch blieben.

Zwar wurden nach seinem Tode bis zum Ausbruch des Ersten Weltkrieges auch mehr als einmal einige Bände seiner wichtigsten Essaysammlung »Zeiten, Völker und Menschen« erneut verlegt, aber sein bedeutendstes historisches Werk, die zweibändige Geschichte Frankreichs von 1830 bis 1848, die zwischen 1877 und 1881 erschien[3], erfuhr keinen Neudruck. Dasselbe gilt für die Sammlung seiner sechs im Mai und Juni 1879 in London vorgetragenen Vorlesungen über die deutsche geistige Entwicklung von 1760 bis 1830[4], die 1880 in London gedruckt wurde und überhaupt zum Besten gehört, was aus der Feder Hillebrands stammt.

Die eben erwähnte Hauptsammlung seiner Essays besteht aus sieben Bänden, die zwischen 1873 und 1885 erschienen und eine Auswahl seiner kulturhistorischen, literarischen und historischen, in verschiedenen französischen, englischen und deutschen Zeitschriften publizierten Essays enthalten. Darüber hinaus erschienen auch hier und da (allerdings meist in entlegenen Zeitschriften) die Texte einiger seiner unter anderem an Friedrich Nietzsche, Heinrich von Sybel und Heinrich von Treitschke gerichteten Briefe. Sie wurden sowohl von dem Altphilologen Otto Crusius (1857–1918) als auch von dem Historiker Julius Heyderhoff (1884–1949), der sich durch seine Quellenpublikationen zur Geschichte des deutschen Liberalismus verdient gemacht hatte, publiziert.[5] Darüber hinaus wurden vereinzelte Briefe Hillebrands an andere bedeutende Persönlichkeiten seiner Zeit veröffentlicht, wie z. B. an Franz Liszt oder Hans von Bülow[6] oder an einige italienische Intellektuelle.[7] Im großen und ganzen ist aber die Einschätzung Meineckes zutreffend, die er 1939 niederschrieb.

Was nun die Verbreitung der Schriften Hillebrands anbelangt, so änderte sich die Situation nur geringfügig im Laufe der 40er und der 50er Jahre des 20. Jahrhunderts. 1941 gab Julius Heyderhoff eine Auswahl von Hillebrands Essays heraus[8], aber die meisten dieser Aufsätze waren dem bereits erwähnten, siebenbändigen Werk »Zeiten, Völker und Menschen« entnommen. Wie Meinecke spielt auch Heyderhoff in der Einführung zu diesem Band auf »das Andenken eines Vergessenen« an, das er mit seiner Publikation erneuern wolle. Dieser Essayband hatte offenbar einen gewissen Erfolg, denn er wurde 1942 und 1954 neu aufgelegt. Darüber hinaus publizierte Heyderhoff zwei weitere Bände mit Aufsätzen

Hillebrands[9], die aber ebenfalls bereits durch die erwähnte Hauptsammlung bekannt waren.

Noch unter dem Eindruck der schrecklichen Erfahrungen des Zweiten Weltkriegs griff 1955 der Germanist und Kunsthistoriker Hermann Uhde-Bernays (1875–1965) auf die Figur des Weltbürgers, des Mahners für ein Bündnis zwischen Deutschland und Frankreich – im Interesse beider Staaten und aus kultureller Notwendigkeit – zurück und veröffentlichte fünf wichtige, unbekannte Essays, die ursprünglich in französischer und englischer Sprache erschienen waren, darunter einen 1872 in der »North American Review« publizierten, beachtenswerten Aufsatz über Herder.[10] Uhde-Bernays schrieb zu seiner Edition ein umfangreiches, teils biographisches, teils Hillebrands Werke auslegendes Nachwort[11], in dem er als erster mit Recht auf die große Bedeutung hinwies, die Hillebrands Vater, der Philosoph und Literaturhistoriker Josef Hillebrand (1788–1871), auf die Erziehung, Bildung und geistige Entwicklung des Sohnes hatte. Er war der Auffassung, dass Hillebrand eine einmalige Erscheinung im deutschen Geistesleben darstelle und gleichrangig neben Jakob Burckhardt gestellt werden könne: »Wie Burckhardt ist Hillebrand dazu bestimmt, ein getreuer Lehrer und ein ernsthafter Mahner jener Menschen zu sein, die gegen alle äußeren und inneren Feinde ihrer Ideale und ihrer humanistischen Bildung ihre letzten Kräfte einsetzen wollen.«[12]

Seither ist eigentlich nichts weiteres von der vielseitigen, breit gestreuten und regen publizistischen Tätigkeit Hillebrands neu veröffentlicht bzw. wieder herausgegeben worden. Die wichtigsten unter seinen Beiträgen zu den preußischen und deutschen politischen Zuständen der 60er Jahre, die in französischen Zeitungen und Zeitschriften erschienen, wurden bereits in der 1867 publizierten Sammlung »La Prusse contemporaine« in Buchform zugänglich gemacht. Darüber hinaus erschienen 1873, in einem Band vereinigt, einige seiner Anfang der 70er Jahre für die »Allgemeine Zeitung« verfassten Artikel über das moderne Frankreich und die Franzosen als erster Band der »Völker, Zeiten und Menschen«.[13] Dagegen sind bis heute seine regelmäßigen Beiträge der 70er Jahre zu den deutschen und italienischen historisch-politischen und gesellschaftlichen Zuständen, die in der »Allgemeinen Zeitung« und in der »Deutschen Rundschau« sowie in der »Nuova Antologia« und in der »Rassegna Settimanale« veröffentlicht wurden und seinen lebhaften Anteil an der politisch-publizistischen Auseinandersetzung in Deutschland und in Italien belegen, meist unbeachtet geblieben und folglich nicht genügend ausgewertet worden. Dies stellt eine Lücke dar, die, zusammen mit der Edition seines weit verstreuten Briefwechsels, geschlossen werden sollte, da die 70er Jahre, als er in Florenz lebte, sein fruchtbarstes und reifstes Lebensjahrzehnt darstellen, das Jahrzehnt seiner höchsten Leistung.

Nach dem Zweiten Weltkrieg begann sich aber auch die akademische Welt für Hillebrand zu interessieren, und zwar vor allem für den hervorragenden, brillanten Essaysten, für den politisch interessierten Publizisten, für den Literaturhistoriker, für den Vermittler zwischen den großen Kulturen des europäischen Abendlandes, schließlich für den Vertreter der klassisch-humanistischen und idealistischen Kultur. Zum Gegenstand wissenschaftlichen Interesses wurde Hillebrand auch als Vertreter einer an den klassischen Vorbildern, stark individualistisch-aristokratisch gesinnten, von Schopenhauer und Burckhardt beeinflussten Ästhetik, denn in seiner Auffassung war die Kunst Auslegerin der Natur und zugleich Ausdruck einer inneren Wahrheit, einer Idee, höchste Manifestation des menschlichen Geistes und Objekt eines intuitiven, irrationalen Aktes. Von all dem legen die in jenen Jahren vorgelegten Dissertationen von Klein[14], Morgenthaler[15], Haupts[16], Wolffheim[17], und vor allem die grundlegende, 1960 erschienene Monographie von Mauser[18] Zeugnis ab.

Nach dem biographischen Versuch Uhde-Bernays' stellt Mausers Buch die erste breite wissenschaftlich-kritische Untersuchung über Hillebrands bewegtes und reiches Leben dar, das Leben eines außergewöhnlichen Vertreters des humanistischen, individualistisch-aristokratischen Bildungsideals im Sinne Goethes und Wilhelm von Humboldts, das es für ihn im neuen deutschen Nationalstaat unbedingt zu bewahren galt. Darüber hinaus untersucht der Autor seine »geistige Welt«, sein Bildungsideal, seine politischen Ideen, sein historisches Werk, seine Auffassung der Geschichte und der Kunst, während der dritte Teil der Arbeit sich mit der literarischen Form von Hillebrands Essays befasst, einem Genre, in dem er, nach Mauser, all die deutschen Essayisten seiner Generation überragt und einigen hervorragenden französischen und englischen Persönlichkeiten gleichgestellt werden kann: »In ihrer Einmaligkeit und in ihrer Einheit erscheinen die Essays Hillebrands als Kunstwerke, die sich von der Dichtung nur durch ihre Art und Form, nicht aber durch das Maß an künstlerischer Geschlossenheit unterscheiden.«[19] Ähnliche Ansichten waren vor ihm 1955 von Uhde-Bernays[20], 1900 von Richard M. Meyer[21], 1884 von Ludwig Bamberger[22] vertreten worden.

Nach Mauser besteht die Bedeutung seines geistigen Schaffens nicht in seiner philosophischen Erkenntnis oder in seiner geschichtlichen Einsicht, sondern in seiner menschlichen Erfahrung, in seiner Vermittlerrolle zwischen den Kulturen, in seinem Europäertum:

> Lebenserfahrung in den führenden europäischen Kulturvölkern und ein waches Auge für all das, was verbindend und trennend zwischen Menschen und Völkern steht, bestimmte das schriftstellerische Talent Hillebrands und führte es einer Tätigkeit zu, der wir im neueren Europa höchste Bedeutung zumessen: der Vermittlung zwischen Parteien und Völkern.[23]

Wie Mauser selbst fast ein halbes Jahrhundert nach der Publikation seines Hillebrand-Buches rückblickend bekennt, näherte er sich als junger Wissenschaftler der Figur Hillebrands nicht aus Interesse für dessen historisches Denken, das Mauser kurz und bündig als dem Geschichtsdenken des 19. Jahrhunderts verpflichtet definiert, sondern vor allem aus Interesse für deren »kulturanthropologische und völkerpsychologische Betrachtungsweise, die Hillebrand aus eigener Anschauung entwickelte«.[24]

Abgesehen vom Buch Mausers und den oben erwähnten Dissertationen bleiben die Erwähnungen Hillebrands in der Sekundärliteratur von den 80er Jahren des 19. bis in die 80er Jahre des 20. Jahrhunderts hinein vereinzelt und mehr oder weniger flüchtig.[25] Wenn seiner gedacht wird, dann fast nur seiner Rolle als der »ehemalige Sekretär Heines«, der er während seines Pariser Aufenthaltes 1849–1850 gewesen ist, oder als eines der ersten deutschen Intellektuellen, der auf die Schriften des jungen Nietzsche mit Anerkennung aufmerksam machte – woraufhin dieser in ihm den »letzten humanen Deutschen, der die Feder zu führen wusste«[26], erkannte; darüber hinaus galt Hillebrand als ausgezeichneter Kenner der Sprachen und Gesellschaften der vier größten westeuropäischen Nationen (Deutschland, Frankreich, England, Italien), als scharfsinniger Ethnopsychologe, als geistreicher Essayist, als Meister der deutschen Schriftsprache.

Daher mutet die Einschätzung überaus zutreffend an, die Rudolf Vierhaus in einem glänzenden, 1975 erschienenen, Hillebrand gewidmeten Aufsatz mit folgenden Worten zusammenfasste:

> In einem Land, in dem Grenzen zwischen Dichtung, Journalismus und wissenschaftlicher Fachprosa noch immer recht stark sind, hat man Hillebrands Essays meist als geistvolle, vielleicht belehrende Unterhaltung durch einen gebildeten Mann verstanden, selten als das, was sie wirklich sind: kluge Analysen eines außerordentlichen Kenners europäischer Kultur und empfindlichen Beobachters seiner Zeit [...][27],

eines kritischen Beobachters, der sich durch die Universalität seiner intellektuellen Interessen und durch seinen ausgeprägten historischen Sinn zweifellos hervortut.

Vierhaus' Aufsatz ist meiner Meinung nach vor allem wegen der Hervorhebung von Hillebrands geschichtlichem Denken bemerkenswert. Er trug zu einer angemessenen Beurteilung von Hillebrands Verhältnis zur Geschichtswissenschaft bei und betonte seinen durch das Studium Herders tief geprägten historischen Sinn, d. h. den Sinn für die allgemeine historische Entwicklung und gleichzeitig für das Besondere und Individuelle in der Geschichte.[28] Dieser Aspekt von Hillebrands historistischem Denken, der in einem gewissen Sinne den Historismusbegriff von Friedrich Meinecke vorwegnimmt, ist kürzlich noch einmal aufgegriffen und vertieft worden.[29]

Darüber hinaus war Vierhaus, allerdings nach Heinz-Otto Sieburg[30], einer der wenigen deutschen Historiker, der den realen Wert von Hillebrands »Geschichte Frankreichs« von 1830 bis 1870 erkannt hat. Durch seinen vorzeitigen Tod blieb dieses Werk, das Hillebrand als sein Hauptwerk ansah[31] und das nach seinem ursprünglichen Plan bis 1870 reichen sollte, unvollendet: Er kam nur bis zum zweiten Band, bis zum Jahr 1848. Vierhaus findet, dass »in der ungemein kenntnisreichen Darstellung der innenpolitischen, gesellschaftlichen und kulturellen Entwicklung der Julimonarchie« dieses Werk »keine Parallele in der deutschen Historiographie« habe.[32] Diese Einschätzung ist bemerkenswert, nicht nur weil sie aus der Feder eines der großen und angesehensten deutschen Historiker des 20. Jahrhunderts stammt, sondern auch weil sie dem geläufigen Urteil über dieses Buch widerspricht. In der Tat, anders als in Frankreich, wo das Werk hochgeschätzt wurde[33], verstummte in Deutschland die Kritik seit seinem Erscheinen nicht: von dem überheblichen Spott des Grafen Paul Yorck von Wartenburg[34] über die, bei aller Anerkennung der Verdienste Hillebrands, vorsichtigen und doch deutlichen Vorbehalte Sybels[35], bis hin zu der Feststellung Uhde-Bernays', dass Hillebrand überhaupt kein Historiker gewesen sei, sondern ein »Meister der Kunst des Essays«.[36] Sie wurde von einem anderen Germanisten, Gerhard Loose, gestützt, der befand, dass Hillebrand »did not incline to the task of the systematic historiographer«, einfach weil er im Grunde ein Essayist war, »and one of the highest order«.[37]

In den 80er Jahren des 20. Jahrhunderts folgte eine Art Wiederentdeckung Hillebrands im Zeichen seines wohl heute sehr zeitgemäß erscheinenden Europäertums, das allerdings bereits Mauser im Jahr 1960 betont hatte. Davon legt sowohl der Hillebrand gewidmete Abschnitt in dem Buch von Jean Nurdin über den Europa-Gedanken in Deutschland im Zeitalter Bismarcks Zeugnis ab als auch der 1986 in Italien erschienene Band, in dem die Beiträge einer 1984 in Florenz veranstalteten Tagung veröffentlicht wurden.[38]

Der Beitrag von Nurdin ist eine gelungene Zusammenstellung und Präsentation der von Hillebrand in seinen Werken vertretenen Meinungen über Europa, über die (west)europäischen Völker, ihren jeweiligen Charakter und ihre wechselvolle historische Entwicklung, die von der nacheinander folgenden Hegemonie jeweils einer Nation über die anderen geprägt wurde. In diesem Zusammenhang erwähnt Nurdin auch das Eintreten Hillebrands für die deutsche Einheit unter preußischer Führung und betont die Tatsache, dass seine letzte Hoffnung »était qu'une Allemagne unifiée contribuât plus encore que l'Allemagne morcelée du 18ème siècle à enrichir la civilisation occidentale«. Nurdin kommt zu dem wohl unbestreitbaren Schluss, dass »l'originalité de son destin est d'avoir uni en une même personne deux types d'Européen: l'émigré politique du 19ème siècle et le cosmopolite du 18ème« und dass »l'idée d'Europe« Hillebrands eigene Persönlichkeit widerspiegele, als eine Union nämlich zwischen »spiritualité allemande et forme latine«. Darüber hinaus sei Hillebrands Europa sowohl »typiquement romano-germanique« als auch »une Europe classique de la culture et de l'art«. Und doch, merkt Nurdin an, »il ne semble pas avoir jamais songé aux ›Etats-Unis d'Europe‹ ou à quelquonque programme d'union politique«, was in der Argumentation Nurdins aus der inneren Überzeugung Hillebrands zu folgen scheint, dass nämlich die Kultur »la priorité sur la politique« habe.[39]

Der Florentiner Tagungsband befasst sich mit dem Werk Hillebrands als Historiker der französischen Julimonarchie, als Sprach-, Literatur-, und Kunstkritiker, als Schulreformator, als unermüdlicher Vermittler zwischen vier europäischen Kulturen. Allerdings kommen auch in diesem Band seine historistische Geschichtsauffassung und die zentrale Rolle, die mit den Jahren die Geschichte und die Überlegungen über sie in seiner geistigen Welt, in seiner Anschauung von Kultur und Politik einnahmen, recht wenig zur Geltung.

Das bisher Dargelegte mag ausreichen, der 1991 vertretenen Meinung eines Literaturwissenschaftlers entgegenzutreten, dass Hillebrand heute fast vergessen sei.[40] Das Blickfeld dieses Autors ist auf die deutschsprachige Literatur über Hillebrand beschränkt. Fremdsprachige Publikationen wurden nicht in Betracht gezogen. Dagegen sprechen aber speziell der oben erwähnte Beitrag von Jean Nurdin und die Florentiner Tagung, aber auch ein Aufsatz über unbekannte literarhistorische Beiträge, die der junge Hillebrand 1860–1862, noch während seines Aufenthalts in Bordeaux, zu französischen Übertragungen einiger Werke Schillers und zu Flauberts »Salammbô« in der lokalen Zeitschrift »La Gironde« veröffentlichte.[41]

In seinem langen Aufsatz konzentriert sich Gerwin Marahrens zunächst auf die Darstellung der literarischen und ästhetischen Auffassungen Hillebrands, um sich danach seiner Geschichtsauffassung anzunehmen, wobei er sowohl Hillebrands humanistisch-idealistischen und kulturphilosophischen als auch seine politischen und sozialen Ansichten als »äußerst problematisch« einschätzt, weil er sie offenbar nicht für fortschrittlich und weitsichtig genug hält.[42] Die Methode, derer sich Marahrens dabei bedient, ist das Nebeneinanderstellen einiger Zitate aus den Schriften Hillebrands, die für sich genommen wenig kohärent klingen und die Gedankenwelt Hillebrands als nicht homogen, widersprüchlich, reaktionär, zum Teil sogar absurd erscheinen lassen. Auf diesem Weg kommt Marahrens unausweichlich zu dem Schluss, dass sich Hillebrands geistiger Einfluss notwendigerweise nach seinem Tode merklich verringern musste. Diese Erklärung für Hillebrands geringen Nachruhm ist, wie jeder sieht, derjenigen von Vierhaus diametral entgegengesetzt.

Ich gebe hier nur ein Beispiel, um die fragwürdige Vorgehensweise Marahrens' vor Augen zu führen. Marahrens zitiert die zuversichtliche, Anfang der 70er Jahre formulierte Hoffnung Hillebrands, nach der im neuen deutschen Staat eine neue Kultur entstehen könne, und fährt fort:

> Auf die Frage, wer der ›bestimmende Faktor in der deutsch-nationalen Kultur‹ sein werde, der in England ›die Land-Aristokratie‹, in Frankreich ›der Hof‹, in Italien ›das städtische Patriziat‹ gewesen wäre, gibt Hillebrand die kulturgeschichtlich wahrlich wenig divinatorische Antwort: ›das Heer‹.[43]

So dargestellt, erscheint Hillebrands »Antwort« natürlich recht verblüffend. Viel weniger eigenartig hätte sie geklungen, wenn Marahrens diese Antwort in ihren richtigen und eigentlichen Kontext gestellt hätte. Hillebrand machte diese Äußerung Anfang der 70er Jahre im Rahmen seiner Überlegungen über die Notwendigkeit für die Deutschen, ihren Staat nach 1870 auszubauen,

> […] ihn wohnlich und gefällig zu machen, was er durchaus noch nicht ist; wir haben eine gesittete Gesellschaft zu schaffen, die noch nicht existirt; wir müssen unsere Philosophen und Dichter, die dem ›Gebildeten‹ fremd geworden, wieder in unser Fleisch und Blut dringen lassen; wir müssen unsere Sprache, unsere Sitten säubern und veredeln – kurz, wir haben noch das meiste zu thun ehe wir, mit unserer nationalen Kultur befriedigt, hochmüthig auf andere Nationen herabschauen dürfen.[44]

Das aber, argumentiert Hillebrand weiter, könne nicht das Werk der Gelehrten und der Wissenschaft allein sein, die in Deutschland lange Zeit den Ton angegeben hätten. In den ausschlaggebenden Momenten der deutschen Einigung, den Kriegen von 1866 und 1870, seien nicht sie, sondern andere Kräfte die Hauptakteure gewesen: »ein hochgebildeter patriotischer Beamtenstand, ein Nationalheer [...] und ein zahlreicher Kleinadel«.[45] Einst habe die »nationale Lebenskraft« bei jenen »gelehrten Gebildeten« gelegen; nun aber fragten selbst einige von ihnen, ob sie nicht auf andere Gruppen und Schichten übergegangen sei.[46] Das ist also der Kontext, in dem Hillebrand auf die Rolle des Heeres im Prozess der Erneuerung der deutschen Kultur im neuen Staat zu sprechen kam.

Man könnte vielleicht hinzufügen, dass Hillebrand hier das Heer als *pars pro toto* derjenigen Gesellschaftsklasse angibt, die seiner Meinung nach die kulturelle Erneuerung in Deutschland hätte herbeiführen sollen. Diese Klasse war der »höhere Mittelstand«, eine Schicht, die »überall auf dem Festlande die leitende geworden ist, bei uns aber besonders zahlreich und entwickelt auftritt«, und die sich in Deutschland sowohl aus dem »arbeitsamen idealerfüllten Jüngling« als auch aus dem »ruhighumanen Stabsoffizier« wie aus dem »wissenschaftlich gebildeten, gewissenhaften Beamten« zusammensetzte; es war jener Mittelstand,

»welcher zugleich Erzeuger und Träger der geistigen Kultur ist«, und zu dem, wie er einmal mit größerer Ausführlichkeit erläuterte, Grundbesitzer, Großhändler, Fabrikherren, Ingenieure, Offiziere, studierte Beamte, Advokaten, Ärzte, Professoren, Gymnasiallehrer und Künstler gehörten.[47]

Man muss aber auch den breiteren historisch-geistigen Kontext berücksichtigen, um die Behauptung Hillebrands richtig einzuschätzen. Hier ist vielleicht die Äußerung eines radikalen Demokraten und Republikaners wie Moritz Hartmann hilfreich, eines Intellektuellen, der, anders als Hillebrand, gleich nach 1864 bzw. 1866 ein scharfer, hellsichtiger Kritiker des Bismarckreiches war, und dessen kulturpolitische und soziale Ansichten in Marahrens' Augen sicherlich nicht so »äußerst problematisch« wären wie diejenigen Hillebrands. 1858 gab Hartmann seiner großen Bewunderung für die materiellen, kulturellen und moralischen Fortschritte Ausdruck, die das deutsche Bürgertum erzielt hatte, und fasste seine Beobachtungen mit folgenden Worten zusammen: »Die Summe der allgemeinen Bildung ist überraschend groß; unter Bourgeois u. Offizieren findet man Leute, wie nur in Frankreich oder England«.[48] Demzufolge erkannte Hartmann, wie Hillebrand, in dem Heer einen (neuen) Träger der deutschen Kultur. Ganz offenbar war diese Ansicht, die Marahrens so sehr bei Hillebrand tadelt, in den zentralen Jahrzehnten des 19. Jahrhunderts gemeines Gedankengut des gebildeten, politisch interessierten, bzw. engagierten deutschen oder deutschsprachigen Bürgertums.

Weiter erscheint mir die sich auch auf Behauptungen Mausers stützende Meinung Marahrens, nach der Hillebrand die Nation nur »in ihren Kulturträgern« erfasst und die politisch-wirtschaftlichen Aspekte außer Acht gelassen hätte[49], ein Missverständnis der Weltanschauung und der Geisteshaltung Hillebrands, welche beide, ganz im Gegenteil, auf einem engen, nie aufgegebenen Ineinanderwirken von Geschichte, Kultur und Politik beruhen. Mir scheint, dass die Darstellung von Marahrens auf einem grundlegend falschen Verständnis von Hillebrands Denken basiert. Letzteres ist tief von seinem Historismus, von seiner historistisch Herderschen Auffassung des Lebens, der Kultur und der Geschichte geprägt, welche seinem Denken eine innere Kohärenz verleiht. Darüber hinaus kennzeichnet den politischen Emigranten und Europäer Hillebrand die Tatsache, dass er frei war

> [...] von Nationalismus, frei ebenso von Antimodernismus wie von naivem Zukunftsoptimismus und revolutionärem Aktivismus. Was er verteidigte, war die Kontinuität der kulturellen Überlieferug Europas, und woran er festhielt, war ein ›aristokratisches‹ (nicht exclusives) Verständnis von Bildung.[50]

Abschließend möchte ich diesem Literaturbericht ein paar Bemerkungen hinzufügen. Meiner Meinung nach ist es heutzutage nicht mehr so sehr die Frage,

Hillebrand aus der Vergessenheit, in die er angeblich geraten sei, herauszuholen, sondern vielmehr gilt es zu versuchen, sein Bild, das vielfach von der Sekundärliteratur verzerrt worden ist, in ausgewogener Weise zu rekonstruieren.

Bei aller Bewunderung sowohl für die Breite seiner Kultur und seiner geistigen Interessen als auch für seinen persönlichen Charme im Gespräch, für seine vornehme und geistreiche Geselligkeit und die Wirkung auf die Menschen seiner Umgebung, für die sprachliche Eleganz seiner Schriften, welche ihn von den meisten deutschen Intellektuellen und besonders von den Akademikern seiner Zeit abhebt, bei aller Wertschätzung seines Europäertums, seiner Bemühungen um die Verständigung zwischen den Nationen und um Vermittlung zwischen den vier wichtigsten Kulturen Westeuropas, ist sein spekulatives Denken als nicht systematisch, nicht originell, als eklektisch abgetan worden: Er sei »kein systematischer und origineller Denker, sondern viel mehr eine rezeptive Natur, die verschiedenartigen geistigen Einflüssen geöffnet, Widersprüchliches zu harmonisieren suchte«; es fehle ihm »an tatsächlichem Rang und an geistigem Format«.[51] Geprägt von der einheitlichen Weltsicht des Idealismus hätte er jedoch vergeblich versucht, in seinen Schriften eine Wirklichkeitsdeutung zu entwickeln; ihm hätte in der Tat die geistige Kraft gefehlt, um das einheitliche Weltverständnis des Idealismus, das er verbreitete und propagierte, auch zu realisieren.[52]

Was sein historisches Denken angeht, so ist Hillebrand als ein Epigone dargestellt worden, der fast nichts anderes gemacht habe, als die oberflächliche und unfruchtbare Luft der Salons zu atmen, und dem es am *coup d'oeuil* des wahren Historikers gemangelt hätte[53]; er sei »un épigone qui aurait mal assimilé l'enseignement de Herder, de Goethe, de Hegel, qui n'aurait pas compris la loi du devenir historique«[54]; sein geschichtliches, stark durch Herder geprägtes Verstehen trüge nicht »den Glanz des Neuen«.[55]

Hillebrands Einstellung zur Kultur, Gesellschaft und Politik ist als elitärer, rückläufiger Konservativismus, als reaktionär, absurd und animiert durch einen »anmaßenden Bildungsdünkel« abgetan worden, bis hin zur Negierung seiner kosmopolitischen Überzeugungen und Bestrebungen.[56]

Hillebrand vorzuwerfen, dass er kein systematischer Philosoph gewesen sei, scheint mir überflüssig und abwegig zu sein, denn es ist evident, dass er es weder war noch sein wollte. Jedoch glaube ich, dass er ein Mensch war, der wichtige Elemente oder Impulse der philosophischen Hauptrichtungen seiner Zeit synkretistisch in sich wirken ließ. In anderen Worten: In ihm konvergieren verschiedene geistige Wirkstoffe, nämlich die des Idealismus, des Herderschen Historismus, des Liberalismus und schließlich des Pessimismus seiner letzten Lebensjahre. All dies rezipierte, bewältigte und verarbeitete seine zur philosophischen Reflexion und das Wesen der Dinge erfassende Anschauungskraft, aber auch seine zur künstlerischen Schöpfung veranlagte, kultivierte Natur. Er versuchte stets, an seine Geistesarbeit, sei sie literarisch oder historisch, zugleich als Künstler, als Gelehrter und als Denker heranzugehen.

Jene Konvergenz von unterschiedlichen geistigen, philosophischen Elementen prägt seine Auseinandersetzung mit politischen, gesellschaftlichen, kulturellen Fragen entscheidend. Daher konnte ein Philosoph am Beginn des 20. Jahrhunderts über ihn schreiben:

> Gewiß der Meister des Essays war kein Philosoph, aber daß seine Aufsätze […] noch auf den Leser wirken, verdanken sie außer ihrer vollendeten Form vor allem ihrem philosophischen Geiste. Hillebrand war ein philosophischer Mensch, nicht nur nach Herkunft und Bildung als Sohn eines Hegelianers und Epigone unserer großen Zeit, nein, auch durch die Anlage seines Geistes, dem es angeboren zu sein schien, das zeitlich Wechselnde sub specie aeterni zu erblicken. Nur fehlte ihm wie vielen andern seiner besten Zeitgenossen der Wille zum System.[57]

Diesem Urteil möchte ich zustimmen und würde vielleicht nur hinzufügen, dass Hillebrands Geist grundsätzlich von der deutschen, im 18. Jahrhundert wurzelnden historisch-philosophischen Weltanschauung gezeichnet war, von jener, nach der Definition Meineckes »deutschen Bewegung«[58], der Vorläuferin des Historismus, über die Hillebrand bereits Ende der 50er Jahre, als er noch in Frankreich lebte, anfing nachzudenken, um sie sich zu Eigen zu machen. Denn am 7. Juni 1868 schrieb er aus Douai an Alfred von Reumont: »Mein großes Werk wird im Frühling 1869 zu erscheinen anfangen. Es werden da wohl zehn Jahre Arbeit drin stecken. Es ist eine innere Geschichte Deutschlands seit hundert Jahren«.[59] Dieses »große Werk« erschien nicht 1869, und auch nicht in den folgenden Jahren, als Hillebrand in Folge des deutsch-französischen Kriegs nach Florenz übersiedelte. Das ist aber der früheste Hinweis auf seine intensive Auseinandersetzung mit der »deutschen Bewegung«, die für ihn grosso modo mit dem Ende des Siebenjährigen Kriegs einsetzt und bis zum Tode Goethes reicht. Er wird dieses Werk erst 1880 in London, in englischer Sprache mit seinen »Six Lectures on the History of German Thought from the Seven Years' War to Goethe's Death« vorlegen.

Hillebrand war vor allem ein historisch denkender Mensch, und sein Historismus war sowohl von der Herderschen Idee der ständigen, organischen Entwicklung jedes historischen Gebildes und von dessen Individualität und Einmaligkeit als auch von dem Hamannschen Gedanken der intuitiven Erfassung der Totalität menschlicher Phänomene geprägt. Diese historisch-philosophische Einstellung ist der rote Faden, der sich durch sein Denken zieht und ihm auch eine gewisse Kohärenz verleiht. Am 22. April 1882, fast am Ende seines nicht langen Lebens, schrieb er an Ludwig Bamberger:

Sie sehen in meinen Antipathien gegen die Demokratie Anwandlungen von Romantik; ich glaube, da thun Sie mir schweres Unrecht, lieber Freund. Nichts ist mir fataler als das romantische *clair-obscur*. Ich fühle mich nur wohl, geistig und moralisch, in klarer, heller Atmosphäre. Meine Hochschätzung aller Tradition, alles deßen was ›grau vor Alter‹ ist, und *nicht* erworben, sondern ererbt, hat gar Nichts Romantisches. Ich würde es eher historisches Gefühl nennen, das freilich sehr stark in mir ausgeprägt ist. Wie ich im Geistesleben die Anschauung weit über die rationelle Abstraktion stelle, so im Leben, im Privatleben wie im öffentlichen, das Gewordene über das Gemachte. Nie habe ich aber deßhalb dem Machen in der Geschichte, dem Rationalismus im Denken ihr Recht und ihre Bedeutung abgesprochen. Weit entfernt überlebtes Altes erhalten zu wollen, suche ich nur immer nach den Formen oder Gesetzen, welche dem Seienden, Gewordenen adäquat seien. Nie fällt es bei mir ein, Religion und Kirche, Adel und geheiligtes Königthum wieder in's Leben zu rufen, wenn ich dazu irgend eine Macht hätte; wohl aber möchte ich für die moderne Gesellschaft politische und andre Formen finden, die nicht der Abstraktion der Gleichheit, sondern der Wirklichkeit der Ungleichheit entsprächen.[60]

Aus diesem »historischen Gefühl« heraus ergibt sich seine Auffassung von Kultur und Politik. Es war, um nur ein Beispiel zu geben, dieser ausgeprägte historische Sinn, der ihn dazu bewegte, das Vorbild der französischen politischen Evolution für Deutschland abzulehnen und eher einen auf der geschichtlichen Entwicklung basierenden, modern preußischen (das Preußen des »dreifachen Primats« des Heeres, der Künste und Wissenschaften und der Gesetze), vielleicht nur durch manche englische Einflüsse temperierten Weg zu befürworten. Wiederum versuchte er stets die (west)europäische Breite seiner kosmopolitischen Kultur mit seinen historisch begründeten, preußisch-nationalen und liberal-konservativen Anschauungen zu vereinigen, weil er davon überzeugt war, dass das der einzige Weg sei, sowohl um den neuen, modernen deutschen Staat harmonisch in das geschichtlich gewordene, europäische Staatensystem des 19. Jahrhunderts zu integrieren, als auch um die herbeigesehnte kulturelle Erneuerung in Deutschland zu ermöglichen. Letzteres war, seiner Meinung nach, nur möglich, wenn man, wie er an Berthold Auerbach 1881 schrieb, »den Geist unserer Väter« in die neuen Zustände hinüberretten würde.[61]

Derselbe historische Sinn, die Empfindung des Ineinanderwirkens von Vergangenheit und Gegenwart, des »dynamischen Hinüberwirkens des geschichtlichen in das gegenwärtige Leben und vice versa«, wie es Meinecke ausdrückte[62], gab ihm daher auch die Hoffnung, im neuen Reich das Erbe der Goethezeit mit dem Geist der Bismarckzeit vereinigen zu können. Das wäre für ihn die neue »Form« gewesen, die dem »Seiendem«, dem »Gewordenen« hätte »adäquat« sein können.

Noch in den 70er Jahren war gerade sein Historismus die geistige Kraft, die ihn anspornte, den »sterilen Hochmuth« abzulehnen, »der unsere Generation als Zweck und Vollendung der weltgeschichtlichen Entwicklung hinstellt«, sie als eine epigonale Erscheinung bewertete, welche die Zukunft als etwas Wertloses darstellte und hingegen eine »schaffende Thätigkeit« zu befürworten, »welche auf jene Zukunft als etwas Wirkliches hinwirken möchte«.[63] Wiederum war es sein von Hamann und Herder durchtränktes Denken, das ihn veranlasste, die Dinge und die Menschen »auf dem Standpunkte der Vogelperspektive«[64] anzuschauen und das, was er als das »aufstrebende Nationalleben« in Deutschland ansah, als eine Totalität, als eine große Individualität zu betrachten, die es nicht durch »skeptische Detailkritik« verkümmern zu lassen galt.[65]

Die 70er Jahre galten ihm als eine Durchgangsperiode, in welcher er mit einem für die Liberalen typischen Optimismus eine neue deutsche Verfassung aus dem preußisch-bürokratischem Regime sich herausbilden sah:

> Welches die Verfassung sein wird, die sich aus unseren gesellschaftlichen und historischen Verhältnissen entwickeln wird, kann niemand voraussagen: aber bis jetzt war unsere staatliche Entwicklung so normal und gesund, daß wahrlich an der Zukunft nicht zu zweifeln oder gar zu verzweifeln ist.[66]

Die Tatsache, dass er sich irrte, dass diese Einschätzung oder diese Hoffnung sich als ein Trugbild entpuppte, tut der inneren Kohärenz seiner Gedankenwelt keinen Abbruch.

Und auch sein Verständnis der Kunst, mit seiner Polemik gegen die im Zuge der Winckelmann-Rezeption durchgesetzte »Diktatur« griechischer Normen; mit seinem Plädoyer für das Abwarten, dass »ein geistiger, gesellschaftlicher und sittlicher Zustand, wie der griechische war«, herbeigeführt wird, »der dann notwendig ebenso vollendete, obwohl von den griechischen ganz verschiedene Kunstwerke hervorbringen würde als jene antike Zustände«[67]; schließlich mit seiner Überzeugung, dass die Erneuerung der zeitgenössischen Kunst aus Deutschland kommen würde, ist tief in seinem Historismus verwurzelt und gleichzeitig ein Beispiel »eines politisierten Ästhetizismus«.[68]

Ich glaube, dass die gegenseitige schöpferische Ergänzung von Kultur und Politik im Zeichen des geschichtlich Gewordenen ein Element ist, das Hillebrand von zeitkritischen Repräsentanten seiner Epoche, wie etwa Burckhardt und Nietzsche, unterscheidet. Seinem Denken innere Kohärenz und geistige Tiefe abzusprechen, ist meines Erachtens nicht gerechtfertigt. Vielmehr denke ich, dass man Hillebrands außergewöhnlichem, so vielseitig begabtem wie faszinierendem Geist mehr Gerechtigkeit widerfahren ließe, wenn man die eben dargelegten Überlegungen mit dem Fazit zusammenfasst: In einem gewissen Sinne ist er den Reizen wie den Gefahren des Historismus erlegen.

Anmerkungen

[1] Friedrich Meinecke: Autobiographische Schriften. Hrsg. von Eberhard Kessel. Stuttgart 1969, S. 450f.

[2] Vgl. Hermann Hüffer: Heine und Karl Hillebrand. – In: ders.: Heinrich Heine. Gesammelte Aufsätze. Hrsg. von Ernst Elster. Berlin 1906, S. 100–104, und HSA XXVI K, 263f.

[3] Karl Hillebrand: Geschichte Frankreichs von der Thronbesteigung Louis Philippes bis zum Falle Napoleons III. Teil 1: Die Sturm- und Drangperiode des Julikönigtums (1830–1837). Gotha 1877 (^{2}1881); Teil 2: Die Blütezeit der parlamentarischen Monarchie (1837–1848). Gotha 1879; Ergänzungsheft zum ersten Band: Die Julirevolution und ihre Vorgeschichte (1814–1830). Gotha 1881.

[4] Karl Hillebrand: Six Lectures on the History of German Thought From the Seven Years' War to Goethe's Death. Delivered at the Royal Institution of Great Britain May & June 1879. London 1880.

[5] Vgl. Otto Crusius: Friedrich Nietzsche und Karl Hillebrand. Unveröffentlichte Briefe. – In: Süddeutsche Monatshefte 6/2 (1909), S. 129–142; Julius Heyderhoff: Briefe Hillebrands an Sybel und Treitschke. – In: Kriegshefte der Süddeutschen Monatshefte, 12 (Oktober 1914 bis März 1915), S. 96–104; ders.: Hillebrand über seine Geschichte Frankreichs. Ein Brief an Heinrich von Sybel. – In: Historische Zeitschrift 116 (1916), S. 112–116; ders.: Aus der Werkstatt eines guten Europäers. Ausgewählte Briefe Karl Hillebrands. – In: Preußische Jahrbücher 226 (1931), S. 39–50; ders.: Briefe Karl Hillebrands. – In: Corona 4 (1934), S. 562–575.

[6] Vgl. Marie Lipsius La Mara (Hrsg.): Briefe hervorragender Zeitgenossen an Franz Liszt. Leipzig 1904, S. 189f. und 197f.; Hans von Bülow: Briefe und Schriften. Bd. 4–7. Leipzig 1899–1908.

[7] Z.B. an Gino Capponi oder Alessandro D'Ancona. Einige Stücke aus dem Briefwechsel Hillebrands mit italienischen Korrespondenten (Capponi, Quintino Sella, Pasquale Villari) finden sich bei Wolfram Mauser: Incontri italiani di Karl Hillebrand. – In: Nuova Antologia a. 92, vol. 469, fasc. 1876 (1957), S. 541–550. Hillebrands Korrespondenz mit dem italienischen Historiker Pasquale Villari ist von mir ediert worden. Vgl. Anna Maria Voci (Hrsg.): »Un anello ideale fra Germania e Italia«. Corrispondenze di Pasquale Villari con storici tedeschi. Rom 2006, S. 319–365.

[8] Karl Hillebrand: Geist und Gesellschaft im alten Europa. Literarische und politische Porträts aus fünf Jahrhunderten. Hrsg. von Julius Heyderhoff. Stuttgart 1941.

[9] Karl Hillebrand: Englischer Geist, englischer Charakter. Eindrücke aus der viktorianischen Zeit. Hrsg. von Julius Heyderhoff. Düsseldorf 1946; ders.: Französischer Geistesspiegel 1830–1880. Hrsg. von Julius Heyderhoff. Düsseldorf 1947.

[10] Karl Hillebrand: Unbekannte Essays. Aus dem Französischen und Englischen übersetzt und mit einem biographischen Nachwort »Joseph und Karl Hillebrand«. Hrsg. von H. Uhde-Bernays. Bern 1955.

[11] Vgl. ebd., S. 283–396.

[12] Ebd., S. 7.

[13] Karl Hillebrand: Frankreich und die Franzosen in der zweiten Hälfte des 19. Jahrhunderts. Eindrücke und Erfahrungen, Berlin 1873 (^{2}1874; ^{3}1879 und 1886).

[14] Heinz Walther Klein: Studien zur Weltanschauung und Ästhetik Karl Hillebrands. Diss. Bonn 1949.

[15] Hubert Morgenthaler: Der Essayist Karl Hillebrand. Diss. Freiburg i. Br. 1958.

[16] Leo Haupts: Karl Hillebrand als Publizist und Politiker. Diss. Köln 1959.
[17] Elisabeth Wolffheim: Die literarischen Prinzipien Karl Hillebrands. Diss. Hamburg 1961.
[18] Wolfram Mauser: Karl Hillebrand. Leben, Werk, Wirkung. Dornbirn 1960.
[19] Ebd., S. 266.
[20] Vgl. Uhde-Bernays (Hrsg.): Hillebrand: Unbekannte Essays [Anm. 10], S. 363 und 368ff.
[21] Vgl. Richard M. Meyer: Geschichte der deutschen Literatur im neunzehnten Jahrhundert. Berlin 1900, S. 590.
[22] Vgl. Ludwig Bamberger: Karl Hillebrand. – In: ders.: Charakteristiken. Berlin 1913, S. 137–169, hier S. 169.
[23] Mauser: Karl Hillebrand [Anm 18], S. 265.
[24] Wolfram Mauser: »Am Ende ist immer das Fälligste was uns zufällt« (Max Frisch). Wie ich zu psychoanalytischer Literaturbetrachtung fand. – In: Literatur und Psychoanalyse. Erinnerungen als Bausteine einer Wissenschaftsgeschichte. Hrsg. von Wolfram Mauser und Carl Pietzcker. Würzburg 2008, S. 39–60, hier S. 45.
[25] Die entsprechenden Angaben sind bei Mauser: Karl Hillebrand [Anm. 18], S. 285–287, zusammengestellt.
[26] Friedrich Nietzsche: Werke in drei Bänden. Hrsg. von Karl Schlechta. Bd. 2. München 1954, S. 1114.
[27] Rudolf Vierhaus: Zeitgeschichte und Zeitkritik im essayistischen Werk Karl Hillebrands. – In: Historische Zeitschrift 221 (1975), S. 304–325, hier S. 305; wiederabgedr. in: ders.: Vergangenheit als Geschichte. Studien zum 19. und 20. Jahrhundert. Hrsg. von Hans Erich Bödeker, Benigna von Krusenstjern und Michael Matthiesen. Göttingen 2003, S. 370–389.
[28] Ebd., S. 316.
[29] Vgl. Anna Maria Voci: Prima di Meinecke. Karl Hillebrand e l'origine dello storicismo. – In: L'Acropoli 8 (2007), S. 566–588; wiederabgedr. in dies.: Il Reich di Bismarck. Storia e storiografia. Rom 2009, S, 175–203; deutsche Fassung: Karl Hillebrand und die Entstehung des Historismus. – In: Storia della Storiografia 54 (2008), S. 89–113.
[30] Vgl. Heinz-Otto Sieburg: Deutschland und Frankreich in der Geschichtsschreibung des 19. Jahrhunderts (1848–1871). Wiesbaden 1958, S. 293ff.
[31] »L'oeuvre de ma vie« nennt es Hillebrand in seinem Brief an G. H. Desbats. Pasquale Villari: Uno scritto inedito del prof. Carlo Hillebrand. – In: Rivista Storica Italiana 3 (1886), S. 964–970, hier S. 970.
[32] Vierhaus: Zeitgeschichte [Anm. 27], S. 307.
[33] Vgl. die Angaben bei Mauser: Karl Hillebrand [Anm. 18], S. 125 und Anm. 144, bei Greeley Stahl: Karl Hillebrand à Bordeaux. Documents retrouvés. – In: Revue historique de Bordeaux et du Département de la Gironde 27 (1978/1979), S. 99–117, hier S. 99f., und bei Leandro Perini: Heinrich Heine, Karl Hillebrand e la Monarchia di Luglio. – In: Karl Hillebrand eretico d'Europa. Atti del Seminario (1–2 novembre 1984). Hrsg. von Lucia Borghese. Florenz 1986, S. 155–181, hier S. 175, Anm. 57.
[34] »Hier habe ich in den II. Band der Geschichte Frankreichs von Hillebrand hineingesehen. H. ist ein Feuilletonist, aber kein Historiker. Geistige und äußere Thatsachen werden von ihm zu Hauf getragen und nach einander vorgewiesen, indem Phrasen die Verbindungsglieder abgeben. Die Struktur der Zeitpsyche erkennt er nicht. Es fehlt eben an Philosophie.« Brief an Wilhelm Dilthey, 8. Oktober 1879. Briefwechsel zwischen Wilhelm Dilthey und dem Grafen Paul Yorck v. Wartenburg 1877–1897, Halle a. d. S. 1923, S. 14.
[35] Vgl. seine Besprechung in: Historische Zeitschrift 45 (1881), S. 153–160.

³⁶ Uhde-Bernays (Hrsg.): Hillebrand: Unbekannte Essays [Anm. 10], S. 368.
³⁷ Gerhard Loose: Rezension zu Hillebrand: Geist und Gesellschaft im alten Europa [Anm. 8], Aufl. von 1954 – In: Modern Language Notes 72 (1957), S. 557–560, hier S. 558. Eine Zusammenstellung der Rezensionen zu Hillebrands Werk findet man bei Mauser: Karl Hillebrand [Anm. 18], S. 125, Anm. 44. Mauser behauptet, dass die Aufnahme der zwei Bände auch in Deutschland gut gewesen sei. Ludwig Bamberger, einer der besten Freunde Hillebrands, spricht hingegen von einer nicht ungeteilten Anerkennung, die dieser rein historischen Arbeit Hillebrands seitens der Fachleute zuteil wurde. Vgl. Bamberger: Karl Hillebrand [Anm. 22], S. 161.
³⁸ Vgl. Jean Nurdin: L'idée d'Europe dans la pensée allemande à l'époque bismarckienne. Bern, Frankfurt a. M., Las Vegas 1980, S. 527–560; Karl Hillebrand eretico d'Europa [Anm. 33]. Von Nurdin verweise ich auch auf zwei weitere, kurze Beiträge, die auf die Studie von 1980 basieren: Karl Hillebrand. Un émigré au carrefour des cultures, in: Francia, 14 (1986), S. 381–388, und Un émigré cosmopolite: Karl Hillebrand, in Jean Nurdin: Le rêve européen des penseurs allemands (1750–1950). Lille 2003, S. 160–168.
³⁹ Nurdin: L'idée d'Europe [Anm. 38], S. 530, 532, 553ff. und 558.
⁴⁰ Gerwin Marahrens: Über den problematischen humanistischen Idealismus von Karl Hillebrand, in: Autoren damals und heute. Literaturgeschichtliche Beispiele veränderter Wirkungshorizonte. Hrsg. von Gerhard P. Knapp. Amsterdam 1991, S. 321–366, hier S. 321.
⁴¹ Stahl: Hillebrand à Bordeaux [Anm. 33], S. 104–116.
⁴² Mahrarens: Idealismus [Anm. 40], S. 323 und *passim*.
⁴³ Ebd., S. 340.
⁴⁴ Vgl. Karl Hillebrand: Zeiten, Völker und Menschen, Band II: Wälsches und Deutsches. ²Straßburg 1892, S. 289.
⁴⁵ Ebd., S. 302.
⁴⁶ Ebd., S. 302f.
⁴⁷ Vgl. ders.: Zeiten, Völker und Menschen, Bd. VI: Zeitgenossen und Zeitgenössisches. ³Straßburg 1907, S. 341, 362 und 368.
⁴⁸ Moritz Hartmann an Ludwig Bamberger, 4. Juli 1858. Moritz Hartmann: Briefe. Wien, München 1921, S. 79f. Zu Hartmanns Kritik des neuen deutschen Staates vgl. die Briefe an Bamberger, Max Schlesinger und Ferdinand Hiller, ebd. S. 142–144, 151–155, 157–158.
⁴⁹ Marahrens: Idealismus [Anm. 40], S. 342.
⁵⁰ Vierhaus: Zeitgeschichte [Anm. 27], S. 313.
⁵¹ Haupts: Hillebrand als Publizist und Politiker [Anm. 16], S. 10 und 227.
⁵² Ebd., S. 225 und 227.
⁵³ Klein: Weltanschauung und Ästhetik Karl Hillebrands [Anm. 14], S. 45.
⁵⁴ Nurdin: L'idée d'Europe [Anm. 38], S. 559.
⁵⁵ Mauser: Karl Hillebrand [Anm. 18], S. 265.
⁵⁶ Marahrens: Idealismus [Anm. 40], S. 341f., 359ff. Zum Teil sind diese Einschätzungen auch von Mauser geteilt worden: vgl. z. B. Mauser: Karl Hillebrand [Anm. 18], S. 141 und 150–152.
⁵⁷ So Jonas Cohn in: Logos. Internationale Zeitschrift für Philosophie und Kultur 1 (1910), S. 159.
⁵⁸ Ich beziehe mich natürlich auf Meineckes Entstehung des Historismus.
⁵⁹ Bonn, Universitäts- und Landesbibliothek, Abteilung Handschriften und Rara, S 1062/ Nachlass Alfred von Reumont.
⁶⁰ Dieses Schriftstück ist Teil der Briefe Hillebrands an Bamberger, die in der London School of Economics – Archives, Bamberger Papers, aufbewahrt werden.

[61] Hillebrand an Auerbach, Florenz 18. März 1881. Deutsches LiteraturArchiv Marbach, A. Auerbach.

[62] Friedrich Meinecke: Geschichte und Gegenwart. – In: ders.: Zur Theorie und Philosophie der Geschichte. Hrsg. und eingel. von Eberhard Kessel. Stuttgart 1959, S. 90–101, hier S. 91.

[63] Hillebrand: Zeiten Völker und Menschen II [Anm. 44], S. 314.

[64] Karl Hillebrand: England im 18. Jahrhundert. – In: Deutsche Rundschau 21 (1879), S. 371–398; ein Jahr danach wiederabgedr. u. d. T.: England in the 18th Century. – In: Contemporary Review 37 (1880), S. 1–30; danach erneut abgedr. u. d. T.: Edmund Burke und sein Freundeskreis. – In: Karl Hillebrand: Geist und Gesellschaft im alten Europa. Literarische und politische Porträts aus fünf Jahrhunderten. Hrsg. von Julius Heyderhoff. Stuttgart 1954, S. 99–123, hier S. 106.

[65] Vgl. seinen Brief vom 28.10.1882 an Hermann Grimm. Karl Hillebrand eretico d'Europa [Anm. 33], S. S. 297.

[66] Hillebrand: Edmund Burke [Anm. 64], S. 107.

[67] Karl Hillebrand: Zwölf Briefe eines ästhetischen Ketzers. ²Berlin 1874, S. 12.

[68] So Martin Warnke: Topoi eines ästhetischen Reduktionismus. – In: Karl Hillebrand eretico d'Europa [Anm. 33], S. 41–47: S. 41. Vgl. ferner Johannes Heinßen: Die frühe Krise des Historismus 1879–1900. Das Beispiel der Kunsttheorie. In: Krise des Historismus – Krise der Wirklichkeit. Wissenschaft, Kunst und Literatur 1880–1932. Hrsg. von Otto-Gerhard Oexle. Göttingen 2007, S. 117–146, hier S. 136–137. Heinßen hatte sich schon in seinem Buch: Historismus und Kulturkritik. Studien zur deutschen Geschichtskultur im späten 19. Jahrhundert. Göttingen 2003, S. 288–299 und 522–535 mit den »Kulturdiagnosen« und der Kulturkritik Hillebrands (vor allem bezüglich der Nationalerziehung und der Bildungsdebatte) sowie mit seinen ästhetischen Konzeptionen auseinandergesetzt. Hinsichtlich der »Zwölf Briefe« merkt Heinßen an, dass deren Entstehungszeitraum (1873) derselbe ist wie der von Nietzsches »Unzeitgemäßen Betrachtungen« und weist auf »inhaltliche Anschlußmöglichkeiten und motivische Übereinstimmungen« zwischen diesen Schriften hin. Ebd., S. 526.

Kleinerer Beitrag

Die Erinnerung an Heine in Bayern

Von Stefan Söhn, Augsburg

Kurz nach seinem Englandaufenthalt und unmittelbar vor der Italienreise, genauer vom 26. November 1827 bis zum 2. August 1828, hat Heinrich Heine – er war damals 30 Jahre alt – in Bayern gelebt. Er führte dort die Redaktion von Cottas »Neuen Politischen Annalen«, bewegte sich in der ›besseren Gesellschaft‹, hatte zahlreiche Kontakte zu Künstlern, musste dort die Hoffnung auf die Übernahme einer Professur begraben und überwarf sich schließlich mit dem Münchner Katholizismus und seinen Repräsentanten. Er brach zu seiner Italienreise auf und kehrte nicht mehr dauerhaft nach München zurück. Was erinnert uns heute in Bayern an Heine? Welche sichtbaren Zeichen seines Aufenthaltes gibt es heute noch zu besichtigen?

Anlässlich des 50. Todestages am 17. Februar 1906 hat Hans Maier in der »Münchner Zeitung« beklagt, dass »kein Zeichen« an den Aufenthalt Heines in München erinnert – allerdings zu Unrecht, wie wir sehen werden. In weiser Voraussicht beruhigte er die Münchner:

> Ihr sollt kein Denkmal bauen. Um Gottes und um Heines Willen – nein. Es soll kein unfruchtbarer Streit der Meinungen entstehen, ob Heine ein Guter war oder ein Böser. Nur ein Stück nackten Steins mag man in die Mauer seines Hauses lassen und darin die einzigen Worte graben: »Hier wohnte Heinrich Heine 1828.«[1]

Schon zu Beginn des vorigen Jahrhunderts waren Bestrebungen im Gange, dem Dichter an diesem Hause eine Gedenktafel zu errichten. So findet sich beispielsweise im Stadtarchiv eine Eingabe eines Herrn Dr. Langenbach aus dem Jahre 1903, dass doch »viel weniger bedeutende Männer solche Gedenktafeln in München besitzen«, aus Anlass des bevorstehenden 50. Todestages angeregt wurde, am ehemaligen Wohnhaus Heines in der Hackenstraße eine Gedenktafel anzubringen. Die Eingabe scheiterte am Archivrat von Destouches, der sich folgendermaßen aussprach:

> Wenn auch der Bedeutung Heines in der Literatur und für dieselbe volle Anerkennung und Würdigung gezollt wird und deshalb nicht in Abrede gestellt werden soll, daß es vielleicht einmal angezeigt sein dürfte, die Tatsache, daß der Dichter einst auch in München Aufenthalt genommen, durch eine Gedenktafel der Nachwelt zu überliefern, so darf andererseits nicht außer Acht gelassen werden, daß, wie ein Blick in die Geschichte Münchens lehrt, Hunderte von historisch berühmten Persönlichkeiten, welche nicht bloß in unserer Stadt gewohnt, sondern welche sich auch ganz hervorragende Verdienste um dieselbe erworben haben, bisher noch nicht der Ehre einer Gedenktafel Seitens der Stadt gewürdigt worden sind -- ich glaube mich deshalb [...] dahin äußern zu sollen, es sei der Antrag für spätere Zeit in Vormerkung zu nehmen.[2]

Am 10. November 1956 war es dann soweit[3]; seit jenem Jahr finden wir eine Tafel am Hause Hackenstraße 7, am Radspielerhaus, dessen ehemaliger Besitzer, Kommerzienrat Franz Radspieler, zu Beginn des Jahrhunderts ausweislich eines Aktenvermerks im Stadtarchiv München ebenfalls das Anbringen einer Ehrentafel verweigert hatte.

Im gleichen Jahr beschloss die Stadtverwaltung, in Laim eine Straße nach Heine zu benennen.[4] Seit 1982 gibt es ein Heinrich-Heine Gymnasium in München, nachdem der Schulausschuss der Landeshauptstadt am 21. April 1982 dem Vorschlag der Schule gefolgt war. Anlässlich des 200. Geburtstages ihres Namenspatrons hat die Schule eine beachtliche Festschrift herausgegeben und eine Ausstellung im Pädagogischen Institut des Münchner Schulreferats initiiert.

Im Jahre 1931 – anlässlich des 75. Todestages – wurden Hans Maier und die Münchner von Ernst Heimeran darauf aufmerksam gemacht, dass es sehr wohl bereits seit 1892 eine öffentlich sichtbare Ehrung für Heine in München gab[5], nämlich »jenseits des Siegestores, wo die Literatur zu Hause ist«[6], in luftiger Höhe am Haus Feilitzschstraße 25 in München-Schwabing. Der Baumeister A. Mack hatte Gefallen an den Werken Heines gefunden und den Bildhauer Kielhorn beauftragt, nach dem bekannten Heine-Bild von Julius Giere ein Vollrelief zu modellieren. 1932 erinnerte die »Münchner Post« an das Denkmal und schloss mit der Bemerkung: »Seit vierzig Jahren lächelt er, als wolle er sagen: ich kann warten, bis sich das Volk der Dichter und Denker auch meiner erinnert!«[7]

Genauso wie ihnen seinerzeit die private Ehrung durch den Bauherrn entgangen ist, haben es viele Münchner kaum zur Kenntnis genommen, dass von dem ursprünglich dort verewigten Trio Goethe, Schiller und Heine nur das Duo Goethe und Schiller geblieben war. Zu Beginn des Zweiten Weltkriegs fand ein eifriger SA-Mann, der im vierten Stock des Hauses wohnte, dass dieser »nichtarische Schandfleck« entfernt werden müsse. Die damalige Besitzerin des Hauses, die sich dagegen sträubte, berichtete 1956, dass eines Tages Arbeiter mit einer Leiter anrückten und die Heine-Büste von der Hauswand abhackten. »Danach bekam ich noch eine hohe Rechnung«, beklagte sie sich.[8] Inzwischen ist das Medaillon völlig verschwunden.

Anlässlich seines 165. Geburtstages im Jahre 1962 widerfuhr Heine eine weitere Ehrung: Erich Kästner, der damalige Vorsitzende des PEN-Clubs, gab die Anregung, in München eine Büste zu Ehren Heines aufstellen zu lassen.[9] Ausführender Künstler sollte Prof. Wackerle sein, dessen Tod jedoch die Fertigstellung verhinderte. Der Präsident der Bayerischen Akademie der schönen Künste, Emil Praetorius, erinnerte sich deshalb an die »Große Sitzende«, genannt »Nausikaa«, die Professor Toni Stadler (1888–1982) bereits im Jahre 1956 für die Maxburg neben dem BMW-Pavillon geschaffen hatte. Als Opfer Münchner »Gschamigkeit« und Gegenstand mehrerer Gutachten eines eigens bestellten Kunstausschusses[10] lagerte sie – bestellt und nicht abgeholt – seit einigen Jahren im Garten des Hauses der Kunst.[11] Eine Neufassung dieser Plastik wurde schließlich aufgekauft. Zusammen mit einer kleinen Wasserquelle, einer Inschriftentafel und einer Bronzebank sollte das Ensemble in einer Grotte im Finanzgarten aufgestellt werden. Und wieder gab es Protest: Der damalige Landwirtschaftsminister Hundhammer verweigerte als Nachbar seine Zustimmung zur Aufstellung, weil die Nymphe ihm – damaligen Presseberichten zufolge – zu »nackert« war; »wenn man ein Bedürfnis hat, ein Heine-Denkmal zu errichten, um die Plastik von Professor Stadler unterzubringen, so möge man das ins Auge fassen, wo man will, aber nicht in dem an das Landwirtschaftsministerium anschließenden Grundstück«.[12] Der Staatssekretär im Finanzministerium Lippert bezeichnete die Figur in einem Vermerk als »primitiv-scheußliche Plastik«.[13]

Erst als sich Freunde von Stadler, der von 1925 bis 1926 Schüler von Aristide Maillol in Paris war (dessen letztes Werk, die Bronzeplastik »Harmonie« aus dem Jahre 1953, in Düsseldorf zu Ehren Heines aufgestellt wurde) energisch für die Aufstellung der Plastik einsetzten, wurde der staatliche Widerstand aufgegeben.[14] Leider ist die Quellnymphe heute nahezu in Vergessenheit geraten. Die auf Heine hinweisende Gedichtzeile aus dem »Buch der Lieder«, »Die Rose, die Lilie, die Taube, die Sonne, die liebt ich einst alle« (DHA I, 137), ist für den Spaziergänger nicht erkennbar, da die Grotte schon lange Jahre mit einem schmiedeeisernen Gitter verschlossen ist. Immerhin weisen Stadtführer auf den Brunnen hin.[15]

Schließlich beherbergte München noch eine Heine-Reliquie, nämlich seinen Schreibtisch. Er befand sich im Besitz der Familie Ortenau, deren Vorfahr Dr. Leopold Wertheimer nach seinem Studium Ende der 20er Jahre des 18. Jahrhunderts von München nach Paris ging und dort Arzt und Freund Heines wurde.[16] Der Schreibtisch befindet sich heute im Israel Museum, Jerusalem. 1997 wurde er bei der großen Düsseldorfer Heine-Ausstellung »Ich Narr des Glücks« gezeigt.

In Augsburg gibt es – abgesehen von einer Heine-Straße, wie es sie mittlerweile in nahezu jeder Stadt gibt – keine dauerhafte öffentlich sichtbare Ehrung. An dem Gebäude mit dem größten Bezug zu dem Dichter, dem damaligen Redaktionsgebäude der »Allgemeinen Zeitung« in der Karmelitengasse 9, heute im Eigentum des Ordens der Englischen Fräulein und von diesen auch genutzt, erinnert nichts an eine der bedeutendsten Zeitungen ihrer Zeit oder an ihren Verleger Cotta, geschweige denn an ihren berühmtesten Korrespondenten Heinrich Heine.

Allerdings hat in Augsburg eine Reihe von Veranstaltungen stattgefunden, in denen Heine geehrt wurde oder die ihm gar gewidmet waren: Zur Ehrenrettung der Stadt stellte der Schriftsteller und Tucholsky-Preisträger Siegfried Einstein 1972, als er anlässlich des 175. Geburtstages Heines auf Einladung der Augsburger Gesellschaft für Christlich-Jüdische Zusammenarbeit im Speisesaal der Bahnhofgaststätte (!) einen Vortrag zu dem Thema »Heinrich Heine – Ein Versuch mit Kontrasten und Dissonanzen« hielt, fest, dass er »in der Stadt also noch nicht ganz tot« ist.[17] 1977 stellte die Augsburger Allgemeine Zeitung fest, dass man »auch in Augsburg bei einem literarischen Abend den Saal voll kriegen« kann, als der Schauspieler Lutz Görner Heine-Texte sprach.[18] Ein weiteres Mal wurde dies am 14. Juli 1984 bewiesen, als Prof. Jeffrey Sammons auf dem Internationalen Kongress der Eichendorff-Gesellschaft in Augsburg unter dem Titel »Welch ein vortrefflicher Dichter ist der Freyherr von Eichendorff« Betrachtungen zu Heines Eichendorff-Urteil anstellte.

Anlässlich der Verleihung der Ehrendoktorwürde hielt Marcel Reich-Ranicki im Frühjahr 1993 an der Universität Augsburg einen Vortrag über »Heine und die Liebe«. Ihren vorläufigen Höhepunkt erreichte die Augsburger Heine-Euphorie zu Beginn des Jahres 1994 mit einem Veranstaltungszyklus, in dem sich hochrangige Vertreter der Heine-Forschung in mehr als sechzig Veranstaltungen mit nahezu sämtlichen Facetten des Dichters beschäftigten.[19] Aus diesem Anlass hatte die Heinrich-Heine-Gesellschaft aus Düsseldorf erstmals die Heine-Ehrengabe außerhalb Düsseldorfs überreicht (an Tankred Dorst).[20] »Eine Heine-Woge hat Augsburg erfaßt«, schrieb die »Süddeutsche Zeitung« und zitierte eine Mitarbeiterin des Düsseldorfer Heine-Instituts mit den Worten »Da können wir nur neidvoll nach Süden blicken.«[21]

In Würzburg und Aschaffenburg, wo Heine während seiner Rückreise aus Italien Station machte, gibt es nach Auskunft der jeweiligen Stadtarchive keine Belege für den Aufenthalt Heines[22], dementsprechend auch keine Gedenktafeln. Heute befindet sich die einzige Ehrung dieser Art in Bayern in Wallgau: Am Gasthaus zur Post hat die Eigentümerfamilie eine holzgeschnitzte Plakette mit der Inschrift »Auf seiner Reise nach Italien 1828 weilte Heinrich Heine zwei Tage in der Post«[23] angebracht.

Die aktuellste Ehrung Heines ist in der Walhalla über der Donau bei Regensburg zu besichtigen. Seit dem 28. Juli 2010 steht er dort als 130. Büste, in Marmor gemeißelt von dem Düsseldorfer Künstler Bert Gerresheim. Dieser hatte den ursprünglich an Jörg Immendorf vergebenen Auftrag nach dessen Tod im Jahr 2007 übernommen. Ob das in Heines Sinne gewesen wäre, sei dahingestellt, hat er doch die Walhalla einst in dem Gedicht »Lobgesänge auf König Ludwig« als »mamorne Schädelstätte« (DHA II, 143) verspottet.

Anmerkungen

[1] Hans Maier: Heine in München. Zu seinem 50.Todestag. – In: Münchener Zeitung, 13./14. Februar 1906., S. 1–2.

[2] Aktenvermerk des Archivrats v. Destouches vom 28.08.1905. Stadtarchiv München.

[3] Süddeutsche Zeitung vom 10.11.1956.

[4] Nachdem von dem seit 1947 so benannten Heinrich-Heine-Platz nur die südliche Fahrbahn verblieb (Mitteilung der Stadtverwaltung).

[5] Vgl. Ernst Heimeran: Ein Heine-Denkmal in München. – In: Münchner Neueste Nachrichten, 09.01.1931.

[6] Münchner Post, 07.10.1932.

[7] Ebd.

[8] Süddeutsche Zeitung, 09.08.1946 und 18./19.02.1956.

[9] Zur polemischen Würdigung dieser Veranstaltung in der ehemaligen DDR vgl. –sch: Westdeutsche Heine-Ehrung. – In: Neue Deutsche Literatur 11 (1963), S. 216.

[10] Vgl. dazu Abendzeitung, 02./03. 06.1958 S. 7.

[11] Die Figur wurde vom königlichen Museum in Brüssel angekauft. Vgl. Brief von E. Praetorius an den Bayerischen Staatsminister der Finanzen, Rudolf Eberhard, 11.05.1960.

[12] Brief von Hundhammer an Staatssekretär Dr. Lippert im November 1960, zitiert bei Gerhard K. F. Stinglwagner: Von Mönchen, Prinzen und Ministern. Das Gebäude des Landwirtschaftsministeriums und seine Nachbarschaft. Eine Chronik. Hrsg. vom Bayerischen Staatsministerium für Ernährung, Landwirtschaft und Forsten. München 1991, S. 73.

[13] Ebd., S. 72.

[14] Vgl. zu diesem Denkmal ausführlich Anne Ganteführer: Heine-Denkmäler nach 1945. Denkmäler von Stadler in München und Rückriem in Bonn. Bonn 1990 und Stinglwagner: Von Mönchen, Prinzen und Ministern [Anm. 12].

[15] Vgl. Lilian Schacherl und Josef H. Biller: Prestel Städteführer München. München 1987.

[16] Vgl. Erich Ortenau: Aus einer jüdischen Familientruhe Münchens. – In: Von Juden in München. Ein Gedenkbuch. Hrsg. von Hans Lamm. München 1958, S. 60ff.

[17] Augsburger Allgemeine Zeitung, 26.06.1972.

[18] Augsburger Allgemeine Zeitung, 06.05.1977.

[19] Siehe dazu vor allem die ausstellungsbegleitenden Kataloge Heinrich Heine und die bildende Kunst, Heinrich Heine und das Judentum und Heinrich Heines politische Journalistik (alle Augsburg 1994).

[20] Augsburger Allgemeine Zeitung, 21.02.1994

[21] Süddeutsche Zeitung, 15./16.01.1994

[22] In Würzburg soll Heine bei Herrn Textor die Nachricht vom Tod seines Vaters erhalten haben. Vgl. Heinrich Heine: Briefe. Erste Gesamtausgabe nach den Handschriften. Hrsg. und eingel. von Friedrich Hirth. Bd. IV. Mainz, Berlin 1951, S. 202.

[23] Vgl. dazu Willi Wahl: Auf den Spuren Heinrich Heines. – In: Jan Wellem 33 (1958), H. 4. S. 13–14, hier S. 13.

Reden zur Verleihung des Heine-Preises 2010

Laudatio auf Simone Veil

Von Hans-Gert Pöttering*

Sehr geehrter Herr Oberbürgermeister Dirk Elbers,
chère Madame la Presidente, chère Simone Veil,
sehr geehrte Damen und Herren der Jury,
meine sehr verehrten Damen und Herren,

en tant que successeur de Madame Simone Veil dans la fonction de président du Parlement Européen, c'est un grand honneur pour moi de prononcer aujourd'hui le panégyrique.

Es erfüllt mich mit großer Freude und Dankbarkeit, heute anlässlich der Verleihung des Heine-Preises der Stadt Düsseldorf an Simone Veil zu Ihnen sprechen zu dürfen. Zu ihrer ausgezeichneten Wahl möchte ich die Jury beglückwünschen: Die von Ihnen bestimmte diesjährige Preisträgerin Simone Veil ist eine der herausragendsten Persönlichkeiten in Europa. Sie steht für Hoffnung statt Düsternis, moralische Integrität statt Opportunismus, die Kraft des Beispiels statt Zynismus und Frustration. Gleichzeitig ist sie eine mutige und moderne Politikerin, die sich stets von ihrem Scharfsinn und unbestechlichen Sachverstand hat leiten lassen und sich damit in beispielhafter Weise für die europäische Aussöhnung, die Völkerverständigung und die Gleichberechtigung zwischen den Geschlechtern verdient gemacht hat.

Die Bestimmungen über die Verleihung des Heine-Preises der Landeshauptstadt Düsseldorf vom 24. Juni 1971 sehen vor, dass der Preis an Persönlichkeiten verliehen wird, die »durch ihr geistiges Schaffen im Sinne der Grundrechte des

---

* Dr. Hans-Gert Pöttering MdEP ist Vorsitzender der Konrad-Adenauer-Stiftung und war von 2007 bis 2009 Präsident des Europäischen Parlaments.

Menschen, für die sich Heinrich Heine eingesetzt hat, den sozialen und politischen Fortschritt fördern, der Völkerverständigung dienen oder die Erkenntnis von der Zusammengehörigkeit aller Menschen verbreiten.« Diese drei Zielvorstellungen – der Schutz der Menschenrechte, der soziale und politische Fortschritt sowie die Völkerverständigung – haben Simone Veils politisches Engagement immer geleitet und sie zu mutigem Handeln veranlasst.

In ihrer Antrittsrede als Präsidentin des erstmals direkt gewählten Europäischen Parlaments nannte Simone Veil am 18. Juli 1979 in Straßburg drei zentrale Herausforderungen, denen nur auf europäischer Ebene zu begegnen sei. Die gerade gewählte Präsidentin des Europäischen Parlaments sprach von der Herausforderung des Friedens – der Völkerverständigung; von der Herausforderung der Freiheit, die ein Grundrecht des Menschen darstellt sowie von der Herausforderung des Wohlstands – dem sozialen Fortschritt.

Meine sehr verehrten Damen und Herren, es ist sicherlich kein Zufall, dass diese drei Herausforderungen den Kriterien für die Vergabe des Heine-Preises entsprechen.

Zunächst zum Frieden, den Simone Veil in ihrer bemerkenswerten Antrittsrede als wichtigste Herausforderung für Europa nannte. Als Überlebende des Holocaust und des Zweiten Weltkriegs weiß sie besser als die meisten unserer Bürgerinnen und Bürger heutzutage, wie gefährdet das Geschenk des Friedens sein kann. Zu Recht äußerte sie gegenüber dem Europäischen Parlament, der Frieden werde das kostbarste Gut in Europa bleiben. Allerdings sollten wir nicht nur an uns selbst denken. Wir sollten, sagte sie 1979, bereit sein, den Frieden über unsere Grenzen hinaus in die Welt zu tragen.

Wer könnte nicht die Kraft dieser Botschaft für die Welt, in der wir heute leben, fühlen? Irak und Afghanistan, Kongo und Naher Osten: Wohin wir auch schauen, ist der Bedarf nach Frieden Tag für Tag offensichtlich. In der Zwischenzeit hat die Europäische Union mehr als 20 friedenserhaltende Missionen weltweit organisiert. Das war 1979 undenkbar. Neue Anforderungen an Frieden und Sicherheit sind entstanden. Der Terrorismus hat in vielen Teilen der Welt sein unmenschliches Gesicht gezeigt. Und nicht erst seit dem furchtbaren Erdbeben, das Haiti im Januar dieses Jahres im wahrsten Sinne des Wortes erschüttert hat, diskutieren wir über die Pflicht der Regierungen, ihre Bürger zu schützen. Eine friedliche Lösung des Nahost-Konflikts, die das anerkannte Recht Israels, in sicheren Grenzen zu leben, mit der Gründung eines lebensfähigen palästinensischen Staates verbindet, bleibt eine der größten Herausforderungen unserer Zeit. Das Europäische Parlament fühlt sich diesem Ziel verpflichtet. Dabei muss die Europäische Union mit einer starken Stimme sprechen und ein fairer Makler zwischen beiden Seiten sein.

Meine sehr geehrten Damen und Herren, es ist meine tiefe Überzeugung, dass der Dialog zwischen Kulturen und Religionen, die möglichst umfassende Anerkennung der Menschenrechte und der weltweiten menschlichen Entwicklung die neuen Bezeichnungen für Frieden sind. Die Europäische Union hat erst begonnen, sich diesen Herausforderungen zu stellen, die unsere eigenen Werte widerspiegeln, auf die wir so stolz sind. Wir müssen unseren Einsatz für Frieden, Menschenrechte und Entwicklung in den nächsten Jahren intensivieren. Simone Veil wird sicherlich zustimmen, dass das weltweite Engagement für den Frieden eine der zentralen Herausforderung für die Europäische Union im 21. Jahrhundert ist.

In ihrer ersten Ansprache im Europäischen Parlament 1979 nannte Simone Veil das Grundrecht der Freiheit als zweite vorrangige Herausforderung für die europäische Einigung. Seinerzeit war das demokratische Europa umgeben von Regimen, die geprägt waren von Gewalt und Machtmissbrauch. Heute leben wir in der Europäischen Union in Freiheit und Frieden vereint. Es bleibt unsere Aufgabe, dass wir uns für die Verteidigung von Recht und Demokratie in unseren Nachbarländern und darüber hinaus einsetzen. Autoritäre Tendenzen in Russland, der Fortbestand der Diktatur in Weißrussland, autokratische Regime in Partnerländern an den südlichen Mittelmeergestaden, der gefährdete demokratische Prozess in einigen Ländern Südost- und Osteuropas, dies sind die herausragendsten Testfälle, die die heutige Europäische Union bezüglich der Herausforderung der Freiheit bewältigen muss.

Unser Engagement für Menschenrechte und Freiheit hat jedoch eine universelle Dimension. Wir werden nicht schweigen, solange Friedensnobelpreisträger Liu Xiaobo in China in Gefangenschaft festgehalten wird. Wir haben uns für Aung San Suu Kyi in Birma eingesetzt, die erst vor wenigen Wochen aus ihrem langjährigen Hausarrest entlassen wurde. Es ist im Geiste von Simone Veil, dass wir nicht schweigen, wenn irgendeine Regierung sich weigert, nach einer Naturkatastrophe humanitäre Hilfsleistungen anderer für ihre Bürgerinnen und Bürger zuzulassen. Wir werden nicht schweigen, solange die Identität der Tibeter herabgesetzt wird.

Die Herausforderung der Freiheit hat jedoch auch eine interne Dimension in der Europäischen Union von heute. Ein hohes Maß an Freiheit konfrontiert uns mit der Vorgabe ihrer Grenzen: Der Zugang zum Internet und dessen Nutzung kann zu einem Konflikt zwischen den Zielen Datenschutz und Kinderschutz führen. Die Anwendung moderner Techniken in der Medizin kann zu Konflikten bezüglich der Ziele im Zusammenhang mit den Begriffen der Menschenwürde führen, wie sie im Rahmen der religiösen und philosophischen Ethik interpretiert werden, auf denen die Identität unseres Kontinents basiert. Diese neuen Herausforderungen werden uns nicht vergessen lassen, dass trotz vieler Fortschritte auch manche der alten und seit langem bestehenden Herausforderungen weiterhin existieren. Während ihrer Arbeit als Gesundheitsministerin setzte Simone Veil über ihr Land Frankreich hinaus neue Maßstäbe für eine moderne Familienpolitik. Simone Veil war gleichzeitig Vorbild für viele Frauen und Vordenkerin für die Gleichberechtigung zwischen den Geschlechtern.

Meine sehr verehrten Damen und Herren, wenn wir den lebenslangen Einsatz von Simone Veil für Gleichberechtigung würdigen, so erkennen wir an, dass wir ihre bedeutenden Bestrebungen noch nicht in jeder Hinsicht erfüllt haben. Für mich ist das wichtigste Kriterium unseres Einsatzes für die Freiheit die Achtung der Würde jeder Frau und jedes Mannes. Damit komme ich zu der dritten Herausforderung, die Simone Veil in ihrer ersten Ansprache im Europäischen Parlament im Juli 1979 nannte. Sie sprach über die Herausforderung des Wohlstands, des sozialen Fortschritts. Seinerzeit hatte die Ölkrise der siebziger Jahre begonnen, die Energieversorgung Europas und die Grundlage für unseren Lebensstandard zu gefährden. Simone Veil sprach über eine gewisse Art von Wirtschaftskrieg, der stattfand. Sie bezeichnete die Geißel Arbeitslosigkeit als zentrale Herausforderung an unser europäisches Solidaritätsverständnis. Sie äußerte sich so klar wie nur möglich, als sie schloss, dass nur gemeinsame europäische Lösungen Abhilfe schaffen und neue Perspektiven eröffnen könnten. Meine Zustimmung könnte nicht größer sein, dass eben diese Schlussfolgerung auch heute gezogen werden muss, wenn wir über die Sicherung unseres heutigen Wohlstands diskutieren.

Heute zwingen uns neue Trends im Zeitalter der Globalisierung, über die europäische Wirtschafts- und Sozialpolitik neu zu denken. Wir müssen mit neuen und starken Akteuren in der Weltwirtschaft Schritt halten. Einige Länder scheinen bei der Modernisierung und Verbesserung ihrer Produktivität schneller zu sein als wir. Möglicherweise werden wir in mancherlei Hinsicht von ihnen lernen. Wir müssen jedoch auch die Schlüsselelemente unserer Wirtschaftsordnung aufrecht erhalten, die im Vertrag von Lissabon mit dem Begriff »Soziale Marktwirtschaft« beschrieben wird. Kern der Sozialen Marktwirtschaft ist, dass wirtschaftliche Effizienz und soziale Solidarität zusammengehören. Wir dürfen nicht zulassen, dass dieses gegeneinander ausgespielt wird.

Simone Veil forderte 1979 geografische Solidarität in Europa. Sie verwies auf die Unterschiede zwischen unseren Regionen. Heute müssen wir alle gemeinsam europäische Lösungen für die Migration finden, von der die Europäische Union betroffen ist. Unser Kontinent hat eine Wandlung von einem Auswanderungskontinent zu einem Einwanderungskontinent vollzogen. Wir müssen gemeinsame europäische Lösungen finden und das Bewusstsein für die Vorteile qualifizierter Migration nach Europa stärken. Vor allem müssen wir das Ausmaß der transnationalen Solidarität der EU-Bürger stärken. Wir können keine starke und dauerhafte Europäische Union aufbauen, die nicht auf der Union ihrer Bürgerinnen und Bürger gründet. Hier geht es nicht um eine rein politische Frage im Rahmen der europäischen Institutionen, sondern um ein Thema, das das tägliche Leben aller betrifft. Auf vielerlei Weise – ganz sicher seit Einführung unserer gemeinsamen Währung, des Euro – können wir Bürgerinnen und Bürger die Auswirkungen der europäischen Einigung spüren. In den nächsten Jahren und Jahrzehnten wird die Akzeptanz der Europäischen Union davon abhängen, inwieweit der Wille der Bürgerinnen und Bürger in der Tätigkeit und im Ergebnis der Arbeit der europäischen Institutionen zum Ausdruck kommen kann. Das Europäische Parlament wird immer die Vertretung und die Stimme der europäischen Bürgerinnen und Bürger im Rahmen der politischen Institutionen und Verfahren in der EU bleiben. Wir werden Simone Veil ehren, indem wir immer wieder »Impulse« geben, wozu sie das Europäische Parlament in ihrer Eröffnungsansprache im Juli 1979 aufgefordert hat.

Meine sehr verehrten Damen und Herren, den Blick in die Zukunft möchte ich in die Worte unserer diesjährigen Preisträgerin fassen: »Als Voraussetzung für eine freie Zukunft braucht dieses versöhnte Europa ein dauerhaftes Fundament, das auf zwei Pfeilern beruht: Weitergabe der Erinnerung und Demokratie«, so Simone Veil anlässlich ihrer Rede vor dem Deutschen Bundestag am 27. Januar 2004 in Berlin. Für die Demokratie hat sich Simone Veil ein Leben lang eingesetzt. Insbesondere als erste Präsidentin des direkt gewählten Europäischen Parlaments förderte sie die Rolle des Europäischen Parlaments als Bürgervertretung der Europäischen Union mit großem Erfolg und allgemeiner Anerkennung. Ich könnte nicht vor Ihnen stehen, ohne die bemerkenswerte, dauerhafte und erfolgreiche Tätigkeit meiner Vorgängerin mit größter Bewunderung und Dankbarkeit anzuerkennen. Ebenso wie meine Kolleginnen und Kollegen im Europäischen Parlament bin ich stolz auf die Pionierarbeit von Simone Veil. Als sie zur Präsidentin des Europäischen Parlaments gewählt wurde, herrschte bei den meisten Europäern Ungewissheit im Hinblick auf die zukünftige Bedeutung des Europäischen Parlaments, das 260 Millionen Bürger aus neun Ländern vertrat. Heute ist das Europäische Parlament die Stimme von 500 Millionen Menschen aus 27 Ländern. Simone Veil hat 1979 als erste Präsidentin des direkt gewählten Europäischen Parlaments den langen Weg zu gehen begonnen, das Europäische Parlament mit umfassenden Rechten auszustatten.

Die europäische Integration konnte ohne ihren demokratischen Charakter und die Stimme der europäischen Bürgerinnen und Bürger nicht gelingen. Inzwischen ist das Europäische Parlament gleichberechtigter Gesetzgeber mit dem Ministerrat. Mit dem Vertrag von Lissabon wurde die Bedeutung des Europäischen Parlaments weiter umfassend gestärkt. Was 1979 eine Herausforderung und eine

Vision war, ist mit dem Inkrafttreten des Vertrags von Lissabon 2009 Realität geworden. Mit den parlamentarischen Befugnissen ist das Europäische Parlament nahezu am Ziel. Die europäischen Abgeordneten müssen heute die parlamentarischen Chancen engagiert wahrnehmen, die Zukunft der Europäischen Union im 21. Jahrhundert zu gestalten, wofür sie von den Bürgerinnen und Bürgern gewählt wurden.

An Simone Veils Forderung nach Weitergabe der Erinnerung möchte ich mit einer persönlichen Bemerkung anknüpfen. In meiner ersten Ansprache als Präsident des Europäischen Parlaments im Februar 2007 habe ich die Errichtung eines »Hauses der europäischen Geschichte« vorgeschlagen, um an unsere gemeinsamen Werte, das europäische Erbe mit seinen Höhen und Tiefen sowie den Weg der Einigung Europas zu erinnern und dieses als Auftrag für die Zukunft Europas zu verstehen. Ich bin tief überzeugt davon, dass das Leben und das Beispiel von Simone Veil in diesem »Haus der europäischen Geschichte«, das wir bis 2014 – 100 Jahre nach Beginn des Ersten Weltkrieges – errichten wollen, eine angemessene Würdigung finden werden. Einen Platz werden wir nach Simone Veil benennen. Das Präsidium des Europäischen Parlaments ist meiner Empfehlung gefolgt, den Platz vor dem Europäischen Parlament in Brüssel, der der Innenstadt zugewandt ist, nach der ersten Präsidentin des direkt gewählten Europäischen Parlaments zu benennen. Auf diese Weise wollen die Europäische Union und das Europäische Parlament das herausragende Beispiel persönlichen Mutes, staatsbürgerlicher Gesinnung und politischer Führungskraft von Simone Veil dauerhaft würdigen.

Meine sehr verehrten Damen und Herren, Simone Veil ist eine herausragende Bürgerin Europas und eine moralische Orientierung für uns alle. Denn sie erinnert uns daran, woher wir kommen, und zwar nach einer langen Reise moralischer Verirrungen und unmenschlicher Zerstörung. Simone Veil beweist durch ihr Leben, was Europa nach Jahren der Dunkelheit vollbracht hat. Simone Veil lehrt uns unablässig, wie sehr wir darauf achten müssen, unsere Moralvorgaben in dem Zeitalter, in das wir mit dem Generationenwechsel eintreten, zu bewahren. Ihr hervorragendes Beispiel für Mut, ihre Bereitschaft zur Vergebung, zur Aussöhnung und zum Neubeginn, ihr starkes Engagement für die Gleichberechtigung von Frauen und Männern und nicht zuletzt ihre politische Führungsstärke bei der Förderung der europäischen Integration werden europa- und weltweit anerkannt und gewürdigt. Ich kann mir keine Persönlichkeit vorstellen, die den Heine-Preis 2010 mehr verdient hätte als Simone Veil. Wir freuen uns, dass ihr Ehemann, Antoine Veil, die Preisträgerin wie so oft begleitet und heute bei uns ist.

Selbst in den dunkelsten Stunden Europas und den schlimmsten Stunden im Leben ihrer Familie verzweifelte Simone Veil nie. In einem bemerkenswerten Buch über ihr Leben von Maurice Szafran wurde Simone Veil als eine Persönlichkeit beschrieben, der das Absolute innewohne. Während wir sie heute ehren, versuchen wir, uns selbst den Ausläufern dieser absoluten Werte anzunähern, die Europa und alle Bürgerinnen und Bürger der Europäischen Union immer schützen und leiten mögen.

Du fond du coeur, je voudrais dire: Merci, Simone Veil!

Dankrede

Von Simone Veil

Sehr geehrter Herr Oberbürgermeister,
sehr geehrter Herr Präsident,
sehr geehrte Damen und Herren,

ich fühle mich sehr geehrt, heute den Heine-Preis für mein Engagement für Europa entgegenzunehmen und möchte den Jurymitgliedern meinen tief empfundenen Dank aussprechen, aber ebenso Hans-Gert Pöttering, der sich trotz seines überladenen Terminkalenders dazu bereit erklärt hat, nach Düsseldorf zu kommen und die Laudatio für mich zu halten.

Wie für alle Verfechter des europäischen Aufbaus, zu denen ich mich unwiderruflich seit mehr als sechzig Jahren zähle, ist mir alles, was die Einheit unseres Kontinents betrifft, kostbar. Es ist mir eine besondere Freude, über dieses Thema und insbesondere die deutsch-französische Freundschaft sprechen zu dürfen, die Hans-Gert Pöttering und ich hier in Düsseldorf symbolisieren, der Stadt, in der Heinrich Heine im Jahre 1797 geboren wurde.

Ganz wie sein fünf Jahre jüngerer Zeitgenosse Victor Hugo war Heinrich Heine im 19. Jahrhundert einer der wenigen prophetischen Visionäre der Annäherung zwischen Frankreich und Deutschland. Aufgrund seiner jüdischen Wurzeln wurde er zur Zeit der Nationalsozialisten auf den Index gesetzt. Er hatte sich schon in jungen Jahren zum Protestantismus bekehrt, für ihn – wie er selbst sagte – das »Entree Billet zur Europäischen Kultur«. In den dreißiger Jahren ließ er sich als Dichter und Journalist in Paris nieder und verbrachte seine Zeit zwischen der »Allgemeinen Zeitung«, für die er als Korrespondent tätig war, Dichtung und Satire. Nach zahlreichen Reisen verließ er unser Land nicht mehr und wurde – wie er es gewünscht hatte – auf dem Friedhof Montmartre beerdigt.

Heinrich Heine ist als romantischer Dichter, der der deutschen Sprache eine einzigartige Leichtigkeit und stilistische Eleganz verlieh, einer der in Frankreich am meisten verehrten Deutschen. 1956 wurde zum Gedenken an dieses Bindeglied zwischen unseren beiden Ländern die Maison Heinrich Heine als Ort internationaler Begegnungen und deutsch-französisches Kulturzentrum gegründet.

Simone Veil · Dankrede

Heine-Preisträgerin Simone Veil bei ihrer Dankesrede im Düsseldorfer Rathaus
Foto: Benedikt Jerusalem

Der Preis, der mir heute verliehen wird, wurde 1972 anlässlich des 175. Geburtstags des Dichters von der Stadt Düsseldorf ins Leben gerufen, um sein politisches und kulturelles Engagement für Menschenrechte, sozialen Fort- schritt und Völkerverständigung zu würdigen, Werte, für die Heinrich Heine sein Leben lang eintrat. Diese Auszeichnung, die ich dafür erhalte, dass ich »dazu beigetragen habe, Europa eine Seele zu geben«, gibt mir Gelegenheit, Ihnen meinen Werdegang als überzeugte und streitbare Europäerin vorzustellen.

Ich war immer davon überzeugt, dass die europäische Einheit vor allem von der deutsch-französischen Versöhnung abhängt. Immer wieder muss ich an die Worte meiner Mutter denken, die in Bergen-Belsen starb. Während meiner ganzen Kindheit bedauerte sie, dass Briand und Stresemann es nicht geschafft hatten, unsere beiden Länder zu versöhnen. Daher habe ich gleich nach meiner Rückkehr aus Auschwitz mit den neuen demokratischen Bewegungen in Deutschland für diese Versöhnung gekämpft. Seit dem Kriegsende habe ich immer die Meinung vertreten, dass Versöhnung nicht die Erinnerung auslöscht, sondern vielmehr ermöglicht, Rachegedanken auszuschalten und jedes erneute Auseinanderdriften zu verhindern. Fast ein Zweidritteljahrhundert später bin ich immer noch entzückt angesichts des Wunders dieses auf Initiative der »Gründerväter« entstandenen Friedens in Europa, eines Europas, das für die ganze Welt zum Beispiel für Stabilität, Demokratie und – nennen wir es beim Namen – Einhaltung der Menschenrechte geworden ist. 1950 waren es bereits sechs Staaten, die sich auf Initiative von Jean Monnet, Robert Schuman, Konrad Adenauer und Alcide de Gasperi zusammenschlossen. Heute sind es 27 Mitgliedstaaten.

Nach dem Tod von Heinrich Heine bedurfte es noch eines Jahrhunderts und dreier Kriege – darunter zwei Weltkriege –, um endlich eines der schlimmsten Verhängnisse der Geschichte zu bannen.

Wenn man sich die Ereignisse seit 1950 ins Gedächtnis zurückruft, so stellt man wohl oder übel fest, dass alle Fortschritte der europäischen Konstruktion aus Initiativen der deutsch-französischen Partnerschaft hervorgegangen sind, die immer Motor einer den anderen Ländern gegenüber offenen Entwicklung gewesen ist. Für mich ist die deutsch-französische Beziehung ein fundamentaler und ständiger Anlass zur Zufriedenheit, aber auch zur Sorge.

Zufriedenheit empfinde ich angesichts der Aussöhnung zwischen Deutschland und Frankreich, wodurch der Aufbau Europas immer dann vorangetrieben werden konnte, wenn unsere beiden Länder konsensbereit waren. Sicherlich geht es um »Freundschaft«, aber mehr noch um Willensstärke von Staatsmännern, für die die Sorge um die europäische Einheit über souveränistischen Reflexen stand. Frankreich und Deutschland haben somit als Lokomotive aller Integrationsprojekte die Konstruktion Europas konsequent vorangetrieben.

Sorge bereitet mir eine gewisse Tendenz zur Banalisierung der deutsch- französischen Achse. In einem Europa, das seit mehr als sechzig Jahren in Frieden lebt, haben die jungen Generationen ein wenig aus dem Auge verloren, dass die guten Beziehungen zwischen unseren beiden Ländern – als Bedingung für die Stärke und den Fortbestand Europas – eine deutliche Mobilisierung der öffentlichen Meinung in beiden Ländern sowie neue Konvergenzprojekte erfordern. Seit der Unionserweiterung in Richtung der ehemaligen Ostblockstaaten haben sich die Prioritäten unserer Regierenden verschoben. Deutschland hat seine natürliche Einflusszone in Zentral- und Osteuropa wiedergefunden, während sich Frankreich verstärkt den mediterranen Ländern zugewandt hat. Es ist dringend notwendig, dass dieses Auseinanderdriften endet, und alle möglichen Konvergenzanstrengungen zwischen unseren beiden Ländern erneuert werden.

In diesem Sinne haben Hans-Gert Pöttering, der hier auch anwesend ist, und ich gemeinsam am 13. September dieses Jahres gleichzeitig in Frankreich und Deutschland in den Tageszeitungen »Le Monde« und »Frankfurter Allgemeine

Zeitung« eine Kolumne veröffentlicht, in der wir beide erneut auf die entscheidende Bedeutung der deutsch-französischen Partnerschaft für den Aufschwung Europas unter den heutigen Bedingungen hingewiesen haben.

Mit der globalen Krise und vielleicht sogar wegen dieser Krise scheinen die deutsch-französischen Beziehungen einen neuen Anlauf in der mittlerweile multipolaren Welt nehmen zu müssen. Wir müssen uns neue Ziele setzen, sei es bei der fiskalischen Konvergenz, deren eingehende Prüfung wir befürworten, sei es bei der Regulierung der Finanzaktivitäten, ohne die die Marktwirtschaft in Gefahr wäre, sei es im Kampf gegen die Klimaerwärmung, beim Streben nach Unabhängigkeit bei der Energieversorgung, bei der Förderung »industrieller Champions« auf unserem Kontinent und bei der konzertierten Nutzung von Zukunftstechnologien. In all diesen Bereichen kann und muss die deutsch-französische Partnerschaft Europa Wege eröffnen, die es ihm ermöglichen werden, in der sich zukünftig abzeichnenden Welt die Rolle einzunehmen, zu der seine Talente und Ressourcen es befähigen. Deutschland und Frankreich müssen alles tun, damit die Union sich auf internationaler Ebene behauptet: durch eine gemeinsame Verteidigungs- und Sicherheitspolitik, durch die Schaffung einer europäischen Armee auf Initiative unserer beiden Länder, aber auch durch verstärkte Kulturkooperation.

Bevor ich zum Ende komme, möchte ich noch ganz besonders Herrn Pöttering danken, der mir die Ehre erwiesen hat, die Laudatio auf mich zu sprechen. Beide hatten wir innerhalb des Europäischen Parlaments dieselben Funktionen inne. Ich hatte die Ehre, vor nunmehr mehr als dreißig Jahren Präsidentin des ersten direkt gewählten Europäischen Parlaments zu sein. Ihr Mandat als Präsident, lieber Hans-Gert, endete im Mai 2009. Und ich stelle mit Zufriedenheit fest, dass wichtige Veränderungen seit 1979 dazu beigetragen haben, die Rechte des Europäischen Parlaments zu erweitern.

Ich bin stolz und glücklich, heute zu Ehren des deutschen Dichters Heinrich Heine und der Stadt Düsseldorf den Heine-Preis 2010 zu erhalten.

Anmerkung

Die Rede wurde in französischer Sprache gehalten. Die deutsche Übersetzung hat Martina Weydner angefertigt. Die französische Version der Rede ist abgedruckt in: Verleihung des Heine-Preises 2010 der Landeshauptstadt Düsseldorf an Simone Veil. Hrsg. vom Heinrich-Heine-Institut der Landeshauptstadt Düsseldorf. Düsseldorf 2010, S. 9–13.

Heinrich-Heine-Institut. Sammlungen und Bestände. Aus der Arbeit des Hauses

»Heines Reisen durch Europa« Ein Ausstellungsbericht sowie kulturgeschichtliche Betrachtungen zum Reise-, Medien- und Rezeptionswandel

Von Jan von Holtum, Düsseldorf

I.

> Welche Veränderungen müssen jetzt eintreten in unsrer Anschauungsweise und in unsern Vorstellungen! Sogar die Elementarbegriffe von Zeit und Raum sind schwankend geworden. Durch die Eisenbahnen wird der Raum getödtet, und es bleibt uns nur noch die Zeit übrig. (DHA XIV/I, 58)

Die Erfindung der Eisenbahn, die auf Heine und auf viele seiner Zeitgenossen mitunter befremdlich gewirkt haben mag, war in der Restaurationszeit mit den noch bestehenden Duodezfürstentümern und dem territorialen Flickenteppich Europa ein beachtliches Paradoxon. Angesichts der schier unübersichtlichen Grenzverläufe und den damit korrelierenden Erschwernissen des Reisens mutet eine solche Revolutionierung des Fortkommens, der tatsächlichen Mobilität des Menschen geradezu absurd an. In einer Zeit der Umwälzungen, der widersprüchlichen sozialen, ökonomischen und politischen Entwicklungen war die Eisenbahn als zukunftsträchtiges Transportmittel ein signifikantes Novum. Kulturgeschichtlich betrachtet, veränderte die Dampfmaschine als Produkt der fortschreitenden Industrialisierung den Charakter des Reisens nachhaltig.

Nicht allein die verkürzten Reisezeiten und der verbesserte Komfort sind hierbei zu nennen, sondern auch die Tatsache, dass trotz des vorherrschenden Pauperismus Mobilität nicht länger ein aristokratisches oder großbürgerliches Privileg darstellte. Im Ergebnis wurde die Grand Tour und die klassische Bildungsreise sukzessive vom aufkommenden Massentourismus abgelöst. Unter diesen Vorzeichen sind die umfangreichen Reisen Heines zu betrachten, vor allem da Heine diese Entwicklung literarisch kommentierte. So deutet bereits das einleitende Zitat auf ein weiteres Phänomen dieser Entwicklung hin, nämlich auf eine einsetzende, grundlegende Wahrnehmungsveränderung.

II.

> Ich will viel reisen und viel sehen. Dieses befördert auch meine Poeterey. (HSA XX, 220)

Die im Sommer 2011 im Heinrich-Heine-Institut gezeigte Sonderausstellung »Heines Reisen durch Europa« widmete sich dem Reisesujet in mehrdimensionaler Weise.

Blick in die Ausstellung »Heines Reisen durch Europa«
Foto: Gavril Blank, Heinrich Heine-Institut, Düsseldorf

Parallel zu den ersten Düsseldorfer Literaturtagen, die das umfangreiche Programm des »Bücherbummels auf der Kö«[1] unter dem Motto »Heines Europa heute« bereicherten, präsentierte die Ausstellung Heinrich Heines historisch-literarische Kontinentalreisen. Als Charakteristikum der Sonderausstellung ist zu nennen, dass ausschließlich kostbare Handschriften aus dem Archiv des Heine-Instituts präsentiert wurden. Gemäß dem Anspruch, eine Ausstellung pro Jahr allein mit eigenen archivischen Beständen zu bestücken – 2010 entsprach dieser Institutsphilosophie die Ausstellung »Ziemlich lebendig – Schätze aus der Schumann-Sammlung« –, präsentierten die Kuratoren Dr. Sabine Brenner-Wilczek und Jan von Holtum der interessierten Öffentlichkeit vor allem Heine-Raritäten.

Thematische Schwerpunkte lagen auf historisch und kontemporär beliebten Reiseländern und Urlaubsorten wie Italien, Frankreich, England, der Nordsee und dem Harz. Zu Beginn der Ausstellung rückte jedoch die zwischen 1826 und 1831 erschienene vierbändige Reihe der »Reisebilder« aus verschiedenen Gründen in den Fokus des Betrachters. Gerade die »literarische Ehe« (HSA XXV, 104) zwischen dem Dichter und seinem Verleger Julius Campe wurde anhand der »Reisebilder« facettenreich abgebildet. So dokumentierte die ausgestellte Korrespondenz (Vgl. HSA XXIV, 26; HSA XX, 365) das Ringen um fristgerechte Manuskriptabgaben, wohingegen eine Anordnung zur Beschlagnahmung des vierten »Reisebilder«-Bandes die Jahrzehnte währende Fehde mit den deutschen Zensurbehörden belegte. Stellvertretend für den sich einstellen literarischen Ruhm des Dichters präsentierte die Sonderausstellung verschiedene fremdsprachige Ausgaben der »Reisebilder« und Widmungsexemplare an Heines Freund Friedrich Merckel.

In der Folge bestimmten thematische Inseln zu den jeweiligen geografischen Stätten die Ausstellungskonzeption. Zu der berühmten Harzreise von 1824 und ihrer literarischen Gestaltung wurden beispielsweise Entwurfsmanuskripte zur »Ilsenstein«-Passage und das von Heine zitierte »Taschenbuch für Reisende in den Harz« präsentiert. Das Badeleben auf Norderney und Heines Veranlagung zum Bonvivant illustrierte ein Brief an den Düsseldorfer Schulfreund Christian Sethe (HSA XX, 212), während Reisenotizen aus Italien die vor Ort begonnene literarische Ausarbeitung des Erlebten verdeutlichten (DHA VII/I, 526). Des Weiteren waren ebenfalls kulturgeschichtlich relevante Exponate wie ein auf »Madame Heine« ausgestellter Postfahrschein für die Strecke Boulogne-Paris vom 11. September 1842 zu sehen. Ein historischer Reisepass aus dem 19. Jahrhundert illustrierte zudem die Grenzübergangsproblematik am Beispiel des kleinteilig zerstückelten Staatsgebildes Italien.

III.

> Diese Stadt ist alt ohne Alterthümlichkeit, eng ohne Traulichkeit, und häßlich über alle Maßen. (DHA VII/I, 76)

Dieses Zitat sei stellvertretend für die schonungslose, zuweilen unverhältnismäßig scharf formuliert anmutende Kritik Heines an den vorgefundenen Orten angeführt. Die Art und Weise, wie Heine Genua, und damit indirekt auch das damals ausnahmslos positiv konnotierte Reiseland Italien, darstellt, ist sicherlich als ein Affront gegenüber dem von Goethe geprägten und überaus populären Italienbild zu werten. Die Darstellungsweise Italiens impliziert gleichsam Heines Kritik an den politischen Zuständen im fremdbesetzten Land und an der Institution Kirche, stets rückbezogen auf die politisch-gesellschaftlichen Zustände in Deutschland. Weiter zu berücksichtigen wäre die emotionale Verfassung des Schauenden, bei Heine 1826 eine Melange aus labiler Gesundheit und ungewisser beruflicher Zukunft, da diese durchaus Anteil an der subjektiven Wahrnehmung haben kann.

Die Wahrnehmung des Menschen wird jedoch auch von Umweltfaktoren beeinflusst, die wiederum anthropogen bedingt sein können. Entsprechend kommentiert Heine in der am Anfang dieses Artikels zitierten Äußerung zur Einweihung einer Eisenbahnstrecke vielmehr die signifikanten Auswirkungen auf die »Anschauungsweise« und die »Vorstellungen« des Menschen, wobei diese Wahrnehmungsveränderung jedoch nicht als individueller, sondern folgerichtig als kollektiver Effekt beschrieben und bewertet wird (»unsern«). Die Industrialisierung und die damit korrelierende, erlebte Beschleunigung des alltäglichen Lebens führte im urbanen Raum zu verheerenden Wahrnehmungsstörungen bis hin zur auftretenden Dissoziation[2], zur Entfremdung des Ichs von sich selbst.

IV.

> Innerhalb großer geschichtlicher Zeiträume verändert sich mit der gesamten Daseinsweise der menschlichen Kollektiva auch die Art und Weise ihrer Sinneswahrnehmung.[3]

Eine der folgenreichsten technologischen Errungenschaft des 20. Jahrhunderts erschuf beinahe en passant eine neue Realität, eine virtuelle Gegenwart. Der Computer, einst bahnbrechende Innovation, gehört längst zum Alltag der meisten in einer Informationsgesellschaft lebenden Menschen, was den beruflichen wie den privaten Bereich anbelangt. Der Siegeszug digitaler Medientechnologie, um nicht den obsolet gewordenen Begriff der so genanten »Neuen Medien« verwenden zu müssen, hat mit einiger Verspätung auch den Museumssektor erreicht: »Der Wandel des Museums unter dem Einfluß der Informationstechnik ist Teil der gesellschaftlichen Entwicklung zur Informationsgesellschaft, der sich auch Museen nicht entziehen können.«[4]

Der rasante und sich stetig erneuernde Medienwandel evoziert ein generell verändertes Rezeptionsverhalten bzw. ist Ausdruck dessen: »Die Geduld und Konzentrationsfähigkeit, sich auf einzelne Objekte einzulassen, nimmt ab in einer Welt der schnellen Bilderflut.«[5] Das Potenzial digitaler Medien bei der Ausstellungsgestaltung ist enorm, da diese »Informationen individualisieren können, und kontextsensitiv, dynamisch, multisensorisch und durch die Besucher interaktiv steuerbar sind.«[6] Das Ausstellen von Literatur ist ein besonderes, vielleicht sogar ein besonders schwieriges Unterfangen, da sich die spezifische Wirkung von Literatur beim Lesen selbst entfaltet. Eine Ausnahme stellt der öffentliche Vortrag und die auditive Rezeption dar, wodurch die Intimität des alleine Lesens durch ein kollektives Erleben ersetzt wird. Dennoch sollte man nicht ostentativ erklären, dass »Literaturwerke [...] sich im Allgemeinen nicht ausstellen«[7] lassen, auch wenn diese kalkuliert provokante Aussage mit Recht auf eine Literaturausstellungen inhärente Spezialproblematik verweist.

Entscheidend ist demnach die Kontextualisierung des Werks und damit korrelierend die zu Vermittlung verwendeten Medien, da auf diese Weise unvermeidbare Leerstellen, entstanden durch das Herauslösen des Exponats aus seinem originären Zusammenhang, adäquat mit Inhalten gefüllt werden können.

V.

Im Rahmen der Ausstellung »Heines Reisen durch Europa« wurde erstmals im Heine-Institut eine sogenannte Klangdusche (SoundTube) installiert und in die Ausstellungskomposition integriert, sich dabei dem Anspruch einer »szenografischen Integration von Medien«[8] annähernd. So konnte man nicht nur den Briefwechsel zwischen Heine und seinem Verleger Campe anhand der ausgestellten Exponate nachvollziehen, sondern zugleich eine Vertonung rezipieren, ohne ein weiteres Ausgabegerät, beispielsweise einen Audioguide, mit sich führen zu müssen. Der Besucher konnte selbst entscheiden, ob und in welcher Intensität er dieses Angebot nutzen wollte.

Deutlicher werden solche multimedialen Synergieeffekte anhand eines weiteren Beispiels aus der Sonderausstellung. Neben dem kulturgeschichtlichen Reisetopos und den damit korrespondierenden literarischen Werken Heines präsentierte die

Ausstellung Fotografien von Andrej Reiser und Achill Moser, die sich auf die Spuren Heines in Europa begeben haben. Somit spannte sich der Bogen der Ausstellung bis in die Gegenwart hinein. Fast 200 Jahre nach Heines Reise von München nach Genua hatten Achill Moser und sein 18jähriger Sohn Aaron auf die gleiche Reise unternommen.[9] 75 Tage lang folgten sie bei ihrer Wanderung gemeinsam der Route Heines und entdeckten dessen literarische Landschaften neu. Während Heine einst per Postkutsche reiste, waren Vater und Sohn auf den 1500 Kilometern zu Fuß unterwegs.

Die auf dieser Reise dokumentieren Eindrücke wurden einerseits als gerahmte Fotografien präsentiert, Ausstellungsobjekte im herkömmlichen Sinne, und andererseits in einem animierten Film verarbeitet, der auf einer Mediensäule zu sehen war.[10] In diesem Film wurden historische Stadtansichten mit passenden Heine-Zitaten kombiniert, die wiederum durch die Fotografien Achill Mosers komplettiert wurden. Somit traten traditionelle und moderne Formen der bildenden Kunst untereinander sowie mit Literatur in ein künstlerisches Gespräch. Diese Transferleistung war allein durch den Einsatz digitaler Medien möglich, eine zukunftsträchtige Gestaltungsmethode gerade für Literaturausstellungen, zumal sich hier eine Möglichkeit offenbart, um dem veränderten Rezeptionsverhalten gerecht werden zu können. Im Falle des Moser-Heine-Films zeigte sich dabei eine besondere Ambivalenz. Die Entscheidung zu Fuß zu reisen, zur bewussten Entschleunigung, kann als Reaktion auf die stattfindende »Gegenwartsschrumpfung« und »Innovationsverdichtung«[11] gewertet werden.

Anmerkungen

[1] Ein traditionsreiches Bücherfest mit Verkaufsständen und Lesungen auf der gesamten Düsseldorfer Königsallee.

[2] Vgl. Silvio Vietta: Ichdissoziation im Expressionismus. Dissoziierte Wahrnehmung in der Großstadt und der frühexpressionistische Reihungsstil. – In: Expressionismus. Hrsg. von Silvio Vietta und Hans Georg Kempe. München 1997, S.30–40.

[3] Walter Benjamin: Das Kunstwerk im Zeitalter seiner technischen Reproduzierbarkeit. Berlin 2010, S.18.

[4] Werner Schweibenz: Das virtuelle Museum. Überlegungen zum Begriff und Wesen des Museums im Internet. Hagen 2001, S.1.

[5] Birgit Mandel: Kontemplativer Musentempel, Bildungsstätte und populäres Entertainment-Center. Ansprüche an das Museum und (neue) Strategien der Museumsvermittlung. – In: Museen neu denken. Perspektiven der Kulturvermittlung und Zielgruppenarbeit. Hrsg. von Hartmut John und Anja Dauschek. Bielefeld 2008, S.74–86, hier S.85.

[6] Stefan Schwan: Lernen im Museum. Die Rolle der digitalen Medien für Wissenserwerb und Wissenskommunikation. – In: Lernen im Museum: Die Rolle von Medien für die Resi-

tuierung von Exponaten. Hrsg. von Stephan Schwan, Helmuth Trischler, Manfred Prenzel.. Berlin 2006 (Mitteilungen und Berichte aus dem Institut für Museumsforschung. Bd. 38), S. 1–8, hier S. 3.

[7] Wolfgang Barthel: Probleme, Chancen und Grenzen des Literaturmuseums. – In: Literaturmuseum. Facetten. Visionen. Hrsg. von Wolfgang Barthel. Frankfurt (Oder) 1996, S. 7–31, hier S. 26.

[8] Stefan Iglhaut: Zwischen anklickbarem Exponat und Medieninstallation. – In: Lernen im Museum: Die Rolle von Medien für die Resituierung von Exponaten. Hrsg. von Stephan Schwan, Helmuth Trischler, Manfred Prenzel. Mitteilungen und Berichte aus dem Institut für Museumsforschung. Nr. 38. Berlin 2006, S. 67–81, hier S. 74.

[9] Vgl. Achill und Aaron Moser: Über die Alpen nach Italien. Zu Fuß 1500 Kilometer auf den Spuren Heinrich Heines. Hamburg 2011.

[10] Der Film wurde dankenswerter Weise von Gaby Köster und Christian Liedtke erstellt.

[11] Vgl. Michael Fehr: Wider die Gegenwartsschrumpfung. Einige Überlegungen zur Zukunft des Museums. – In: John, Dauschek (Hrsg.): Museen neu denken [Anm. 5], S. 133–152, hier S. 136f.

Thomas Kling und seine Bücher
Lesespur und Spurenleser

Von Alena Scharfschwert, Düsseldorf

> Beim Malen bedeutet ›Suchen‹ meiner Ansicht nach gar nichts.
> Auf das Finden kommt es an.
>
> Pablo Picasso[1]

Seit November 2008 wird der Nachlass von Thomas Kling im Heinrich-Heine-Institut bearbeitet. In diesem von der Deutschen Forschungsgemeinschaft, der Stadt Düsseldorf und der Stiftung Insel Hombroich geförderten Projekt wurden zwei großen Abteilungen in ihrer Gesamtheit erschlossen: die Korrespondenz von Thomas Kling samt seinem umfangreichen E-Mailverkehr und die gesammelten Werkmaterialien, inklusive der Vorfassungen und Reinschriften, die sich auf den Festplatten und Disketten befanden, sowie die Notizbücher und Arbeitshefte.

Diese beiden Abteilungen wurden abschließend in den von der Stadt Düsseldorf für alle städtischen Kultureinrichtungen eingeführten Datenverbund d:kult (Digitales Kunst- und Kulturarchiv Düsseldorf)[2], der mit der Museums-Software »The Museum System« (TMS) arbeitet, eingepflegt. Der Bestand ist online über das Internet abfragbar.[3]

Das Foto- und Pressearchiv sowie die Nachlass-Bibliothek bleiben vorerst unbearbeitet. Die gesammelten Presse-Materialien liegen geordnet in ca. vier Leitz-Ordnern vor, die Fotos von und zu Thomas Kling sind im Besitz seiner Witwe.

I. Einleitung

Die private Büchersammlung ist das Spiegelbild ihres Besitzers. Sinngemäß hat es Walter Benjamin so ausgedrückt, als er in seiner »Rede über das Sammeln« über Bücher und deren Besitzer philosophierte. Bücher, ganz gleich, ob sie gelesen werden oder nicht, ob sie für brauchbar oder während der Lektüre für unbrauchbar befunden werden, ob sie behalten oder weggeworfen werden, sie alle sagen viel über ihre Besitzer aus, so Benjamin.[4] Bücher gewähren Einblicke in die Interessen und bibliophilen Vorlieben ihrer Besitzer. Sie spiegeln die Faszination am und die Begeisterung für das Buch wider. Sie zeigen Sammel- und Leseschwerpunkte, sie zeigen Spuren intensiven Lektürestudiums und das Bedürfnis des Besitzers nach Repräsentation seiner Bestände.[5] Zum Verhältnis des Sammlers zu seinen Beständen sagt Benjamin: »Man hat nur einen Sammler zu beobachten, wie er die Gegenstände seiner Vitrine handhabt. Kaum hält er sie in den Händen, so scheint er inspiriert durch sie hindurch, in ihre Ferne zu schauen.«[6]

Wechselt man von der äußeren Betrachtung der privaten Büchersammlungen zur inneren Betrachtung, dem Aufschlagen des Buches, so ist es nicht selten, dass man auf Lesespuren des Besitzers trifft. Lesespuren in Form von An- bzw. Unterstreichungen, von Kommentaren und Notizen, von Heftzetteln, von Postkarten, Manuskripten, von Korrespondenz oder Fotos. »Die Auswertung dieser Funde kann der fehlende Mosaikstein im Lebensbild eines Gelehrten und Büchersammlers sein.«[7] Für Benjamin hat die Bibliothek »immer etwas Undurchschaubares und Unverwechselbares zugleich.«[8]

Im Folgenden wird ein Blick auf die Bibliothek samt Lesespuren des Lyrikers Thomas Kling geworfen. Dann wird sich zeigen, ob Benjamin Recht behält und diese Büchersammlung das Prädikat »undurchschaubar und unverwechselbar« trägt.

II. Thomas Klings Bücher

Die Nachlass-Bibliothek von Thomas Kling umfasst ca. 5500 Bücher und Zeitschriften und befindet sich derzeit in seinen ehemaligen Privaträumen auf der Raketenstation Hombroich in Neuss-Holzheim. Kling wohnte und arbeitete dort seit 1995 zusammen mit seiner Frau, der Künstlerin Ute Langanky. Seine Büchersammlung ist originalgetreu aufgestellt und folgt bestimmten Ordnungs- und Stellgewohnheiten Klings. So sind die Regale thematisch sortiert, beispielsweise nach Kunst, Lyrik, Prosa, Nachschlagewerken oder Zeitschriften. Thomas Kling benutzte seine Bücher, arbeitete mit ihnen, arbeitete sich an ihnen ab und verarbeitete das Gelesene in seinen Texten. Er stellte für gewöhnlich alle Bände, die für die aktuelle Werkarbeit von Bedeutung waren, direkt in das am Schreibtisch anliegende Regal, um die für seine Arbeit notwendigen Bücher griffbereit zu wissen.

Nachschlagewerke las Thomas Kling wie andere Menschen Romane. Sie waren Fundstätte seiner Suche und gaben Antworten auf Fragen. Die Bände waren das Verbindungsstück zwischen Anfang und Ende seiner Recherchearbeit. Für ihn als Spracharchäologen waren Nachschlagewerke Wissensspeicher und somit für seine enzyklopädisches Schreiben und Denken eine unersetzbare Quelle. Thomas Kling selber sagte: »Ohne Kenntnis der Sprache, der Sprach- und Literaturgeschichte ist nichts zu machen.«[9]

Zeugnisse seines intensiven Studiums mit und an der Lektüre sind die zahlreichen bunten Klebezettel, die aus den Büchern der Nachlass-Bibliothek herausragen. Die Klebezettel verdeutlichen ebenso wie Randbemerkungen, An- bzw. Unterstreichungen sowie Postkarten oder Notizzettel in den Büchern die Lesespur von Thomas Kling. Das Interessante an den Lesespuren ist der Weg, den sie, entspringend aus dem jeweiligen Buch, nehmen: Die durch Unterstreichung hervorgehobene Information gelangt von der Buchseite über den Klebezettel in eines der von Klings datierten und thematisch kategorisierten Notizbücher und findet anschließend seine eigentliche Verarbeitung im Werkmanuskript. So sind es beispielsweise häufig Schlagworte oder sogar vollständige Zitate, die wortgenau im Notizbuch und im veröffentlichten Text zu finden sind und somit das Wechselspiel zwischen seiner Bibliothek und dem Werkmaterial verdeutlichen.

Klings intensives Lektürestudium zeigt sich beispielsweise in den kumulativ auftretenden Lesespuren in seiner Hugo-Ball-Sammlung. Balls »Die Flucht aus der Zeit«[10], Thomas Klings Notizbuch »ITINERAR III / BALL die stare«[11] sowie sein Aufsatz »Hugo Ball. Frühe Performance«[12] verdeutlichen exemplarisch den Weg, den die Lesespur Klings nimmt.[13]

III. Thomas Kling und der Dadaismus

Als einen Lese- und Sammelschwerpunkt von Thomas Kling kann man die avantgardistische Literatur ausmachen. Thomas Klings Affinität zu der Avantgarde, den Dadaisten ist bekannt. Die thematische Beschäftigung mit dieser literarischen Strömung zeigt nicht zuletzt sein Essay » Zu den deutschsprachigen Avantgarden«, den er in den »Botenstoffen« (2001) veröffentlicht hat, und der ebenfalls problemlos die Weiterverarbeitung seiner Lesespur zeigen könnte. Klings umfangreiche Büchersammlung von und zu Hugo Ball unterstreicht sein verstärktes Interesse an dem Dadaisten Ball und seiner Frau, der Schriftstellerin und Kabarettistin Emmy Hennings. Kling ist zeitlebens fasziniert von dem Künstlerpaar. Seine Vorliebe für die avantgardistischen Dichter mag ganz einfach darin begründet sein, dass er sich ihnen nahe fühlt und zwar in dem Sinne, als dass die Dadaisten als Künstler, als Geistesreisende gesehen werden. Der Dadaismus wird oft als »unseriös« bezeichnet, seine literarischen Werke werden der »Unsinnspoesie« zugeschrieben.[14] Verstanden wird der Dadaismus immer wieder als undefinierbare, unklassifizierbare Anti-Kunst, die Ordnungen vernichtet sowie Normen und Ideale zerstört. Als undefinierbar, unklassifizierbar ist Thomas Klings Lyrik in der Vergangenheit ebenfalls häufig bezeichnet worden. So recht konnte oder wollte man ihn nicht zuordnen. Genau wie die Dadaisten grenzt er sich durch ›Querdenken‹ ab.

Auf der sprachlichen Ebene dürfte Klings Faszination für diese Avantgarde-Bewegung in der Sprachzerkleinerung, der Sprachzerlegung anzusiedeln sein. Thomas Kling bricht in seiner Lyrik Sprache ebenfalls herunter, jongliert mit Sprache, zerstört oder zerlegt Worte, um sie später wieder neu zusammenzusetzen. Seine Leser müssen sich mitunter an unkonventionelle Worttrennungen gewöhnen, sich durch Wortfetzen, durch Sprachschichtung arbeiten, um dann festzustellen, dass die äußere Form des Textes nicht der inneren Form gleicht. Für seine Anhänger ist genau das die Belohnung für das Durchhaltevermögen, für ihre geistige Flexibilität. Gleiches gilt für die Leser dadaistischer Werke. In den »Botenstoffen« heißt es: »Dadaists have their own idea of beauty.«[15] Genau wie Thomas King.

IV. Das Suchen und Sammeln

Vor dem Hintergrund der Faszination Klings für die dadaistische Bewegung, ist es nicht verwunderlich, dass seine Bibliothek eine Vielzahl von Büchern von und zu dadaistischen Vertretern beherbergt und somit eine Linie bibliophiler Vorliebe zeichnet. Die Bücher Thomas Klings spiegeln seine Interessen und Vorlieben, beruflich und auch privat, wider. Die Lesespuren in der Bibliothek unterstreichen zum einen, welchen persönlichen und intellektuellen Wert die Bücher in seinem Leben einnahmen. Zum anderen zeigen sie aber auch, dass Thomas Kling jemand war, der suchte, aufspürte, die Fährte aufnahm, ihr folgte und schließlich fand. Zu seiner Arbeit sagte Kling selber: »Dichter sind mitunter Sondergänger, die in den verdeckten Hinterlassenschaften der Jahrhunderte, der Jahrtausende herumstöbern.«[16]

In einem unveröffentlichten Konzept, einer Vorüberlegung zu »Zum Gemäldegedicht«, notiert Thomas Kling: »*Spurensuche, Fährtenbuch: das allererste anthropogene wahrnehmen, erkennen: die fährte. Ineinsfallen von bild und schrift.* [...] Die veränderte fährte, durch überfrierung, tauen, vergrößert (»Big Foot«-Fälschung).«[17]

In seinem Text »ZUM GEMÄLDEGEDICHT« heißt es dann weiter:

Und wir sagen, daß nicht der Platz ist, um über Wahrnehmung von Tierfährten als Voraussetzung von Lesen und Schrift überhaupt zu sprechen. Diese allerersten Analysefähigkeiten- das Spurenlesen-, die gewiß zurückreichen bis in die Frühschichten der Hominiden, waren ja wohl Voraussetzung um überleben zu können. Das »Lesen« der Schrift-Bilder, die Stapfen im Schnee oder die Tritte im Steppenboden, mußte ja schnell vonstatten gehen [...]; Schnelligkeit war angesagt, bevor der Wind die Spur verweht, bevor die Sonne den Lichteinfall geändert hat und Auftauen und über Überfrieren die Fährte ins grotesk Unlesbare vergrößert, vergröbert und verzerrt hat.[18]

Die Textstellen machen deutlich, dass der Dichter Thomas Kling ein Spurensucher und Spurenleser war. Die Schnelligkeit im Erkennen einer Spur, ihrer Lektüre und Verfolgung war auch bei Klings Arbeit ein wesentlicher Bestandteil und von großer Bedeutung. Gedanken, Ideen und Entwürfe, Konzepte oder Vorstufen konnten bei Thomas Kling eine Zeit lang reifen, aber keinesfalls durften sie zu lange ruhen. In dem Filmporträt mit dem Titel »Thomas Kling – brennstab&rauchmelder«[19] sagt der Autor über sich selbst:

> Ganz selten ist so dieser Wurf, wo man den Text so runterschreiben kann. [...]. Andererseits bin ich aber auch kein Autor, der Monate lang an einem Gedicht sitzt. Also ich habe schon eine, ich hab schon eine Vorstellung davon, wie es auszusehen hat und es muss, damit das Material einem nicht unter den Fingern verfault, das geht nämlich sehr schnell; wenn man Notizen liegen lässt, dann sind sie sehr schnell [...], die haben ein krasses Verfallsdatum.

Die Strecke, die die erste Idee zum fertigen Text zurücklegt, zeichnet sich deutlich in den Materialien seines Nachlasses ab. Sie ist durch seine Lesespuren in den Büchern und durch seine präzise datierten Notizhefte streckenweise gut zu rekonstruieren. Möchte man also seinen gedanklichen Wegen und den Spuren seiner Recherchearbeit folgen, muss man sich nur auf Spurensuche in seiner Nachlass-Bibliothek machen.

V. Ausblick: Der Nachlass von Thomas Kling

Die Erschließung der Nachlass-Bibliothek von Thomas Kling wird zukünftig eine der wichtigsten Aufgaben für die Forschung sein. Sein Leseapparat ist einer der bedeutendsten Eckpfeiler im Klingschen System. Die Beschäftigung mit seiner Nachlass-Bibliothek ermöglicht einen freien Blick auf seine Lese-Welten. Dies wiederum gewährt einen tiefen und unverschleierten Einblick in seine Arbeitsweise und in seine Denkstruktur. Die Erschließung der Nachlass-Bibliothek hätte somit für die Kling-Forschung einen Mehrwert, insbesondere als Basis für eine zukünftige editorische Weiterarbeit.

In Bezug auf Klings Bibliothek trifft Benjamins Aussage, dass die Bibliothek »immer etwas Undurchschaubares und Unverwechselbares zugleich«[20] hat, nicht in ganzen Teilen zu. Klings Büchersammlung ist zwar unverwechselbar, aber sie ist aufgrund der vielen Lesespuren und der Wege, die die Lesespur nimmt, nicht undurchschaubar. Sie ist vielmehr ein »Mosaikstein im Lebensbild«.[21].

Anmerkungen

[1] Zit. n. Peter Schifferli: Pablo Picasso. Wort und Bekenntnis. Die gesammelten Dichtungen und Zeugnisse. Frankfurt a. M. 1957, S. 9.

[2] d:kult ist ein Verbundprojekt der Düsseldorfer Kulturinstitute. Daran angeschlossen sind auch die Stiftungen, an denen die Stadt beteiligt ist.

[3] Vgl. URL: http://www.duesseldorf.de/kultur/kulturamt/dkult/kling. Zuletzt gesehen am: 26.03.2011.

[4] Vgl. Walter Benjamin: Ich packe meine Bibliothek aus. Eine Rede über das Sammeln. – In: ders.: Gesammelte Schriften. Bd. IV/1. Hrsg. von Tillman Rexrodt. Frankfurt a. M. 1972, S. 388–396.

[5] Vgl. Ines Sonder; Karin Bürger; Ursula Wallmeier: Editorial. – In: »Wie würde ich ohne Bücher leben und arbeiten können?«. Privatbibliotheken jüdischer Intellektueller im 20. Jahrhundert. Hrsg. von Ines Sonder, Karin Bürger, Ursula Wallmeier. Berlin. 2008, S. 7–8, hier S. 7.

[6] Benjamin: Ich packe meine Bibliothek aus [Anm. 4], S. 389.

[7] Sonder u. a.: Editorial [Anm. 5], S. 7.

[8] Benjamin: Ich packe meine Bibliothek aus [Anm. 4], S. 392.

[9] Tomas Kling: Botenstoffe. Köln 2001, Buchumschlag.

[10] Hugo Ball: Die Flucht aus der Zeit. Zürich 1992.

[11] Notizbuch aus dem Thomas Kling Nachlass, 1996.

[12] Thomas Kling: Hugo Ball. Frühe Performance. – In: ders.: Itinerar. Frankfurt a. M. 1997, S. 31–40.

[13] Vgl. Alena Scharfschwert: Dichter sind mitunter Sondergänger. Lesespuren bei Thomas Kling. – In: Sichtungen. Archiv. Bibliothek. Literaturwissenschaft. Hrsg. von Volker Kaukoreit und Marcel Atze (in Vorbereitung).

[14] Vgl. Kling: Hugo Ball [Anm. 12], S. 16.

[15] Ebd.

[16] Thomas Kling: Auswertung der Flugdaten. Köln 2005, Buchumschlag.

[17] Speicherdatum auf der Festplatte: 18. April 2003. Hervorhebung im Original.

[18] Thomas Kling: ZUM GEMÄLDEGEDICHT. – In: Kling: Auswertung [Anm. 16], S. 109.

[19] Thomas Kling: Brennstab & Rauchmelder. Ein Dichter aus Deutschland. Regie: Detlef F. Neufert. WDR 1992. 30 Min. Erstausstrahlung: 1plus, 26.07.1992, 14.30 Uhr.

[20] Benjamin: Ich packe meine Bibliothek aus [Anm. 4], S. 392.

[21] Sonder u. a.: Editorial [Anm. 5], S. 7.

»Das ausgesprochne Wort ist ohne Schaam«[1]
13. Forum Junge Heine Forschung 2010 mit neuen Arbeiten über Heinrich Heine

Von Karin Füllner, Düsseldorf

Zum 213. Heine-Geburtstag hatten die Veranstalter fünf junge Vortragende eingeladen, die zum 13. Internationalen Forum Junge Heine Forschung am 11. Dezember 2010 angereist kamen: Eugen Wenzel aus Paderborn, Yael Kupferberg aus Berlin, Sarah Borgmann aus Bonn, Janina Schmiedel aus Hannover und Annie Falk aus New York. »Brücken bauen will das Forum, ein Netzwerk knüpfen und pflegen«, hieß es in der Düsseldorfer Presse.[2] Aus unterschiedlichsten Perspektiven fragten die Vortragenden immer wieder nach Heines Kunstbegriff und suchten nach Definitionen seiner neuen Ästhetik. Von der Frage nach seinen Utopien, über die Untersuchung der Rezeption seines Witzes ging es über die Analyse der »Florentinischen Nächte« und des »Jehuda ben Halevy« bis hin zur Frage nach der Bedeutung der Gerüche in seinem Werk.

 Einleitend sprach Eugen Wenzel, der zum Thema »Ein neues Lied? Ein besseres Lied? Die neuen Evangelien nach Heine, Wagner und Nietzsche« promoviert, über Heinrich Heine als »Prophet und Messias einer neuen Religion«. Ausgehend vom Wunsch des jungen Heine, »eine glückselige Insel à la Ardinghello in irgend einem Meere aufzusuchen und zu kolonisieren« und dem Plädoyer des »Wintermährchens« für ein Himmelreich auf Erden stellte er Heines Diktum vom »dritten neuen Testament« vor. Durch den religiösen Sprachduktus und seine Selbstcharakterisierung als »Ritter von dem heil'gen Geist« lege Heine sein eigenes Programm als »Evangelium« aus. Im Folgenden fragte Wenzel nach den Gründen und Kontextualisierungen »für Heines Glauben an den unaufhaltsamen Fortschritt der Menschheit zu paradiesischen Zuständen auf Erden«. Er sah Heine in der Nachfolge Lessings, der das christliche Geschichtsbild grundlegend in Frage gestellt habe. Heine plädiere wie Lessing für »dieselbe fortschreitende Humanität, dieselbe Vernunftreligion«. Ebenso verwies Wenzel auf die Frühromantiker, denen die Poesie zum »Medium einer neuen Heilsgewissheit« (Lothar Pikulik) wurde. Heine habe wie sie die Ansicht vertreten, »dass der Künstler ein Künder göttlicher Wahrheiten sei und sich nicht von diesem Amt entbinden könne«. Ein letzter Blick Wenzels galt dem Spätwerk des Dichters und der Frage, ob der

»selbsternannte Erlöser« Heine »an seinem prophetisch-messianischen Selbstverständnis und an seinem Fortschrittsglauben bis zum Lebensende festgehalten« habe. Trotz Heines Bekenntnis, »zu einem persönlichen Gott« zurückgekehrt zu sein, und trotz mancher von ihm geäußerten Zweifel am Fortschrittsglauben sah Wenzel keine grundlegende Abkehr. Am Gedicht »Enfant perdü« zeigte er abschließend, dass es »den Krankheiten und politischen Enttäuschungen des späten Heine nicht gelungen« sei, »sein prophetisch-messianisches Selbstverständnis und seinen Fortschrittsglauben gänzlich zu unterdrücken«.[3] Der Vortrag führte zu einer angeregten Diskussion über Aufklärung und Skepsis bei Heine. In Frage gestellt wurde, ob es jemals ein ungebrochen prophetisch-messianisches Selbstverständnis beim Autor gegeben habe oder ob der Kampf um den Fortschritt in seinem Werk nicht immer – wenn auch in unterschiedlichen Ausformungen – von tiefer Skepsis grundiert sei.

»Der ›schamlose‹ Dichter – Zur Rezeption des Witzes Heines« war der Titel des folgenden Vortrags von Yael Kupferberg, die 2010 mit einer Arbeit über »Dimensionen des Witzes um Heinrich Heine – Zur Säkularisation der poetischen Sprache« promoviert wurde. Sehr interessant zeigte sie auf, wie sich die Kritik an Heines witzigem Schreiben entzündete. »Der Jude hält nie wirklich etwas für echt und unumstößlich, für heilig und unverletzbar. Darum ist er überall frivol, und alles bewitzelnd«, schrieb Otto Weininger 1913. Ein Topos der Rezeption, so Kupferberg, sei, dass Heine durch seinen Witz die Dichtung sexualisiere. Beurteilte Sigmund Freud als Heine-Apologet diese Sexualisierung als Befreiung und Demokratisierung positiv, wurde sie von anderen pejorativ als »Versündigung gegen die Reinheit« der poetischen Sprache gesehen (Hermann Cohen), Heine selbst wurde zum »Frevler« erklärt (Arnold Ruge), seine Witzarbeit als »rituelles Vergehen geahndet«. Dieser Ausgrenzungsdiskurs, der Heines Werk aus einer als normativ postulierten »heiligen Sprache« der Dichtung ausschließe, übersetze, so Kupferberg, antijüdische Ressentiments ins Ästhetische. An der vernichtenden Kritik von Heines erotisch-witzigem Schreiben bei Robert Prutz und Wolfgang Menzel zeigte sie, wie sich hier »auf der Ebene der Sprachphilosophie, der Ästhetik und der Literaturkritik das Pogrom« begründe. Die Kritik am Witz entlarve sich als »Abwehr gegen den Juden«. Mit einem Zitat von Heines Schriftstellerkollegen Ludwig Börne insistierte Yael Kupferberg auf dem politischen Impetus des Witzes, der Witz behaupte »das demokratische Prinzip im Reiche des Geistes«. »Heine gelingt es«, konstatierte sie abschließend, »im Witz das esoterische Wissen zu vermitteln, das sonst nur der Bildungsschicht vorbehalten war«. Sein witziges Schreiben – im Sinne Freuds ein sublimiert sexueller Akt – »emanzipiert, säkularisiert und demokratisiert«.[4] Nach dem Vortrag war das Bedürfnis bei manchen groß, Beispiele für Heines Witz zu hören.

In die konkretere Textanalyse ging es nach der Mittagspause. Sarah Borgmann, 1987 geboren und jüngste Teilnehmerin des Forum Junge Heine Forschung, die soeben erst ihr Magisterexamen abgeschlossen hatte, sprach über »Tod, Weiblichkeit und Ästhetik in Heines ›Florentinischen Nächten‹«. Ihr Motto-Zitat hatte sie Heines Gedicht »Die »Götter Griechenlands« entnommen: »Als Leichengöttin erscheinst du mir, Venus Libitina!«. In einem faszinierend frei gehaltenen Vortrag ging sie der Frage nach, wie Heine in den »Florentinischen Nächten« belebte und unbelebte Frauenfiguren instrumentalisiert. Die Leidenschaft seines Protagonisten Maximilian für versteinerte und todkranke Frauen verweise auf, wie Heine sagt, das »todte Scheinwesen der alten Kunst«, mit dem er die Literatur der Romantik ebenso meine wie die Literatur der Kunstperiode: »Beide werden im Text durch das Unbelebte und Paralysierte repräsentiert.« Die unbelebte Frau repräsentiere ein gestörtes Verhältnis von Kunst und Natur, ihre Unfruchtbarkeit verweise auf die politische Folgenlosigkeit der alten Kunst. Demgegenüber stehe die Figur der Tänzerin Laurence für die neue von Heine proklamierte Kunst, »für sexuelle Erfüllung«, »für Bewegung«, »für Transformation des Künstlers und des Rezipienten«, »für einen Einfluss der Kunst auf die Wirklichkeit«. Die neue Kunst ist jedoch nicht nur Gegenpart zur alten, sie gründet, wie Borgmann am Beispiel der Laurence ausführte, auch auf der alten Kunst. Heine erzählt eine romantische Scheintod-Geschichte und lässt Laurence im Grab ihrer Mutter zur Welt kommen. Laurence nimmt damit, so Borgmann, »die ästhetisierten weiblichen Leichen der Vergangenheit in sich auf«, sie seien die Wurzeln, »aus denen das Neue sprießt«. Solchermaßen verhandle Heine, wie Sarah Borgmann überzeugend zeigte, »im Spannungsfeld von Belebung und Versteinerung schöner Frauenfiguren seine ästhetischen Vorstellungen« und positioniere sich in der Zerrissenheit der Übergangszeit.[5]

Janina Schmiedel, die ihre Dissertation der poetologischen Untersuchung der Zeitgedichte und Versepen Heinrich Heines widmet, sprach im Anschluss über »Synthesemomente in Heinrich Heines lyrischem Fragment ›Jehuda ben Halevy‹«. Eng auf den Text bezogen ging sie zunächst auf die inhaltliche Ebene des Gedichtes ein und zeigte, wie Heine die zwei Dimensionen des Talmud – Halacha und Hagada – als antithetische Gegensätze thematisiert. Dem entspreche auf der stilistisch-formalen Ebene das dialektische Prinzip »der Verwendung zweier gegensätzlicher Sprachstile«. Eindrucksvoll führte sie vor, wie beide Sprachmodi miteinander verwoben seien und in welcher Weise sie mit den genannten Inhalten korrespondierten. Ihr Interesse galt jedoch nicht nur den immanenten Synthesemomenten, vielmehr ging es ihr um die Beschreibung von Heines »eigenem, häufig verkannten Konzept« der »Synthese von Kunst und Leben«. Den Autoren des »Jungen Deutschland« sei es darum gegangen, »das Bewusstsein des Lesers für politische, religiöse und philosophische Zustände und Entwicklungen zu schärfen«.

Sie wollten somit mit ihrer Kunst in das Leben hineinwirken. Bei Heine jedoch bestehe »die Synthese von Kunstautonomie und Wirklichkeitsbezug«, so zeigte Schmiedel mit Rekurs auf Hegels Dialektikbegriff, »in einem ›Lebendigwerden‹ der Kunst«. Wie dieses Lebendigwerden möglich wird, untersuchte sie ausgehend von Heines »Jehuda ben Halevy« auch an weiteren Texten, im besonderen an »Es träumte mir in einer Sommernacht« und »Geoffroy Rudèl und Melisande von Tripoli« sowie unter Einbeziehung der entsprechenden Sekundärliteratur. Konstitutiv für die Synthese von Kunst und Leben sei, so ihre These, »die Liebe des Dichters«, ob nun zur Schönheit, zu seiner Dichtung oder zu einer fiktiven Schönheit: »Gott Amur that dieses Wunder«. Das Lebendigwerden der Kunst in der Dichtung sei immer nur ein vergängliches Moment, aber gerade diese Vergänglichkeit hebe die Dichtung immer wieder von Neuem auf. Die überlieferten Texte ermöglichten es, wie Schmiedel sehr schön zeigte, dass genau dies vergängliche Moment von den »angesprochenen Rezipienten jederzeit und immer wieder aufgefunden und nachvollzogen werden kann«.[6]

Der sehr anregende Abschlussvortrag des Tages kam von Annie Falk, die an der Columbia University in New York über die jüdische Tafel in der deutschen und deutsch-jüdischen Literatur promoviert. Unter dem Titel »O Gott! Was ich gerochen! oder Heines jüdische Nase« fragte sie nach dem Verhältnis zwischen Heines jüdischer Herkunft und der Auseinandersetzung mit dem Geruchssinn in seinem literarischen Schaffen. Mit Kant zeigte sie auf, wie das Riechen seit dem späten achtzehnten Jahrhundert als der »entbehrlichste« und niedrigste der fünf Sinne gilt. »Auch im Bereich der Ästhetik stellt der Geruchssinn ein Problem dar, denn die Nase mit ihren Löchern und Flüssigkeiten verweist auf das Innere des Körpers, ein tabuisiertes Thema«, so Falk. Heines Wertschätzung des Geruchssinns konterkariere damit die klassische Ästhetik und sei wesentlicher Teil seines den Bereich des Sinnlichen und der Sinnlichkeit akzentuierenden ideologiekritischen Programms. Mit der »Nachtstuhl«-Passage aus »Deutschland. Ein Wintermährchen« und der Glaubersalz-Episode aus »Die Bäder von Lukka« führte sie an zwei Beispielen aus, wie Heine im einen Fall seine Deutschland-Kritik, im anderen Fall seine Platen-Kritik geradezu materialisiert, eine Verfahrensweise, die sie mit Bakhtins Konzept der »Degradierung« beschrieb. Die guten und angenehmen Gerüche seien in Heines Werk dagegen immer wieder mit der jüdischen Küche verbunden. Seine Hochschätzung des Schalets und der traditionellen jüdischen Speisen sei aber mehr als wiederum Ausdruck seines sensualistischen Programms. Annie Falk insistierte darauf, dass Heine damit ganz bewusst dem »Topos des jüdischen Gestanks« entgegenträte. Wenn Heine die lockenden Düfte der jüdischen Küche preist, begreift er »das Jüdischsein vor allem als eine körperliche Identität, deren unveränderlicher und unbestechlicher Sitz die Nase ist«. »Der Ironie«, – so endete Annie Falk ihren Vortrag – »eine Haltung zu vertreten, die auch die Verfechter der Legende vom jüdischen Gestank durchaus unterstützt hätten, dürfte sich der Dichter bewusst gewesen sein.«[7]

Den Preis für das 13. Forum Junge Heine Forschung erkannte die Jury[8] dem Beitrag von Janina Schmiedel zu. Renate Loos, 2. Vorsitzende der Heinrich-Heine-Gesellschaft, verlieh ihr den Preis auf der Mitgliederversammlung der Heinrich-Heine-Gesellschaft am 22. März 2011.

Anmerkungen

[1] DHA III, 394. Auf diese Zeile aus Heines Gedicht »Es träumte mir von einer Sommernacht« bezieht sich Janina Schmiedel in ihrem hier vorgestellten Beitrag.

[2] Petra Kuiper: Im Namen des Dichters. – In: Neue Rhein-Zeitung, Düsseldorf, vom 11. Dezember 2009. Zu Konzeption, Organisation und Geschichte des von Heinrich-Heine-Institut, Heinrich-Heine-Gesellschaft und Heinrich-Heine-Universität gemeinsam veranstalteten Forums vgl. auch die Berichte über die vorangegangenen Kolloquien: Karin Füllner: »...eine neue Zeit mit einem neuen Prinzipe«. Das Düsseldorfer-Studierenden-Kolloquium mit neuen Arbeiten über Heinrich Heine. – In: HJb 40 (2001), S. 164–173; dies.: »Dieses ist die neue Welt!« Das Düsseldorfer Studierenden-Kolloquium 2001 mit neuen Arbeiten über Heinrich Heine. – In: HJb 41 (2002), S. 245–247; dies.: »und gerade Heine überzeugt mich«. Das Düsseldorfer Studierenden-Kolloquium 2002 mit neuen Arbeiten über Heinrich Heine. – In: HJb 42 (2003), S. 188–191; dies.: »Europäischer Heine«. Das Düsseldorfer Studierenden-Kolloquium 2003 mit neuen Arbeiten über Heinrich Heine. – In: HJb 43 (2004), S. 277–281; dies.: Heinrich Heine: europäisch, musikalisch und kulinarisch. Das Düsseldorfer Studierenden-Kolloquium 2004 mit neuen Arbeiten über Heinrich Heine. – In: HJb 44 (2005), S. 232–236; dies.: Heinrich Heine: Über Groteske, Poesie und Mythos. 8. Forum Junge Heine Forschung 2005 mit neuen Arbeiten über Heinrich Heine. – In: HJb 45 (2006), S. 249–253; dies.: Politik und Maskerade. Von Heine bis heute. 9. Forum Junge Heine Forschung 2006 mit neuen Arbeiten über Heinrich Heine. – In: HJb 46 (2007), S. 223–228; dies.: »Heinrich Heine und die fröhliche Wissenschaft«. 10. Forum Junge Heine Forschung 2007 mit neuen Arbeiten über Heinrich Heine. – In: HJb 47 (2008), S. 246–250; dies.: Musterhafte Vorbilder. 11. Forum Junge Heine Forschung 2008 mit neuen Arbeiten über Heinrich Heine. – In: HJb 48 (2009), S. 227–232; dies.: »Im Namen des Dichters«. 12. Forum Junge Heine Forschung 2009 mit neuen Arbeiten über Heinrich Heine. – In: HJb 49 (2010), S. 250–254.

[3] Zitiert nach dem von Eugen Wenzel vorgelegten Beitrag.

[4] Zitiert nach dem von Yael Kupferberg vorgelegten Beitrag. Inzwischen ist die Dissertation von Yael Kupferberg erschienen unter dem Titel »Dimensionen des Witzes um Heinrich Heine. Zur Säkularisation der poetischen Sprache«. Würzburg 2011. Ein Schwerpunkt der untersuchten Heine-Texte liegt bei den »Göttern im Exil«.

[5] Zitiert nach dem von Sarah Borgmann vorgelegten Exposé.

[6] Zitiert nach dem von Janina Schmiedel vorgelegten Beitrag.

[7] Zitiert nach dem von Annie Falk vorgelegten Beitrag.

[8] Mitglieder der Jury waren in diesem Jahr: Dr. Karin Füllner, Dr. des. Astrid Henning, Prof. Dr. Joseph A. Kruse, Renate Loos und Prof. Dr. Manfred Windfuhr.

Buchbesprechungen

Joachim Grimm: Karl Gutzkows Arrivierungsstrategie unter den Bedingungen der Zensur (1830–1847) Frankfurt a. M.: Peter Lang 2010 (= Hamburger Beiträge zur Germanistik. Bd. 51). 332 S., € 54,80.

»Ich versichere Sie, die Dinge haben in Deutschland immer so gestanden, daß man nicht eher berühmt wurde, ehe man nicht eine Zeit lang berüchtigt war«, so schreibt Karl Gutzkow am 7. Oktober 1835 an Karl August Varnhagen von Ense. Zentral für die interdisziplinär angelegte Arbeit Joachim Grimms ist dieses Zitat, weil es der Hauptthese des Verfassers Substanz verleiht. Dieser führt in der Einleitung aus, es sei zu untersuchen, »inwiefern Gutzkow in seiner Strategie des Arrivierens das Einschreiten der Obrigkeit [...] positiv voraussetzte [...] und [die Zensur] zum Mitspieler in seinem komplexen und durchaus gewagten Erfolgskalkül machte.« In seiner Schlussbetrachtung stellt Grimm dann fest, »dass Gutzkows Karriere als Berufsschriftsteller durch die Zensur nicht entscheidend behindert wurde und er die Zensur geschickt nutzte, um ›berühmt‹ zu werden.«

Grimm fokussiert bei der Untersuchung von Gutzkows Arrivierungsstrategie die Jahre zwischen 1830 und 1847. Im November 1846 wird Gutzkow Dramaturg am Königlichen Theater in Dresden, womit seine Arrivierungsbemühungen als (vorläufig) geglückt und abgeschlossen betrachtet werden können. Seine »Gesammelten Werke« (Bd. 1–12, 1845/46; Bd. 13, 1852) sind erschienen, womit er laut Carsten Wurm »in den Stand eines Klassikers erhoben« wurde. Gleichermaßen muss eingeräumt werden, dass mit dieser Anstellung das Ziel der Behörden, Gutzkow gleichsam zu »zähmen«, weitgehend erreicht ist.

Den Untersuchungszeitraum von 18 Jahren unterteilt der Verfasser in drei Phasen: die Zeit vor 1835, die geprägt sei durch die ›ideelle Opposition‹ und mit der »Vorrede zu Schleiermachers ›Vertraute[n] Briefe[n] über die Lucinde‹« (1835) und dem Skandalroman »Wally, die Zweiflerin« (1835) im »kalkulierten Tabubruch« gipfelte; das spektakuläre Jahr 1835, das Grimm als »den Höhepunkt und im Wesentlichen auch das Ende der jungdeutschen Phase« Gutzkows bezeichnet; und schließlich die Jahre zwischen 1835 und 1847, in denen sich der Autor weitgehend vom Journalismus zurückzog und dem Theater zuwendete. Die Qualität der Werke Gutzkows stehe, wie Grimm eingangs ausführt, nicht zur Disposition, »sondern die ideellen und ideologischen Orientierungen, die in dessen Literaturproduktion zwischen 1830 und 1847 zum Ausdruck kamen«.

Nach einem Einleitungskapitel, das einen ausführlichen Forschungsbericht beinhaltet, werden Gutzkows Biografie vor dem Hintergrund der politischen, gesellschaftlichen und kulturellen Entwicklungen in Preußen und im deutschsprachigen Raum dargestellt und im Weiteren sein journalistischer und literarischer Werdegang skizziert.

Es folgt eine Beschreibung des sozialen Netzwerks Gutzkows beziehungsweise dessen Bemühen um ein solches. Wolfgang Menzel, der Gutzkow (bis zu dem Bruch zwischen den beiden) unter seine Fittiche nahm, vermittelte diesem Kontakte zu Dichtern, Verlegern, Redakteuren. Menzel, so Grimm, diente dem jungen Berliner als »Vehikel zum literarischen Aufstieg«. Des Weiteren werden die ›Gruppe‹ der so genannten Jungdeutschen und die gruppeninternen Beziehungen ins Visier genommen, genauso wie die Gemeinsamkeiten und Differenzen der verschiedenen ›Akteure‹.

Im vierten Kapitel stehen Gutzkows politische, gesellschaftliche Überzeugungen und sein Literaturverständnis im Fokus. Der Kernpunkt, die Kunst nicht losgelöst vom Leben zu betrachten, sondern Poesie auf die Realität zu beziehen und damit die »literarische Öffentlichkeit« als »Vorhof der politischen Öffentlichkeit« zu begreifen, musste Gutzkow mit den Behörden in Konflikt bringen, war die Zensur inhaltlich doch schichtspezifisch angelegt, das heißt, Rezipienten in »Mündige« und »Unmündige« unterteilt. Letztere wollte man nicht mit oppositionellem Gedankengut konfrontiert wissen, weshalb »Elitediskurse« aus breit rezipierter Literatur herausgehalten werden sollten. Es war, wie oben bereits angedeutet, jedoch Gutzkows Absicht, so Grimm, den viel zitierten »Elfenbeinturm« zu verlassen und »eine demokratische (Gegen-) Öffentlichkeit zu etablieren«. Sein Ziel war die »Demokratisierung der Wissenschaft und die Popularisierung der Literatur«.

Ein zweiter Komplex der Arbeit beleuchtet die »Grundlagen der Zensur unter besonderer Berücksichtigung Preußens«, um im weiteren Verlauf der Arbeit die diversen Kollisionspunkte zwischen Gutzkow und den Zensurbehörden darstellen zu können.

In den folgenden Kapiteln illustriert Grimm die verschiedenen Aspekte von Gutzkows Arrivierungsstrategie und konzentriert sich dann auf den Skandalroman »Wally, die Zweiflerin«. Er skizziert dessen Konfliktpotential, die Reaktion seitens der Öffentlichkeit und der Behörden sowie die Konsequenzen, die aus Gutzkows »kalkuliertem Tabubruch« folgten.

Nach einem kurzen Kapitel, das die Grenzen und das Ende der Spezialzensur erklärt, wendet sich Grimm einem anderen, dritten Komplex zu, den der Titel der Arbeit nicht unmittelbar vermuten ließe. In diesem wird Gutzkows (außerliterarisches) Handeln auf dem Literaturmarkt beschrieben. Dabei geht es um seine »Vorschläge zur Reform des Buchhandels«, um »Gutzkow und seine Verleger« und um die Honorare, mit denen der bestbezahlte Schriftsteller seiner Zeit für die Tätigkeit als Schriftsteller, Journalist, Redakteur, Herausgeber und Dramaturg entlohnt wurde. Hier wird das Bild des »Geschäftsmanns« Gutzkow gezeichnet, der es versteht, geschickt zu verhandeln und Verleger gegeneinander auszuspielen.

Die Arbeit, die Grimm vorlegt, zeichnet sich durch die akribische Auswertung einer Fülle von Quellen (Zensurakten, Verwaltungsschriften, Konfidentenberichten, Briefen, (auto)biografischen Schriften et cetera) aus. Von den Werken Gutzkows stehen neben der »Vorrede zu Schleiermachers ›Vertraute[n] Briefe[n] über die Lucinde‹« und dem Skandalroman »Wally, die Zweiflerin« (beides 1835) vor allem journalistische und essayistische Schriften im Vordergrund des Untersuchungsinteresses, etwa zum Literaturmarkt, zum Schriftstellerberuf sowie natürlich Äußerungen zu Gesellschaft und Politik. Neben Briefen rekurriert Grimm immer wieder auf das autobiografische Werk »Rückblicke auf mein Leben«, das 1875, drei Jahre vor Gutzkows Tod, erschien.

Positiv zu vermerken ist die Menge der hinzugezogenen Sekundärliteratur, das Verzeichnis derselben umfasst allein 30 Seiten und bietet einen reichhaltigen Fundus für jeden, der sich eingehender mit der Zensurthematik oder mit Gutzkow beschäftigen will. Auf circa 270 Textseiten kommen 1109 teils ausführliche Anmerkungen. Sie bezeugen die sehr gelungene Synthetisierung der Forschungsdiskurse, in denen bislang allenfalls isoliert verhandelte Einzelaspekte der von Grimm behandelten Thematik Beachtung fanden. Es entsteht allerdings nicht selten ein gewisses Ungleichgewicht zwischen Fußnotensockel und Text auf einer Druckseite.

Auf eben diese Menge von Primär- und Sekundärmaterial gestützt, dokumentiert der Verfasser die politische, gesellschaftliche und kulturelle Situation im deutschsprachigen Raum, beleuchtet die Zensur in ihrer theoretischen Legitimation und Ausrichtung wie in der praktischen Umsetzung und veranschaulicht die Gegebenheiten auf dem höchst heterogenen Literaturmarkt im zweiten Drittel des 19. Jahrhunderts. Vor diesem Hintergrund breitet Grimm, teils chronologisch, teils thematisch organisiert, Gutzkows Werdegang und Arrivierungsstrategie aus, beleuchtet dessen Selbstverständnis als Autor, seinen Weg vom provozierenden, liberalen Idealisten zum am Markt orientierten, Kompromisse schließenden Realisten.

Grimm stellt auch das ›social network‹ des Autors vor, von Kontakten zu Literaten, über Verleger, Buchhändler und (Zensur-)Beamten. Er zeigt, wie Gutzkow mit Rückschlägen umgeht, aus Fehlern lernt und wie es ihm gelingt, mit unbeirrbarem Ehrgeiz seinen jung gefassten Plan, Berufsschriftsteller zu sein, in die Tat umsetzt. Deutlich wird, dass strategisches Kalkül dabei nicht selten Priorität vor Prinzipientreue hat.

Die Interdisziplinarität der aus der Dissertation des Verfassers hervorgegangenen Arbeit ist bereits bei einem kurzen Blick in das Inhaltsverzeichnis augenfällig. Wenig historisches Hintergrundwissen voraussetzend, fügt Grimm immer wieder ausführliche Überblicksdarstellungen ein, widmet ein umfangreiches Kapitel der ideologischen und politischen Legitimation der Zensur sowie deren Organisation und beleuchtet auf dieser Basis die literarische und journalistische Arrivierungsstrategie Gutzkows.

Bei der Vorgehensweise des Verfassers bleiben Redundanzen nicht aus. Sie wirken jedoch weniger störend als Verständnis fördernd. Sie erleichtern das Lesen. Ebenfalls rezipientenfreundlich ist das Schlusskapitel, in dem alle wesentlichen Erkenntnisse noch einmal zusammengefasst und beurteilt werden, auch weil es im Hauptteil nicht immer einfach ist, die Stringenz im Aufbau der Arbeit nachzuvollziehen. Der Komplexität des Themas und den drei Untersuchungsschwerpunkten geschuldet ist die geschilderte Redundanz aber auch eine gewisse Unstrukturiertheit. Viele – nicht explizit gemachte – Rück- und Vorverweise erschweren an einigen Stellen das Finden eines roten Fadens.

Abschließend gibt Grimm einen Ausblick auf Aspekte und Fragestellungen, bei denen eine vertiefende Bearbeitung lohnenswert wäre. So räumt er beispielsweise ein, auf eine Auswertung des (ungedruckten) Nachlasses Gutzkows verzichtet zu haben, äußert jedoch die Vermutung, dass dieser ergiebig sein könnte, zum Beispiel in Bezug auf die Vorgänge der Selbstzensur des Autors.

Ein etwas gründlicheres Lektorat wäre hingegen wünschenswert gewesen. Neben einigen Druckfehlern hätten auch etwas schwerwiegendere Fehler vermieden werden können. So erklärt der Verfasser Martina Lauster in einer Fußnote durch die Formulierung »in: Martina und Roger Jones« kurzerhand zur Ehefrau von Roger Jones. Außerdem wären auch Unterschiede beim Abdruck ein und desselben Zitats aufgefallen. Varianten weist beispielsweise der oben zitierte Briefausschnitt auf (in einer Version fehlt das zweite »nicht«).

Grimms Arbeit verbindet die Eigenschaften und Vorzüge einer einführenden Überblicksdarstellung mit denen einer Spezialmonografie sehr gelungen. Darüber hinaus erlaubt der Aufbau der Arbeit, diese gleichsam als eine Art Nachschlagewerk zu gebrauchen.

Anne-Kristin Eiker

Heinrich Heine: *Französische Zustände. Artikel IX vom 25. Juni 1832. Urfassung. Faksimile-Edition der Handschrift*. Mit einem Essay von Martin Walser. Hrsg. von Christian Liedtke. Hamburg: Hoffmann und Campe 2010, 10 + 154 S., € 399,-.

Mit seiner ersten Pariser Artikelserie für die Augsburger »Allgemeine Zeitung« (AZ) stellte Heinrich Heine Anfang der 1830er Jahre den politischen Journalismus auf eine neue Grundlage, indem er literarischen Scharfsinn mit präzisen und informierten Betrachtungen zur französischen Politik kombinierte. Anders als bei der »Lutezia«, der zweiten Pariser Artikelserie, lagen bisher keine handschriftlichen Textzeugnisse zu den als »Französische Zustände« bekannt gewordenen Korrespondenzen vor, so dass alle bisherigen Heine-Ausgaben, mit Ausnahme der von Ernst Elster edierten Ausgabe »Sämtlicher Werke« (1887–1890), sich auf die Erstausgabe der »Zustände« stützen mussten. Elster lag noch eine Reinschrift von Artikel IX vom 25. Juni 1832 vor, deren Spur sich aber in der Folge verlor, bis vor wenigen Jahren Thomas Ganske, Leiter der gleichnamigen Verlagsgruppe, zu der auch der Hoffmann und Campe-Verlag gehört, das Manuskript im Umfang von 10 Einzelbögen zu je 4 Seiten im Oktavformat aus Schweizer Privatbesitz erwerben konnte.

Die vorliegende, von Christian Liedtke, Mitarbeiter der Handschriftenabteilung des Heinrich-Heine-Instituts in Düsseldorf, vorbildlich eingerichtete Ausgabe präsentiert nun erstmals dieses Manuskript und glänzt zuallererst mit einer standgenauen diplomatischen Umschrift, die auch deshalb überzeugt, weil sie neben den üblichen Streichungen, Einweisungen und Überschreibungen die Ergänzungen, Streichungen und Markierungen fremder Hand (bis auf eine Ausnahme alle durch Bleistift) direkt sichtbar macht; in der Umschrift werden sie durch blasse Buchstaben wiedergegeben, in deutlichem Gegensatz zum Fettdruck der Heineschen Hand. Dadurch rückt Heines Schreibprozess näher an die äußeren Umstände und die Überlieferungsgeschichte der »Französischen Zustände« heran. Unter anderem erstaunt die hohe Korrekturfrequenz der Reinschrift, die tatsächlich, bei aller Vorsicht, eine direkte Analogie zwischen Schreibprozess und politischer Ereignisgeschichte erlaubt. So folgert Liedtke in seinem ausführlichen Nachwort: »Dieser Befund spiegelt sozusagen auf der Ebene der Handschrift die Bewegung und Dramatik des politischen Geschehens wider, das der Artikel schildert, und belegt mit seinem unruhigen Erscheinungsbild den authentischen Reportagecharakter, den Heine selbst seinen Berichten zuschreibt.« (S. 138) Die Korrekturen betreffen sowohl den Rhythmus des Textes, stilistische Nuancen und Präzisierungen sowie Formulierungen, die im Hinblick auf die Zensur abgeschwächt, ausgetauscht oder verklausuliert werden. Der ausführliche und hilfreiche Kommentar am Seitenrand fundiert den Analogieschluss, stellt die Sozialgeschichte als integralen Bestandteil des Schreibprozesses dar und löst auf kluge Weise die problematische und stets unpraktische Unterscheidung zwischen Text und Apparat auf. Hinzu tritt das faksimilierte Manuskript. Hier haben sich Herausgeber und Verlag für eine ungewöhnliche und teure Darstellung entschieden. Die Philologie und ihre Editionstechnik bieten ihre ganze Macht auf und verfehlen die erhoffte Wirkung nicht. Der Druck versucht sich an einer möglichst genauen Kopie, die vom unebenen Blattrand über das Papierformat bis zur durchscheinenden Tinte reicht. Damit werden die editorischen Innovationen der letzten Jahre – die Parallelisierung von diplomatischer Umschrift und faksimilierte Handschrift etwa – aufgenommen, im Detail sogar erweitert, und ermöglichen hier am Beispiel der parallelen Lektüre von Manuskript und Umschrift, die prozessuale Gestalt des Artikels und dessen ›Klartext‹ gleichberechtigt nachzuvollziehen.

Wer sich dem Vergnügen der diplomatischen Umschrift unterzogen hat, der kann anschließend den emendierten Text lesen, nun im Lichte des Schreibprozesses und/oder der Entstehungsgeschichte respektive der äußeren Umstände des Artikels. Im Nachwort schließlich erzählt Liedtke die Geschichte der »Französischen Zustände« nach, erläutert den Stellenwert des Manuskripts, schildert die prekäre Zusammenarbeit zwischen Heine, dem Redakteur der AZ, Gustav Kolb, und dem Verleger Cotta, und thematisiert auch die besondere Sprengkraft des Artikels, der schließlich abgelehnt wurde und das Ende der ersten Zusammenarbeit zwischen Heine und der AZ bedeutete. Liedtke weist an dieser Stelle auch auf einige Ungenauigkeiten der bisherigen Heine-Ausgaben hin. Elster etwa hatte, obgleich er seine Edition »zuverlässig und zweifelsfrei« anfertigte, nicht alle Streichungen und Verbesserungen aufgeführt. »So hat Elster zum Beispiel […] in der Regel darauf verzichtet, gestrichene Wörter oder Satzteile, die später von Heine an gleicher oder anderer Stelle doch noch verwendet wurden, an der ursprünglichen Position als gestrichen einzutragen« (S. 137) – was wiederum den Kommentator der Düsseldorfer Heine Ausgabe dazu bewog, von einer nur geringen Zahl von Streichungen zu sprechen.

Eine abschließende Bemerkung noch zu Martin Walser, dessen etwas zu gewollt schnoddrig formuliertes Begleitwort »Heines Größe« (etwa hier: »Heine hat die jeweils geforderte Voreingenommenheit nicht mitgemacht. Und er sagt immer dazu, was er tut. Er bringt immer sich selber ins Spiel. Sich als leidenden, liebenden, spielenden Menschen. Voll schön und kraß genau im Artikel IX, der dann ja auch nicht erscheinen durfte.«; S. 19) unter Angabe allgemein gehaltener Bemerkungen zu den »Französischen Zuständen« und zum Verhältnis zwischen Heine und Ludwig Börne auch persönliche Impressionen liefert. Interessant ist, wie ein politisch so wandlungsfähiger Autor wie Walser die Beharrlichkeit und Unbeugsamkeit Heines beurteilt. Denn obgleich Walser die schwierigen Begleitumstände schildert, denen die Pariser Korrespondenzen unterworfen waren, hebt er schließlich die Liebe zur Literatur und zum Schreiben auf den Thron. Die Quintessenz lautet: »Wir sind wieder bei jener unverächtlichen Wirkung der Literatur: dass wir uns durch sie als Liebende erleben können« (S. 27) – ein in seiner verallgemeinernden Gestalt fragwürdiges Urteil, welches das prekäre Ineinander von Wort und Tat, das jede Zeile der »Zustände« durchkreuzt, verharmlost.

Claas Morgenroth

Georg Herwegh: *Werke und Briefe. Kritische und kommentierte Gesamtausgabe.* Hrsg. von Ingrid Pepperle in Verb. mit Volker Giel, Heinz Pepperle, Norbert Rothe und Hendrik Stein. Band 6: *Briefe 1849–1875*. Bearbeitet von Ingrid Pepperle und Heinz Pepperle. Mitarbeit: Norbert Rothe und Hendrik Stein. Bielefeld: Aisthesis 2010. 782 S. € 148,-.

»Mich kann die Welt u. ich kann sie nicht brauchen« (S. 448)

»Durch der Parteien Gunst und Haß ist in der deutschen Literaturgeschichte wohl kaum ein Charakterbild je so ins Schwanken gebracht worden wie das Georg Herweghs. Und nicht nur in der Geschichte: schon bei Lebzeiten wurde Heines ›eiserne Lerche‹ von den einen jubelnd gefeiert, von den anderen verleumdet oder verschwiegen« – dies schrieb der aus dem Schweizer Exil zurückgekehrte Vormärz-Forscher Bruno Kaiser 1948 in seiner Einleitung zu einer frühen Herwegh-Textauswahl mit dem Titel »Der Freiheit eine Gasse. Aus dem Leben und Werk Georg Herweghs«. Doch der von Heine als »eiserne Lerche« apostrophierte Tendenzdichter Herwegh erwies sich lange Zeit als zu sperrig, um schnell und umfassend ediert zu werden. Zwar wurde Ende der 60er Jahre unter der Leitung von Bruno Kaiser ein erster größerer Versuch unternommen, eine kritische Ausgabe in Gang zu bringen, doch diese Bemühungen kamen über einen

Pilotband nicht hinaus, der 1971 schließlich beim Akademie Verlag in Ost-Berlin erschien: Er enthielt eine kritische Ausgabe von Georg Herweghs »Früher Publizistik. 1837–1841«, bearbeitet von Ingrid Pepperle, Johanna Rosenberg und Agnes Ziegengeist unter der Leitung von Bruno Kaiser.

Das Verdienst, nach über 30 Jahren erneut eine kritische Herwegh-Ausgabe in Angriff zu nehmen, gebührt an erster Stelle Ingrid Pepperle, die ihr ganzes Forscherleben Georg Herwegh gewidmet hat und die seit ihrem oben erwähnten Erstling immer wieder luzide Aufsätze über den Dichter verfasst hat. Bereits des öfteren ist sie auch als Herausgeberin von Texteditionen hervorgetreten: So hat sie die von Herwegh herausgegebenen »Einundzwanzig Bogen aus der Schweiz« 1989 in einer ausführlich und kenntnisreich kommentierten Ausgabe vorgelegt und immer wieder hat sie sich auch mit dem Briefwechsel des Dichters beschäftigt (vgl. u. a. Probleme und Proben einer Herwegh Brief-Edition« – In: Briefkultur im Vormärz. Hrsg. v. B. Füllner. Bielefeld 2001).

Von der auf sechs Bände geplanten kritischen Georg-Herwegh-Ausgabe sind innerhalb von fünf Jahren bereits der von Volker Giel bearbeitete Band »Gedichte 1835–1848« und die beiden eminent wichtigen Briefbände (vgl. zum ersten Briefband die Rez. in HJb 2006), bearbeitet von Ingrid Pepperle, vorgelegt worden.

Der zweite Briefband enthält 366 Briefe, Briefentwürfe und fragmentarisch überlieferte Briefe aus der Zeit von 1849 bis kurz vor Herweghs Lebensende im April 1875. 252 Briefe, also mehr als zwei Drittel des Bandes, werden hier zum ersten Mal publiziert. 335 Briefe konnten nach handschriftlichen Vorlagen ediert werden, wobei sechs Briefe in der Handschrift Emma Herweghs vorliegen, die bis auf einen Entwurf mit dem Namen ihres Gatten unterschrieben hat. Zu über 90% dieser Briefe konnten die Originale ermittelt werden, die sich in vielen größeren deutschen und europäischen Archiven und Bibliotheken befinden. Neben dem Herwegh-Archiv in Liestal besitzen auch das Deutsche Literaturarchiv in Marbach sowie das Heinrich-Heine-Institut der Landeshauptstadt Düsseldorf und die Bibliothèque nationale de France in Paris eine größere Anzahl von Autographen. Nur von 35 Briefen konnten keine Handschriften aufgefunden werden, darunter von den wichtigen Briefen an Ferdinand Lassalle. Zu den 53 in französischer Sprache verfassten Briefen, Entwürfen und Fragmenten bietet die kritische Ausgabe den deutschen Text in Übersetzungen, die von dem am 6. April 2010 verstorbenen Herwegh-Spezialisten Ingo Fellrath angefertigt wurden.

Die Briefe Herweghs zeugen von den nach dem Revolutionsjahr 1848/49 sich verändernden Zeiten, mit denen sich auch der Kreis der Briefpartner änderte und erweiterte. Alte Bekanntschaften brachen zum Teil ab, neue Freundschaften entstanden, Beziehungen nicht immer unproblematischer Art entwickelten sich zu Alexander Herzen, François Wille, Wilhelm Rüstow, Gottfried Semper u. a. Ludmila Assing, Franz Dingelstedt und Otto Volger, der 1859 in Frankfurt am Main das Freie Deutsche Hochstift gründete, dessen Satzung am 10. November, Schillers Geburtstag, verabschiedet wurde. Zu den bereits an anderer Stelle publizierten Briefen gehören diejenigen an Ferdinand Lassalle, die Aufschluss über Herweghs Einsatz für den Allgemeinen Deutschen Arbeiterverein geben, aber auch die an Ludwig Feuerbach und Richard Wagner.

Die wichtigste Briefpartnerin aber ist oder besser wird seine Frau Emma Herwegh, der er Briefe schreibt, die intimen Einblick in die persönlichen Liebes- und Lebensverhältnisse der Partner vermitteln. Der Alltag ist in diesen Briefen immer zugegen; von Geldsorgen ist ebenso die Rede wie von den Schwierigkeiten, geeignete Publikationsmöglichkeiten zu finden, und immer wieder auch von Anfeindungen, denen Herwegh sich in allen Zeiten ausgesetzt sah.

Nach den Editionsrichtlinien der kritischen Ausgabe werden die sprachlichen Eigenheiten des Autors sämtlich beibehalten. Um eine größtmögliche Authentizität zu erreichen, wurde auf die Konstituierung eines wie auch immer bereinigten edierten Textes verzichtet, wenn auch leider Hervorhebungen durch einfache oder doppelte Unterstreichungen im Original im edierten Text kursiv bzw. fett kursiv wiedergegeben werden.

Die kritische Herwegh-Ausgabe bietet zweierlei, zum einen werden endlich die teilweise korrumpierten Texte der bisherigen Briefausgaben korrigiert, zum anderen wird das bisher bekannte Briefkorpus in ganz erheblichem Maße erweitert – ein Glücksfall für die Herwegh-Forschung, die nun auch für den zweite Schaffenshälfte des Autors auf eine solide Grundlage zurückgreifen kann. Hinzu kommt, dass dem Leser ein in Umfang und Inhalt ausgewogener und überaus verdienstvoller Kommentar zu Verfügung gestellt wird. Aufgrund der jahrzehntelangen Beschäftigung mit dem Dichter, die als geballte Kompetenz hinter dem Apparat der Ausgabe steht, gelingt es Heinz und Ingrid Pepperle, mit sicherer Hand erläuterungswürdige Stellen in den Brieftexten auszumachen. Auch bei komplizierteren historischen oder biographischen Hintergründen kommen die Erläuterungen mit einer gewissen Leichtigkeit daher und verleiten durch die kundig gewählten Verweise zur weitergehenden Lektüre.

An einem kleinen Beispiel soll dies kurz gezeigt werden: In seinem Brief an Ferdinand Lassalle vom 28. Juni 1862 weist Georg Herwegh auf einen Artikel im Feuilleton der »Preußischen Staatszeitung« aus dem Jahr 1844 hin, in dem, wie er schreibt, ein »gewisser Widmann« gegen Herwegh polemisiert hatte. Auf eben diesen Artikel spielt Heine in seinem im Juni 1844 im Pariser »Vorwärts« erschienenen Gedicht »Verkehrte Welt« (Zeitgedichte XXI) an: »Im uckermärkschen Moniteur / Da hat man's am tollsten getrieben; / Ein Todter hat dem Lebenden dort / Die schnödeste Grabschrift geschrieben.« (DHA II, 126)

Der Bearbeiter des entsprechenden Bands der DHA hat für die Kommentierung der »Verkehrten Welt« diesen Brief Herweghs nicht berücksichtigt. Nicht berücksichtigen konnte sie die jetzt vorliegende Erläuterung, die endlich den Verfasser der »schnödesten Grabschrift« dingfest macht und die deshalb hier zitiert werden soll: »Christian Adolf Friedrich Widmann (1818–1878), Dichter und Politiker, war von der preußischen Regierung nach Berlin berufen worden zu dem ausdrücklichen Zweck, journalistisch gegen die moderne Literatur aufzutreten.« (Bd. 6, S. 631).

Leider hat sich in die Erläuterungen zu einem Brief Herweghs an Adolf Strodtmann, den Herausgeber der ersten rechtmäßigen Heine-Gesamtausgabe, in einer Anmerkung zum Pariser »Vorwärts« eine fehlerhafte Zuschreibung eingeschlichen, mit der behauptet wird, Georg Weerth sei Mitarbeiter dieser Zeitschrift – ein Fehler, der auf einer Verwechslung von Georg Weber mit dem zu früh gestorbenen großen Satiriker beruht.

Aus einem Brief Herweghs vom 29. März 1870 an Theodor Winkler, den Herausgeber der »Didaskalia«, geht hervor, dass Heinrich Heine anscheinend mehrere Briefe oder zumindest Billette an den Schriftstellerkollegen und Konkurrenten geschrieben haben muss. Überliefert jedoch ist nur der dort erwähnte Brief vom 1. April 1846. Herwegh gab dieses Billet zur Veröffentlichung frei, jedoch mit der ausdrücklichen Anweisung, die Herkunft des Originals nicht preiszugeben. Es erschien schließlich am 1. April 1870 in der »Didaskalia« mit Heines spaßhafter Schlusswendung: »Es ist heute der erste April – ein wichtiger Tag in Deutschland.« (HSA XX, 216) In der Briefabteilung des Heinrich-Heine-Portals (http://www.heine-portal.de) kann der Benutzer das digitale Faksimile des Originals ansehen, das sich heute im Herwegh-Archiv Liestal befindet.

Ein digitale Vernetzung der wichtigsten Briefbestände des 19. Jahrhunderts, an der an verschiedenen Stellen prototypisch gearbeitet wird und die in mehreren Tagungen zur digitalen

Briefedition seit einiger Zeit diskutiert wird, könnte mit einer übergreifenden Recherchemöglichkeit die tiefergehende Erforschung des literarischen Vormärz unterstützen. So bleibt zu hoffen, dass es in Zukunft möglich sein wird, auch die beiden vorliegenden Briefbände der kritischen Herwegh-Ausgabe in das im Entstehen begriffene Netzwerk zu integrieren.

Bernd Füllner

Gerhard Höhn/Christian Liedtke: *Auf der Spitze der Welt. Mit Heine durch Paris.* Hamburg: Hoffmann und Campe 2010. S. 128, € 10,-.

Es ist ein Vergnügen, diesen eleganten, schlanken Band über Heine in Paris vorstellen zu dürfen. Der zeitgenössische Plan der Stadt des Buchcovers, auf welchem die wichtigsten Gebäude und Monumente als kleine Zeichnungen erscheinen, lädt schon zum »Flanieren« ein – und vom Flanieren durch Paris, mit Heine (aber auch etwa mit Walter Benjamin), ist in dem kleinen Buch zu Recht verschiedentlich die Rede. Das Bändchen passt gerade in die Jackentasche des Besuchers, der sich etwas mehr Zeit nimmt und genauer hinsehen will als der eilige Tourist. Zwar fehlt dem Band nicht die Gelehrsamkeit, wie sie von Gerhard Höhn, dem Autor des »Heine-Handbuchs« und von Christian Liedtke, dem Biographen Heines und Mitarbeiter des Heine-Instituts zu erwarten war, doch wird die intime Sachkenntnis so diskret und unprätentiös angeboten, dass die Freude bei der Lektüre überwiegt und die Bildung nie die Brille des Schulmeisters trägt. So gibt es am Ende des Bandes zwar eine Bibliographie, in welcher dem aufgeweckten Leser weitere Informationsmittel zur Verfügung gestellt werden, doch keine einzige Fußnote stört den Lesefluss.

Da Heine ungefähr die zweite Hälfte seines Lebens in Paris verbrachte – wo er sich bald so wohl fühlen sollte, »wie ein Fisch im Wasser« (HSA XXI, 40) – und den deutschen Zeitgenossen auf sehr vielfältige Weise aus der »Hauptstadt des 19. Jahrhunderts« (Walter Benjamin) berichtete, wurde zumindest das deutsche Parisbild langfristig von ihm bestimmt, sollte sein Blickwinkel im 20. Jahrhundert gelegentlich auch durch andere Schilderungen deutschsprachiger Autoren überlagert werden. Wie sah und erlebte Heine die Stadt und alle Schichten ihrer Bewohner: vom »Bürgerkönig« Louis-Philippe und dem Baron Rothschild, Hauptvertreter der modernen »Geldherrschaft«, bis hinunter zu den Bewohnern der Elendsviertel und zur Halbwelt der »Göttinnen des Leichtsinns«? Zu einer Wiederentdeckung dieser Hauptstadt des 19. Jahrhunderts wird der Leser hier also eingeladen. Natürlich hat sich Paris in den über 150 Jahren, die seit Heines Tod vergangen sind, sehr stark gewandelt. Doch lohnt sich die Suche nach den (manchmal verwischten) Spuren von Heines Pariser Lebenswelt auch weiterhin. Gemeinsam mit Ludwig Börne, dem später verfeindeten ›Bruder‹, aß Heine z. B. gern im »Bœuf à la mode«, einem kleinen Restaurant in der Rue Valois 6–8. Zwar ist das Restaurant seit 1847 verschwunden, doch haben sich Reste des an den Querbalken des Hauses gemalten Wirtshausschildes erhalten: der Ochsenkopf, der den hungrigen Heine angelockt haben mag, ist dort zumindest noch zu erahnen (S. 46).

Heines Pariser Leben wird oft zu einseitig von seinem traurigen Ende her wahrgenommen, den langen Jahren des Leidens in der »Matratzengruft«. Zwar erhält auch der Leser dieses Buches zahlreiche Informationen über Heines Krankheit zum Tode – immer wieder in Verbindung mit der Stadt, in welcher Heine sein Ende erlitt. So erfährt der Leser, dass Heine schon 1848 mehrere Monate in der Klinik des Dr. Faultrier verbringen musste (S. 102). Die Straße, in welcher sich diese Heilanstalt befand (Rue de l'Oursine, heute Rue Broca), hat bis in die Gegenwart viel von ihrem Charakter bewahrt: im Jahre 1967 wurde sie zum Schauplatz einer Sammlung zauberhafter Kindergeschichten aus dem alten Paris, geschrieben von Pierre Gripari (1925–1990). Die Autoren des vorliegenden Buches vergessen über das traurige Ende Heines aber nicht, das Paris für Heine auch ein »Fest des Lebens« war (S. 25ff.). Die Schauplätze seiner Sinnesfreuden, von den luxuriösen Restaurants (Le Grand-Véfour, S. 31), über die angeheiterten Abende im Rocher de Cancale, wo Heine in Gesellschaft solch treuer Freunde wie Théophile Gautier und Gérard de Nerval auch schon einmal »fünfzig Zeilen« verzehrte (er erhielt damals für seine journalistische Tätigkeit ein üppiges Zeilengeld, S. 32), bis hin zu den leichtsinnigen Mädchen, die er in den berühmten Passagen traf, zu denen ihn seine Spaziergänge wohl öfters führten. Solche Erfahrungen fanden durchaus Eingang in die Großstadtlyrik, die Heine zumindest in der deutschen Sprache initiierte. So dürften die Namen zweier Boulevard-Göttinnen uns im Zyklus »Verschiedene« der »Neuen Gedichte« wieder begegnen (S. 35). Die trockenen deutschen Tugendapostel der Revolution, von Börne über Arnold Ruge bis Ferdinand Lassalle, reagierten darauf entrüstet oder zumindest verständnislos. Börne, der solche ›Vergehen‹ pedantisch aufzeichnete, monierte, dass Heine »den gemeinsten Straßendirnen« nachliefe und notierte sozusagen als prüder Eckermann auch folgendes Gespräch: »Er sagte mir, er ging' in den Passage des Panoramas – Was er dort zu tun habe? Ich will sehen, ob keines von den *Mädchen*, die ich kenne, ein neues Kleid anhat.« (S. 22). Ruge sprach noch brutaler von Dichtung mit »Bordelladressen« und Lassalle von »Poesie der Hurerei« (S. 35). Bei dem Klischee des ›frivolen‹ Heines kann Paris und sein fröhliches Völkchen natürlich nicht fehlen.

Wichtiger für Heines Pariser »Fest des Lebens« dürfte es indessen gewesen sein, wie rasch und gründlich sich Heine in die Pariser Umwelt integrierte. Schon im ersten Jahr seines Aufenthaltes, der dann dauerhaft werden sollte, gelang es Heine, die großen Musiker (Berlioz, Chopin, Liszt, Meyerbeer, Rossini) persönlich kennen zu lernen und zumindest die beiden erstgenannten zu Freunden zu gewinnen. Ganz ähnlich bei den damals aufstrebenden Schriftstellern, George Sand, Honoré de Balzac, Victor Hugo... und den Malern (z. B. Delacroix), deren Loblied er in seinen Berichten aus den Salons sang. In diese Reihe der wichtigen, strategischen Bekanntschaften, die Heine schloss, gehören natürlich auch die französischen Verleger, die Heine entscheidend helfen sollten. Victor Bohain, der Herausgeber der kurzlebigen aber wichtigen Zeitschrift »L'Europe littéraire«, François Buloz, der Leiter der »Revue des deux mondes«, schließlich Eugène Renduel, der schon von 1833 bis 1835 eine erste französische Gesamtausgabe publizierte (S. 48–50). Die Autoren dokumentieren diese ganz erstaunliche, bewundernswert gelungene Integration – für viele Deutsche in Paris ein unerreichtes Vorbild – auch mit Hilfe zeitgenössischer Berichte überzeugend. Heinrich Laube und andere Besucher aus Deutschland konstatieren immer wieder verblüfft, dass Heine von den berühmten französischen Autoren als Ihresgleichen behandelt wurde (S. 33).

Dazu, dass sich Heine vor dem Ausbruch seiner Krankheit in Paris so glücklich fühlte, muss natürlich auch beigetragen haben, dass er dort, vielleicht im Arbeiterviertel Faubourg St. Marceau (heute St. Marcel im 13. Bezirk) der Frau seines Lebens begegnet ist (S. 27): Crescence Eugénie Mirat, die Heine Mathilde nannte, und der er in vielen Gedichten, auch in den berühmten »Nachtgedanken«, ein ewiges Denkmal setzte: »Es kommt mein Weib, schön wie der Morgen, / Und lächelt fort die deutschen Sorgen.« (DHA II, 130)

Da er in Paris glücklich war, hat Heine die Stadt auch in seinem Werk würdig gefeiert. Im Vorwort zu »Deutschland. Ein Wintermärchen« spielt er mit der »freyen Luft« des Ortes darauf an, dass Paris schöpferische Kräfte freisetzen kann (S. 11). Der Kontext dieses Zitats verdeutlicht aber auch, dass Heines überzogenes Bild von Paris – die Stadt wird ihm geradezu zum »Inbegriff von Freiheit und Fortschritt« (S. 12) – sich eben auch dadurch erklärt, dass ihm Paris als Kontrastfolie, als Gegenbild zu Deutschland dient. Die lauten Boulevards stehen im Gegensatz zu den deutschen Kleinstadtgassen, der Flaneur, der nachts durch die Halbwelt der Passagen zieht, wird vom deutschen Michel mit Schlafmütze abgesetzt (ebd.). Weil er bewusst das Gegenbild zu Deutschland suchte, hat Heine bei seiner Schilderung von Paris sicher übertrieben. Es dürfte ihm klar gewesen sein, dass er mit seinem Bild der Stadt zur Mythenbildung beitrug. In einem privaten Brief an die Verlobte seines Bruders, von dem hier nur der Anfang zitiert sei, bringt er jedenfalls auch die Kehrseite der Medaille deutlich zum Ausdruck: »Hier in Paris lebt man nur äußerlich froh und lachend, die Herzen sind verdrießlich und müde von den Tagesgeschäften. [...]« (HSA, XXII, 186).

Für den Paris-Besucher mögen die anregenden Ausführungen über Heines Pariser Wohnungen, nicht weniger als sechzehn Adressen sind bekannt, von besonderem Interesse sein (S. 87–109). Im Unterschied zu den Intellektuellen des 20. Jahrhunderts, bei denen sich von den beiden Gymnasien um das Panthéon (Louis-Le-Grand und Henri IV) über die Rue d'Ulm und die Sorbonne, bis hin zu den Bars und Restaurants von Saint-Germain und Montparnasse alles *rive gauche*, auf dem linken Ufer der Seine abspielt, wohnte Heine häufiger *rive droite*, auf dem rechten Seine Ufer, mit einem Schwerpunkt, der im heutigen 9. Bezirk liegt. Die vielen Umzüge, auch eine finanzielle Belastung, kamen wohl dadurch zu Stande, dass Heines Wünsche nahezu unvereinbar waren (S. 89f.): Einerseits wollte er ganz an dem regen Leben (auch Nachtleben) der Metropole teilnehmen, andererseits brauchte er zum Schreiben äußerste Ruhe, und jedes Kindergeschrei, jeder Pferdestall, jeder Handwerker war ihm dabei Belästigung. Die produktivsten und glücklichsten Jahre dürfte Heine im Faubourg Poissonnière verbracht haben, wo er in zwei nahe beieinander liegenden Wohnungen (heute Nr. 72 und 65) insgesamt von Sept. 1841 bis Oktober 1847 gelebt hat (S. 94ff). In Heines Werk begegnet uns diese Anschrift zum Beispiel, wenn er sich auf der Winterreise nach Deutschland nach Paris zurücksehnt: »O, daß ich wäre – seufzte ich – / Daß ich zu Hause wäre, / Bey meiner lieben Frau in Paris, / Im Faubourg Poisson[n]ière!« (DHA IV, 132)

Insgesamt ein gelungener Band, der nicht nur in jede Heine-Bibliothek gehört, sondern gerade auch in die (Jacken)Tasche des deutschen Paris-Besuchers. Ja, selbst, wer die Stadt schon besser kennt, wird sicher in dem Buch noch Neues entdecken. Oder hätten Sie gewusst, wo Heine und Wagner zusammen gegessen haben und wie günstig die Flasche Sauternes dort zu haben war? (vgl. S. 32)

Norbert Waszek

Jana Kittelmann: *Von der Reisenotiz zum Buch. Zur Literarisierung und Publikation privater Reisebriefe Hermann von Pückler-Muskaus und Fanny Lewalds.* Dresden: Thelem 2010. 347 S., € 39,80.

Neben Rom und Paris war London im 19. Jahrhundert einer der Hauptschauplätze der Reiseliteratur. Nachdem Heinrich Heine in seinen »Englischen Fragmenten« (1828) mit seiner Beschreibung der pittoresken und gleichzeitig der widersprüchlichen gesellschaftlichen Realität im England der Industrialisierung neue Maßstäbe gesetzt hatte, traten zahlreiche reisende Schriftsteller in seine Fußstapfen, darunter der »grüne« Fürst Hermann von Pückler-Muskau und Fanny Lewald.

Jana Kittelmann untersucht in ihrer Dissertation »Von der Reisenotiz zum Buch« den Poetisierungsprozess, den beide Autoren zwischen dem Rohmaterial, den privaten Briefen, und der publizierten Textfassung vornahmen.

Pückler-Muskaus Reisebericht »Briefe eines Verstorbenen« (1830) – eines der meistgelesenen Bücher des 19. Jahrhunderts – liegen über 2.500 handschriftliche Briefe an seine – geschiedene – Frau Lucie von Hardenberg zugrunde. Seine Englandreise 1826 ist motiviert durch Geldprobleme, er ist auf der Suche nach einer reichen Aristokratin als Gemahlin, die dem bankrotten Fürsten die langersehnte finanzielle Unabhängigkeit bringen soll, so der Plan des Paares, das eng verbunden bleibt.

Pücklers Briefe, zunächst alltägliches Kommunikationsmittel, bestechen in ihrer Unmittelbarkeit durch die »Simultanität von Reisen, Sehen und Beschreiben« (S. 30). Noch folgt er keinem poetischen Konzept, doch die Grenze zur literarischen Qualität der Briefe ist fließend.

Ursprünglich bestand nicht die Absicht, die Fahrt literarisch zu verwerten, diese Idee entsteht erst gegen Ende der Reise, ausgehend von der positiven Reaktion Varnhagen von Enses und Rahels auf die Briefe des Reisenden.

Die Briefe werden fortan von Lucie chronologisch geordnet, die Anrede »Du« erweitert auf einen größeren Adressatenkreis. Zwischen Pücklers Rückkehr und der Publikation der ersten Briefe liegen eineinhalb Jahre, in denen Varnhagen zusammen mit Rahel das Manuskript redigiert und geschickt vermarktet in den von ihm herausgegebenen »Jahrbüchern für wissenschaftliche Kritik«.

Pücklers Erstlingswerk, selbst von Goethe hochgelobt, erweist sich also bei näherer Betrachtung als klug durchdachte Komposition. Persönliches und Intimes werden gestrichen, die Adressatin in Anlehnung an Rousseaus »Nouvelle Héloïse« in Julie umbenannt, mit der Wahl eines Pseudonyms schafft sich der Autor literarische Freiräume, Bekanntschaften bleiben anonym (»Lady M.«), die Briefe werden zeitlich und inhaltlich gerafft, die Darstellung orientiert sich an den bevorzugten Themen der Leser: Westminster, Parlament, Gemäldesammlungen und Basare, d. h. Vorläufer von Kaufhäusern wie Highmarket und Covent Garden; Pückler nimmt sprachliche und stilistische Korrekturen vor, er ändert die Wortwahl. Er poetisiert seine Reiseeindrücke und -erlebnisse durch die Einbeziehung von Motiven aus Märchen und Sagen, als Motto für seine Aufzeichnungen wählt er gar Goethes »Dichtung und Wahrheit«, und er inszeniert sich selbst als Dandy, stellt sich selbst zur Schau. Mit der Haltung des Dandy nimmt er eine besondere Perspektive ein, er geht als Außenseiter auf Distanz zur frühindustriellen Massengesellschaft, deren Gewinnstreben und Profitgier. Doch anders als der Dandy schwelgt Pückler in der Erforschung der englischen Natur und Landschaft, er gestaltet landschaftliche Partien malerisch, wie mit dem Pinsel, oder auch schauerlich mit Elementen des Schauerromans.

Fanny Lewald tritt 1850 auf Einladung der Schriftstellerkollegin Amely Bölte, die seit 1839 in England lebt, ihre Reise auf die Insel an; sie hofft, auf Böltes Vermittlung prominente englische Schriftsteller zu treffen wie Thomas Carlyle, Charles Dickens, Charlotte Brontë und Elizabeth Gaskell, neben George Eliot, die sie 1854 in Deutschland persönlich kennenlernt, eine führende Vertreterin des englischen Sozialromans.

Als weitere Gründe für die Englandreise nennt Kittelmann eine »Schaffenskrise« (S. 143), hervorgerufen durch die negative Kritik an ihrem Preußenroman »Prinz Louis Ferdinand« (1849) und die scheinbar ausweglose Liebesbeziehung zu dem noch verheirateten Adolf Stahr, den sie fünf Jahre zuvor auf ihrer Italienreise kennengelernt hatte. Eine Flucht also? Das scheint nicht recht zu Fanny Lewald zu passen, die eher mit ihrer Familie gebrochen hätte als Stahr aufzugeben (vgl. Verf.: Fanny Lewald. Reinbek 1996, S. 90). Also eher Horizonterweiterung und Kontaktpflege bzw. »Lernen und Sehen« (S. 146). Es handelt sich wohl auch kaum um eine »konventionelle Bildungsreise« (S. 147) oder »Reise in die Moderne« (S. 147), wie Kittelmann feststellt, Lewalds Reise ist vom aktuellen politischen Geschehen motiviert, das Schicksal deutscher Emigranten wie Gottfried Kinkel spielt für sie eine große Rolle.

Wie bei Pückler-Muskau liegen auch bei Lewald private Briefe an Adolf Stahr, ca. 300 Briefseiten aus vier Monaten von Mai bis September 1850, dem späteren Reisebericht zugrunde. Fanny Lewald kehrt nach einem abschließenden Abstecher in das schottische Hochland mit einem neuen Buchprojekt zurück: der Veröffentlichung ihrer Reisebriefe an Adolf Stahr.

Haben die Briefe ursprünglich die Funktion einer reinen Mitteilung an ihn, der »Lust mit (ihm) zu plaudern« (S. 156), so tendieren sie doch zu einer poetischen Deskription ihrer Gedanken und Gefühle. Hier dokumentiert Lewald eine ausdrucksvolle Wortwahl und Bilderfülle, die, so argumentiert Kittelmann zu Recht, ihre fiktionalen Texte oft vermissen lassen, hier zeigt sich die »wahre« Lewald.

Nach Ansicht von Kittelmann geht bei Lewald im Gegensatz zu Pückler-Muskau die erfrischende Subjektivität bei der literarischen Umstrukturierung und Bearbeitung verloren (vgl. S. 161). Ähnlich wie bei Pückler-Muskau entsteht die Idee der Publikation erst gegen Ende der Reise; die letzte Briefsendung an Adolf Stahr enthält ein einseitiges Manuskript »Die Hochlandreise«. Die spontane Reise nach Schottland eröffnet Lewalds Buchprojekt eine thematische und topographische Exklusivität, die die Autorin von der Flut der Englandberichterstatter absetzt. »England und Schottland«, 1851 bei Eduard Vieweg veröffentlicht, gerät zum Verkaufsschlager, überzeugt durch seine Themenvielfalt und seinen Facettenreichtum. Bereits am 18. September 1850 trägt Lewald ihrem Verleger ihr Projekt an, die redaktionelle Überarbeitung der Briefe beginnt im Januar 1851 und endet am 25. Juni 1851. Lewald, die über zahlreiche Kontakte auf dem Buchmarkt verfügt, übernimmt selbst die Werbung für ihr Buch in der »Kölnischen Zeitung«.

Bei der Überarbeitung sichert Lewald ihr Urteil durch Fachlektüre ab, recherchiert akribisch Fakten zu Geschichte, Kultur und Politik. Auch sie löst wie Pückler-Muskau die intime Korrespondenzsituation der ursprünglichen Briefe auf; in ihren Personendarstellungen nimmt sie unvorteilhafte, subjektive Urteile zurück, löst umfassende Berichterstattung in assoziative und impressionistische Reihung von Erlebnissen auf, ordnet den Text topographisch und thematisch statt chronologisch, was ihrem Buch, verglichen mit Pückler-Muskaus »Salongeschwätz« (S. 196), Sachbuchcharakter verleiht, das glaubwürdig Wissen vermittelt.

Lewalds Personenbeschreibungen, Alltagsszenen und Stadteindrücke evozieren zeitgenössische Stimmungs- und Genrebilder, sie betreibt Kunstkritik nicht als Gelehrte, sondern, wie bereits in ihrem »Italienischen Bilderbuch« (1847), mit persönlichem Sachverstand, sie zeigt eine Fülle von gesellschaftlichen und landschaftlichen Panoramen, die Beschreibung Schottlands in Anlehnung an den romantischen Ossiankult gerät zur patriotischen Sehnsuchtslandschaft einer enttäuschten deutschen Liberalen, wie sie überhaupt alles in England an den reaktionären Zuständen in Deutschland misst.

Nach Ansicht Kittelmanns dominiert in Lewalds Englandbild das historische Erzählen, während sie den eigentlichen Schwerpunkt der Autorin – die soziale Lage der Arbeiter, der Ärmsten der Armen, der Iren, der Bettelnden, Behinderten und der Prostituierten – nicht ausreichend würdigt. Gerade mit den Berichten über diese *terra incognita* unterscheidet sich das Buch von vielen anderen. Das Gesehene lässt Lewald nicht am »Fortschrittsglauben« (S. 287) zweifeln, sie sieht vielmehr den Ausweg in tiefgreifenden Reformen und in der »Association«, in Selbsthilfeorganisationen und freiwilligen Produktionsgemeinschaften der Arbeiter.

Die Stärke in Kittelmanns Darstellung sind die zahlreichen Archivalien, die Aufschluss geben über die Lebenssituation von Lewald und Stahr (wobei der voyeuristische Blick auf die Privatsphäre gelegentlich stört) und die Verlegerkorrespondenz mit Eduard Vieweg, die Lewalds selbstbewusstes Auftreten und ihre geschickte Verhandlungstaktik, die sie auch anderen Verlegern gegenüber an den Tag legt (vgl. Verf. in: Autorinnen des Vormärz. Bielefeld 1997, S. 113 ff.), unter Beweis stellt.

Jana Kittelmann hat sicher Recht, wenn sie die Reiseschriften Fanny Lewalds am Beispiel von »England und Schottland« besonders hoch schätzt – in diesem Genre brilliert sie tatsächlich seit ihrem »Italienischen Bilderbuch« bis zu den späten Reiseberichten der 80er Jahre. Sie irrt allerdings mit der Vermutung, dass ihre privaten Mitteilungen bis heute nur wenig Beachtung fänden (vgl. S. 160). Die Quellenforschung der letzten 20 Jahre hat Lewalds private Äußerungen sehr wohl aus ihrem Schubladendasein der Archive hervorgeholt, wie diverse Briefveröffentlichungen dokumentieren. Der Autorin Fanny Lewald braucht niemand mehr die Tür zu öffnen, sie nimmt einen festen Platz in der Literaturgeschichte des 19. Jahrhunderts ein.

Gabriele Schneider

Bodo Morawe: *Citoyen Heine. Das Pariser Werk.* Band I: *Der republikanische Schriftsteller.* Bielefeld: Aisthesis 2010. 402 S., € 38,-.
Bodo Morawe: *Citoyen Heine. Das Pariser Werk.* Band II: *Poetik, Programmatik, Hermeneutik.* Bielefeld: Aisthesis 2010. 430 S., € 38,-.

Bodo Morawe versammelt hier in zwei schönen, mit Auswahlbibliographie, Sach- und Personenregister ausgestatteten Bänden, was er in Jahrzehnten unermüdlicher Beschäftigung mit Heine und dem französischen Werkkontext an Erkenntnissen zusammengetragen hat. Band I birgt Kapitel, die zwischen 1988 und 2008, Band II solche, die zwischen 2000 und 2008 als Beiträge in verschiedenen Jahrbüchern, Zeitschriften und Sammelbänden erschienen waren. Völlig neu sind Kapitel 12 in Band I (»Deshalb mußte sogar Danton sterben...«. Heines Aperçu, das Revolutionsdrama von Büchner und die republikanische Linke; S. 291–326) und das umfangreiche Kapitel 1 in Band II (Das Pariser Werk: Poetik, Programmatik, Hermeneutik; S. 7–90), in dem Morawe die Bilanz seiner Heine-Forschungen zieht und die zentrale These vorträgt, Heines zwischen 1831 und 1856 entstandenes »Pariser Werk« sei ein eigenes Kunstwerk: »Dieses Kunstwerk, das Pariser Werk, ist dadurch gekennzeichnet, dass es über eine eigene Poetik, die Poetik eines ›work in progress‹, verfügt, einer besonderen Programmatik, dem ›programme républicain‹ der radikalen Pariser Linken, verpflichtet ist und zu seiner Deutung einer genuinen Hermeneutik bedarf, die im Sinne der Dialektik von Verfolgung und Schreibkunst den zu Zeiten der Restauration eklatanten Schwierigkeiten beim Schreiben der Wahrheit Rechnung trägt« (Bd. II, S. 7).

Es ist dem Verf. unbedingt zuzustimmen, wenn er anführt, dass Heines Werk nicht ohne die politischen, sozialen und kulturellen Kontexte zu verstehen sei, denen sie entstammen. Diesen Kontexten hat er sich so ausdauernd und intensiv wie kaum ein anderer in der Heine-Forschung gewidmet, und dies ohne die Verpflichtung, eine Qualifikationsschrift vorlegen zu müssen oder in ein Editionsteam eingebunden zu sein, aus freien Stücken und als unabhängiger Geist. So ist es ausgesprochen gewinnbringend, seine ursprünglich verstreut publizierten Studien noch einmal versammelt zu lesen. Morawe möchte sie als »Prolegomena zu einer »intellectual history« des deutschen Republikanismus und als Propädeutikum einer Mentalitätsgeschichte des europäischen Citoyen« (Bd. I, S. 14) verstanden wissen. Berechtigt ist der Hinweis auf die doppelte Identität Heines als deutscher Dichter und französischer Intellektueller, auf sein Selbstverständnis als »europäischer Citoyen« (ebd., S. 11). Angesichts bestimmter Tendenzen zur Vereinnahmung und

Entschärfung, um nicht zu sagen Verharmlosung des durch und politischen Heine in den letzten Jahrzehnten war es schon immer ein Vergnügen, die Gegenstimme Morawes zu vernehmen. Sein Verdienst ist es, Heine in den Kontext linker Debatten und Traditionslinien in Paris zu rücken, ebenso wie in den der radikalen europäischen Aufklärung und Philosophiegeschichte, etwa die Atheismusdebatte des 18. und 19. Jahrhunderts. Keine sich politisch verstehende, historisch genaue Heine-Lektüre kann daher auf Morawe verzichten.

Gern lässt sich der Leser etwa noch einmal den Anspielungshorizont von Schreibfiguren wie der des »verhüllten Mann[s] der Zeit« aus der Vorrede zu den »Französischen Zuständen« vorführen, der auf den in der Heine-Forschung sonst kaum beachteten römischen Republikgrüner Lucius Junius zurückgeht (Bd. I, S. 15ff.). Es ist hier nicht möglich, im Einzelnen auf die beide Bände einzugehen. Das hieße, sich sofort auf eine ausführliche, intensiv die Texte Heines einbeziehende Debatte einzulassen. Denn auch das zeichnet die Studien Morawes aus: sie regen zum Nachlesen an und fordern zum Widerspruch heraus. So sehr Heine ein Freund der Republikaner war und die Volkssouveränität einklagte, so sehr er das Lebensrecht, d. h. das Recht des Volkes auf das tägliche Brot über alles stellte und die Gleichheit der Genüsse forderte, so oft Heine wiederholte, die Revolution sei »eine und dieselbe« (eine Formulierung, die den Hegelschüler verrät), so früh er verstanden hatte, dass auf die politische Revolution die soziale folgen musste, so wenig er am Ende von seinen »demokratischen Prinzipien« abgerückt ist: Heines Werk ist nicht programmatisch der radikalen Pariser Linken verpflichtet. Dazu war Heine ein zu unabhängiger und kritischer linker Geist. Sein stark philosophisch und historisch geprägtes Denken, sein Skeptizismus schlossen die kritische Haltung gegenüber dem eigenen Lager mit ein, davon zeugt nicht nur die »Denkschrift« über Ludwig Börne. Heines Kritik am Republikanismus kann nicht nur als der Zensur geschuldete Verstellung wahrgenommen werden.

Doch auch wer die Kernthese vom Republikanismus Heines nicht teilt, findet in den beiden Bänden entscheidende Hinweise zum Verständnis des Pariser Werks. Es wird nach der Lektüre schwer fallen, Heine erneut des Indifferentismus und des Ästhetizismus zu bezichtigen. Morawe kann belegen, dass Heine alles, was ihm wichtig war, zwischen 1831 und 1856 (mindestens) zweimal sagt. Das »programmatische Selbstzitat« (Bd. II, S. 31) gehört für ihn zur Poetik Heines, die »›persona‹-›causa‹-Dialektik« und die »Appell- und Dementi-Struktur« zu einer Hermeneutik des Palimpsests. Es sind das »intertextuelle Verweissystem« (ebd., S. 19ff.) und der programmatische Subtext, die nach Morawes Auffassung die in Paris entstandenen Texte Heines als »Werk« konstituieren. Dabei sieht Morawe alle Pariser Werke als Fragmente im Sinne Schlegels an, die für Heine ein größeres Ganzes ergeben sollen (vgl. ebd., S. 34ff.). Dieses größere Ganze des »Pariser Werks« Heines versucht Morawe seinen Lesern zu bieten, kenntnisreich, anregend und, wie gesagt, auch zum Widerspruch reizend, was nur erkenntnisfördernd sein kann. In diesem Sinne möchte ich abschließend das Vorwort zum ersten Band zitieren: »Heine und kein Ende? Heine und kein Ende!« Wer Morawe liest, wird sofort wieder neugierig in seinem Heine blättern.

Ortwin Lämke

Petra Schlüter: *Berthold Auerbach. Ein Volksaufklärer im 19. Jahrhundert*. Würzburg: Königshausen & Neumann 2010 (Epistemata Literaturwissenschaft; Bd. 700). 615 S. € 78,-.

Berthold Auerbach, heute ein nahezu vergessener Autor, war zeitgenössisch ein Schriftsteller von europäischem Rang, begeistert gelesen vom bürgerlichen Lesepublikum und hoch geschätzt von seinen Kollegen, wie etwa Gottfried Keller und Wilhelm Raabe oder den russischen Schriftstellern Ivan Turgenjev und Leo Tolstoi. Der großen Bedeutung des Heimatdichters im 19. Jahrhundert steht das zweimalige, durchaus bewusste Vergessen Auerbachs entgegen. So erfolgte nach 1933 die Dekanonisierung als Autor jüdischer Herkunft, nach 1945 machte die Zuweisung als Heimatdichter ein ernsthaftes Wiederentdecken durch die germanistische Forschung unmöglich. Die sozialwissenschaftlich orientierte Ausrichtung der Literaturwissenschaft brachte dann in den 70er Jahren des 20. Jahrhunderts eine erste erneute Auseinandersetzung mit Auerbach und seiner Rolle und Bedeutung für die Literatur des 19. Jahrhunderts; so wird seine Rolle und Bedeutung als Wegbereiter entscheidender literarischer Strömungen des 19. Jahrhunderts untersucht und benannt. Danach ist wiederum ein tendenzielles Zurückdrängen des Autors aus der Literaturwissenschaft zu beobachten: Auerbach wird lediglich erwähnt oder sein Werk nur kurz beleuchtet. So wird Auerbach bis heute zwar innerhalb der Jüdischen Studien, nicht jedoch in der Germanistik als bedeutender Autor wahrgenommen.

Derzeit scheint es, als könnte Auerbachs 200. Geburtstag im kommenden Jahr zu einer Wiederentdeckung des vielleicht bedeutsamsten Heimatdichters des 19. Jahrhunderts führen. Hierzu hat Petra Schlüter mit ihrer Auseinandersetzung einen gewichtigen und entscheidenden Beitrag geleistet. Im Zentrum der Arbeit steht der Volksaufklärer Auerbach, dessen Wirken in der detailreichen Auseinandersetzung mit dem Textkorpus seiner Volkskalender herausgearbeitet wird. Schlüter schließt dabei an die sozialhistorisch orientierte Beschäftigung mit Berthold Auerbach in den 70er Jahren an. Im ersten Teil der Arbeit (S. 1ff.) wird zunächst ein ausführlicher Überblick über die Auerbach-Forschung der Germanistik und der Jüdischen Studien gegeben; es folgt eine knappe Darstellung der Biographie des Autors, ergänzt durch die Rezeptions- wie die Publikationsgeschichte bis in die Gegenwart; schließlich wird der Weg, den der Nachlass Auerbachs genommen hat, nachgezeichnet. Nach dieser knappen und doch umfassenden Einführung in den Gegenstand und einer eigenen Positionierung – »In dieser Arbeit soll der Blick von der ›Höhenkammliteratur‹ auf eine heute eher unbekannte [...] Literatur und ihren Verfasser gelenkt werden. Dabei wird Literatur als ein Ausdruck gesellschaftlicher Kommunikation im Kontext ihrer Produktions- und Rezeptionsbedingungen untersucht.« (S. 39) – werden die »Einflüsse« (S. 45 ff.) auf Auerbachs Leben und Werk dargelegt (darunter »Judentum« – »Freimaurerei« – »(Volks-)Aufklärung« – »Junghegelianer und Junges Deutschland«). Ein wesentliches Ziel der Arbeit ist es, am Beispiel Auerbachs zu zeigen, dass der Einfluss der Aufklärung – entgegen der »Zäsur um 1800«, die »das Zeitalter der Aufklärung auf das 18. Jahrhundert begrenzt« (S. 35) – weit ins 19. Jahrhundert reicht. Dies geschieht zunächst in der Auseinandersetzung mit Auerbachs Schrift »Der gebildete Bürger« (S. 117ff.); das Konzept Auerbachs zur Erwachsenenbildung wird nachgezeichnet, mit der amerikanischen Vorlage W.E. Channings verglichen und in den zeitgenössischen Kontext eingebettet. Nach einer Diskussion der Abhandlung »Schrift und Volk« und damit der Beschreibung von Auerbachs theoretischem Zugang zur »Volksschrift« (S. 143ff.) folgt die Arbeit der von ihm selbst formulierten Unterscheidung zwischen »Literatur *aus* dem Volk« und »Literatur *für* das Volk«. In der Auseinandersetzung mit der »Literatur *aus* dem Volk« und also mit den »Schwarzwälder Dorfgeschichten« konzentriert sich Schlüter auf »Der Lauterbacher« und damit auf jene Erzählung, die die ›Volksaufklärung‹ zum handlungstragenden Thema macht (S. 191ff.). Repräsentanten der »Literatur *für* das Volk« sind die Kalendergeschichten Auerbachs, denen die weiteren, durchaus zentralen Abschnitte der Arbeit gewidmet sind. Nach einer Einführung in das Genre »Kalendergeschichte« (S. 295ff.) – hier wird die Tradition nachgezeichnet, es werden Spezifika und Merkmale der Geschichten benannt und mit Johann Peter Hebel und Wilhelm Heinrich Riehl zwei wichtige Vertreter vorgestellt – konzentriert sich die Arbeit auf Auerbachs wichtigsten Kalender »Der Gevattersmann« (S. 343ff.) und in einem weiteren Kapitel auf die beiden ebenfalls von Auerbach herausgegebenen Volkskalender »Der Deutsche Familienkalender« und der »Deutsche Volkskalender« (S. 403ff.). Im Vordergrund dieser drei parallel aufgebauten Kapitel stehen historische Daten und Zahlen zum sozialen und politischen Kontext und zu Entstehungs-, Publikations- und Rezeptionsgeschichte sowie die Beschreibung der Intentionen Auerbachs. Es werden typische Strukturen der Auerbachschen Kalendergeschichten herausgearbeitet, so das »Konzept der Selbstbestimmung als strukturelles Erzählelement« (S. 355ff.). Mit der umfassenden Aufarbeitung der Kalendergeschichten Auerbachs hat Schlüter durchaus Pionierarbeit geleistet. Besonders in diesen Abschnitten gewinnt die Arbeit die Qualität einer kenntnisreichen und umfassenden Einführung in das soziale und politische Denken Berthold Auerbachs. Einzelinterpretationen fehlen hingegen weitgehend; so wird lediglich eine Kalendergeschichte Auerbachs (»Der Morgensegen eines Wählers am Tage der Abgeordnetenwahl«) exemplarisch analysiert (S. 387ff.). Nach dieser strukturellen Beschreibung der ›Kalenderproduktion‹ Auerbachs werden im Abschnitt »Die ›Deutschen Blätter‹« (S. 457ff.) in historischer Genauigkeit die ›gescheiterten Ausflüge‹ des Autors in den Bereich des Journalismus nachgezeichnet. Die Arbeit schließt mit einer Darstellung der Beiträge anderer Autoren, darunter u. a. von Gottfried Keller; es wird gezeigt, wie sich das Themenspektrum der Kalender durch das Hinzuziehen von Dichterkollegen und Intellektuellen erweitert, so um weitere (sozial-)politische, aber auch um naturwissenschaftliche Themen, und nicht zuletzt auch um Gegenstände anderer Künste wie Malerei und Musik.

Eingebettet in die Darstellung historischer Fakten der Literatur- und Sozialgeschichte des 19. Jahrhunderts – und dabei angereichert mit zahlreichen Lebenszeugnissen, darunter auch bisher unveröffentlichtes Material, das hier erschlossen wird – bietet die Arbeit eine genaue und überaus gründliche Bestandsaufnahme der volksaufklärerischen Schriften Auerbachs. In ihrer Gründlichkeit und ihrem Faktenreichtum und in der sehr verdienstvollen Sammlung und Strukturierung zahlreicher unterschiedlicher Quellen zu Auerbachs Wirken als Volksaufklärer kann die Arbeit geradezu als Nachschlagewerk zu Leben und Werk Auerbachs dienen. Das soziale und literarische wie auch das (volks-)aufklärerische und pädagogische Umfeld wird genau beleuchtet; freilich geschieht dies relativ autorzentriert, stets bildet das volksaufklärerische Wirken Auerbachs den Ausgangspunkt der Darstellung literar- und sozialhistorischer Fakten. Dabei wird die jeweilige Strömung immer aus der Perspektive der Auerbach-Forschung (respektive gar aus dem Blickwinkel Auerbachs) betrachtet, was bisweilen zu einer gewissen Verengung des Blicks führt. So wäre beispielsweise in der Darstellung der Auseinandersetzung Auerbachs mit W.E. Channings (S. 117ff.) eine deutlichere Kontextualisierung – ein Entfernen vom ›Zentrum‹ Auerbach – wünschenswert gewesen. Dies gilt auch für den (kurzen) Abschnitt »Literatur für die Jugend« (S. 273–294), bei dem die fehlende Auseinandersetzung mit der historischen Forschung zur Kinder- und Jugendliteratur zu einer partiellen Überbewertung der innovativen Leistung Auerbachs für dieses Genre führt; so ist anzumerken, dass diese Forschung den (bis ins 20. Jahrhundert hinein) anhaltenden Einfluss der aufgeklärten Pädagogik immer wieder herausgearbeitet hat.

Zu den gängigen Vorurteilen über Auerbach gehört die relative Geringschätzung der literarischen Qualität seiner Erzählungen. Auch Schlüter folgt in Teilen diesem Vorurteil; ihr geht es demnach weniger um die Darlegung der Literarizität der Texte Auerbachs als um eine historisch fundierte Begründung für die Wertschätzung, die dem Autor zeitgenössisch entgegengebracht wurde. Dies geschieht im akribischen Nachweis der Bedeutung Auerbachs im 19. Jahrhundert anhand zahlreicher Quellen. Eine Konsequenz dieses Zugangs ist, dass in der Beschäftigung mit den literarischen Zeugnissen die literarischen Analysen etwas zu kurz kommen. Damit setzt sie den die (literaturwissenschaftliche) Auerbach-Forschung bisher bestimmenden Zugang fort, seine Texte mehr als sozialhistorische Quellen denn als ästhetische Artefakte wahrzunehmen. So dient die genaue sozialhistorische Einbettung immer auch der Überprüfung des literarisch Dargestellten; die Texte werden einerseits allzu rasch als Quellen für sozialhistorische Sachverhalte gelesen; andererseits wird gelegentlich die in den Texten präsentierte fiktionale ›Wirklichkeit‹ an den historischen Gegebenheiten gemessen, ja sogar auf ihre ›Richtigkeit‹ hin überprüft. Schlüter entgeht somit nicht immer der Problematik der sozialhistorisch geprägten Literaturwissenschaft, auch die schöngeistige Literatur als Quelle (und lediglich als Quelle) zu betrachten und damit die notwendige scharfe Trennung zwischen fiktionalem Text, der immer über die Darstellung des bloß Faktischen hinausgeht, und faktualem Text, der nur der Informationsvermittlung dient, zu verwischen. So werden die Kalendergeschichten, ja selbst die Dorfgeschichten Auerbachs mitunter wie zeitgeschichtliche Dokumentationen behandelt; dabei mag dieser Betrachtungsweise der Heimatgeschichten auch ein zu großes Vertrauen auf die Rolle der Erzählerfiguren als ›Dorfchronisten‹ zugrunde liegen. Die Arbeit stößt damit an die Grenzen eines bloß (sozial)historischen Zugangs zur Literatur, bei dem die Literarizität der Texte nicht immer genügend berücksichtigt wird.

Im Ganzen allerdings hat Schlüters Arbeit den Charakter eines (literar-)historisch fundierten und informationsreichen Kompendiums zu einem wesentlichen Bereich des Schaffens Auerbachs; es ist zu erwarten, dass es ein Standardwerk der Auerbachforschung werden wird.

Bettina Wild

Cord Christian Troebst: *Gottlob Tröbst. Gelehrter zwischen Weimar und Moskau*. Weimar: Weimarer Verlagsgesellschaft 2011, 320 S., € 28,-.

In einem Brief vom 22. November 1830 wies Maximilian Heine seinen Bruder auf einen russischen Dichter namens Puschkin hin, der, so Maximilian, »außerordentliche Aehnlichkeit mit Dir hat. Seine Werke sind wirklich ungemein schön geschrieben und ganz originell. – Er ist Deiner Beachtung werth«. Fast zwanzig Jahre später beschäftigte sich Heine tatsächlich mit Puschkin; daß sich dabei aber der Anregung Maximilians erinnerte, ist wenig wahrscheinlich. Mit Brief vom 3. August 1850 bat er seine Mutter in Hamburg, dem dortigen »Leih-Institut« von Wilhelm Jowien eine Liste mit über zwei Dutzend Büchern zukommen zu lassen, die er »unverzüglich« durch die fahrende Post zu erhalten wünsche, darunter auch die »Nov(ellen) v(on) Puschkin«. Der russische Dichter war da schon 13 Jahre tot. Weil die Ausführung des Auftrags aus unbekanntem Grund unterblieb, erneuerte Heine seine Bitte in einem an Mutter und Schwester gerichteten Brief vom 5. Februar 1851, dem das gedruckte, 1848 erschienene »Verzeichniß« von Jowiens Leihbücherei beigefügt war, in dem er verschiedene Katalognummern und -titel markiert hatte, darunter die Nr. »9094. Puschkin, A. Novellen. Aus dem Russ. von Dr. Fröbst u. Sabinin«. Eine eben erschienene Biographie gibt Aufschluß nicht nur über den Übersetzer »Dr. Troebst« (und nicht »Fröbst«) und entfaltet zugleich ein Panorama deutsch-russischer Kulturbeziehungen in der Mitte des 19. Jahrhunderts.

Christian Gottlob Troebst (1811–1888) war damals Lehrer an der Realschule in Weimar und auf dem Sprung nach Moskau, wo er durch Vermittlung seines Co-Übersetzers, des Theologen, Historikers und Sprachwissenschaftlers Stephan Karpovic Sabinin (1789–1863), Priester an der russische Kirche in Weimar, eine Hauslehrerstelle antrat. Wegen einer unstandesgemäßen Affäre mit der gleichaltrigen Tochter seines letzten Dienstherrn kehrte er 1846 zurück, wurde Professor am Gymnasium und 1857 Gründungsdirektor des Weimarer Realgymnasiums. Er war ein fleißiger Tagebuchschreiber (seine lebendigen Schilderungen der Hauslehrertätigkeit in russischen Adelsfamilien erinnern an Romane Stendhals oder Tolstois) und unterhielt Briefwechsel mit zahlreichen Gelehrten und Schriftstellern seiner Zeit; 1861 besuchte ihn Tolstoi, den er in Moskau kennengelernt hatte.

Auf der Grundlage von Tagebüchern und Briefwechsel entwirft Cord C. Troebst, langjähriger Chefredakteur des Springer-Auslandsdienstes, ein ebenso liebevolles wie facettenreiches Porträt seines Urgroßvaters, den man mit Fug und Recht zu einem wichtigen Protagonisten des deutsch-russischen Kulturtransfers zählen darf. Im Mittelpunkt steht die erotisch getönte Freundschaft zu Catherine von Soymonoff, die – mit fast zwanzigjähriger Unterbrechung – bis zu ihrem Tod 1879 währte. Die ausführlich zitierten Dokumente sind nebenbei ein hervorragendes Zeugnis für die Gefühlskultur im bürgerlichen Jahrhundert, die in Heines »Buch der Lieder« einen originellen, aber in ihrer ironischen Brechung kaum repräsentativen Ausdruck fand.

Jan-Christoph Hauschild

Gert Vonhoff (Hrsg.): *Karl Gutzkow and His Contemporaries. Karl Gutzkow und seine Zeitgenossen. Beiträge zur Internationalen Konferenz des Editionsprojekts Karl Gutzkow vom 7. bis 9. September 2010 in Exeter*. Bielefeld: Aisthesis 2011 (= Forum Vormärz Forschung, Vormärz-Studien XXI). 431 S., € 45,-.

Pünktlich zum 200. Geburtstag Karl Gutzkows (1811–1878) ist der Tagungsband zur inzwischen vorletzten Internationalen Konferenz des Editionsprojekts Karl Gutzkow erschienen, die im vergangenen Jahr im südenglischen Exeter stattfand. In dem Sammelband sind zweiundzwanzig Aufsätze versammelt (teils in deutscher, teils in englischer Sprache), die sich mit der Beziehung Gutzkows zu einzelnen Zeitgenossen beschäftigen. Dabei werden verschiedene Schwerpunkte fokussiert, die die Grundlage für die Einteilung in fünf Kapitel darstellen.

Gert Vonhoff erklärt eingangs, es sei nach der konzentrierten Beschäftigung mit dem Autor und dessen Werken in den vergangenen Jahren notwendig, sich nun der »kontextuellen Einbettung« und dem »kulturellen Umfeld« (S. 9) Gutzkows zuzuwenden. »In einer Zeit, die sich anschickt, gewohnte Epochenbilder – etwa innerhalb der Realismusforschung – durch breiter gefächerte Wahrnehmungen zu verfeinern und zu korrigieren, scheint es legitim, auch Gutzkow in das Konzert der Stimmen wieder neu aufzunehmen« (S. 9f.) – ein richtiges Ansinnen, dem der Tagungsband voll entspricht. Vonhoff schließt seine Einleitung »Der Autor im zeitgenössischen Kontext« mit einigen Beobachtungen und formuliert weiterführende Fragestellungen, die sich aus einzelnen Beiträgen ergeben haben. Einige Beiträge, so räumt der Herausgeber nämlich ein, können »erst einmal nur Anstöße geben [...] und nicht in allen Fällen schon in abgeschlossene Strukturvergleiche münden.« (S. 13)

Jeffrey L. Sammons legt in seinem Hauptbeitrag »Observations on the Gutzkow Revival from the Periphery« dar, dass und warum es Gutzkow in der literaturwissenschaftlichen Rezeption zumindest bis vor einigen Jahren so schwer hatte und verdeutlicht, dass die Ablehnung Gutzkows nicht immer adäquate Gründe hatte. Sie sei beispielsweise das Ergebnis einer Tendenz, der Kritik (und Verurteilung) Heines, als jemandem, dem allgemeine Loyalität sicher sei, mehr oder weniger unreflektiert zuzustimmen. Zudem erschwerten institutionelle Mängel (bis dato keine kritische Ausgabe), die schiere Menge und auch die Widersprüchlichkeit in Gutzkows Texten die (erneute) Beschäftigung mit denselben. So kommt Sammons zu der Schlussfolgerung, dass das seit etwa 14 Jahren mit dem Editionsprojekt begonnene »Revival« der Gutzkowforschung lobens- und lohnenswert sei und stellt einige Forschungsdesiderate in den Vordergrund.

Diesen beiden Beiträgen folgen zwei Kapitel chronologischer Ausrichtung, die Beiträge allgemeiner Natur beinhalten: »The Vormärz Context and Beyond« und »The 1850s Context and Beyond«. Michael Perraudins Aufsatz »Heinrich Heine and Karl Gutzkow. No Love Lost« und Bernd Füllners Beitrag »›…der wird mir noch viel Freude machen…‹ Karl Gutzkow und sein Verleger Julius Campe. Freundschaft und Zerwürfnis gespiegelt im Verhältnis zu Heinrich Heine« kreisen beide um das Verhältnis Gutzkows zu Heine. Perraudin skizziert die Etappen, die zu dem endgültigen Zerwürfnis der beiden streitbaren Zeitgenossen führten, zeigt aber auch auf, dass sich beide hinsichtlich ihrer Geisteshaltung recht ähnlich waren. Füllner fokussiert auf Basis der Korrespondenz zwischen den drei Parteien den Konkurrenzkampf, welchen die beiden Autoren um den gemeinsamen Verleger Campe in Hamburg ausfochten, und aus dem Heine letztlich als Sieger hervorging. Dirk Göttsche behandelt die Beziehung Gutzkows zu Heinrich Laube indem er die »Poetologische[n] Aspekte einer Zeitgenossenschaft zwischen Vormärz und Realismus«, so der Untertitel, beleuchtet. Vor allem anhand intertextueller Bezüge zeichnet Göttsche die unterschiedlichen Entwicklungen, die die beiden ›Jungdeutschen‹ im Nachmärz vollziehen, nach und verfolgt die »Verbindungslinien zwischen Jungem Deutschland und bürgerlichem Realismus« (S. 94), bzw. in Gutzkows Fall »Annäherung an die Praxis realistischen Erzählens« (S. 104). Für die Differenzierung des Epochenbegriffs ›Realismus‹, so zeigt der Autor, ist die Gegenüberstellung der Werke Gutzkows und Laubes durchaus fruchtbar. Peter Hasubek arbeitet in seinem Beitrag »Gutzkow und Immermann – Immermann und Gutzkow. Zwei unterschiedliche Perspektiven?« den Einfluss Immermanns auf Gutzkow heraus, illustriert die wechselseitige Rezeption und zeigt anhand ihrer Konzepte vom ›Roman des Nebeneinander‹ die große Nähe der beiden Zeitgenossen in Bezug auf ihr Prosawerk. Peter Stein begutachtet erneut die Äußerungen Gutzkows bezüglich seiner eigenen und der zeitgenössischen Lyrik und widerlegt »drei hartnäckig sich haltende Missverständnisse« (S. 139) hinsichtlich des Themas »Karl Gutzkow und die vormärzliche politische Lyrik«. Gutzkow verstehe sich, entgegen anders lautender Urteile, durchaus als vollwertiger ›Dichter‹, so auch als Lyriker, was sein lyrisches Œuvre wie auch die Berücksichtigung desselben in den Werkausgaben, die er selbst initiierte, beweise. Seine ablehnende Haltung gegenüber zeitgenössischer (politischer) Lyrik müsse man nicht zuletzt als Vorsichtsmaßnahme gegenüber den Zensurbehörden deuten.

Freytag, Raabe und Fontane sind die drei Zeitgenossen, die in dem Kapitel über die 1850er Jahre behandelt werden. Benedict Schofield skizziert in seinem Aufsatz »Evolution or Revolution? The Literary Exchange of Karl Gutzkow and Gustav Freytag Across the ›Vor- und Nachmärz‹« den so genannten.Grenzbotenstreit und begründet die überraschend heftigen persönlichen Attacken, die die Auseinandersetzungen ›zur Sache‹ überwiegen, mit einer ersten Kollision der beiden Autoren, in der es darum ging, dass Gutzkow als Dramaturg am Hoftheater in Dresden Freytags Stück »Die Valentine« nicht zur Aufführung kommen lassen wollte, ohne dass ihm die politische und moralische Sprengkraft genommen würde. Freytag verstand das als Affront. Schofield zeigt, dass das Verhältnis der beiden Autoren durch eine komplexe Mischung aus politischen, ästhetischen und persönlichen Differenzen geprägt war. Florian Krobb attestiert Gutzkow merklichen Einfluss auf Raabe in dessen formativen Jahren in Stuttgart. In seinem Beitrag »›Durch den Quark und Mist der Zeit‹ Überlegungen zu Raabe und Gutzkow«

wertet der Autor die wenigen expliziten gegenseitigen Kommentare aus, die zumindest seitens Raabe Bewunderung und eine gewisse Verbundenheit im Geiste zum Ausdruck bringen. Beim Vergleich von Raabes »Die Leute aus dem Wald« und Gutzkows »Der Zauberer von Rom« stellt Krobb neben gravierenden (konzeptionellen) Unterschieden auch einige Gemeinsamkeiten fest und definiert »moralische Anständigkeit« (S. 200) schließlich als »Minimalkonsens« (ebd.) beider Autoren. Helen Chambers stellt in ihrem Aufsatz »Fontane and Gutzkow. Theatre Criticism and Literary Reception« fest, dass der Einfluss Fontanes auf Gutzkow zwar gering sei, dass aber die Ergründung des umgekehrten Einflusses für die Fontane-Forschung wichtige Erkenntnisse hervorbringen könne. So weist Chambers etwa eine aktive Gutzkow-Rezeption in einigen späten Fontane-Romanen nach. Aber auch für die Gutzkow-Forschung sei die Beschäftigung mit Fontane nicht uninteressant, stellen seine Kritiken zu Dramen Gutzkows und deren Aufführungen doch wertvolle Rezeptionsdokumente dar.

Die weiteren Kapitelüberschriften orientieren sich an den jeweiligen Schwerpunkten »Drama and Music«, »Aesthetics«, »Acting, Roles, and Shifting Perceptions« und »Zeitgenossenschaft: Collaborators, Readers and Literary Historians«. K. Scott Baker vergleicht in seinem Aufsatz »Schiller, Gutzkow, Laube, Hebbel. German Historical Drama of the 1850s« die verschiedenen Konzepte von historischem Drama der drei letztgenannten Autoren unter Rückgriff auf Schiller. Während Hebbel Historie mehr als ›Setting‹ für seine Stücke gebrauche, verwenden Gutzkow und Laube (in Anlehnung an Schiller) historische Hintergründe, um sie als Projektionsflächen für zeitgenössische soziale und politische Gegebenheiten zu gebrauchen. Baker betont jedoch, dass sie dabei dem ›Modell‹ Schiller nicht völlig gerecht werden, sondern ihren Stücken Tendenzcharakter verleihen, um die direkte Relevanz für das zeitgenössische Publikum offensichtlich zu machen (den sich daraus ergebenden Mangel an ästhetischer Komplexität tolerierend). Beide Musik-Aufsätze beschäftigen sich mit Gutzkows Verhältnis zu Richard Wagner. Während Duncan Large »Gutzkow's Anti-Wagnerism in its Contemporary Context« untersucht, die Streitpunkte zwischen den beiden »egos« (S. 243) darstellt, aber hervorhebt, dass Gutzkows differenzierte Kritik an Wagner ein profundes Verständnis für Wagners Musik und sein Schreiben erkennen lasse (im Gegensatz zu der billigen, spöttelnden Kritik einiger Zeitgenossen), stellt Hugh Ridley unter dem Titel »Wagner und Gutzkow. Formen der Modernisierung« das Gemeinsame der beiden Zeitgenossen heraus, nämlich das Bestreben, ihre jeweilige Kunst zu modernisieren. Ridley gelingt es, die Nähe der ästhetischen Verfahren beider Künstler zu verdeutlichen, vor allem in den Konzepten des ›Nebeneinander‹.

Das »Aesthetics«-Kapitel wird eingeleitet von einem Beitrag Catherine Minters: »Gutzkow and Jean Paul«. Darin zeigt die Autorin den Einfluss Jean Pauls auf das Werk Gutzkows, speziell auf »Briefe eines Narren an eine Närrin«. Den ›Doppelstil‹ Jean Pauls, der sich durch die Gegenüberstellung von sentimentalen und satirischen Elementen auszeichnet, treibe Gutzkow in seinem Erstlingswerk auf die Spitze. Neben dieser Stil-Adaption sei in der Losgelöstheit des Narren von Zeit und Raum eine thematische Parallele zu Jean Pauls Figuren Leibgeber und Giannozzo zu erkennen. Eine konzeptionelle Übereinstimmung sieht Minter in der in Jean Pauls Werke eingeschriebenen ›Menschenliebe‹, die auch in Gutzkows »Die Ritter vom Geiste« dem ›Nebeneinander‹ Kohärenz verleihe. Die Autorin verdeutlicht, dass die Verschmelzung von Idealismus und Realismus in Jean Pauls Werken für die Ästhetik Gutzkows beispielhaft war, und so der Einfluss Jean Pauls auf Gutzkows Werke stets inhärent vorhanden sei. Olaf Briese offenbart in seinem Beitrag »Rosenkranz und Gutzkow. Eine prekäre Beziehung in Briefen« die Widersprüchlichkeit, mit der sich Karl Rosenkranz über Gutzkow äußerte. Während private Briefe (und ein Lexikonartikel von 1839) von Anerkennung und Respekt zeugen, zeigt der Autor, dass öffentliche Äußerungen und Tagebucheinträge über Gutzkow als eher kühl und gar ablehnend zu bezeichnen sind. Briese versucht dies zu erklären und charakterisiert das Verhältnis Rosenkranz' zu Gutzkow als eines mit erzieherischem Anspruch und dem Ziel, Gutzkow »zum literarischen Sprachrohr einer hegelianischen Weltversöhnung angesichts der Krisen der Moderne« (S. 305) zu machen.

John Rignall untersucht in seinem Aufsatz »Gutzkow and George Eliot. Realism and ›Der Roman des Nebeneinander‹« die eher vage (ästhetische) Verbindung zwischen den beiden Autoren. Sie lernten einander nie kennen. Von Eliot ist lediglich bekannt, dass sie einen Abend mit der Lektüre von »Die Ritter vom Geiste« beschäftigt war, und in den »Unterhaltungen am häuslichen Herd« erschienen anonyme Rezensionen zu zwei ›Dorfgeschichten‹ Eliots (Gutzkows Autorschaft oder auch nur sein Mitwirken lassen sich nicht beweisen). Während Eliot dem Genre der ›Dorfgeschichten‹ anhing und sich gern in allzu detaillierten Beschreibungen verlor, favorisierte Gutzkow den großen Panoramaroman. Gutzkow unterscheide sich von der englischen Autorin aber weniger im Stofflichen, dem Setting oder den Charakteren als in der Komposition und dem Stil seiner Arbeiten: Eliot schreibe ökonomisch, kontrolliert, konkret, Gutzkow locker, ausschweifend, abstrakt. Der Artikel illustriert noch einmal Gutzkows Absage an den programmatischen Realismus.

Theatralität sieht Andrew Cusack, der das Kapitel »Acting, Roles, and Shifting Perceptions« einleitet, als allgemeines Merkmal der 1830er bis 1850er Jahre an und stellt sie als probaten Interpretationsrahmen für die literarische Vormärz-Szene dar. Am Beispiel der Beziehung zwischen Karl von Holtei und Gutzkow führt er vor, inwiefern diese geprägt war durch die zahlreichen Rollen, die die beiden Zeitgenossen im Laufe der Zeit einnahmen und damit bestimmte Erwartungen evozierten. Insbesondere hebt der Autor in seinem Aufsatz »Gutzkow and Holtei. Theatricality and Literary Roles in the ›Vormärz‹« hervor, wie Gutzkows eher negativen Urteile über die öffentliche Person Holtei durch positivere Töne ersetzt werden, in dem Moment, in dem Holtei sich als Privatmann in Szene setzt. Veronica Butlers Beitrag »On- and Off-stage Theatre. Gutzkow and August Lewald« illustriert die Bekanntschaft zwischen Gutzkow und dem beinahe 20 Jahre älteren Lewald, der Gutzkow gegenüber zunächst eine protegierende Rolle einnahm, was letzterer nicht ungern über sich ergehen ließ. Butler zeichnet die Gründe nach, wie aus einer sehr intimen und intensiven Beziehung eine eher sporadische wurde. Die Ablehnung Gutzkows gipfelte schließlich in einer scharfen öffentlichen Attacke gegen Lewald nach dessen Tod 1871. Als Hauptgrund wird dafür Lewalds Konversion zum katholischen Glauben genannt. Die ultramontane Geisteshaltung Lewalds habe Gutzkow als Verrat an allem, was er zuvor an seinem ehemaligen Protegé geschätzt hatte, verstanden, und es wird deutlich, dass Gutzkow tatsächlich all seine Enttäuschung über den fehlgeschlagenen Neubeginn der deutschen Literatur nach 1848 auf Lewald projizierte. Die Beziehung spiegele also allgemein den Wandel von Vormärz-Hoffnungen zur Nachmärz-Enttäuschung wider. Vor dem Hintergrund ihres kulturpolitischen Engagements beschreibt Anita Bunyan die Beziehung zwischen Gutzkow und Berthold Auerbach. Ungeachtet ihrer persönlichen und ästhetischen Differenzen waren die beiden Autoren durch ähnliche Erfahrungen der politische Repression und durch das Bemühen, sich stets wieder aufzurappeln, miteinander verbunden. Bunyan zeigt, dass sich neben herber gegenseitiger Kritik auch immer wieder beidseitiger Respekt in unterschiedlichen Aussagen manifestiert.

Das abschließende Kapitel »Zeitgenossenschaft: Collaborators, Readers and Literary Historians« beginnt mit dem Aufsatz Wulf Wülfings »Wirklich ohne ›Politik‹? Bemerkungen zu den »Unterhaltungen am häuslichen Herd« und einigen von Gutzkows ersten Mitarbeitern«, der anhand einer genaueren Betrachtung einiger Beiträger in Gutzkows oben genannten Zeitschriftenprojekt zeigt, dass der Titel, der eine Abkehr von der noch im Vormärz angestrebten Öffentlichkeit suggeriert, in die Irre führt. Die Zeitschrift sei ganz im Gegenteil »unmittelbar im nachrevolutionären Kontext zu situieren« (S. 376), wofür Wülfing zahlreiche Indizien ins Feld führt. Martina Lauster beleuchtet in ihrem Beitrag »Die unsichtbare Gemeinde. Gutzkow-Leser in ihren Briefen an den Autor ab ca. 1850« die Rezeption Gutzkow'scher Werke an der Basis, indem sie Teile der überlieferten »Verehrerpost« auswertet. Mit Hilfe dieser Briefe weist sie (für diese bestimmte Lesergruppe) nach, dass Gutzkows Werke (in einer zunehmend säkularisierten Welt), wie vom Autor intendiert, als quasi-religiöse Lektüre gelesen wurden, die »das Innere« des Lesers berührten und die, wie einige Briefschreiber beteuern, sinnstiftend war. Lauster hebt auch hervor, wie sehr die Verehrung nicht nur an die Werke, sondern auch erheblich an die Autorpersönlichkeit gebunden war. Einige Briefe lesen sich wie eine Art Liebesbrief. Schließlich richtet Ruth Whittle (»Karl Gutzkow in der Literaturgeschichte«) ihren Blick auf drei zeitgenössische Literaturhistoriker und die Art, wie sie Gutzkow in ihren Werken beurteilen. Die individuelle Einschätzung der Wertigkeit der Epochen und die unterschiedlichen Konzepte einer ›Nationalliteratur‹ der drei Männer gestatten Whittle, die von ihnen getroffenen Aussagen bezüglich der Einschätzung Gutzkows einzuordnen und zu bewerten.

Es wird offensichtlich, dass der Tagungsband ein facettenreiches Bild des literarischen / kulturellen Parketts, auf dem sich Karl Gutzkow behaupten musste, vermittelt und dabei hilft, den Autor, der über so lange Jahre und über Epochengrenzen hinaus gewirkt hat, literaturgeschichtlich, in dem Maß, in dem das überhaupt möglich ist, einzuordnen und zu bewerten. Die Intensität, mit der Gutzkow zeitgenössische Einflüsse in sein Schaffen aufnahm, auf das (literarische) Geschehen reagierte und in welch hohem Maß auch er Einfluss auf seine Zeitgenossen ausübte, wird anhand von Einzelaspekten eindrucksvoll illustriert.

Wie Gert Vonhoff in seinem einleitenden Beitrag bereits einräumt, sind in einigen Aufsätzen sehr interessante, neue Aspekte der Forschung zunächst nur angerissen worden (vgl. S. 13), für die sich eine vertiefende Beschäftigung aber zweifelsohne lohnen würde. Bei einigen wenigen Beiträgen ist die Beziehung des jeweilig in den Blick genommenen Zeitgenossen zu Karl Gutzkow allerdings eher als marginal zu bezeichnen, dennoch tragen auch diese Aufsätze dazu bei, dass sich viele kleine Steinchen zu einem aussagekräftigen Mosaik zusammenfügen.

Der Sammelband ist äußerst sorgfältig redigiert und ansprechend aufgemacht. Die Abbildung auf dem Titel, die Gutzkow zentral inmitten literarischer und kultureller Größen der Zeit zeigt, illustriert den Inhalt des Tagungsbandes auf sprechende Art und Weise. Auch zahlreiche in dem Band behandelte Zeitgenossen sind auf dem Gemälde von Wilhelm Lindenschmit zu sehen, wobei bemerkenswert ist, dass etwa Heinrich Heine unter den 83 dargestellten Personen nicht zu finden ist.

Anne-Kristin Eiker

Heine-Literatur 2010/2011 mit Nachträgen

Zusammengestellt von Elena Camaiani

1   Primärliteratur

1.1   Gesamtausgaben
1.2   Einzelausgaben und Teilsammlungen
1.3   Texte in Anthologien
1.4   Übersetzungen

2   Sekundärliteratur

2.1   Studien zu Leben und Werk
2.2   Untersuchungen zur Rezeption
2.3   Forschungsliteratur mit Heine-Erwähnungen und -Bezügen

3   Literarische und künstlerische Behandlung von Person und Werk

3.1   Literarische Essays und Dichtungen
3.2   Werke der bildenden Kunst
3.3   Werke der Musik, Vertonungen
3.4   Das Werk auf der Bühne, im Film

4   Rezensionen

5   Allgemeine Literatur mit Heine-Erwähnungen und -Bezügen

1 Primärliteratur

1.1 Gesamtausgaben

1.2 Einzelausgaben und Teilsammlungen

Goethe, Johann Wolfgang von; Schiller, Friedrich; Heine, Heinrich: Gedichte mit Kunstwerken ihrer Zeit. Bonn [u. a.] 2010. 165 S.: zahlr. Abb.

Heine, Heinrich: Aus den Memoiren des Herren von Schnabelewopski. Regie: Anna-Lea Dittrich. Gelesen von Stefan Kaminski. Hamburg 2011. 2 CDs. (GoyaLiT).
Heine, Heinrich: Deutschland. Ein Wintermärchen. Mit e. Komm. von Joseph A. Kruse, Christian Liedtke und Marianne Tilch. Berlin 2010. 135 S. (Suhrkamp-BasisBibliothek; 106).
Heine, Heinrich: Florentinische Nächte. Mit zehn Kupfern von Baldwin Zettl. Leipzig 1995. 63 S.: zahlr. Ill. (Leipziger Druck; 5).
Heine, Heinrich: Französische Zustände: Artikel IX vom 25. Juni 1832, Urfassung. Mit einem Essay von Martin Walser. Hrsg. von Christian Liedtke. Faks.-Ed. der Hs. Hamburg 2010. 40 S. + Kommentar (154 S.: Ill.)
Heine, Heinrich: Gedichte 1853 und 1854. [Nachdr.] Norderstedt; Berlin 2010. 69 S. (Sammlung Zenodot).
Heine, Heinrich: Geständnisse. Gelesen von Gerd Erdmann. Kiel 2011. 2 CDs.
Heine, Heinrich: Die Harzreise. Hrsg. von Manfred Windfuhr. Stuttgart 2006. 96 S. (Reclams Universal-Bibliothek; 2221).
Heine, Heinrich: Liebesgedichte. Hrsg. von Ulla Hahn. Stuttgart 2011. 95 S.
Heine, Heinrich: Loreley. Zeichnungen: Kolja Wilcke. Berlin 2009. 8 S.: überw. Ill. [Comic].
Heine, Heinrich: Neue Gedichte. [Nachdr.]. Norderstedt; Berlin 2010. 133 S. (Sammlung Zenodot).
Heine, Heinrich: Das poetische Werk: die Gedichte, die Erzählungen, die Memoiren. Hrsg. von Fritz & Katinka van Eycken. Frankfurt a. M. 2011. 1333 S.: Ill.
Heine, Heinrich: Reise nach Italien. Hrsg. und mit e. Nachw. versehen von Christian Liedtke. Hamburg 2011. 128 S.
Heine, Heinrich: Reisebilder. Hrsg. von Bernd Kortländer. Stuttgart 2010. 686 S. (Reclams Universal-Bibliothek; 18730).

1.3 Texte in Anthologien

Alles Gute für 2011 wünscht KOTTE Autographs Stuttgart 2010. [Kalender mit Autograph Heinrich Heine an Julius Campe, 19.9.1851].
Das Arminius-Lesebuch: Geschichten und Gedichte über die Hermannsschlacht und -denkmal. Hrsg. von Michael Vogtmeier. In Verbindung mit dem Lippischen Heimatbund. Rosdorf bei Göttingen 2009. 205 S.: Ill. [»Das ist der Teutoburger Wald« S. 64–67].
Aus den Reben fließt das Leben: Geschichten und Gedichte vom Wein. Hrsg. von Heinz Ludwig Arnold. Frankfurt a. M. 2010. 364 S. (Fischer-Taschenbücher; 90294: Fischer Klassik). [»Der neue Alexander« S. 149–151].
Bäuning, Hedwig: Winter auf Sylt: Fotografien, Notate und Gedichte. Sylt 2010. 80 S.: 37 farb. Fotos. [»Altes Kaminstück« S. 72].
Bekenntnisse: Autobiographien von Augustinus bis Fontane. Hrsg. von Roland Spahr und Oliver Vogel. Frankfurt a. M. 2009. 351 S. (Fischer-Taschenbücher; 90198). [»Memoiren« S. 307–318].
Bratapfel & Weihnachtsbaum: Bräuche und Legenden aus der stillsten Zeit des Jahres. Paula Winter. [Ill.: Silvia Braunmüller]. München 2009. 79 S. [»Draußen ziehen weiße Flocken« S. 75].
Deutsche Literatur: (100 Bilder, 100 Fakten). Karl-Heinz Göttert. Köln 2009. 223 S.: zahlr. Ill. (Wissen auf einen Blick). [»Deutschland. Ein Wintermärchen« S. 80–82].
Für meine Liebe: Gedichte, Geschichten und Musik. Von und mit Wilhelm Busch, Oscar Wilde, Katharina Thalbach ... Hamburg 2011. 1 CD. [»Du bist wie eine Blume«].

Gott denken? [Eine Spurensuche in Literatur und Religion]. Ludger Honnefelder (Hrsg.). Berlin 2009. 175 S. [»Laß die heilgen Parabolen« S. 105].
Das große Hörbuch der Sagen und Balladen. Textbearb. der Sagen von Brüder Grimm, Ludwig Bechstein ... Regie: Stefanie Wittram; Franziska Paesch. Gesprochen von Katharina Thalbach, ... Hamburg 2009. 1 CD. [»Loreley«].
Hurtig komm in meinen Arm, schlüpf sie ab, die Nachtgewänder: Hocherotik. Hrsg. von Gesine Karge, Manfred C. Reimann und Andreas Fischer. Zürich 2010. 247 S.: zahlr. Ill. [zahlreiche Gedichte].
I love you. I don't love you: Lyrik und lyrics. Alexa Hennig von Lange (Hrsg.). Weinheim; Basel 2009. 112, 112 S. (Gulliver-Taschenbuch; 1171). [»Dass du mich liebst« S. 18].
Ich muss euch sagen, es weihnachtet sehr: die schönsten Geschichten, Gedichte und Lieder für die Adventszeit. Kerstin Kipker, Janko Zannos (Hrsg.). Mit Bildern von Anne Ebert. Würzburg 2009. 303 S.: zahlr. Ill., Noten. (Arena-Taschenbuch; 50124). [»Die heil'gen drei Könige« S. 152].
Ich weiß nicht, was soll es bedeuten: die schönsten Gedichte der Romantik. Hrsg. von Christian Schärf. Frankfurt a. M. 2010. 162 S. [zahlreiche Gedichte].
In wenigen Worten die ganze Welt: Gedichte für Kinder und Erwachsene. Hrsg. von Christine Knödler. Mit Bildern von Daniela Kulot. Stuttgart; Wien 2009. 174 S.: zahlr. Ill. [»Mein Kind, wir waren Kinder« S. 48–49, »Der Wind zieht seine Hosen an« S. 50].
Jüdische Lebenswelten im Rheinland: kommentierte Quellen von der Frühen Neuzeit bis zur Gegenwart. Bearb. von Elfi Pracht-Jörns. Mit e. Vorw. von Monika Grübel und Georg Mölich. Köln 2011. 384 S.: Ill., 1 farb. Kt. (Institut für Landeskunde und Regionalgeschichte <Bonn>: Veröffentlichungen). [Auszug aus »Memoiren« S. 178–181].
Karasek, Hellmuth: Briefe bewegen die Welt: Liebe, Schicksal, Leidenschaft. Kempen 2011. 143 S.: zahlr. Ill. [Heinrich Heine an Betty Heine S. 34–37].
Klingende Rosen. 1. Blatt. Interpr. u.a.: Adax Dörsam, Gitarre. Madeleine Sauveur, Gesang. Clemens Maria Kitschen, Piano. Laurent Le Roi, Akkordeon. Ricardo Castro [Kl]. Claudia Anton-Siegle, Sprecherin. Michael Timmermann, Sprecher. München 2005. 1 CD & Beih. [»Der Schmetterling ist in die Rose verliebt«].
Koller, Oskar: Blütenträume: die Liebe in Bildern und Gedichten. Hrsg. von Ulrich Mattejiet. Hünfelden 2011. 126 S.: zahlr. Ill. [»Leise zieht durch mein Gemüt« S. 71].
Komische Liebesgedichte. Aufgespürt von Christian Maintz. Zürich 2010. 238 S. [»Ich halte ihr die Augen zu« S. 46, »Wenn ich, beseligt von schönen Küssen« S. 57, »Die Launen der Verliebten« S. 70–72, »Diana« S. 92, »Mir träumte wieder der alte Traum« S. 124, »Sie saßen und tranken am Teetisch« S. 200].
Lacharchiv: Hausschatz des deutschen Humors; Lesung. Busch, Goethe, Heine ... Sprecher: B. Aljinovic; K. Beikircher; H. Deutschmann ... Regie: Corinna Zimber. Freiburg i.Br. 2010. 4 CDs. [»Leib und Seele«, »Stoßseufzer« aus »Razionalistische Exegese«, »Der Schöpfer«].
Letztes Boot darin ich fahr: Geschichten und Gedichte vom Tod. Hrsg. von Ursula Schulze und Ulrich Mattejiet. Düsseldorf 2008. 197 S.: Ill., Noten. [»Aber existiere ich wirklich noch?« aus »Nachwort zum Romanzero« S. 75, »Sie erlischt« S. 76].
Lieber Gott, du bist der Boss, Amen. Dein Rhinozeros. Live in Barmbek mit Harry Rowohlt & Christian Maintz. Komische Gedichte von Heinrich Heine bis Robert Gernhardt. Coverill.: Michael Sowa. Zürich 2009. 2 CDs & Beih. [»Das Fräulein stand am Meere«].
Luther mal ganz anders. Manfred Wolf. Leipzig 2009. 324 S. [Zitate über Luther S. 284].
Lyrik meets Comedy 2. Hella von Sinnen und Dirk Bach lesen, Hummel hilf! Ausw. und

Konzeption Annika Berns. Berlin 2010. 1 CD. [»Daß ich dich liebe«, »Das Fräulein stand am Meere«, »Stoßseufzer« aus »Razionalistische Exegese«].

Merlin: alle Mythen, Legenden und Dichtungen. Ausgew. und hrsg. von Manfred Kluge. Düsseldorf 2006. 381 S. [»Wie Merlin, der eitle Weise« S. 252].

Ein rabenschwarzer Schnee: groteske Gedichte. Hrsg. und ill. von Karl-Georg Hirsch. Berlin 2010. 118 S.: zahlr. Ill. (Insel-Bücherei; 1337). [»Der neue Alexander« S. 20].

Rameik, Jessy: Haben und Sein: Jessy Rameik singt und spricht Chansons. Arrangements: Peter Gotthardt. Berlin 1990. 1 CD. [»Lamentationen«, »Doktrin«, »Daß du mich liebst, das wußt' ich«].

Reißt die Kreuze aus der Erden! 1848: Lyrik in den Zeiten der Revolution. Hrsg. von Axel Kutsch. Weilerswist 1998. [zahlreiche Gedichte].

Die schönsten Sonette: von Petrarca bis Robert Gernhardt. Hrsg. von Christiane Freudenstein. Frankfurt a. M. 2009. 262 S. [»Im tollen Wahn hatt' ich dich einst verlassen« S. 122, »Ich lache ob den abgeschmackten Laffen« S. 123, »Burleskes Sonett« S. 124].

Stürmische Zeiten, mein Schatz: die schönsten deutschen Liebesgedichte. Ausgew. von Konstantin Wecker. München; Zürich 2009. 255 S. [»Das macht den Menschen glücklich« S. 98, »Ich weiß nicht, was soll es bedeuten« S. 185, »Worte! Worte! keine Taten!« S. 186, »Am Meer« S. 200, »Ich grolle nicht, und wenn das Herz auch bricht« S. 211].

Über allen Gipfeln: eine literarische Reise durchs Gebirge. Hrsg. von Jürgen Hosemann. Frankfurt a. M. 2010. 412 S. [»Der Abstieg vom Brocken« aus »Die Harzreise« S. 203–205].

Über Deutschland: Texte und Landschaften. Gerhard Launer. Mit einem Vorw. von Roman Herzog. München 2009. 157 S.: zahlr. Ill. [»Auf den Brocken« aus »Die Harzreise« S. 84–85, »Die Lorelei« S. 94–95].

Und in der Nacht ein Licht: hundert Trost-Gedichte. Hrsg. von Jürgen Engler. Berlin 2010. 169 S. [»Wo?« S. 63].

Und über uns der Himmel: Lyrik und Chanson; ein szenischer Liederabend. Von Peter Homann und Irmgard Schleier mit Eva Mattes. Hamburg 2009. 1 CD. [Erstaufführung: 15. Januar 2005 St. Pauli Theater Hamburg. Wiederaufn. mit Live-Mitschnitt: 6. November 2006]. [»Die Heimkehr. Loreley«, »Entflieh mit mir«].

Ungerer, Tomi: Achtung Weihnachten! Hinterhältige Geschichten und Gedichte von gestern und heute. Zürich 2010. 237 S.: zahlr. Ill. [»Die heil'gen drei Könige aus Morgenland« S. 194].

Verlass Berlin, komm mit nach Indien: Berlingedichte. Potsdam 2010. 47 S. (Edition Grillenfänger; 14). [»Friederike« S. 47].

Wehe, wirre, wunderliche Worte: deutsche Liebesgedichte. Ausgew. von Ulrich Tukur. Photogr. von Katharina John. Berlin 2011. 171 S.: Ill. [»Ein Jüngling liebt ein Mädchen« S. 28, »Sie saßen und tranken am Teetisch« S. 77, »Wir haben viel füreinander gefühlt« S. 106].

1.4 Übersetzungen

The British Women's Club <Düsseldorf>: Newsletter 429 (Sept. 2010). [Gedichte S. 16–18].

Goethe, Johann Wolfgang von; Hölderlin, Friedrich; Heine, Heinrich: Versei. Vál. és szerk. Lator László. Budapest 2005. 226 S. (Sziget verseskönyvek). [Gedichte <ung.>]

Halldórsson, Ólafur: Málfríður frá Munaðarnesi og Heine. – In: Són 7, 2009. S. 63–64. [Übersetzung »Wo?« ins Isländische von Málfríður Einarsdóttir].

Heine, Heinrich: Os deuses no exílio. Seleção e org. Marta Kawano e Márcio Suzuki. Tradução Hildegard Herbold, Marta Kawano, Márcio Suzuki, Rubens Rodrigues Torres Filho e Samuel Titan Jr. São Paolo 2009. 165 S. (Biblioteca Pólen). [Die Götter im Exil <port.>]

Heine, Heinrich: La escuela romántica. Trad., introd. y notas: Román Setton. Buenos Aires 2007. 196 S. (Collección de la Alemania). [Die romantische Schule <span.>]

Heine, Heinrich: Hai nie shi ge jing xuan. Qian chun qi. Tai yuan 2000. 7, 325 S. (Ming shi zhen cang). [Gedichte <chin.>]

Heine, Heinrich: Kniga pesen. Moskva 2009. 254 S. (Biblioteka poezii). [Buch der Lieder <russ.>]

Heine, Heinrich: Lettres à des amis & à son éditeur. Fac-sim. de l'éd. de Paris 1866–1877. Coeuvres-et-Valsery 2009. 327 S.: Ill. [Briefe <franz.>]

Heine, Heinrich: Lyrisches Intermezzo = Intermezzo lyrique. Trad. Étienne Barilier. Lausanne 2010. 178 S. (Centre de Traduction Littéraire <Lausanne>: CTL; 52). [Lyrisches Intermezzo <dt.-franz.>]

Heine, Heinrich: Notti fiorentini. [Trad.: Ruth Margot Beitat]. Vimercate 1993. 47 S. [Florentinische Nächte <ital.>]

Heine, Heinrich: Over Duitsland. Vertaald door Wilfred Oranje en H. L. Mulder. Amsterdam; Antwerpen 2009. 334 S. [Zur Geschichte der Religion und Philosophie in Deutschland; Die romantische Schule <niederl.>].

Heine, Heinrich: O Rabi de Bacherach e três textos sobre o ódio racial. Org. e trad. de Markus Vinicius Mazzari. São Paulo 2009. 124 S. [Der Rabbi von Bacherach <port.>]

Heine, Heinrich: Thyskaland. Vetraraevintyri. Einar Thoroddsen, thyddi. Reykjavik 2011. 175 S. [Deutschland. Ein Wintermärchen <isl.-dt.>]

Heine, Heinrich: Viclipucli. Prevede ot' originala L. Ognjanov-Rizor. Sofia 1936. 46 S.: Ill. [Vitzliputzli <bul.>]

Lale, Nuray: Tanzschritte der Seele: Heinrich Heine in Türkisch. Hückelhoven 2009. 203 S. [Gedichte <türk.> S. 153–202].

New England review 21, 2000, 2. [»A German poet's view of London« aus »Englische Fragmente« S. 169–172].

Piaui 54, 2011. [mehrere Heine-Gedichte in der Übersetzung von André Vallias S. 61].

2 Sekundärliteratur

2.1 Studien zu Leben und Werk

Albright, Daniel: Heine and the composers. – In: Ders.: Music speaks: on the language of opera, dance, and song. Rochester, NY; Woodbridge 2009. S. 15–38. (Eastman Studies in Music; 69). – Dass. in: Parnassus: poetry in review 31, 2009, 1–2. S. 176–201.

Angelov, Angel Valentinov: Die Gestalten der »Weltgeschichte und der heiligen Historie« in »Französische Maler« von Heinrich Heine. – In: Slova i obrazy – ikonicnost teksta = Words and images – iconicity of the text. Institut Badan Literackich Polskiej Akademii Nauk. Editos Tereza Dobrzynska, Raya Kuncheva. Sofia 2008. S. 270–290.

Angelov, Angel Valentinov: Istorizirajki »kraja na izkustvoto«: revoljucija, religioznost i ekzotika; Cajnrich Cajne i Leopol Rober. – In: Ders.: Istoricnost na vizualnij obraz. [Sofia] 2008. S. 325–382.

Arens, Detlev: »Hochromantisch beschienen«: Heinrich Heine und die Flusslandschaft. – In: Ders.: Rheinische Welt: Geschichten der Verbundenheit. Bonn 2010. S. 107–109.

Aurnhammer, Achim: »Phantastisch zwecklos«: Programm und Praxis der ästhetischen Autonomie in Heinrich Heines ›Atta Troll. Ein Sommernachtstraum‹ (1843/1847). – In: Heinrich Heine. Freiburg i.Br. [u. a.] 2011. S. 227–254.

Bahl, Peter; Ribbe, Wolfgang: Die Matrikel der Friedrich-Wilhelms-Universität zu Berlin, 1810–1850. Bd. 1: Die Matrikel für das 1. bis 23. Rektoratsjahr (1810 bis 1833). Berlin 2010. LXXXIV, 601 S.: Ill. (Einzelveröffentlichungen der Historischen Kommission zu Berlin; 86).

Balzer, Berit: Una mirada poética sobre el nacimiento de la novela: el prólogo de Heinrich Heine a una edición alemana del »Quijote«. – In: Tropelías: revista de teoría de la literatura y literatura comparada 15–17, 2004–2006. S. 161–168.

Bartscherer, Christoph: »Der ungezogene Liebling der Grazien«: Alfred Döblin und Heinrich Heine; politische und religiöse Analogien in Leben und Werk. – In: Alfred Döblin: paradigms of modernism. Ed. by Steffan Davies, Ernest Schonfield. Berlin [u. a.] 2009. S. 192–214. (Publications of the Institute of Germanic Studies; 95).

Bauer, Alfredo: Temas latinoamericanos y problemática de actualidad en la obra de Enrique Heine. – In: Anuario argentino de germanística. Anejo: número especial 2007, 3. S. 139–143.

Becker, Katrin: »Die Welt entzwei gerissen«: Heinrich Heines Publizistik der 1830er Jahre und der deutsch-französische Kulturtransfer. Freiburg i.Br., Univ., Diss., 2009. III, 365 S.

Becker, Sabina: »... fortgerissen in Bewegung«: Heinrich Heine und die Moderne. – In: Heinrich Heine. Freiburg i.Br. [u. a.] 2011. S. 297–312.

Benedict, Hans-Jürgen: »Wenn Christus noch kein Gott wäre, würde ich ihn dazu wählen.«: Heinrich Heines heitere Religionskritik. – In: Verstecke Gottes: zwischen Kultur und Religion. Hrsg. von Friedrich Brandi-Hinnrichs, ... Berlin 2010. S. 11–51. (Kirche in der Stadt; 14).

Bodenheimer, Nina: Zwischen den Zeilen: ein Versuch über Heine als Leser des »Globe«. – In: HJb 49, 2010. S. 63–80.

Borchmeyer, Dieter: Festvortrag: Festakt aus Anlaß der Aufstellung der Büste von Heinrich Heine in der Walhalla am 28. Juli 2010. [Regensburg] 2010. 5 S. [Redetyposkript].

Boyer, Sophie Lucie: Les representations de la femme chez Heine et Baudelaire: pour une étude du langage moderne de l'amour. Montreal, Univ., Diss., 2000. 223 Bl.

Braese, Stephan: Eine europäische Sprache: deutsche Sprachkultur von Juden 1760–1930. Göttingen 2010. 346 S. [Kapitel IV »An den Wassern der Spree: Heinrich Heines biblische Schreibweise und die deutsche Sprache« S. 93–128].

Braese, Stephan: »Famillionär«: Sprache und ›Bildung‹ in Freuds ›Witz und seine Beziehung zum Unterbewußten‹ und Heines ›Bäder in Lucca‹. – In: Heine und Freud. Berlin 2010. S. 211–224.

Brandes, Peter: Wiege oder Totenbett der Literatur? Das Bett als Geburtsort der Dichtung bei Goethe, Heine, Proust. – In: Zeitschrift für deutsche Philologie 129, 2010, 4. S. 489–514.

Briegleb, Klaus: An den Absender zurück: aus Heinrich Heines letzter Korrespondenz. – In: Passionen: Objekte, Schauplätze, Denkstile. Corina Caduff, ... (Hrsg.). München 2010. S. 301–308.

Briegleb, Klaus: »Ich bin der Sohn der Revolution«: zu Heinrich Heines Poetik der Affekte. – In: Heine und Freud. Berlin 2010.

Buck, Theo: Heinrich Heine »Die schlesischen Weber« (1844). – In: Ders.: Streifzüge durch die Poesie: von Klopstock bis Celan; Gedichte und Interpretationen. Köln [u. a.] 2010. S. 146–159.

Calvie, Lucien: Un romantique européen, critique du romantisme politique allemand: Heinrich Heine. – In: Les romantismes politiques en Europe. Gérard Raulet (dir.) Paris 2009. S. 497–518. (Collection Philia).

Dias Junior, Antonio Herembergue: Ironia e paródia em ›O Rabi de Bacherach‹, de Heinrich Heine. São Paulo, Univ., Diss., 2009. 153 S.

Diehl, Günther: Festansprache zum 150. Todestag von Heinrich Heine am 17.2.2006: Albert-Schweizer-Schule Offenbach, Waldstraße 113. Offenbach 2006. 5 S. [Redemanuskript].

Dirscherl, Margit: »Und wenn ich sage nach Hause gehn, so meine ich die Bolkerstraße«? Zur Funktion des Heimkehr-Motivs bei Heinrich Heine. – In: Habt euch müde schon geflogen? Reise und Heimkehr als kulturanthropologische Phänomene; Beiträge des 3. Gießener Studierendenkolloquiums vom 24. bis 26.04.2009. IGNIS – Initiative Gießener Studierender zum Erwerb Interdisziplinärer Schlüsselqualifikationen. Helge Baumann, ... (Hrsg.). Marburg 2010. S. 101–112.

Domínguez Hernández, Javier: Lo romántico y el romanticismo en Schlegel, Hegel y Heine: un debate de cultura política sobre el arte y su tiempo. – In: Revista de estudios sociales 34, 2009, dic. S. 46–58.

Drerup, Anne Marie: Das Verhältnis Heinrich Heines zu Religiosität: analysiert in einigen ausgewählten Werken unterschiedlicher Schaffenszeit. Köln, Univ., Hausarb., 2008. 19 Bl.

Drost, Wolfgang: Heinrich Heines ›Salons‹ im Kontext französischer Kunstkritik. – In: Heinrich Heine und die Kunstkritik seiner Zeit. Heidelberg 2010.

Eckart, Wolfgang U.: Der Tod des Arlequin: zur politischen Moral des Seuchensterbens in Heines Choleraberichts 1832. – In: Menschenbild und Menschenwürde am Ende des Lebens. Hrsg. von Thomas Fuchs ... Heidelberg 2010. S. 103–120. (Schriften des Marsilius-Kollegs; 2).

Eckart, Wolfgang U.: »Voilà le Choléra-morbus!« Krankheit als politische Metapher in Heinrich Heines Choleraberichts 1832. – In: Jahrbuch Literatur und Medizin 3, 2009. S. 123–140.

Edelmann, Thomas: Gefährlich oder gefährdet? – Gefährdet und gefährlich! Heines selbstironische Ironie. – In: Ders.: Gefährdungen: streitbare literaturdidaktische Entwürfe für die Oberstufe. Baltmannsweiler 2010. S. 41–51. (Deutschdidaktik aktuell; 32).

Eisenberg, Tamara: Neither Christ nor Barbarossa: Heinrich Heine's »Messiah in Golden Chains«. – In: Benjamin – Agamben: Politik, Messianismus, Kabbala = Politics, messianism, Kabbalah. Hrsg. von Vittoria Borso, ... Würzburg 2010. S. 219–228. (Benjamin-Blätter; 4).

Enzensberger, Ulrich: Heinrich Heine: »Deutschland. Ein Wintermärchen«. Red.: Petra Herrmann und Erwin Reutzel. Bayerischer Rundfunk. München 2009. 14 Bl. (Bayern2Radio – radioWissen). [Rundfunkmanuskript].

Erbslöh, Margot: Heinrich Heine and England. – In: The British Women's Club <Düsseldorf>: Newsletter 429 (Sept. 2010). S. 16–18.

Fendri, Mounir: »Der Weltfrieden beruht auf der Assoziierung von Orient und Okzident«: zu einer (nicht vollbrachten) Orient-Reise Heines auf den Spuren der Saint-Simonisten. – In: Zeitschrift für interkulturelle Germanistik 1, 2010. S. 85–96.

Fingerhut, Karlheinz: Gerechtigkeit auf Erden: die Arbeit an Konsens bildenden Allgemeinbegriffen im Sprach- und Literaturunterricht; narrative Definitionen des Begriffs »Gerechtigkeit« durch drei Dichter-Juristen: Goethe – Heine – Kafka. – In: Arbeit an Begriffen: fachwissenschaftliche und fachdidaktische Aspekte. Hrsg. von Roland Jost ... Baltmannsweiler 2007. S. 43–61.

Fioretos, Aris: Noten zu einem Fuß. – In: Heine und Freud. Berlin 2010. S. 115–122.

Fitzon, Thorsten: »Es gibt nichts Langweiligeres auf dieser Erde«: Zeitgefühl als Geschichtsskepsis in Heinrich Heines ›Reise von München nach Genua‹. – In: Heinrich Heine. Freiburg i.Br. [u. a.] 2011. S. 93–116.

Fleck, Robert: Heinrich Heines »Lutezia«. – In: Ders.: Deleuze schickt mich in die Bibliothek: über Bücher und Menschen. Hamburg 2010. S. 123–128. (Fundus-Bücher; 190).

Fondane, Benjamin: Les Mélodies hébraïques de Heinrich Heine. – In: Entre Jérusalem et Athènes: Benjamin Fondane à la recherche du judaïsme. Textes réunis par Monique Jutrin. Paris 2009. S. 60–64.

François, Jean-Claude: Rhétorique et poésie dans le lyrisme Allemand: de Heine à Brecht. – In: Réflexion théorique et communication esthétique. Textes réunis et présentés par Marie-Jeanne Ortemann. Nantes 1994. S. 29–41. (Écriture poétique moderne).

Frick, Werner: »Der Schattenfürst in der Unterwelt«: Heines Lyrik im Zeichen des Todes. – In: Heinrich Heine. Freiburg i.Br. [u. a.] 2011. S. 255–296.

Friedman, Michel: Heinrich Heine: Deutschland. Ein Wintermärchen; [gesprochen im Rahmen der] Sonderausstellung »Mythos«, 15.5.–25.10.2009, Lippisches Landesmuseum Detmold. Detmold 2009. 1 DVD.

Frühwald, Wolfgang; Flemmer, Walter: Der Spötter im Exil – Heinrich Heine [Sendung vom 07.06.2003, 20.15 Uhr, Bayerischer Rundfunk]. München 2003. 11 Bl. (Alpha-Forum-extra). [Rundfunkmanuskript].

Fuechtner, Veronika: Moses lesen in Palästina: Heine Freud Zweig. – In: Heine und Freud. Berlin 2010. S. 165–184.

Füllner, Karin: Fantasie und Wirklichkeit: Schumann, Heine, Chopin; 22. Internationales Bodenseefestival, 1.–22. Mai 2010. Friedrichshafen 2010. 20 S.: Ill., Kt.

Füllner, Karin: »Im Namen des Dichters«: 12. Forum Junge Heine Forschung 2009 mit neuen Arbeiten über Heinrich Heine. – In: HJb 49, 2010. S. 250–254.

Funke, Anna: Heinrich Heines politische Dichtung und die Lyrik des Vormärz: ein Vergleich. Düsseldorf, Univ., Magisterarb., 2009. 93 Bl.

García Adánez, Isabel: La esperpéntica pesadilla de la historia alemana: ›Alemania. Un cuento de invierno‹ de Heinrich Heine. – In: Espacios y tiempos de lo fantástico: una mirada desde el siglo XXI. Pilar Andrade, … (eds.) Bern [u. a.] 2010. S. 77–94.

Geiger, Verena: Ist ein komisches Gedicht interpretierbar? Über Fritz Eckengas »No Loreley, no cry«. – In: Stimmenwechsel: Poesie längs der Ruhr. Gerd Herholz (Hrsg.). Essen 2010. S. 95–100.

Gerhardt, Regine: Netzwerke: Heinrich Heine und Anton Melbye. – In: HJb 49, 2010. S. 179–191.

Geulen, Eva: Nachkommenschaften: Heine und Hegel zum Ende der Kunstperiode. – In: Heine und Freud. Berlin 2010. S. 283–292.

Görner, Rüdiger: Religion im Exil: zu Heines Götterlehre. – In: Ders.: Die Pluralektik der Romantik: Studien zu einer epochalen Denk- und Darstellungsform. Wien [u. a.] 2010. S. 200–211. (Literatur und Leben; NF 78).

Goetschel, Willi: Street, life, and other signs: Heine in the Rue Laffitte. – In: City & society: journal of the Society for Urban Anthropology 21, 2009, 2. S. 230–244.

Götze, Karl Heinz: Die unmögliche und die mögliche Liebe: Heines Liebeslyrik in der Geschichte der Gefühle. – In: Ders.: Zur Literaturgeschichte der Liebe. Würzburg 2009. S. 157–171.

Grossman, Jeffrey: Fractured histories: Heine's responses to violence and revolution. – In: Contemplating violence: critical studies in modern German culture. Ed. by Stefani Engelstein and Carl Niekerk. Amsterdam [u. a.] 2011. S. 67–86. (Amsterdamer Beiträge zur neueren Germanistik; 79).

Grünes, Andreas: Arnim, Heine und die Leiden des Prometheus. – In: Ders.: Napoleonbilder in Literatur und Karikatur: simultane Mythenbilder zwischen Revolution und Restauration. Marburg 2010. S. 73–81.

Hacks, Peter: Synthetiker einer Epoche: zum 92. Todestag von Heinrich Heine (1948). – In: Vorsicht, Hacks! Der Dichter in der »jungen Welt« 1999–2009. Hrsg. von Stefan Huth. Berlin 2010. S. 71–72.

Häfner, Ralph: Heines Balkonszene: der Kunstkritiker als Maler des modernen Lebens. – In: Heinrich Heine und die Kunstkritik seiner Zeit. Heidelberg 2010. S. 31–50.

Hartog, Arie: Rede zur Einweihung des Bremer Heine-Denkmals am 1. Oktober 2010. Bremen 2010. o. S. [Redemanuskript]

Heine Sammlung Söhn: Katalog mit buchgeschichtlichen Erläuterungen. [Heinrich Heine Antiquariat, Düsseldorf. Vorw.: Manfred Windfuhr, Stephan Lustenberger, Christoph Schäfer. Nachw.: Sikander Singh]. Düsseldorf 2010. 304 S.: zahlr. Ill.

Heine und Freud: die Enden der Literatur und die Anfänge der Kulturwissenschaft. Sigrid Weigel (Hrsg.). Berlin 2010. 358 S. (LiteraturForschung; 7).

Heinrich, Klaus: Festhalten an Freud: eine Heine-Freud-Miniatur zur noch immer aktuellen Rolle des Aufklärers Freud. – In: Ders.: Reden und kleine Schriften. Bd. 4: Der Staub und das Denken. Frankfurt a. M.; Basel 2009. S. 85–114. – Dass. in: Heine und Freud. Berlin 2010. S. 13–38.

Heinrich Heine: neue Lektüren. Werner Frick (Hrsg.). Freiburg i.Br. [u. a.] 2011. 352 S. (Rombach Wissenschaften. Reihe Litterae; 182).

Heinrich Heine und die Kunstkritik seiner Zeit: Akten des Internationalen und Interdisziplinären Kolloquiums, Paris, 26.–30. April 2006. Hrsg. von Ralph Häfner. Heidelberg 2010. 254 S.: zahlr. Ill. (Euphorion. Beihefte; 57).

Hellmich, Christoph: Abkehr und Näherung: Heinrich Heine und die Bibel. – In: Das Buch und die Bücher: Literaturvorträge am Canstein-Bibelzentrum Halle [Franckesche Stiftungen zu Halle]. Hrsg. von Walter Martin Rehahn. Halle (Saale) 2010. S. 93–116.

Hessing, Jakob: Nachtigall und Rose: Heinrich Heines Metaphern der Erinnerung. – In: Abgrund der Erinnerung: kulturelle Identität zwischen Gedächtnis und Gegen-Gedächtnis. Hrsg. von Jens Mattern und Günter Oesterle. Berlin 2010. S. 109–118.

Hessing, Jakob: Verlorene Gleichnisse: Heine Kafka Celan. Göttingen 2011. 147 S.

Hoeckner, Berthold: Paths through ›Dichterliebe‹. – In: 19th century music 30, 2006, 1. S. 65–80.

Höller, Hans: ›Libussa‹ in der Gründerzeit: Grillparzer zwischen Kürnberger und Heine. – In: Aussiger Beiträge 2, 2008, 2. S. 25–38.

Holzhausen, Paul: Heinrich Heine und Napoleon I. Nachdr. der Ausg. Frankfurt a. M. 1903. Bremen 2010. 292 S.: zahlr. Ill.

Horch, Hans Otto: Die unheilbar große Brüderkrankheit: zum Zeitgedicht ›Das neue Israelitische Hospital zu Hamburg‹ von Heinrich Heine; deutsch-jüdische Literatur im Unterricht. – In: Mitteilungen des Deutschen Germanistenverbandes 56, 2009, 3. S. 320–336.

Hornung, Martina: Der heilige Tod: Legendenproduktion in der modernen deutschen Künstlerbiographie von 1805 bis 2005; Fallstudien zu Schiller, Goethe und Heine. Konstanz 2011. 428 S. [Zugl.: Konstanz, Univ., Diss., 2009]. [»Fallstudie 3: Heinrich Heine – Der Sünderheilige und sein Martyrium« S. 288–388].

Immer, Nikolas: Schiffbruch mit Zuschauern: Spielarten der Ironie in Heinrich Heines »Loreley«. – In: Zeitschrift für deutsche Philologie 129, 2010, 2. S. 185–200.

Jané, Jordi: Heinrich Heine – ›Don Quijote‹, el ›Donquixotismus‹ y la ›Donquixotterie‹. – In: Don Quijote, cosmopolita: nuevos estudios sobre la recepción internacional de la novela cervantina. Jordi Jané Carbo ... (coord.) Cuenca 2009. S. 31–47. (Colección Humanidades; 107).

Jauch, Ursula Pia: »Sommerreligion oder Winterglaube? Elend oder Eros?« Reflexionen einer defroquierten Katholikin zu Beginn des obdachlosen 21. Jahrhunderts, sekundiert von Heinrich Heine, Georg Christoph Lichtenberg und Blaise Pascal, ausgehend von Johann Sebastian Bach, wem sonst. – In: Bach-Anthologie 2007, 2008. S. 19–29.

Jung, Werner: Heinrich Heine. Paderborn 2010. 123 S. (Uni-Taschenbücher; 3436).

Keiter, Heinrich: Heinrich Heine: sein Leben, sein Charakter und seine Werke. Nachdr. der Ausg. Köln 1906. Bremen 2010. 164 S. (Deutsche Autoren der Romantik; 7).

Kilchmann, Esther: Ort der Gespenster: Heines Entwurf einer Kulturgeschichte in ›De l'Allemagne‹. – In: Heine und Freud. Berlin 2010. S. 265–282.

Kircher, Hartmut: Heinrich Heine, Deutschland. Ein Wintermärchen und andere Gedichte: Interpretation. Unveränd. Nachdr. München 2004. 158 S.: Ill. (Oldenburg Interpretationen; 83).

Kölsch, Hanskarl: Heinrich Heine: seine Zeit – sein Leben – sein Werk; ein Wintermärchen. Norderstedt 2010. 169 S.

Kolbe, Wilhelm: Heinrich Heines Taufe in Heiligenstadt. – In: Heiligenstadt: ein Lesebuch; Heilbad Heiligenstadt einst und jetzt in Sagen und Geschichten, Erinnerungen und Berichten, Briefen und Gedichten. Hrsg. und zusammengest. von York-Egbert König und Thomas T. Müller. Husum 2009. S. 87–91.

Kopp, Eduard: Heinrich Heine. – In: Chrismon plus / Rheinland 2008, 6. S. 25.

Kortländer, Bernd: L'art des Salons: Heine et Diderot. – In: Heinrich Heine und die Kunstkritik seiner Zeit. Heidelberg 2010. S. 153–174.

Kortländer, Bernd: Heines Toleranz. – In: Schwitzgebel, Frieder: Toleranz vor Augen: das Projekt von Karl-Martin Hartmann in der Wernerkapelle Bacharach in Zusammenarbeit mit dem Bauverein Wernerkapelle. [Fotos: Karl-Heinz Schleis ...]. Mainz 2010. S. 30–39.

Kortländer, Bernd: Heinrich Heine soll in die von ihm bespöttelte »Walhalla« einziehen: Radiobeitrag, 22.07.2010, 23:10 Uhr, Deutschlandradio Kultur in der Sendung »Fazit«. Düsseldorf 2010. 1 CD.

Košenina, Alexander: Pariser Rückblicke: Heinrich Heines Sicht auf die Berliner Aufklärung. – In: Europäische Ansichten: Brandenburg-Preußen um 1800 in der Wahrnehmung europäischer Reisender und Zuwanderer. Iwan-Michelangelo D'Aprile (Hrsg.). Berlin 2004. S. 263–277. (Aufklärung und Europa; 17).

Kougblenou, Komi Kouma: Studien zur Entwicklung der kulturellen Norm »Toleranz«: die Forderung nach Toleranz gegenüber den Juden in der deutschen Literatur von der Aufklärung bis zur Gründerzeit. Frankfurt a. M. [u. a.] 2010. 203 S. (Studien zur deutschen und europäischen Literatur des 19. und 20. Jahrhunderts; 67). [Zugl.: Mainz, Univ., Diss, 2010]. [Kapitel »Heinrich Heine (1797–1856): ›Der Rabbi von Bacherach‹ (1840) und die Zurückweisung des Antisemitismus« S. 144–156].

Kraß, Andreas: Meerjungfrauen: Geschichten einer unmöglichen Liebe. Frankfurt a. M. 2010. 473 S. [Kapitel »V. Loreley: Nymphe und Verführerin II« S. 225–288].

Kreutzer, Maria: Heines ›Hellenentum‹: antike Motive in der Darstellung seines Freiheitsbegriffs. Wien, Univ., Magisterarb., 2008. 198 Bl.

Krüger, Stefan: Kulturgeographische Wanderungen auf den Spuren Goethes und Heines: Projekte für den Literaturunterricht der Sekundarstufe II. Dortmund, Techn. Univ., Diss., 2010. 385 Bl.: Ill.

Kruse, Joseph Anton: ‹Textlücke›: ein bisher verschollenes Bruchstück aus dem »Memoiren«-Fragment Heinrich Heines. – In: HJb 49, 2010. S. 229–241.

Kurzke, Hermann: Seehunde und Zuckererbsen: Heinrich Heine, »Deutschland – ein Wintermärchen«, Vorrede zum »Romanzero«. – In: Ders.: Die kürzeste Geschichte der deutschen Literatur und andere Essays. München 2010. S. 58–61. (Beck'sche Reihe; 1829).

Liedtke, Christian: »Die glänzendste Zeit meines Lebens«: Heine in Italien; Nachwort. – In: Heine, Heinrich: Reise nach Italien. Hamburg 2011. S. 121–125.

Liedtke, Christian: Heinrich Heine. 2. Aufl. d. Neuausg. Reinbek bei Hamburg 2010. 198 S. (rororo; 50685: Monographien).

Liedtke, Christian: Ich hatte einst ein schönes Vaterland: Deutschland brach ihm das Herz; ein Porträt des Dichters und Spötters Heinrich Heine. – In: Zeit Geschichte 2010, 3: Die Deutschen und die Nation 1789–1871. S. 58–62.

Liedtke, Christian: »Ein neues Lied, ein besseres Lied ...«: Heinrich Heine; Radiofeature; Bayern 2, »Radio Wissen«, gesendet am 13.10.2009. Von Prisca Straub mit Christian Liedtke. München 2009. 1 CD.

Liedtke, Christian: Das wiedergefundene Manuskript. – In: Heine, Heinrich: Französische Zustände. Hamburg 2010. S. 108–150.

Lönker, Fred: »Von deutscher Gottesgelahrtheit und Weltweisheit«: Heines religiöse Synthese. – In: Heinrich Heine. Freiburg i.Br. [u.a.] 2011. S. 187–204.

Lüdemann, Susanne: »Ganz wie seinesgleichen«: Freud, Heine und Hirsch-Hyazinth. – In: Heine und Freud. Berlin 2010. S. 225–236.

Maillet, Marie-Ange: Heine, Heinrich (1797–1856). – In: Handwörterbuch der deutsch-französischen Beziehungen. Astrid Kufer, ... (Hrsg.). Baden-Baden 2009. 101–103.

Maillet, Marie-Ange: Heinrich Heine, Peter Cornelius et sa réception contemporaine en France et en Allemagne. – In: Heinrich Heine und die Kunstkritik seiner Zeit. Heidelberg 2010. S. 133–152.

Martin, Dieter: ›Deutschland. Ein Wintermärchen‹: Patriotismus im Exil. – In: Heinrich Heine. Freiburg i.Br. [u.a.] 2011. S. 205–226.

Matt, Peter von: Knalleffekt und Raffinesse: [Belsazar]. – In: Matt, Peter von: Wörterleuchten: kleine Deutungen deutscher Gedichte. München 2009. S. 85–88.

Matt, Peter von: Heine in extremis: [Der Scheidende]. – In: Matt, Peter von: Wörterleuchten: kleine Deutungen deutscher Gedichte. München 2009. S. 89–91.

Mecky Zaragoza, Gabriela: Vitzliputzlis Verteufelung: Heines poetisches Spiel mit der Konquista. – In: Weimarer Beiträge 55, 2009, 2. S. 250–275.

Meli, Marco: Die Auseinandersetzung mit der Romantik und ihre Bewertung in der ›Romantischen Schule‹ von Heinrich Heine. – In: Die Romantik: ein Gründungsmythos der europäischen Moderne. Anja Ernst, Paul Geyer (Hrsg.). Göttingen 2010. S. 249–264. (Gründungsmythen Europas in Literatur, Musik und Kunst; 3).

Michel, Willy: Deutsch-französische Wechselperspektivierungen: Heines verdeckte Anschlüsse an die frühromantische Kritik. – In: Heinrich Heine. Freiburg i.Br. [u.a.] 2011. S. 137–158.

Michels, André: Der jüdische Witz: Geist bei Heine und Freud. – In: Heine und Freud. Berlin 2010. S. 185–210.

Morawe, Bodo: Citoyen Heine: das Pariser Werk. Bd. 1: Der republikanische Schriftsteller. Bielefeld 2010. 402 S.

Morawe, Bodo: Citoyen Heine: das Pariser Werk. Bd. 2: Poetik, Programmatik, Hermeneutik. Bielefeld 2010. 430 S.

Morawe, Bodo: Daumiers »Sujets« und der Citoyen Heine: republikanischer Kairos und republikanischer Diskurs im Krisenjahr 1832. – In: Heinrich Heine und die Kunstkritik seiner Zeit. Heidelberg 2010. S. 71–100.

Moses, Katja: Ein früher Blick von außen: Heinrich Heine als Korrespondent aus Paris. – In: Kritische Ausgabe 17, 2008/09, Winter. S. 12–14.

Mosès, Stéphane: »Selten habt Ihr mich verstanden«: zur Funktion eines Heine-Zitats in Freuds ›Traumdeutung‹. – In: Heine und Freud. Berlin 2010. S. 91–100.

Nayhauss, Hans-Christoph von: Reisende Dichter und schriftstellernde Reisende: Selbstwahrnehmung im Konflikt mit der Fremdwahrnehmung bei Goethe und Heine, Fürst Pückler-Muskau und Rilke. – In: Wege über Grenzen – Perspektiven der Germanistik: Kairo/ Ägypten 2.–4. April 2007; Kongressakten / 2. Internationaler Germanistik-Kongress. Hrsg. von Aleya Ezzat Ayad ... Kairo 2007. S. 629–657. (Kairoer germanistische Studien; 17, 2).

Nerlich, France: Heinrich Heine et la peinture du temps présent: ou comment rompre avec le romantisme allemand grâce à Paul Delaroche. – In: Heinrich Heine und die Kunstkritik seiner Zeit. Heidelberg 2010. S. 101–132.

Neumann, Stepanka: Religion und Sozialismus bei Heinrich Heine und seine Einstellung zum Judentum. – In: Dies.: Stefan Heym – Literat und Dissident auf Lebenszeit: biblische Allegorie und der ewige Schriftsteller. Hamburg 2009. S. 39–47. (Schriftenreihe Poetica; 105). [Zugl.: Kiel, Univ., Diss., 2008].

Neymeyr, Barbara: Der nostalgische Avantgardist: Heinrich Heines ambivalentes Verhältnis zur Romantik. – In: Heinrich Heine. Freiburg i.Br. [u.a.] 2011. S. 47–72.

Niewerth, Karl: Heinrich Heine und Goch. – In: Kalender für das Klever Land auf das Jahr 2005. S. 212–213.

Oesterle, Günter: Der kühne Wechsel von Volkslied und Konversationston in Heines ›Buch der Lieder‹. – In: Zeitschrift für deutschsprachige Kultur & Literaturen 18, 2009. S. 75–96.

Ortmeyer, Benjamin: Dort wo man Bücher verbrennt, verbrennt man auch Menschen: Heinrich Heine und die Wartburgfeier; anlässlich des 70. Jahrestages der Bücherverbrennung am 10. Mai 1933. Frankfurt a.M. 2003. 10 S. [http://publikationen.ub.uni-frankfurt.de/volltexte/2005/1553/ Stand 25.7.2011].

Pastor, Eckart: Die Ausnahme Heine? »Kindsbräute« bei Heinrich Heine als Signatur einer kranken Zeit. – In: Zwischen Mignon und Lulu: das Phantasma der Kindsbraut in Biedermeier und Realismus. Hrsg. von Malte Stein ... Berlin 2010. S. 215–230. (Husumer Beiträge zur Storm-Forschung; 7).

Petruschke, Adelheid: Lyrik: von der Klassik bis zur Moderne; Sekundarstufe II. 5. Aufl. Leipzig [u.a.] 2009. 160 S. & 1 CD-ROM. (Stundenblätter Deutsch). [Kapitel »Heinrich Heines »Sprachnot« – Ausklang der Romantik« S. 74–86].

Pinkard, Terry: How to move from romanticism to post-romanticism: Schelling, Hegel, and Heine. – In: European romantic review 21, 2010. S. 391–507.

Pornschlegel, Clemens: Le genre littéraire impossible: la question juive dans ›Le Rabbin de Bacharach‹ de Heine. – In: Ders.: Penser l'Allemagne: littérature et politique aux XIX et XXe siècles. Paris 2009. S. 65–80. (Le quarante piliers).

Puleio, Maria Teresa: Henri Heine et Théophile Gautier, une amitié complice. – In: Heinrich Heine und die Kunstkritik seiner Zeit. Heidelberg 2010. S. 227–246.

Radu, Robert: Nach London! Der Modernisierungsprozess Englands in der literarischen Inszenierung von Georg Christoph Lichtenberg, Heinrich Heine und Theodor Fontane. Frankfurt a.M. [u.a.] 2010. 126 S. (Europäische Hochschulschriften. Reihe 01; 2000).

Reed, Terence James: Wer war Heine? – In: Heinrich Heine. Freiburg i.Br. [u.a.] 2011. S. 9–30.

Reulecke, Anne-Kathrin: »Stimmen der Vorzeit«: Einfluss-Rede bei Heine und Freud. – In: Heine und Freud. Berlin 2010. S. 293–316.

Rispoli, Marco: La corona infangata: sovranità e marginalità del poeta in Heine e Baudelaire. – In: Tra denuncia e utopia: impegno, critica e polemica nella letteratura tedesca moderna; studi in onore di Giuseppe Dolei. A cura di Massimo Bonifazio ... Rom 2010. S. 17–33. (Proteo; 51).
Röhnert, Jan: Warum Paris? Zum Verhältnis von Exil, Modernität und Einflussangst bei Heine. – In: Wirkendes Wort 58, 2008, 2. S. 207–222.
Rölleke, Heinz: Grimms Märchen und Volksliterarisches im Werk Heinrich Heines. – In: Ders.: »Alt wie der Wald«: Reden und Aufsätze zu den Märchen der Brüder Grimm. 2., verb. Aufl. Trier 2010. S. 220–236. (Schriftenreihe Literaturwissenschaft; 70).
Sammons, Jeffrey L.: Thinking clearly about the marriage of Heinrich Heine and his publisher Julius Campe. – In: Publishing culture and the »reading nation«: German book history in the long nineteenth century. Ed. by Lynne Tatlock. Rochester, N. Y. 2010. S. 213–229. (Studies in German Literature, Linguistics, and Culture).
Sarnighausen, Hans-Cord: Heinrich Heines Cousine Charlotte Christiani (1813–1869) in Lüneburg. – In: Lüneburger Blätter 32, 2010. S. 162–172.
Sato, Chiaki: »Kyakkanteki na shi« ni tsuite: Inrihhi Haine no »Doitsu ron« o chushin to suru bungaku, shiro kan kara mite. – In: Jinbun shizen kenkyu 1, 2007. S. 193–209 [jap. mit dt. Zusammenfassung].
Sautermeister, Gert: Heinrich Heine: zur Wahrheit entstellt; drei Traumgebilde Heines. – In: Götze, Karl Heinz: Zur Literaturgeschichte der Liebe. Würzburg 2009. S. 173–194.
Schäfer, Christoph: Einige Worte zum Sammler und dem Seinigen. – In: Heine Sammlung Söhn. Düsseldorf 2010. S. 13–15.
Schiffter, Roland: Auf den Spuren Heines in Berlin. Würzburg 2010. 45 S.: zahlr. Ill.
Schmidt, Jochen: Heines Geschichtskonstruktion, das »Ende der Kunstperiode« und das Ende der Kunst. – In: Heinrich Heine. Freiburg i.Br. [u.a.] 2011. S. 117–136.
Schnitzler, Günter: Heinrich Heine und Petrarca. – In: Heinrich Heine. Freiburg i.Br. [u.a.] 2011. S. 31–46.
Scholz, Rüdiger: Heinrich Heine über der Terrorismus der Neuzeit: Revolutionäre, Terroristen und Nivellierer in »Ludwig Börne. Eine Denkschrift«. – In: HJb 49, 2010. S. 1–18.
Schrader, Hans-Jürgen: »Die Bilderflut in eines Spiegels Rahmen«: imaginierte Bildlichkeit in Heines Traumbildern. – In: Heinrich Heine und die Kunstkritik seiner Zeit. Heidelberg 2010. S. 199–226.
Schuhmann, Klaus: Mit Heinrich Heine vom 19. ins 20. Jahrhundert: Zeitreisen durch Deutschland von Mehring (1897) bis Mensching (2009). – In: Ders.: Rezeptionsgeschichte als Zeitgeschichte: Goethe, Schiller, Hölderlin und Heine im literaturgeschichtlichen Kontext des 20. Jahrhunderts. Leipzig 2010. S. 273–328.
Schuller, Marianne: Erzählen Erzählen: Passagen von Heine zu Freud. – In: Heine und Freud. Berlin 2010. S. 253–264.
Seehofer, Horst: Rede des Bayerischen Ministerpräsidenten Horst Seehofer anlässlich der Aufstellung der Heinrich-Heine-Büste in der Walhalla am 28. Juli 2010 um 11 Uhr in Donaustauf. Bayerische Staatskanzlei. Donaustauf 2010. 3 S. [Redemanuskript].
Simon, Ralf: Die Bildlichkeit des lyrischen Textes: Studien zu Hölderlin, Brentano, Eichendorff, Heine, Mörike, George und Rilke. München 2011. 436 S. [Kapitel »Kahnfahrt mit Hegel« S. 171–188].
Singh, Sikander: Einführung in das Werk Heinrich Heines. Darmstadt 2011. 142 S. (Einführungen Germanistik).
Singh, Sikander: »Geistesbrod«: die Heine-Sammlung von Gerhart Söhn. – In: Heine Sammlung Söhn. Düsseldorf 2010. S. 294–295.

Sittig, Claudia: ›Heine und seine Zeit‹: Geschichtsentwürfe und Selbstverortungen zwischen ›Zeitgedichten‹ (1844) und ›Historien‹ (1851). – In: Heinrich Heine. Freiburg i.Br. [u.a.] 2011. S. 159–186.

Söhnen, Albrecht von: »Ja, Reisende waren wir beide auf diesem Erdball, das war unsre irdische Spezialität ...«: Heinrich Heine und Hermann Fürst von Pückler-Muskau. – In: Heinrich-Heine-Gymnasium Oberhausen: Schulzeitung 2010. S. 5–35.

Stabel, Ralf: »Der Teufel in keiner schrecklicheren Gestalt als der einer Tänzerin ...«: Tanz und Literatur – zum Beispiel bei Hans Christian Andersen und Heinrich Heine. – In: Ders.: Rote Schuhe für den sterbenden Schwan: Tanzgeschichte in Geschichten. Leipzig 2010. S. 76–84.

Stähr, Anne: »Seine Nerven werden krankhaft überreitzt.« Zum Diskurs über den effeminierten Juden in Heinrich Heines »Lutezia«. – In: HJb 49, 2010. S. 50–62.

Stauf, Renate: Heinrich Heine: Gedichte und Prosa. Berlin 2010. 261 S. (Klassiker-Lektüren; 13: ESV basics).

Stauf, Renate: Imaginäre Galerien: Heines Gemäldekommentare zum Salon von 1831. – In: Heinrich Heine und die Kunstkritik seiner Zeit. Heidelberg 2010. S. 51–70.

Steigerwald, Robert: »Ich bin in das Schwert, ich bin die Flamme!« Oder: Der politische Heinrich Heine. – In: Ders.: Des Pudels Kern: über Literatur und Philosophie. Berlin 2010. S. 105–113. (Ders.: Vermischte Schriften in drei Bänden; 2: Kulturmaschinen Edition Philosophie).

Stein, Peter: Heinrich Heine im Nachmärz: »Enfant perdü«; Missdeutungen der Begriffe und Widersprüche im Gedicht. – In: HJb 49, 2010. S. 19–29.

Stein, Peter: Zwei unterschiedliche Blicke auf Auswanderer: Raabe und Heine; Wandlungen vom Vormärz zum Nachmärz. – In: Raabe-Gesellschaft: Jahrbuch 2010. S. 15–28.

Steinfeld, Thomas: Der Sprachführer: die deutsche Sprache: was sie ist, was sie kann. 2. Aufl. München 2010. 270 S. [»Heinrich Heine will das Ende: Literatur und Konvention« S. 193–197].

Stuhlmann, Andreas: »Die Literatur – das sind wir und unsere Feinde«: literarische Polemik bei Heinrich Heine und Karl Kraus. Würzburg 2010. 284 S. (Epistemata. Reihe Literaturwissenschaft; 594). [Zugl.: Hamburg, Univ., Diss., 2010].

Synofzik, Thomas: Heinrich Heine – Robert Schumann: Musik und Ironie. 2., erw. und überarb. Aufl. Köln 2010. 192 S.: zahlr. Ill. u. Notenbeisp.

Tempian, Monica: »Mir lodert und wogt im Hirn eine Fluth«: Inszenierung von Angstträumen in Heinrich Heines Werk. – In: Kritische Ausgabe 19, 2010. S. 22–26.

Teraoka, Takanori: Bacchus- und Bacchanten-Szenen in Heines Dichtung. – In: Neue Beiträge zur Germanistik. Bd. 9, 1: Dynamik der Konstruktion. München 2010. S. 125–139. (Doitsubungaku; 141).

Tölke, Susanne: Ich befinde mich hundeschlecht – Heinrich Heine. Red.: Petra Herrmann. Bayerischer Rundfunk. München 2008. 8 Bl. (Bayern2Radio – radioWissen). [Rundfunkmanuskript].

Trilse-Finkelstein, Jochanan Christoph: Heinrich Heine und Kurt Tucholsky in Paris: Traditionen gelebter Widersprüche, gleicher Gegner und nicht eingelöster Ideale; vom Autor erwählte Text- und Typozitate. Berlin 2010. 292 S.

Tschörtner, Heinz D.: Gerhart Hauptmann und Heinrich Heine. – In: Ders.: Proteus Hauptmann: Beiträge zu Werk und Wirkung. Dresden 2009. S. 112–115.

Uerscheln, Gabriele: Hermann Fürst von Pückler-Muskau und Heinrich Heine: Anmerkungen zu einer »wahlverwandten« Hingabe. – In: »... ein Kind meiner Zeit, ein ächtes, bin ich ...«: Stand und Perspektiven der Forschung zu Fürst Pückler; Dokumentation einer interdisziplinären Tagung der Stiftung Fürst-Pückler-Museum Park und Schloß Branitz, Cottbus/ Branitz, Gutsökonomie, 6./7. November 2009. Hrsg. von Christian Friedrich ... Branitz. Berlin 2010. S. 231–252. (Edition Branitz; 6).

Vahl, Heidemarie: Literature on the web: www.heine-portal.de. – In: Literary and composer museums and research: proceedings of the ICLM annual conference 2008; [15–17 September in Italy]. Ed. by board of ICLM, Ill. Florenz 2009. S. 70–71. (Proceedings of the ICLM annual conference ...; 2008. ICLM publications; 4)

Walser, Martin: Heines Größe. – In: Heine, Heinrich: Französische Zustände. Hamburg 2010. S. 7–28.

Walter, Andrea: »Ich bin der Sohn der Revolution«: Heinrich Heines Geschichtsphilosophie in ›Ludwig Börne. Eine Denkschrift‹. Saarbrücken 2010. 99 S. [Zugl.: München, Univ., Mag.-Arb., 2008].

Weidner, Daniel: ›Notizenbuch des absoluten Geistes‹ und ›entstellter Text‹: Heine, Freud und die Bibel des 19. Jahrhunderts. – In: Heine und Freud. Berlin 2010. S. 143–164.

Weigel, Sigrid: Zwei jüdische Intellektuelle unter »schlecht getauften Christen«: zur kulturgeschichtlichen Deutung von Götterbildern bei Heine und Freud. – In: Heine und Freud. Berlin 2010. S. 123–142.

Wiesemann, Falk: Heinrich Heines jüdische Bilderwelt und die Illustrationen zur Haggadah des ›Rabbi von Bacherach‹. – In: Bibliothek und Forschung: die Bedeutung von Sammlungen für die Wissenschaft. Hrsg. von Irmgard Siebert. Frankfurt a.M. 2011. S. 111–164. (Zeitschrift für Bibliothekswesen und Bibliographie; Sonderheft 102).

Windfuhr, Manfred: Heine (1797–1856). – In: History of European literature. Annick Benoit-Dusausoy and Guy Fontaine. London [u.a.] 2000. S. 432–435.

Windfuhr, Manfred: Vom Reiz des privaten Sammelns: Gerhart Söhns Heine-Bibliothek. – In: HJb 49, 2010. S. 208–212. – Dass. in: Heine Sammlung Söhn. Düsseldorf 2010. S. 4–12.

Wirth, Uwe: Ironie und Komik: Heines und Freuds Theorie der Dummheit. – In: Heine und Freud. Berlin 2010. S. 237–252.

Wittler, Kathrin: »Mein westöstlicher dunkler Spleen«: deutsch-jüdische Orientimaginationen in Heinrich Heines »Jehuda ben Halevy«. – In: HJb 49, 2010. S. 30–49.

Würffel, Stefan Bodo: »... unter jedem Grabstein liegt eine Weltgeschichte«. Heinrich Heine und die Dialektik der Moderne. – In: Utopie und Apokalypse in der Moderne. Reto Sorg, Stefan Bodo Würffel (Hrsg.). München 2010. S. 129–142.

Youens, Susan: ›Pure‹ song: ›Du bist wie eine Blume‹ and the Heine Juggernaut. – In: Nineteenth century music review 3, 2006, 2. S. 3–32.

Zenck, Martin: Heinrich Heine – Robert Schumann: Dokumente und Interpretationen zu einer glücklichen deutsch-jüdischen Begegnung; [Vortrag bei den deutsch-jüdischen Kulturtagen in der Synagoge Memmelsdorf (10. September 2006)]. Bamberg 2006. 11 Bl. [http://www.uni-bamberg.de/fileadmin/uni/fakultaeten/ppp_professuren/musikwissenschaft/Heine_SchumannVortragSynagogeMemmelsdorf.pdf Stand 25.7.2011]. – Dass. in: Neue Zeitschrift für Musik 171, 2010, 4. S. 40–45.

Zhang, Yushu: Heinrich Heine und deutsche Professoren. – In: Hanguk ui pyesa: paekche koto ui saji rul chaja = Im Dialog der Kulturen; Festschrift für Tschong-Dae Kim zu seinem 60. Geburtstag. [Chae-jun Yi]. Hrsg. von seinen Schülern. Seoul 1995. S. 347–368.

2.2 Untersuchungen zur Rezeption

Bienenstock, Myriam: Hermann Cohens Heine und der Kampf um Spinoza. – In: HJb 49, 2010. S. 192–200.
Brinks, Helmut W.: Zuhause fremd geblieben: Heinrich Heine – der im Ausland – beliebteste deutsche Dichter. – In: Ders.: Zwölf Lebensbilder: mit Werkbeispielen der Geschilderten. Göttingen 2010. S. 95–124 (Göttinger Almanach; 10).
Brückner, Leslie: Alexandre-François Loève-Veimars als Übersetzer und Mittler Heinrich Heines. – In: HJb 49, 2010. S. 81–95.
Cuadra, Pino Valero: Lo árabe en Heine y sus traducciones. – In: Bestandsaufnahme der Germanistik in Spanien: Kulturtransfer und methodologische Erneuerung. Cristina Jarillot Rodal (Hrsg.). Bern [u.a.] 2010. S. 755–768.
Es ist ein Garten wunderschön ...: ein Spaziergang durch die Heinrich Heine Gärten Düsseldorf. Hrsg. Frankonia Eurobau Investment Hansaallee GmbH. Konzeption Lothar Köhl. Nettetal 2008. 64 S.: überw. Ill.
Fondane, Benjamin: Les traducteurs roumains de Heine. – In: Entre Jérusalem et Athènes: Benjamin Fondane à la recherche du judaïsme. Textes réunis par Monique Jutrin. Paris 2009. S. 65–78.
Gomez Garcia, Carmen: La repercusión de una traducción manipulada: los primeros poemas de Heinrich Heine en español. – In: Enlaces 2008, Junio = 9 [3.8.2010]. o. S.
Halldórsson, Ólafur: Málfríður frá Munaðarnesi og Heine. – In: Són 7, 2009. S. 63–64. [Málfríður Einarsdóttir als Übersetzerin Heines].
Heine-Preis an Simone Veil. – In: Top-Magazin Düsseldorf 29, 2010, 4. S. 134.
Heinrich Heine-Denkmal von Waldemar Grzimek in Bremen: Enthüllung des Heine-Denkmals in den Wallanlagen in Bremen, 1. Oktober 2010; Pressespiegel. Gerhard-Marcks-Haus – das Bildhauermuseum in Bremen. Bettina Berg, Presse und Kommunikation. Bremen 2010. [68 S.]
Ignatow, Assenm: Der deutsche Einfluß auf die russische Philosophie. – In: Russland und die Deutschen. Zusammengest. in Verbindung mit Alfred Eisfeld von Manfred Hellmann. München 1988. S. 195–208. (Tausend Jahre Nachbarschaft).
Kaiser, Nils: »Verfasser unbekannt?« Heines Loreley im Dritten Reich; [Sendung: 10.02.2010, 08:30 Uhr]. Red.: Arne Kapitza. Hessischer Rundfunk. Frankfurt a. M. 2010. 9 S. (hr2-kultur). [Rundfunkmanuskript].
Kryeziu, Naim: Die Heine-Rezeption im albanischen Sprachgebiet (Albanien und Kosovo). – In: HJb 49, 2010S. 201–207.
Lehmann, Jürgen: ›Gegenwart in dunkeln Zeiten‹: Anmerkungen zur Heine-Rezeption bei Paul Celan. – In: Heinrich Heine. Freiburg i.Br. [u.a.] 2011. S. 313–333.
Liedtke, Christian: James Ensor, Heinrich Heine und »Die seltsamen Insekten«. – In: HJb 49, 2010. S. 242–249.
Lohausen, Herman: Heine ja! – Breker nein? Zur Stigmatisierung des Bildhauers Arno Breker durch eine Düsseldorfer Kampagne. Düsseldorf 2011. 79 S.: 33 Ill.
Pistiak, Arnold: Revolutionsgesänge? Hanns Eislers Chorlieder nach Heinrich Heine. – In: HJb 49, 2010. S. 110–132.
Räume der Erinnerung: eine Problemgeschichte der Heine-Denkmäler in Düsseldorf; ein auditiver Heine-Spaziergang durch Düsseldorf. Prod.: Kathrin Dreckmann. Grafik: Silvia Sunderer. [Düsseldorf] [2009]. 1 CD-ROM.

Reed, Terence James: Heine wird vertont: wächst da zusammen, was zusammengehört? – In: HJb 49, 2010. S. 96–109.
Reißner, Eberhard: Die deutsch-russischen Literaturbeziehungen. – In: Russland und die Deutschen. Zusammengest. in Verbindung mit Alfred Eisfeld von Manfred Hellmann. München 1988. S. 209–221. (Tausend Jahre Nachbarschaft).
Rjachovskaja, I. S.; Dubinski, Ilja M.: Pamjatniki znamenitym evrejam = Monuments to famous Jews. Frankfurt a. M. 2008. 384 S.: zahlr. Ill. [Heine-Denkmal S. 93–109].
Schiller, Dieter: Heine-Ehrung 1956 und Heine-Konferenz in Weimar. – In: Ders.: Überparteilich, nicht neutral: Fragmente zur politischen Geschichte des »Kulturbundes zur demokratischen Erneuerung Deutschlands«. Hrsg. von Siegfried Prokop und Dieter Zänker im Auftr. des Kulturbunds e. V. Berlin 2009. S. 192–212. (Edition Zeitgeschichte; 46. Schriften zur Geschichte des Kulturbundes; 2).
Schnell, Ralf: Mauricio Kagel und Heinrich Heine – eine Annäherung: Abschiedsvorlesung und Ansprachen gehalten am 14. Oktober 2009, Artur Woll-Haus Universität Siegen. Siegen 2010. 52 S.: Ill. (Siegener Universitätsreden; 5).
Scholz, Rüdiger: Heine in der deutschen Presse der Nachkriegszeit 1945–1947. – In: Colloquia Germanica 41, 2008, 1. S. 59–94.
Waszek, Norbert: Un sujet de dissension entre Cohen et Rosenzweig: Heinrich Heine. – In: Hermann Cohen: l'idéalisme critique aux prises avec le matérialisme. Paris 2011. S. 47–60. (Revue de métaphysique et de morale; 2011, 1).

2.3 Forschungsliteratur mit Heine-Erwähnungen und -Bezügen

Albert, Claudia: ›Le Chef-d'oeuvre inconnu‹: l'art et las artistes chez Honoré de Balzac et Théophile Gautier. – In: Heinrich Heine und die Kunstkritik seiner Zeit. Heidelberg 2010. S. 189–198.
Albrecht, Andrea: Vom wahren, weltbürgerlichen Sinne: Goethe und die Kosmopolitismusdebatte seiner Zeit. – In: Goethe-Jahrbuch 126, 2010. S. 90–102.
Albright, Daniel: The diabolical Senta. – In: Ders.: Music speaks: on the language of opera, dance, and song. Rochester, NY 2009. S. 39–57. (Eastman Studies in Music; 69).
Appel, Bernhard R.: Vom Einfall zum Werk: Robert Schumanns Schaffensweise. Mainz [u. a.] 2010. 352 S.: Ill., Notenbeisp. (Schumann-Forschungen; 13).
Arnold, Ben: Liszt as reader, intellectual, and musician. – In: Liszt and his world: proceedings of the International Liszt Conference held at Virginia Polytechnic Institute and State University 20–23 may 1993. Ed. by Michael Saffle. Stuyvesant, NY 1998. S. 37–60. (Analecta Lisztiana; 1. Franz Liszt Studies Series; 5).
Assmann, Aleida: Erinnerungsräume: Formen und Wandlungen des kulturellen Gedächtnisses. München 2009. 424 S.: Ill.
Bachmann, Ralf: Ich habe alles doppelt gesehen: Erkenntnisse und Einsichten eines Journalisten; 40 Reportagen und Artikel aus dem geteilten und dem vereinten Deutschland (1948–2008). Beucha 2009. 302 S.: zahlr. Ill.
Baker, K. Scott: Drama and »Ideenschmuggel«: inserted performance as communicative strategy in Karl Gutzkow' plays 1839–1849. Oxford [u. a.] 2008. 187 S. (North American Studies in nineteenth Century German Literature; 43).

Balte, Charlotte: Clemens Brentanos »Rheinmärchen« und die Entstehung der Rheinromantik. Düsseldorf, Univ., Magisterarb., 2010. 88 Bl.

Beilein, Matthias: Die faktuale Schreibstrategie und das Archiv. – In: Akten-kundig? Literatur, Zeitgeschichte und Archiv. Hrsg. im Auftr. des Österreichischen Literaturarchivs der Österreichischen Nationalbibliothek und der Wienbibliothek im Rathaus von Marcel Atze, ... Wien 2008. S. 106–118. (Sichtungen; 10/11).

Beise, Arnd: Einführung in das Werk Georg Büchners. Darmstadt 2010. 144 S.: Ill. (Einführungen Germanistik).

Beßlich, Barbara: »Am Klavier wie hinter den Kanonen«: Goethe und Napoleon und was das 19. Jahrhundert daraus machte. – In: Goethe-Jahrbuch 126, 2010. S. 103–114.

Bock, Oliver: Kathinka Zitz-Halein: Leben und Werk. Hamburg 2010. 182 S.: Ill.

Bolin, Norbert: Gefangenschaft und Freiheit: Topoi in Rossinis ›La gazza ladra‹. – In: Aspetti musicali: musikhistorische Dimensionen Italiens 1600 bis 2000; Festschrift für Dietrich Kämper zum 65. Geburtstag. Hrsg. von Norbert Bolin, ... Köln 2001. S. 161–174.

Borgards, Roland: Poetik des Schmerzes: Physiologie und Literatur von Brockes bis Büchner. München 2007. 501 S.: Ill. [Zugl.: Gießen, Univ., Habil., 2005].

Buck, Theo: Streifzüge durch die Poesie: von Klopstock bis Celan; Gedichte und Interpretationen. Köln [u. a.] 2010. 323 S.

Bunke, Simon: Heimweh: Studien zur Kultur- und Literaturgeschichte einer tödlichen Krankheit. Freiburg i.Br. 2009. 674 S. (Rombach Wissenschaften. Reihe Litterae; 156). [Zugl.: München, Univ., Diss., 2006].

Calvié, Lucien: Le parcours de Fichte: du ›jacobinisme‹ à la nation allemande, en passant par l'Antiquité. – In: »Voyages ... Voyages ...«: hommages à Alain Ruiz. Textes reunis par Françoise Knopper et Jean Mondot. Pessac 2010. S. 151–164.

Cavitch, Max: Emma Lazarus and the Golem of liberty. – In: American literary history 18, 2006, 1. S. 1–28.

Die Chronik der Deutschen. [Projektmanagement und Red.: Claudia Haschke; Annette Grunwald. Text: Brigitte Beier ...] 2., akt. und erw. Neuausg. Gütersloh; München 2009. 520 S.: zahlr. Ill., Kt. (Bertelsmann Chronik!).

Clot, Andre: Das maurische Spanien: 800 Jahre islamische Hochkultur in Al Andalus. Aus dem Franz. von Harald Ehrhardt. Mannheim 2010. 327 S.: zahlr. Ill.

Cotta – das gelobte Land der Dichter: Briefe an die Verleger. Stephan Askani, Frank Wegner (Hrsg.). Stuttgart 2009. 167 S.

Dachselt, Rainer: Wer schreibt denn sowas? (Teil 2) Vormärz und Biedermeier: [Sendung: 08.01.2008, 08:30 Uhr]. Von Nils Kaiser. Red.: Arne Kapitza. Hessischer Rundfunk. Frankfurt a.M. 2008. 13 Bl. [Rundfunkmanuskript].

Delorme, Philippe: Marie-Victoire Douglas-Hamilton et Alice Heine: les deux femmes d'Albert Ier. – In: Point de vue 3237 du 4 au 10 aout 2010. S. 68–71.

Deutschland auf dem Weg zum Nationalstaat 1815–1871. Anne-Roehrkohl-Dokumentarfilm GmbH. Münster 2010. 1 DVD. (Geschichte interaktiv; 13).

Dieckmann, Christoph: Vaterlandsriesen: der Nationalismus war die Religion des 19. Jahrhunderts; eine Reise zum Völkerschlachtdenkmal in Leipzig und nach Köln, wo 1880 der Dom vollendet wurde. – In: Zeit Geschichte 2010, 3: Die Deutschen und die Nation 1789–1871. S. 96–105.

Duhamel, Roland: Die Decke auf den Kopf: Versuch einer Deutung des Nihilismus. Würzburg 2006. 152 S. [Kapitel »Kleine Geschichte: Rationalismus« S. 53–60, »Kleine Geschichte: Neunzehntes Jahrhundert« S. 61–71].

Eckert, Wolfgang U.: Illustrierte Geschichte der Medizin: von der französischen Revolution bis zur Gegenwart. Berlin [u.a.] 2011. 274 S.: 325 farb. Abb.

Engler, Winfried: Die französische Romantik. Tübingen 2003. 196 S.

Entre Jérusalem et Athènes: Benjamin Fondane à la recherche du judaïsme. Textes réunis par Monique Jutrin. Paris 2009. 264 S.

Erenz, Bendikt: In Freiheit vereint: vom ersten Plan einer »Bundes-Republik« 1797 bis zur Bundesrepublik 1990 – Szenen einer bewegten Geschichte. – In: Zeit Geschichte 2010, 3: Die Deutschen und die Nation 1789–1871. S. 16–21.

Essig, Rolf-Bernhard: Germania, mir graut vor dir. – In: Cicero 2011, 1. o. S.

Feierstein, Liliana Ruth: Von Schwelle zu Schwelle: Einblicke in den didaktisch-historischen Umgang mit dem Anderen aus der Perspektive jüdischen Denkens. Bremen 2010. 303 S.: graph. Darst. (Die jüdische Presse; 9).

Finney, Gail: Poetic realism, naturalism, and the rise of a novella. – In: German literature of the nineteenth century, 1832–1899. Ed. by Clayton Koelb and Eric Downing. Rochester, NY 2005. S. 117–138. (The Camden House History of German Literature; 9).

Foerster, Manfred J.: Bildungsbürger, nationaler Mythos und Untertan: Betrachtungen zur Kultur des Bürgertums. Aachen 2009. 366 S.

Furst, Lilian: Parallels and disparities: German literature in the context of European culture. – In: German literature of the nineteenth century, 1832–1899. Ed. by Clayton Koelb and Eric Downing. Rochester, NY 2005. S. 45–62. (The Camden House History of German Literature; 9).

Gagnidse, Nugescha; Schuchard, Margret: Grigol Robakidse (1880–1962): ein georgischer Dichter zwischen zwei Sprachen und Kulturen. Aachen 2011. XIII, 333 S. (Berichte aus der Literaturwissenschaft).

Gallagher, David: Metamorphosis: transformations of the body and the influence of Ovid's Metamorphoses on Germanic literature of the nineteenth and twentieth centuries. Amsterdam [u.a.] 2009. 470 S. (Internationale Forschungen zur allgemeinen und vergleichenden Literaturwissenschaft; 127).

Ganz neue Ansichten dieses philosophischen Steines – Goethes Briefwechsel mit Johann Georg Steinhäuser über Magnetismus. – In: Goethe-Jahrbuch 126, 2010. S. 218–146.

Geiger, Ludwig: Das Junge Deutschland und die preussische Censur (1900): nach ungedruckten archivalischen Quellen. Repr. d. Ausg. Berlin 1900. Whitefish, MT 2010. XI, 248 S.

Geschichte der deutschen Lyrik: vom Mittelalter bis zur Gegenwart. Hrsg. von Walter Hinderer. 3. Aufl. Würzburg 2010. 708 S.

Götze, Karl Heinz: Ungleichzeitigkeiten der Liebe in der deutschen und französischen Romantik: drei Stichproben: um 1800, um 1820 und um 1835. – In: Ders.: Zur Literaturgeschichte der Liebe. Würzburg 2009. S. 139–156.

Grözinger, Elvira: Between literature and history: Israel Joshua Singer's Berlin novel ›The Family Carnovsky‹ as a cul-de-sac of the German-Jewish »Symbiosis«. – In: Yiddish in Weimar Berlin: at the crossroads of diaspora politics and culture. Ed. by Gennady Estraikh & Mikhail Krutikov. London 2010. S. 224–238. (Studies in Yiddish; 8).

Hartmann, Regina: Interkulturelle Assimilationsoffenheit: die ›Schattenbilder‹ des Hans Christian Andersen. – In: Europäische Lichtblicke: Festschrift für Ernst-Ullrich Pinkert. Hrsg. von Jan T. Schlosser und Erich Unglaub. Frankfurt a.M. [u.a.] 2010. S. 43–55.

Hasubek, Peter: »Fiat Justitia et pereat mundus!« Zum Thema ›Recht‹ im literarischen Werk Karl Immermanns. – In: HJb 49, 2010. S. 133–156.

Haug, Christine: »Der famose Ambaßadeur des künftigen freien Deutschlands«: der Verleger

Friedrich Gottlob Franckh zwischen spekulativem Unternehmertum und revolutionären Visionen; das Stuttgarter Buch- und Verlagswesen im Vormärz. – In: Literaturbetrieb und Verlagswesen im Vormärz. Hrsg. von Christian Liedtke. Bielefeld 2011. S. 103–120. (Forum Vormärz-Forschung: Jahrbuch 16, 2011)

Helman, Zofia; Wroblewska-Straus, Hanna: Briefe Chopins im Historischen Archiv der Stadt Köln. – In: Fryderyk Chopin: Sein und Werk = Being and Work. Elzbieta Szczurko, Tadeusz Guz (Hrsg.). Frankfurt a. M. 2010. S. 113–132. (Ars Musica; 1)

Hemmerle, Joachim; Hemmerle, Oliver Benjamin: »[K]önnten Sie recht wohl [...] ein deutscher Träumer [sein]«: Napoleon Bonaparte und Max Brod zwischen Prag und Tel Aviv. – In: Zäsuren und Kontinuitäten im Schatten Napoleons: eine Annäherung an die Gebiete des heutigen Sachsen und Tschechien zwischen 1805/06 und 1813. Oliver Benjamin Hemmerle & Ulrike Brummert (Hrsg.). Hamburg 2010. S. 61–76. (Studien zur Geschichtsforschung der Neuzeit; 62).

Hemmerle, Oliver Benjamin: Zwischen »Völkerschlachtdenkmal« und »Mohyla Miru«: Monumentalisierung und Musealisierung des Napoleonischen Zeitalters. – In: Zäsuren und Kontinuitäten im Schatten Napoleons: eine Annäherung an die Gebiete des heutigen Sachsen und Tschechien zwischen 1805/06 und 1813. Oliver Benjamin Hemmerle & Ulrike Brummert (Hrsg.). Hamburg 2010. S. 99–116. (Studien zur Geschichtsforschung der Neuzeit; 62).

Hermand, Jost: Die deutschen Dichterbünde: von den Meistersingern bis zum PEN-Club. Köln [u. a.] 1998. VII, 383 S.: Ill.

Hertz, Deborah: Wie Juden Deutsche wurden: die Welt jüdischer Konvertiten vom 17. bis zum 19. Jahrhundert. Aus dem Engl. von Thomas Bertram. Frankfurt a. M.; New York, NY 2010. 350 S.: Ill., graph. Darst.

Hirt, Katherine: When machines play Chopin: musical spirit and automation in nineteenth-century German literature. Berlin; New York, NY 2010. 170 S. (Interdisciplinary German Cultural Studies; 8).

Hohendahl, Peter Uwe: Übergänge: autobiographische Notate. Bielefeld 2008. 119 S.

Holub, Robert C.: Literary controversy: naming and framing the post-romantic, pre-realist period. – In: German literature of the nineteenth century, 1832–1899. Ed. by Clayton Koelb and Eric Downing. Rochester, NY 2005. S. 93–116. (The Camden House History of German Literature; 9).

Honold, Alexander: Vom Rhein zur Donau und zurück: die Bedeutung der deutschen Ströme in der Wiederentdeckung und Mythisierung des Nibelungenstoffes. – In: Schätze der Erinnerung: Geschichte, Mythos und Literatur in der Überlieferung des Nibelungenliedes; Dokumentation des 7. wissenschaftlichen Symposiums der Nibelungenliedgesellschaft Worms e. V. und der Stadt Worms vom 17. bis 19. Oktober 2008. Hrsg. von Volker Galle. Worms 2009. S. 117–145. (Schriftenreihe der Nibelungenlied-Gesellschaft Worms; 6).

Hosfeld, Rolf: Karl Marx. Reinbek bei Hamburg 2011. 158 S.: Ill. (rororo; 50718).

Johach, Eva: Tanzende Tische, kollektive Psychographien: zur Experimentalkultur des Tischerückens in den 1850er Jahren. – In: »Wir sind Experimente: wollen wir es auch sein!« 1790–1890. Hrsg. von Michael Gamper ... Göttingen 2010. S. 254–284. (Experiment und Literatur; 2).

Kajon, Irene: Critical idealism in Hermann Cohen's writings on Judaism. – In: Hermann Cohen's critical idealism. Ed. by Reinier Munk. Dordrecht 2005. S. 371–394. (Amsterdam Studies in Jewish Thought; 10).

Kalisch, Volker: Der Rhein: Versuch zur guten Nachbarschaft. – In: Historische Mitteilungen 22, 2009 (2010). S. 59–94.

Karl Gutzkow: Erinnerungen, Berichte und Urteile seiner Zeitgenossen; eine Dokumentation. Hrsg. von Wolfgang Rasch. Berlin; New York, NY 2011. 608 S.: Ill.

Kauß, Anja: Der diskrete Charme der Prokrastination: Aufschub als literarisches Motiv und narrative Strategie (insbesondere im Werk von Jean-Philippe Toussaint). München 2008. 584, V, XV S.: Ill. (Forum europäische Literatur; 16). [Zugl.: Düsseldorf, Univ., Diss., 2007].

Kemper, Hans-Georg: Komische Lyrik – lyrische Komik: über Verformungen einer formstrengen Gattung. Tübingen 2009. X, 256 S.

Kienzle, Ulrike: Robert und Clara Schumann in Frankfurt: »... mir war es so, als müsst' ich in einem schönen Traum hier schon einmal gewesen sein ...«; [Begleitbuch zur Ausstellung der Robert-Schumann-Gesellschaft Frankfurt am Main und der Frankfurter Bürgerstiftung im Holzhausenschlößchen 7. November 2010 bis 30. Januar 2011]. Lektorat/Redaktion: Clemens Greve. Wiesbaden 2010. 207 S.: zahlr. Ill. (Frankfurter Bürger-Stiftung im Holzhausen-Schlösschen: Mäzene, Stifter, Stadtkultur; 8).

Kittelmann, Jana: Von der Reisenotiz zum Buch: zur Literarisierung und Publikation privater Reisebriefe Hermann von Pückler-Muskaus und Fanny Lewalds; mit unveröffentlichten Nachlassdokumenten. Dresden 2010. 347 S.: Ill. [Zugl.: Berlin, Humboldt-Univ., Diss., 2009].

Klahr, Detlef: Glaubensheiterkeit: Carl Johann Philipp Spitta (1801–1859); Theologe und Dichter der Erweckung. 2. Aufl. Göttingen 2009. 365 S.: Ill.

Klassen, Janina: Clara Schumann: Musik und Öffentlichkeit. Köln [u.a.] 2009. XIV, 536, [16] S.: Ill. (Europäische Komponistinnen; 3).

Klaus, Monica: Johanna Kinkel: Romanik und Revolution. Köln [u.a.] 2008. XIV, 364 S. (Europäische Komponistinnen; 7).

Knüfer, Hermann: Zu Festungshaft in Wesel »begnadigt«: zum Schicksal eines rheinischen Revolutionärs. – In: Mitteilungen der Historischen Vereinigung Wesel e.V. 2010, Okt. = 134. S. 1–8.

Koch, Arne: Revolution and reaction: the political context of Central European literature. – In: German literature of the nineteenth century, 1832–1899. Ed. by Clayton Koelb and Eric Downing. Rochester, NY 2005. S. 63–92. (The Camden House History of German Literature; 9).

Koelb, Clayton; Downing, Eric: Introduction. – In: German literature of the nineteenth century, 1832–1899. Ed. by Clayton Koelb and Eric Downing. Rochester, NY 2005. S. 1–22. (The Camden House History of German Literature; 9).

Kopp, Eduard: Rahel Varnhagen: als Frau und als Jüdin gleich doppelt benachteiligt, kämpft sie mit sprühendem Geist unermüdlich für die Emanzipation. – In: Chrismon plus / Rheinland 2010, 12. S. 54

Kraft, Thomas: Lyrik: ein Schnellkurs. Köln 2009. 178 S.: zahlr. Ill., graph. Darst., Kt.

Kruse, Joseph Anton: Max Heine in der Fremde: Berichte des Dichterbruders über die Türkei und Russland. – In: »Voyages ... Voyages ...«: hommages à Alain Ruiz. Textes reunis par Françoise Knopper et Jean Mondot. Pessac 2010. S. 281–295.

Krutikov, Mihail: Unkind mirrors: Berlin in three Yiddish novels of the 1930s. – In: Yiddish in Weimar Berlin: at the crossroads of diaspora politics and culture. Ed. by Gennady Estraikh & Mikhail Krutikov. London 2010. S. 239–262. (Studies in Yiddish; 8).

Kultermann, Udo: The ›dance of the seven veils‹: Salome and erotic culture around 1900. – In: Artibus et historiae 27, 2006 = 53. S. 187–215.

Laurence Sterne: the critical heritage. Ed. by Alan B. Howes. Repr. London [u.a.] 1995. XXIV, 488 S. (The critical heritage series).

Leclerc, Guy: Das Haus Verona-Blesson: ein Jahrhundert italienisch-französischer Familiengeschichte im Haus Unter den Linden 17/18, heute: 43. – In: Berlinische Monatsschrift 10, 2001, 5. S. 64–75.
Leopold, David: The young Karl Marx: German philosophy, modern politics, and human flourishing. Cambridge [u. a.] 2007. XIII, 315 S. (Ideas in Context; 81).
Liedtke, Christian: Das Album der Madame C. Beaumarie: Interview aus: Lokalzeit aus Düsseldorf, WDR am 22.07.2009. Düsseldorf 2009. 1 CD.
Liedtke, Christian: Julius Campe und das »österreichische System«: unbekannte Buchhändlerbriefe zum Verlagsverbot von 1847. – In: Literaturbetrieb und Verlagswesen im Vormärz. Hrsg. von Christian Liedtke. Bielefeld 2011. S. 121–138. (Forum Vormärz-Forschung: Jahrbuch 16, 2011).
Liedtke, Christian: »Solche Bücher lässt du drucken?« Literaturbetrieb und Verlagswesen im Vormärz; Vorwort. – In: Literaturbetrieb und Verlagswesen im Vormärz. Hrsg. von Christian Liedtke. Bielefeld 2011. S. 11–18. (Forum Vormärz-Forschung: Jahrbuch 16, 2011).
Lindemann, Klaus: »Ich hatte einst ein schönes Vaterland«: Heimat, Fremde und Entfremdung in Beispielen deutscher Lyrik. – In: Lyrische Labyrinthe: sechs Themen und Motive; Lyrikreihen für die Sekundarstufen I und II. Klaus Lindemann (Hrsg.). Paderborn [u. a.] 1995. S. 127–149. (Modellanalysen: Literatur; 22).
Lindinger, Monika: Glitzernder Kies und Synagogengestein: Kindheit und Erinnerung in Else Lasker-Schülers Prosa. Frankfurt a. M. 2009. 192 S. (Pegishah – Begegnung; 8). [Zugl.: Regensburg, Univ., Diss., 2009].
Lindqvist, Christer: »Leysliga úr týskum«: Beobachtungen zu J. H. O. Djurhuus' Lyrikübersetzungen. – In: Deutsch im Norden: Akten der Nordisch-Germanistischen Tagung zu Åbo / Turku, Finnland, 18.–19. Mai 2007. Lars Wollin ... (Hrsg.). Frankfurt a. M. [u. a.] 2009. S. 111–132. (Nordeuropäische Beiträge aus den Human- und Gesellschaftswissenschaften; 28).
Literatur des 19. Jahrhunderts: junges Deutschland, Vormärz, Biedermeier. Anne-Roerkohl-Dokumentarfilm GmbH. Münster 2010. 2 DVDs. (Deutsch interaktiv; 3).
Lombez, Christine: La traduction de la poésie allemande en français dans la première moitié du XIXe siècle: réception et interaction poétique. Tübingen 2009. 270 S. (Communicatio; 40). [Zugl.: Paris, Univ., Habil.-Schr., 2009].
Markova, Marta: Auf ins Wunderland! Das Leben der Alice Rühle-Gerstel. 2. durchges. Aufl. Innsbruck; Wien 2008. 546 S.: Ill.
Meier, Barbara: Robert Schumann. Reinbek bei Hamburg 2010. 178 S.: zahlr. Ill. (rororo; 50714).
Meier, Thomas: Ausstellungseröffnung! Der Literaturbilder-Zyklus ›Freiheit kennt keine Mauern‹. – In: Steffes, Alexander: Freiheit kennt keine Mauern: Literaturbilder von Heine bis Heym. [Hrsg. von Thomas Meier anlässlich der Ausstellung [...] Freiheit kennt keine Mauern, Literaturbilder von Heine bis Heym. Städtische Galerie Villa Zanders, Bergisch Gladbach. Heinrich von Veldeke Kreis Wasserburg Rindern. Texte: Wolfgang Vomm ...]. Bergisch Gladbach [u. a.] 2009. S. 7–10. (Edition Wasserburg; 8).
Meyer-Sickendiek, Burkhard: Was ist literarischer Sarkasmus? Ein Beitrag zur deutsch-jüdischen Moderne. München 2009. 616 S.
Miguel-Pueyo, Carlos: El color del romanticismo: en busca de un arte total. New York, NY [u. a.] 2009. X, 170 S.: Ill. (Currents in Comparative Romance Languages and Literatures; 167). [Zugl.: Chicago, Ill., Univ. of Illinois, Diss., 2006 u. d. T.: Lenguaje insuficiente, colores suficientes: el »azul« en Bécquer y Novalis].
Mittendrin – eine Universität macht Geschichte: eine Ausstellung anlässlich des 200-jährigen

Jubiläums der Humboldt-Universität zu Berlin, 16. April bis 15. August 2010. Jacob-und-Wilhelm-Grimm-Zentrum. Hrsg. von Ilka Thom ... Berlin 2010. 304 S.: überw. Ill.

Montesinos Caperos, Manuel: Gustavo Adolfo Bécquer: ein Literaturvermittler. – In: Die Romantik: ein Gründungsmythos der europäischen Moderne. Anja Ernst, Paul Geyer (Hrsg.). Göttingen 2010. S. 439–468. (Gründungsmythen Europas in Literatur, Musik und Kunst; 3).

Müller, Marika: Die Ironie: Kulturgeschichte und Textgestalt. Würzburg 1995. 262 S. (Epistemata. Reihe Literaturwissenschaft; 142). [Zugl.: Saarbrücken, Univ., Diss., 1994].

Napoleon und Europa: Traum und Trauma; Bundeskunsthalle.de, Kunst- und Ausstellungshalle der Bundesrepublik Deutschland, Bonn, 17. Dezember 2010 bis 25. April 2011; [anlässlich der Ausstellung Napoleon und Europa. Traum und Trauma]. Kuratiert von Benedicte Savoy unter Mitarb. von Yann Potin. München [u. a.] 2010. 383 S.: zahlr. Ill.

Pestre de Almeida, Lilian: Mémoire et métamorphose: Aimé Césaire entre l'oral et l'écrit. Würzburg 2010. 432 S.: Ill.

Pfau, Thomas: Between sentimentality and phantasmagoria: German lyric poetry 1830–1890. – In: German literature of the nineteenth century, 1832–1899. Ed. by Clayton Koelb and Eric Downing. Rochester, NY 2005. S. 207–250. (The Camden House History of German Literature; 9).

Pinsker, Shachar: Deciphering the hieroglyphics of the metropolis: literary topographies of Berlin in Hebrew and Yiddish modernism. – In: Yiddish in Weimar Berlin: at the crossroads of diaspora politics and culture. Ed. by Gennady Estraikh & Mikhail Krutikov. London 2010. S. 28–53. (Studies in Yiddish; 8).

Pizer, John: Navigating the nineteenth century: a critical bibliography. – In: German literature of the nineteenth century, 1832–1899. Ed. by Clayton Koelb and Eric Downing. Rochester, NY 2005. S. 281–302. (The Camden House History of German Literature; 9).

Powell, Hugh: Louise von Gall: ihre Welt und ihr Werk. Aus dem Amerik. übers. von Marie-Louise Brüggemann. Bielefeld 2009. X, 231 S. (Veröffentlichungen der Literaturkommission für Westfalen; 37)

Raabe, Wilhelm: Die Akten des Vogelsangs. Mit einem Nachw. von Katja Lange-Müller. Berlin 2010. 228 S. (Insel-Taschenbuch; 3617).

Rainer, Gerald: Stichwort Literatur: Geschichte der deutschsprachigen Literatur. Linz 1993. 512 S.: Ill.

Ramming, Jochen: Die uniformierte Gesellschaft: zur Rolle vereinheitlichender Bekleidungsweisen am Beginn des 19. Jahrhunderts; Beamtenuniform – Rabbinertalar – Nationalkostüm. Bamberg 2009. 351 S. (Veröffentlichungen zur Volkskunde und Kulturgeschichte; 101). [Zugl.: Würzburg, Univ., Diss., 2008].

Der Redaktionsbriefwechsel der hallischen, deutschen und deutsch-französischen Jahrbücher (1837–1844). Bd. 1: Der Briefwechsel um die hallischen Jahrbücher. Berlin 2010. XXXV, 774 S. – Bd. 2: Der Briefwechsel um die deutschen Jahrbücher und die deutsch-französischen Jahrbücher. Berlin 2010. XIX S., S. 778–1369. – Apparat. Berlin 2010. 281 S.

Riedl, Peter Philipp: Topographie der Freiheit: das britische Parlament als Sehnsuchtsort in der deutschen Literatur. – In: Angermion 2, 2009. S. 3–20.

Rij, Inge van: Brahms's song collections. Cambridge [u. a.] 2006. XII, 271 S.: Ill., Notenbeisp.

Roidner, Jan: »Triumpf des Herzens«: diskursanalytische Bemerkungen zu August Lafontaines Romanen ›Klara du Plessis und Klairant‹, ›Arkadien‹ und ›Walther, oder das Kind vom Schlachtfelde‹. – In: August Lafontaine (1758–1831): ein Bestsellerautor zwischen Spätaufklärung und Romantik. Hrsg. von Cord-Friedrich Berghahn und Dirk Sangmeister. Bielefeld 2010. S. 225–280. (Braunschweiger Beiträge zur deutschen Sprache und Literatur; 12).

Roth, Joseph: Werke. Bd. 3: Das journalistische Werk 1929–1939. Hrsg. und mit e. Nachw. von Klaus Westermann. Köln 1991. 1078 S.

Rothmann, Kurt: Kleine Geschichte der deutschen Literatur. 19., erw. Aufl. Stuttgart 2009. 542 S. (Reclams Universal-Bibliothek; 10707).

Rues, Beate: Phonetische Transkription des Deutschen: ein Arbeitsbuch. 2., überarb. und erg. Aufl. Tübingen 2009. VIII, 161 S.: Ill., graph. Darst. & 1 CD-ROM. (Narr-Studienbücher). [Kapitel »Übungen zur normativen Transkription standardsprachlicher Texte« S. 55–64].

Sabel, Johannes: Die Geburt der Literatur aus der Aggada: Formationen eines deutsch-jüdischen Literaturparadigmas. Tübingen 2010. X, 296 S. (Schriftenreihe wissenschaftlicher Abhandlungen des Leo Baeck Instituts; 74). [Zugl.: Tübingen, Univ., Diss., 2007].

Saltzwedel, Johannes: »Ganz und gar aus dem Leben heraus«: Rudolf Borchardts Anthologie ›Ewiger Vorrat deutscher Poesie‹ als Ernstfall schöpferischer Restauration. Rotthalmünster 2006. 44 S. (Titan; 5).

Saltzwedel, Johannes: »Die üblichen Spiegelfechter«: Rudolf Borchardts Invektiven. Rotthalmünster 2005. 39 S. (Titan; 2).

Sammons, Jeffrey L.: The nineteenth-century German novel. – In: German literature of the nineteenth century, 1832–1899. Ed. by Clayton Koelb and Eric Downing. Rochester, NY 2005. S. 183–206. (The Camden House History of German Literature; 9).

Schirmer, Johann Wilhelm: Vom Rheinland in die Welt. Bd. 2: Autobiographische Schriften. Hrsg. und bearb. von Gabriele Ewenz. Petersberg; Köln 2010. 248 S.: Ill.

Schlüter, Petra: Berthold Auerbach: ein Volksaufklärer im 19. Jahrhundert. Würzburg 2010. 615 S. (Epistemata. Reihe Literaturwissenschaft; 700). [Zugl.: Köln, Univ., Diss., 2009].

Schneider, Wolf: Deutsch für junge Profis: wie man gut und lebendig schreibt. 2. Aufl. Berlin 2010. 192 S.

Schoeps, Julius H.: Leon Pinsker und die These vom Antisemitismus als »kollektive Psychopathologie«. – In: Palästinaliebe: Leon Pinsker, der Antisemitismus und die Anfänge der nationaljüdischen Bewegung in Deutschland. Julius H. Schoeps (Hrsg.). Berlin; Wien 2005. S. 21–34. (Studien zur Geistesgeschichte; 29).

Schoor, Kerstin: Vom literarischen Zentrum zum literarischen Ghetto: deutsch-jüdische literarische Kultur in Berlin zwischen 1933 und 1945. Göttingen 2010. 579 S.: Ill.

Schücking, Levin: Lebenserinnerungen. Hrsg. von Walter Gödden und Jochen Grywatsch. Nach der Originalausg. Breslau 1886. Bielefeld 2009. 240 S. (Veröffentlichungen der Literaturkommission für Westfalen; 38. Veröffentlichungen der Literaturkommission für Westfalen. Reihe Texte; 14).

Seit ich ihn gesehen: Reflexionen zu Robert Schumann in der Kunst; ein Projekt von Janet Grau im Schumann-Jahr; Kunstsammlungen der Städtischen Museen Zwickau 8. August bis 2. November 2010. Hrsg. von Janet Grau und Petra Lewey. Zwickau 2010. 79 S.: überw. Ill.

Singh, Sikander: »... einen bleibenden Verleger«: Notizen zur Ausgabe der »Schriften« von Karl Leberecht Immermann. – In: Literaturbetrieb und Verlagswesen im Vormärz. Hrsg. von Christian Liedtke. Bielefeld 2011. S. 175–194. (Forum Vormärz-Forschung: Jahrbuch 16, 2011)

Skolnik, Jonathan: Yiddish, the storyteller, and German-Jewish modernism: a new look at Alfred Döblin in the 1920s. – In: Yiddish in Weimar Berlin: at the crossroads of diaspora politics

and culture. Ed. by Gennady Estraikh & Mikhail Krutikov. London 2010. S. 215–223. (Studies in Yiddish; 8).
Steinfeld, Thomas: Der Sprachverführer: die deutsche Sprache: was sie ist, was sie kann. 2. Aufl. München 2010. 270 S.
Stierle, Karlheinz: Zwischen ›Romanus‹ und ›Romantik‹: Wandlungen eines europäischen Schlüsselbegriffs. – In: Die Romantik: ein Gründungsmythos der europäischen Moderne. Anja Ernst, Paul Geyer (Hrsg.). Göttingen 2010. S. 55–84. (Gründungsmythen Europas in Literatur, Musik und Kunst; 3).
Tischendorf, Klaus: Norbert Burgmüller: thematisch-bibliographisches Werkverzeichnis. Unter Mitw. von Tobias Koch. Hrsg. in Zusammenarb. mit der Norbert-Burgmüller-Gesellschaft Düsseldorf. Köln 2011. 224 S.
Trepte, Hans-Christian: Chopin – Pole und Weltbürger. – In: Silesia nova 7, 2010, 3–4. S. 127–140.
Vermorel, Henri: The presence of Spinoza in the exchanges between Sigmund Freud and Romain Rolland. – In: The international journal of psychoanalysis 90, 2009, 6. S. 1235–1254.
Voit, Jochen: Er rührte an den Schlaf der Welt: Ernst Busch; die Biographie. Hamburg 2010. 515 S.: zahlr. Ill.
Walter, Hugo G.: Sanctuaries of light in nineteenth century European literature. New York, NY [u. a.] 2010. X, 256 S. (Studies on Themes and Motifs in Literature; 102).
Webber, Andrew: The afterlife of romanticism. – In: German literature of the nineteenth century, 1832–1899. Ed. by Clayton Koelb and Eric Downing. Rochester, NY 2005. S. 23–44. (The Camden House History of German Literature; 9).
Weber, Kurt-H.: Die literarische Landschaft: zur Geschichte ihrer Entdeckung von der Antike bis zur Gegenwart. Berlin; New York, NY 2010. 436 S.
Weis, Norbert: Circus Scribelli: über Grobiane, Streithähne und andere lautstarke Gestalten in der deutschen Literatur. Bonn 2009. 248 S.: zahlr. Ill.
Wirkungsgeschichte als Kulturgeschichte: Viktor von Andrian-Werburgs Rezeption im Vormärz; eine Dokumentation; mit Einleitung, Kommentar und einer Neuausgabe von Österreich und dessen Zukunft (1843). Madeleine Rietra (Hrsg.). Amsterdam 2001. VI, 356 S.: Ill. (Amsterdamer Publikationen zur Sprache und Literatur; 143).
Wolf, Jean-Claude: Bruno Bauers Posaune des Jüngsten Gerichts. – In: Utopie und Apokalypse in der Moderne. Reto Sorg, Stefan Bodo Würffel (Hrsg.). München 2010. S. 119–228.
Zens, Maria: Festung, Lauffeuer, Fabrik: zum Verständnis der Kritik auf den Literaturmärkten. – In: Literaturbetrieb und Verlagswesen im Vormärz. Hrsg. von Christian Liedtke. Bielefeld 2011. S. 61–90. (Forum Vormärz-Forschung: Jahrbuch 16, 2011).

3 Literarische und künstlerische Behandlung von Person und Werk

3.1 Literarische Essays und Dichtungen

Assouline, Pierre: Das Bildnis der Baronin: Roman. Aus dem Franz. von Maja Ueberle-Pfaff. München 2007. 317 S. [Le Portrait <dt.>] [Roman über Betty Rothschild, mit Heine-Bezug].
Berkson, Bill: Portrait and dream: new and selected poems. Minneapolis, MN 2009. 314 S. [Gedicht auf Heine »Heine Song« S. 273].

Briegleb, Klaus: Heinrich Heine: »O Freiheit! du bist ein böser Traum!« Ein Geisterdialog in VI Teilen; Collage. – In: Heine und Freud. Berlin 2010. S. 317–340.
Eck, Guenther: Liebe oder so: kleine Gedichte. Norderstedt 2010. 104 S. [Gedicht nach Heine »denk ich an dich« S. 99].
Eckenga, Fritz: Prima ist der Klimawandel auch für den Gemüsehandel: Gedichte. München 2007. 126 S.: Ill. [Gedicht nach Heine »No Loreley, no cry« S. 26–27].
Hacks, Peter: Diesem Vaterland nicht meine Knochen: ausgewählte Gedichte. Berlin 2008. 94 S. [Gedicht auf Heine »Neue Gedichte« S. 54–55].
Held, Wolfgang: Traum vom Hungerturm: [Roman]. Basel; Weil am Rhein 2007. 405 S. [Roman über Sabilla Novello, mit Heine-Bezug].
Heller, Eva: Der Mann der's wert ist: Roman. [Augsburg] 2001. 580 S.
Hill, Reginald: Dialogues of the dead: or Paronomania! A word game for two players. London 2002. 558 S. [sehr starker Heine-Bezug].
Hill, Reginald: Die rätselhaften Worte: Roman. Aus dem Engl. von Sonja Schuhmacher und Thomas Wollermann. München 2002. 699 S. (Knaur; 62400). [sehr starker Heine-Bezug].
Jaubert, Jacques: Moi, Caroline, »marraine« de Musset: roman. Paris 2009. 284 S.
Kling, Thomas: Heinrich Heine und E.T. – In: Ders.: Das brennende Archiv: unveröffentlichte Gedichte, Briefe, Handschriften und Photos aus dem Nachlaß sowie zu Lebzeiten entlegen publizierte Gedichte, Essays und Gespräche. Zusammengest. und hrsg. von Norbert Wehr. Essen 2011. S. 99. (Schreibheft; 76).
Kruse, Joseph Anton: Grußwort: [Rede zur Verleihung der Ehrengabe der Heinrich-Heine-Gesellschaft 2009]. – In: HJb 49, 2010. S. 213–218.
Kürthy, Ildiko von: Herzsprung: Roman. Fotos von Kristin Schnell. 10. Aufl. Reinbek bei Hamburg 2003. 247 S.: Ill. (rororo; 23287).
Kürthy, Ildiko von: Mondscheintarif: Roman. Fotos von Jens Boldt. 28. Aufl. Reinbek bei Hamburg 2002. 141 S.: Ill. (rororo; 22673).
Lale, Nuray: Tanzschritte der Seele: Heinrich Heine in Türkisch. Hückelhoven 2009. 203 S. [mehrere Texte und Gedichte nach und an Heine].
Mayer, Gina: Das Lied meiner Schwester: Roman. Berlin 2010. 544 S.
Mayröcker, Friederike: Dieses Jäckchen (nämlich) des Vogel Greif: Gedichte 2004–2009. 2. Aufl. Frankfurt a. M. 2010. 342 S. [Gedicht »nach Heinrich Heine« S. 290].
Meier, Emerenz: Gesammelte Werke. Bd. 2: Gedichte, Briefe, Vermischtes. Grafenau 1991. 455 S. [Gedicht mit Heine-Bezug »Stoßseufzer« S. 125].
Monatshefte für deutschsprachige Literatur und Kultur 93, 2001, 2. [darin: Kevin Perryman »Variation über ein Thema von Heinrich Heine« S. 144].
Moser, Achill; Moser, Aaron: Über die Alpen nach Italien: zu Fuß 1500 Kilometer auf den Spuren Heinrich Heines. Hamburg 2011. 287 S.
Müller, Herta: Lalele, lalele, lalele oder Das Leben könnte so schön sein wie nichts: [Rede zur Verleihung der Ehrengabe der Heinrich-Heine-Gesellschaft 2009]. – In: HJb 49, 2010. S. 224–228.
Naumann, Michael: Laudatio auf Herta Müller: [Rede zur Verleihung der Ehrengabe der Heinrich-Heine-Gesellschaft 2009]. – In: HJb 49, 2010. S. 219–223.
Neuhaus, Egon: Spinnewipp: autobiographischer Roman. Mit e. Nachw. von Ute Andresen. Hrsg. von Jörg Sundermeier. Berlin 2010. 395 S.: zahlr. Ill.
Paff, Friedrich G.: Heine in Progreß: Caput kaputt; ein Flügelschlag der Seele für einen freien Sohn des Rheins; zum Weltkulturerbetag am 7. Juni. Marburg 2009. 81 Bl.

Schami, Rafik: Damaskus im Herzen und Deutschland im Blick. München 2009. 253 S. (dtv; 13796). [»Zu Besuch bei Harry Heine: ein Hörspiel« S. 211–226].
Schreiber, Claudia: Emmas Glück: Roman. 3. Aufl. Leipzig 2003. 190 S.
Schwarz, Hedwig: 35 lyrische Variationen von Sah ein Knab' ein Röslein steh'n. Norderstedt 2010. 60 S.: zahlr. Ill. [Gedicht »Nach Heine« S. 25–26].
Senocak, Zafer: Das Land hinter den Buchstaben: Deutschland und der Islam im Umbruch. München 2006. 218 S. [»Brief an Heine« S. 195–199].
Stimmenwechsel: Poesie längs der Ruhr. Gerd Herholz (Hrsg.). Essen 2010. 149 S. & Beil. [Gedicht nach Heine: Fritz Eckenga »No Loreley, no cry« S. 95].
Wollenhaupt, Gabriella: Leichentuch und Lumpengeld: historischer Kriminalroman. Dortmund 2008. 378 S. (Grafit; 607). [Roman spielt im Vormärz, sehr starker Heine-Bezug].
Wucherpfennig, Jan; Woschnik, Volker: Der Fluch des schlafenden Ritters: ein Kinderabenteuer als Stadtrallye. Mit Zeichnungen von Reimar Lutz. Düsseldorf 2006. 144 S.

3.2 Werke der bildenden Kunst

30 Werke, 30 Künstler, 30 Jahre Remmert und Barth: Ausstellung vom 7.9. bis 30.10.2010. Galerie Remmert und Barth. Düsseldorf 2010. 91 S.: überw. Ill. [30 Jahre Remmert und Barth; 2). [Kat-Nr. 12 »George Grosz, Deutschland, ein Wintermärchen« S. 50/51].
Geld und gute Worte: Schriftstellerporträts auf Münzen von Homer bis Beckett. Ausgew. und komm. von Jan Strümpel. Göttingen 2008. 166 S.: Ill. [DDR-Münze 1972 S. 70–71, BRD-Münze 72–73].
Goethe, Johann Wolfgang von; Schiller, Friedrich; Heine, Heinrich: Gedichte mit Kunstwerken ihrer Zeit. Bonn [u. a.] 2010. 165 S.: zahlr. Abb.
Heine, Heinrich: Florentinische Nächte. Mit zehn Kupfern von Baldwin Zettl. Leipzig 1995. 63 S.: zahlr. Ill. (Leipziger Druck; 5).
Heine, Heinrich: Loreley. Text: Heinrich Heine. Zeichnungen: Kolja Wilcke. Berlin 2009. 8 S.: überw. Ill. [Comic].
KURETZKYKERAMIK: Kalender 2011. Hans Kuretzky, Heidrun Kuretzky. Borstorf 2010. [Bilder von Kunsthandwerk zu Heine-Gedichten].
Liedtke, Christian: James Ensor, Heinrich Heine und »Die seltsamen Insekten«. – In: HJb 49, 2010. S. 242–249.
Steffes, Alexander: Freiheit kennt keine Mauern: Literaturbilder von Heine bis Heym. [Hrsg. von Thomas Meier anlässlich der Ausstellung [...] Freiheit kennt keine Mauern, Literaturbilder von Heine bis Heym. Städtische Galerie Villa Zanders, Bergisch Gladbach. Heinrich von Veldeke Kreis Wasserburg Rindern. Texte: Wolfgang Vomm ...]. Bergisch Gladbach [u. a.] 2009. 17 Bl.: überw. Ill. (Edition Wasserburg; 8). [»Heinrich Heine ›Die Weber«« 2004, »Heinrich Heine ›Rote Pantoffeln‹« 1992].

3.3 Werke der Musik, Vertonungen

Cohen, Shimon: Eight Heine songs = Shemoneh shire Heineh: for voice and chamber orchestra (1998). Hebrew: Shlomo Tanny. Tel Aviv 2004. 98 S. [»Aus meinen grossen Schmerzen«, »Du bist wie eine Blume«, »Du hast Diamanten und Perlen«, »Gedächtnisfeier. Fichtenbaum und Palme«,

»Sie haben mich gequält«, »Vergiftet sind meine Lieder«, »Guter Rat«]. – Dass. »For voice and piano«. Tel Aviv 2004. 55 S. – Dass. »For voice, string orchestra and piano«. Tel Aviv 2003. 64 S.
Franz, Robert: 50 ausgewählte Lieder nach Texten von Heinrich Heine. Markus Köhler, Bariton. Horst Göbel, Klavier. Wedemark 1992. 1 CD & Beih. (Capella)
Heimat 3: Chronik einer Zeitenwende; original Soundtrack. Music by: Nikos Mamangakis, Michael Riessler. 2004. 1 CD. [»No grudge« nach: »Ich grolle nicht«, »I wept« nach: »Ich hab im Traum geweinet« Arrangement: Ali Askin nach Robert Schumann].
Heine, Heinrich: Yolante und Marie. Dietmar Kirchner, Kontrabass. Günter Wehinger, Flöte. Károly Gáspár, Klavier. Peter Schweiger, Stimme. St. Gallen 2010. 1 CD.
Holloway, Robin: Serenade in C op. 41 (1979) for clarinet, bassoon, horn, string quartet and double bass. London [u. a.] 1998. 1 CD. [Fantasy-pieces on the Heine »Liederkreis« of Schumann op. 16 (1971)].
Lachner, Franz Paul: Sängerfahrt: op. 33 und andere Lieder nach Gedichten von Heinrich Heine. Interpr.: Müller, Rufus [Ten]. Hammer, Christoph [Kl]. Aufn.: Irsee, Festsaal Kloster Irsee, 3.–6.9.1003. Zenting 2004. 1 CD & Beih.

3.4 Das Werk auf der Bühne, im Film

Drunter und drüber: eine Anti-Depressionsrevue; Uraufführung 3. Oktober 2009 Theater Rudolstadt. Von Steffen Mensching und Michael Kiefert. [Hrsg.: Thüringer Landestheater – Thüringer Symphoniker Saalfed-Rudolstadt GmbH]. Rudolstadt 2009. 42 S. [Programmheft, mit starkem Heine-Bezug].
musica viva: Programmheft. 6. Veranstaltung 22.4.2009, Prinzregententheater. Hrsg.: Bayerischer Rundfunk. München 2009. [Thema: Mauricio Kagel »In der Matratzengruft«].

4 Rezensionen

Auf den Spuren Heinrich Heines: [Beiträge einer Tagung, ... , veranst. vom »Deutsch-italienischen Studiengang« der Universitäten Bonn und Florenz, am 14. und 15. Oktober 2003 in der Casa di Goethe in Rom ...] Hrsg. von Ingrid Hennemann Barale und Harald Steinhagen. Pisa 2006. 288 S. (Sequenze; 1). – Rez.: Marco Rispoli in: Osservatorio critico della germanistica 25, 2007. S. 23–27. – Rez.: Janina Schmiedel in: Forum Vormärz-Forschung: Jahrbuch 16, 2010. S. 335–337.
Goetschel, Willi: Spinoza's modernity: Mendelssohn, Lessing, and Heine. Madison, WI; London 2003. 430 S. (Studies in German Jewish cultural History and Literature). – Rez.: Jan-Olav Henriksen in: Ars Disputandi 4, 2004. o. S.
Grundmann, Regina: »Rabbi Faibisch, Was auf Hochdeutsch heißt Apollo«: Judentum, Dichtertum, Schlemihltum in Heinrich Heines Werk. Stuttgart; Weimar 2008. 487 S. (Heine-Studien). – Rez.: Robert Steegers in: Germanistik 51, 2010, 1–2. S. 354.
Harry ... Heinrich ... Henri ... Heine: Deutscher, Jude, Europäer; Grazer Humboldt-Kolleg, 6.–11. Juni 2006. Dietmar Goltschnigg, ... (Hrsg.). Berlin 2008. 544 S.: Ill. (Philologische Studien und Quellen; 208). – Rez.: Avi Kempinski in: Monatshefte für deutschsprachige Literatur und Kultur 102, 2010, 1. S. 106–108.

Heine und die Nachwelt: Geschichte seiner Wirkung in den deutschsprachigen Ländern; Texte und Kontexte, Analysen und Kommentare. Dietmar Goltschnigg und Hartmut Steinecke (Hrsg.). Bd. 2: 1908–1956. Berlin 2008. 733 S.: Ill. – Rez.: Jeffrey L. Sammons in: The modern language review 105, 2010, 1. S. 276–277.

Heine, Heinrich: Confesiones y memorias. Trad. y notas Isabel Hernández. Barcelona 2006. 182 S. – Rez.: Claudia Kalasz: Autorretrato de un romántico renegado in: Revista de libros 2007, 130. S. 43.

Heine, Heinrich: Französische Zustände: Artikel IX vom 25. Juni 1832, Urfassung. Mit einem Essay von Martin Walser. Hrsg. von Christian Liedtke. Faks.-Ed. der Hs. Hamburg 2010. 40 S. + Kommentar (154 S.: Ill.) – Rez.: Hermann Kurzke: Das Moral-Gespenst in: faz. net [http://www.faz.net/-01346 Stand 08.11.2010]. – Rez.: Hans-Joachim Hahn: Lost and found: Christian Liedtke ediert eine wiederaufgetauchte Handschrift Heinrich Heines in: literaturkritik.de [http://www.literaturkritik.de/public/rezension.php?rez_id=14771 Stand 08.09.2010].

Heine, Heinrich: Lutèce: lettres sur la vie politique, artistique et sociale de la France. Pres. de Patricia Baudouin. Paris 2008. 475 S. – Rez.: Sylvie Aprile in: Revue d'histoire du XIXe siècle 38, 2009. S. 146–147.

Heinrich Heine – ein Wegbereiter der Moderne. Hrsg. von Paolo Chiarini und Walter Hinderer. Würzburg 2009. 379 S. (Stiftung für Romantikforschung; 47). – Rez.: Joseph A. Kruse in: HJb 2010. S. 255–257.

Höhn, Gerhard; Liedtke, Christian: Auf der Spitze der Welt: mit Heine durch Paris. Hamburg 2010. 126 S. – Rez.: Janina Schmiedel in: Forum Vormärz-Forschung: Jahrbuch 16, 2011. S. 338–339. – Rez. in: literaturkritik.de 2010, 8 [http://www.literaturkritik.de/public/rezension.php?rez_id=14660&ausgabe=201008 Stand 25.7.2011]

Höhn, Gerhard: Heine-Handbuch: Zeit, Person, Werk. 3. Aufl. Stuttgart; Weimar 2004. XVII, 590 S. – Rez.: Hans Otto Horch in: Aschkenas 17, 2007, 1 S. 273–283.

Hupfer, Cordula: Mit Heine durch Düsseldorf. Düsseldorf 2010. 127 S. – Rez.: Werner Schwerter: Harry geistige Abenteuer in der Dachstube: Cordula Hupfers Taschenbuch »Mit Heine durch Düsseldorf« führt auch zur Mertensgasse 1 in: Das Tor 76, 2010, 5. S. 19.

Kilchmann, Esther: Verwerfungen in der Einheit: Geschichten von Nation und Familie um 1840. Heinrich Heine, Annette von Droste-Hülshoff, Jeremias Gotthelf, Georg Gottfried Gervinius, Friedrich Schlegel. Paderborn München 2009. 203 S. [Zugl.: Zürich, Univ., Diss., 2007]. – Rez.: Alexandra Pontzen in: HJb 2010. S. 267–269.

Kusch, Maximilian: Tageswahrheit: Heinrich Heines Bruch mit der dualistischen Denktradition der Moderne. Würzburg 2008. 289 S. (Epistemata. Reihe Literaturwissenschaft; 633). [Zugl.: Berlin, Freie Univ., Diss., 2007]. – Rez.: Thomas Stähli in: Germanistik 50, 2009, 3–4. S. 836.

Nolte, Andreas: »Ich bin krank wie ein Hund, arbeite wie ein Pferd, und bin arm wie eine Kirchenmaus«: Heinrich Heines sprichwörtliche Sprache; mit einem vollständigen Register der sprichwörtlichen und redensartlichen Belege im Werk des Autors. Hildesheim [u. a.] 2006. 364 S. (Germanistische Texte und Studien; 74). – Rez.: Petra Ewald in: Zeitschrift für Rezensionen zur germanistischen Sprachwissenschaft 1, 2009, 2. S. 218–223.

Peters, George F.: The poet as provocateur: Heinrich Heine and his critics. New York, NY 2000. XII, 227 S. – Rez.: Robert C. Holub in: Journal of english and germanic philology 101, 2002, 1. S. 111–113.

Phelan, Anthony: Reading Heinrich Heine. Cambridge 2007. 310 S. (Cambridge Studies in German). – Rez.: Jeffrey L. Sammons in: Modern philology 107, 2009, 2. S. 274–277.

Rhetorik als Skandal: Heinrich Heines Sprache. Kalman Kovacs (Hrsg.). Bielefeld 2009. 179 S. – Rez.: Thomas Stähli in: HJb 2010. S. 269–274.

Robertson, Ritchie: Mock-epic poetry from Pope to Heine. Oxford [u. a.] 2009. 456 S. – Rez.: Robert Steegers in: HJb 2010. S. 275–277.

Stauf, Renate: Heinrich Heine: Gedichte und Prosa. Berlin 2010. 261 S. (Klassiker-Lektüren; 13: ESV basics). – Rez.: Thomas Boyken: Eine »Reflektorgestalt moderner Zwiespältigkeit«? Renate Staufs Plädoyer für Heinrich Heines Modernität in: literaturkritik.de 2010, 10 [http://www.literaturkritik.de/public/rezension.php?rez_id=14769 Stand 25.7.2011].

Übergänge: zwischen Künsten und Kulturen; internationaler Kongress zum 150. Todesjahr von Heinrich Heine und Robert Schumann. Hrsg. von Henriette Herwig, … Stuttgart; Weimar 2007. XII, 787 S.: Ill., graph. Darst., Noten. – Rez.: Sabine Brenner-Wilczek in: HJb 2010. S. 263–265.

Witte, Bernd: Jüdische Tradition und literarische Moderne: Heine, Buber, Kafka, Benjamin. München 2007. 270 S. – Rez.: Tore Langholz in: Zeitschrift für deutsche Philologie 128, 2009, 4. S. 628–631. – Rez.: Katrien Vloeberghs in: Zeitschrift für Germanistik 19, 2009, 1. S. 213–215.

Youens, Susan: Heinrich Heine and the Lied. Cambridge [u. a.] 2007. XXX, 378 S.: Ill., Notenbeisp. – Rez.: Ruth O. Bingham in: German quarterly book review 82, 2009, 3. S. 418–419.

5 Allgemeine Literatur mit Heine-Erwähnungen und -Bezügen

Abramsky, Oded: On receiving the Heinrich Heine Award: Dusseldorf, September 2009. – In: Israel Medical Association journal 11, 2009. S. 645–646.

Arthur, Michael: Deutschland – kein Wintermärchen: ein Gespräch mit dem britischen Botschafter Sir Michael Arthur in Berlin. – In: Behörden-Spiegel 2009, 3 [http://ukingermany.fco.gov.uk/resources/de/pdf/5580203/14661205/ambo-behoerdenspiegel Stand 25.7.2011].

Borchmeyer, Dieter: Eine Epoche geht zu Ende: Zwielicht des Biedermeier; [Sendung: 3.7.2001]. Red.: Petra Herrmann. Bayerischer Rundfunk. München 2001. 7 Bl. (Bayern2Radio – radioWissen). [Rundfunkmanuskript].

Chao, Ramon; Ramonet, Ignacio; Luckner, Silvia: Paris – Stadt der Rebellen: ein Kulturführer. Aus dem Franz. von Barbara Heber-Schärer. Mit Fotos von Silvia Luckner. Zürich 2010. 419 S.: zahlr. Fotos.

Edel, Wilhelm: Die schwarze Rose: + 44 Splitter. Norderstedt 2010. 188 S.

Die Elbe: ein literarischer Reiseführer. Hrsg. von Ansgar Bach. Darmstadt 2010. 132, XI S.

Heine, Annelie: Auf den Flügeln des Gesanges: Erinnerungen einer Opernsängerin an Ost und West. Jena 2010. 116 S.

Heinrich Heine & Bernd Schwarzer: Europa-Bilder im Auswärtigen Amt. – In: D-Journal 29, 2008, 2. S. 135.

Henschel, Gerhard: Die wirrsten Grafiken der Welt. Mit einem Nachw. von Michael Rutschky. Hamburg 2003. 175 S.: überw. Ill. und graph. Darst.

Karasek, Hellmuth: Ihr tausendfaches Weh und Ach: was Männer von Frauen wollen. Hamburg 2009. 270 S.

Knüpfer, Uwe: Wir im Westen: wie wir wurden, was wir sind; ein historischer Wegweiser nach Nordrhein-Westfalen. Essen 2010. 222 S.: Ill., Kt.

Knut, Detlef; Knut, Regina: Das düstere Paris: auf den Spuren von Fred Vargas. Düsseldorf 2010. 51 S.: zahlr. Ill.

Lale, Nuray: Tanzschritte der Seele: Heinrich Heine in Türkisch. Hückelhoven 2009. 203 S.

Matt, Peter von: Herrlichkeit und Katzenjammer – Die Epoche der Romantik: [Sendung: 09.09.08, 09:30 Uhr]. Red.: Petra Herrmann. Bayerischer Rundfunk. München 2008. 8 Bl. (radioWissen). [Rundfunkmanuskript].

Metelmann, Volker: Quer durch das Zentrum von Paris mit Heine und Balzac. – In: Ders.: Paris von Aragon bis Zola: acht literarische Spaziergänge. Gießen 1995. S. 45–69.

Meyer, Marion: Gemeinsam – das ist das Zauberwort: Joseph Anton Kruse und seine Nachfolgerin als Leiterin des Heine-Instituts, Sabine Brenner-Wilczek, sprechen über Dichter, gute Chefs und Originale. – In: Bühne frei! 21, 2009. S. 14–15.

Monroe, Marilyn: Tapfer lieben: ihre persönlichen Aufzeichnungen, Gedichte und Briefe. Hrsg. von Stanley Buchthal und Bernhard Comment. Vorw. von Antonio Tabucchi. Frankfurt a. M. 2010. 269 S.: zahlr. Ill.

Namen, die von Berlins Straßenschildern verschwanden. – In: Berlinische Monatsschrift 9, 2000, 9. S. 133–149.

Ohmann, Oliver: Heinz Rühmann und »Die Feuerzangenbowle«: die Geschichte eines Filmklassikers. Leipzig 2010. 405 S.

Prinz, Alois: »Und jedem Anfang wohnt ein Zauber inne«: die Lebensgeschichte des Hermann Hesse. Weinheim; Basel 2009. 403 S.: Ill. (Gulliver-Taschenbuch; 1114).

Reichert-Maja, Erika: Mit Kindern quer durch NRW: »Unter dem Sternenhimmel bei uns zu Lande«. Münster 2010. 160 S.: zahlr. Ill. [Heinrich-Heine-Institut S. 31–35].

Reiser, Rudolf: Kaiserin Elisabeth: das andere Bild von Sissi. 2., durchges. Neuaufl. München 2009. 112 S.: Ill.

Rolling Stone. Deutsche Ausgabe 2011, April = 198. [Heine-Erwähnung im Artikel über Herbert Grönemeyer S. 34].

Rolling Stone. Deutsche Ausgabe 2011, Mai = 199. [Heine-Erwähnung im Artikel über Stephan Sulke S. 20].

Rowohlt, Harry: Nicht weggeschmissene Briefe. Bd. II: Gottes Segen und Rot Front. Zürich 2009. 271 S.

Sauer, Inge: Zwischen Literatur und Komposition: Robert Schumann ist ganz präsent in seinen Notaten; eine bemerkenswerte Ausstellung im Heinrich-Heine-Institut. – In: ... in Rheinkultur 2010, 2. S. 24–25.

Schmied, Jürgen Peter: Sebastian Haffner: eine Biographie. München 2010. 683 S.: Ill. [Heinrich-Heine-Preis S. 426].

Schopflocher, Robert: Weit von wo: mein Leben zwischen drei Welten. München 2010. 288 S.: zahlr. Ill.

Seligmann, Rafael: Deutschland wird dir gefallen: Autobiographie. Berlin 2010. 461 S.: Ill.

Stankiewitz, Karl: Weißblaues Schwarzbuch: Skandale, Schandtaten und Affären, die Bayern erregten. München 2010. 283 S.: zahlr. Ill.

Vorsicht, Hacks! Der Dichter in der »jungen Welt« 1999–2009. Hrsg. von Stefan Huth. Berlin 2010. 320 S.: Ill.

Winkels, Hubert: Kann man Bücher lieben? Umgang mit neuer Literatur. Köln 2010. 382 S.

Wuliger, Michael: Der koschere Knigge: trittsicher durch die deutsch-jüdischen Fettnäpfchen. Mit Ill. von Ruth Lewinsky. Frankfurt a. M. 2009. 105 S.: Ill. (Fischer; 18251).

Veranstaltungen des Heinrich-Heine-Instituts und der Heinrich-Heine-Gesellschaft e. V.

Januar bis Dezember 2010

Zusammengestellt von Karin Füllner

9.1.2010	Reihe: Text & Ton. Heinrich Heine und Felix Mendelssohn Bartholdy. Sektfrühstück in der Bibliothek des Heine-Institus mit musikalisch-literarischem Programm. Moderation und Rezitation: Dr. Karin Füllner und Dr. Ursula Roth. Am Flügel: Helmut Götzinger. Veranstalter: Heinrich-Heine-Institut und Heinrich-Heine-Gesellschaft.
10.1.2010	Finissage der Ausstellung. Felix Mendelssohn Bartholdy in Düsseldorf. Rezitation: Axel Gottschick. Am Flügel: Paul Ye, Wagner Stefani d'Aragona Malheiro Prado, Ji-Sun You, Mi Yeon Bang, Suk-Yeon Kim und Woo-sik Cho. Veranstalter: Heinrich-Heine-Institut.
16.1.2010	Reihe: »Heine und...«. Vortrag von Prof. Dr. Ralf Schnell. »Mauricio Kagel und Heinrich Heine«. Veranstalter: Heinrich-Heine-Institut.
21.1.2010	Reihe: Poesie und Leben. Manfred Flügge liest: »Die vier Leben der Marta Feuchtwanger«. Rezitation: Manfred Flügge. Veranstalter: Heinrich-Heine-Institut und Heinrich-Heine-Gesellschaft.
27.1.2010	Palais Wittgenstein Internationaler Tag des Gedenkens and die Opfer des Holocaust. Lesung mit Andrea Sawatzki: Sima Vaisman »In Auschwitz«. Rezitation: Andrea Sawatzki. Veranstalter: Eine gemeinsame Veranstaltung von Mahn- und Gedenkstätte Düsseldorf, Heinrich-Heine-Institut und weiteren Kooperationspartnern.
30.1.2010	Reihe: »Heine und...«. Bob Dylan und Heinrich Heine. Rezitation: Wol Müller. An der Harfe: Kasia Lewandoska. Percussion: Charly Böck. Führung durch die Heine-Ausstellung: Studierende der Heinrich-Heine-Universität. Veranstalter: Heinrich-Heine-Institut und Heinrich-Heine-Gesellschaft.

4.2.2010	Reihe: Universität in der Stadt. Neues in der Schrittmachertherapie für das Gehirn. Vortrag: Prof. Dr. Alfons Schnitzler. Veranstalter: Heinrich-Heine-Universität Düsseldorf, Heinrich-Heine-Institut, Evangelische Stadtakademie und VHS Düsseldorf.
8.2.2010	Ausstellungseröffnung. »Ich glaubte nur an Musik«. 200. Geburtstag von Norbert Burgmüller. Autographen – Erstdrucke – u. a. Lebenszeugnisse. Zur Ausstellungseröffnung spielen Schülerinnen und Schüler der Clara-Schumann-Musikschule unter Leitung von Peter Haseley. Veranstalter: Heinrich-Heine-Institut.
9.2.2010	Partika-Saal der Robert Schumann Hochschule Düsseldorf, Fischerstr. 110 Heine, Chopin und Schumann. Konzert-Lesung. Moderation: Dr. Karin Füllner und Prof. Barbara Szczepanska. Veranstalter: Heinrich-Heine-Institut und Robert-Schumann-Hochschule Düsseldorf.
17.2.2010	»Ot der schejner schir-jedidess?« Heine auf Jiddisch. Zum 153. Todestag Heinrich Heines. Festvortrag von Prof. Dr. Marion Aptroot. Veranstalter: Heinrich-Heine-Gesellschaft.
19.2.2010	»...voll üppig wuchernder Genialität«. Komponistenporträt Norbert Burgmüller. Vortrag: Ernst-Jürgen Dreyer. Veranstalter: Heinrich-Heine-Institut.
20.2.2010	Führung durch die Ausstellung »Ich glaubte nur an Musik«. Führung mit der Kuratorin der Ausstellung Heidemarie Vahl. Veranstalter: Heinrich-Heine-Institut.
23.2.2010	Reihe: Archiv aktuell. »Ich predige in der Sprache der Steine«. Ein Karlhans-Frank-Abend. Rezitation: Hansjürgen Bulkowski, Harald K. Hülsmann, Rolf Neddermann, Lisa Schell und Albrecht Thielmann. Moderation: Dr. Enno Stahl. Veranstalter: Heinrich-Heine-Institut.
24–26.2.2010	Raketenstation Hombroich in Neuss »Das gellen der tinte«. Wissenschaftliche Tagung zum Werk von Thomas Kling. Veranstalter: Heinrich-Heine-Institut, Ludwig-Maximilians-Universität München, Georg-August-Universität Göttingen.
25.2.2010	Reihe: Heine heute. Neue politische Gedichte. »Alles außer Tiernahrung«. Lesung und Diskussion: Tom Schulz, Adrian Kasnitz und Stan Lafleur. Moderation: Dr. Karin Füllner und Dr. Enno Stahl. Veranstalter: Heinrich-Heine-Institut und Heinrich-Heine-Gesellschaft.
27./28.2.2010	Reihe: Text & Ton. Heinrich Heine und Felix Mendelssohn Bartholdy.

Veranstaltungen

Sektfrühstück in der Bibliothek des Heine-Institus mit musikalisch-literarischem Programm. Moderation und Rezitation: Dr. Karin Füllner und Dr. Ursula Roth. Am Flügel: Helmut Götzinger. Matinee: Führung durch die Burgmüller-Ausstellung.
Veranstalter: Heinrich-Heine-Institut und Heinrich-Heine-Gesellschaft.

4.3.2010 Reihe: Universität in der Stadt. Von Gerechtigkeit und Schönheit – Verwandtschaftsbeziehungen zwischen Recht und Musik.
Vortrag: Dr. Julian Krüper.
Veranstalter: Heinrich-Heine-Universität Düsseldorf, Heinrich-Heine-Institut, Evangelische Stadtakademie, VHS Düsseldorf.

10.3.2010 »Liaisons intimes« – mehr als nur Freundschaften. Vortrag von Hans-Hermann Jansen.
Veranstalter: Heinrich-Heine-Institut.

11.3.2010 Klas Ewert Everwyn zum 80. Geburtstag. Deutzer Freiheit oder: Ein Offenbacher in der Unterwelt. Moderation: Dr. Karin Füllner und Michael Serrer.
Veranstalter: Heinrich-Heine-Institut, Heinrich-Heine-Gesellschaft und Literaturbüro NRW.

13.3.2010 »Wahnsinnsfrauen«. Literarisch-musikalische Revue zum Internationalen Frauentag 2010. Sprecherin: Claudia Burckhardt. Sopran: Monika Eder. Am Flügel: Heidi Kommerell.
Veranstalter: Heinrich-Heine-Institut und Heinrich-Heine-Gesellschaft.

15.3.2010 Helmuth James Graf von Moltke. Letzte Rechenschaft. Rezitation: Hans-Joachim Barkenings, Hartmut Herlyn, Okko Herlyn, Irina Scholten. Am Cello: Jörg Hoffmann.
Veranstalter: Heinrich-Heine-Institut und Heinrich-Heine-Gesellschaft und Gesellschaft für Christlich-Jüdische Zusammenarbeit.

17.3.2010 Vorstellung der Burgmüller-Gesamtausgabe. Vortrag von Klaus Martin Kopitz.
Veranstalter: Heinrich-Heine-Institut.

17.3.2010 Ausstellungsgespräch zur Ausstellung »Ich glaubte nur an Musik« mit der Dramaturgin der Tonhalle Elisabeth von Leliwa.
Veranstalter: Heinrich-Heine-Institut.

20.3.2010 »Aus alten Mährchen winkt es hervor mit weißer Hand«. Märchen für Erwachsene zum Weltgeschichtentag. Rezitation: Elisabeth Beckmann und Hannelore Rehm. Am Flügel: Da-Hee Jeong.
Veranstalter: Heinrich-Heine-Gesellschaft.

21.3.2010 Konzert in der Burgmüller-Ausstellung mit Enno Kastens und Daniel Beyer.
Veranstalter: Heinrich-Heine-Gesellschaft.

26.3.2010	Mitgliederversammlung der Heinrich-Heine-Gesellschaft e.V. Veranstalter: Heinrich-Heine-Gesellschaft.
26.3.2010	Das Recht im Werk Heinrich Heines. Vortrag von Prof. Dr. Dr. Thomas Vormbaum. Veranstalter: Heinrich-Heine-Gesellschaft.
6.–8.4.2010	Osterferienprogramm. Sieh hin – sei mutig – sei Du selbst. Projekte: Ich hab' ein neues Schiff bestiegen und Mutige Rettungsaktionen. Präsentation der Ergebnisse im Düsseldorfer Filmmuseum am 9. April. Veranstalter: Heinrich-Heine-Institut.
8.4.2010	Reihe: Universität in der Stadt. Infektionskrankheiten: Immer noch die Geißel der Menschheit?. Vortrag: Prof. Dr. Klaus Pfeffer. Veranstalter: Heinrich-Heine-Universität Düsseldorf, Heinrich-Heine-Institut, Evangelische Stadtakademie, VHS Düsseldorf.
10.4.2010	Gesprächskonzert mit Tobias Koch. Klaviermusik von Norbert Burgmüller. Führung durch die Ausstellung mit der Kuratorin Heidemarie Vahl. Veranstalter: Heinrich-Heine-Institut.
11.4.2010	Lore Schaumann zum 90. Geburtstag. Eine literarische Matinee. Rezitation: Georg Aehling, Dr. Karin Füllner, Kay Lorentz, Rolfrafael Schröer und Michael Serrer. Veranstalter: Heinrich-Heine-Institut, Heinrich-Heine-Gesellschaft und Literaturbüro NRW.
14.4.2010	Ausstellungs-Finissage. »Musikwissenschaft aus erster Hand«. Vortrag: Prof. Dr. Bernhard R. Appel und Dr. Klaus Martin Kopitz. Veranstalter: Heinrich-Heine-Institut, Heinrich-Heine-Gesellschaft und Burgmüller Gesellschaft.
15.4.2010	Reihe: Poesie und Leben. Angela Steidele: »Geschichte einer Liebe: Adele Schopenhauer und Sibylle Mertens«. Veranstalter: Heinrich-Heine-Institut und Heinrich-Heine-Gesellschaft in Kooperation mit der Kunststiftung NRW.
18.4.2010	Ausstellungseröffnung. Malerei trifft Lyrik – Arbeiten von Hannelore Köhler und Günther Cremers. Begrüßung: Dr. Sabine Brenner-Wilczek. Einführung: Prof. Dr. Joseph A. Kruse. Führung durch die Ausstellung: Heidemarie Vahl. Veranstalter: Heinrich-Heine-Institut.
20.4.2010	Reihe: Szene Ungarn in NRW. László Földényi liest: »Schicksallosigkeit«. Ein Abend zu Imre Kertész. Moderation: Hermann Wallmann. Veranstalter: Heinrich-Heine-Institut und Heinrich-Heine-Gesellschaft. Gefördert im Rahmen des Projektes »Szene Ungarn in NRW«.

Veranstaltungen 277

23.–25.4.2010	Fahrt der Heine-Gesellschaft nach Berlin. Auf den Spuren Heines in Berlin. Veranstalter: Heinrich-Heine-Gesellschaft und Berlin-Brandenburger Sektion der Heinrich-Heine-Gesellschaft.
23.4.2010	Tag des Buches. Bücherflohmarkt im Heine-Institut. Veranstalter: Heinrich-Heine-Institut.
24.4.2010	Lettrétage, Methfesselstr. 23–25, 10965 Berlin Revolutionsgesänge? Hanns Eislers Chorlieder nach Heinrich Heine. Vortrag von Dr. Arnold Pistiak. Veranstalter: Heinrich-Heine-Gesellschaft und Berlin-Brandenburger Sektion der Heinrich-Heine-Gesellschaft.
29.4.2010	Reihe: Szene Ungarn in NRW. Péter Nádas liest: »Die Bibel«. Veranstalter: Heinrich-Heine-Institut und Heinrich-Heine-Gesellschaft. Gefördert im Rahmen des Projektes »Szene Ungarn in NRW«.
6.5.2010	Reihe: Universität in der Stadt. Liegt der Rheinschatz in Düsseldorf?. Vortrag: Prof. Dr. Ricarda Bauschke-Hartung. Veranstalter: Heinrich-Heine-Universität Düsseldorf, Heinrich-Heine-Institut, Evangelische Stadtakademie, VHS Düsseldorf.
8.5.2010	Nacht der Museen im Heine-Institut. »Wallfahrt zu Heine«. Themenführungen durch die Ausstellungen: »Heines Handschriften« (Dr. Sabine Brenner-Wilczek), »Heines Frauen« (Dr. Karin Füllner), »Malerei trifft Lyrik« (Heidemarie Vahl), »Heines Politik« (Dr. Ursula Roth), »Heines Denkmäler« (Dr. Cornelia Ilbrig), »Heines Porträts« (Christian Liedtke). Klassische Musette und Jazz in den Ausstellungsräumen mit UWAGA (Maurice Maurer, Christoph König, Violine, Miroslaw Tybora, Akkordeon, und Marcus Conrads, Contrabass). Klavierkonzert mit Werken von Robert Schumann. HEINE – gut gewachst oder: Die Wallfahrt nach Kevelaer. Junges Schauspielhaus Düsseldorf und Robert-Schumann-Hochschule Düsseldorf. Kabarett-Programm. »Hier stehen wir und können nix anderes!« mit Karolin Stern und Anna Warntjen. Regie: Martin Maier Bode (u. a. Distel, Berlin). Veranstalter: Heinrich-Heine-Institut.
10.5.2010	Buchhandlung BiBaBuZe, Aachener Str. 1, 40223 Düsseldorf »...nur Unruhe! Unruhe!« – Georg Weerth. 1822–1856. Ein Lebensbild. Lesung und Vortrag von Dr. Bernd Füllner. Einführung: Prof. Dr. Joseph A. Kruse. Veranstalter: Heinrich-Heine-Gesellschaft und Buchhandlung BiBaBuZe.
15./16.5.2010	Paris/Treffpunkt: Passage des Panoramas Heinrich Heine und Frédéric Chopin. Ein Spaziergang im Pariser Montmartre-Viertel.

	Veranstalter: Maison Heinrich Heine, Paris in Zusammenarbeit mit Heinrich-Heine-Institut und Heinrich-Heine-Gesellschaft.
16.5.2010	Ausstellungseröffnung. »Ziemlich lebendig«. Schätze aus der Schumann-Sammlung. Zur Ausstellungseröffnung spielen Studierende der Robert-Schumann-Hochschule. Veranstalter: Heinrich-Heine-Institut.
26.5.2010	Ausstellungsgespräch zur Ausstellung »Ziemlich lebendig« mit dem Intendanten der Tonhalle Düsseldorf Michael Becker und der Kuratorin der Ausstellung Dr. Ursula Roth. Veranstalter: Heinrich-Heine-Institut.
31.5.2010	Container auf dem Heinrich-Heine-Platz, Düsseldorf (Carschhaus) Starschnitt Archiv. Das Archivieren des Gegenwärtigen. Archiv-Container mit verschiedenen Programmen für Jugendliche. Veranstalter: Heinrich-Heine-Institut. Gefördert im Rahmen des Wettbewerbs »Archiv und Jugend« der Landesregierung NRW.
6.6.2010	Hofgarten, vor dem Theatermuseum Reisebilder – Literatur im Hofgarten. Christiane Neudecker liest »Nirgendwo sonst«. Auftakt: Katrin Röver liest aus Heines *Reisebildern*. Moderation: Maren Jungclaus. Veranstalter: Heinrich-Heine-Institut, Literaturbüro NRW, Theatermuseum, Düsseldorfer Schauspielhaus, zakk. Mit freundlicher Unterstützung der Landeshauptstadt Düsseldorf.
9./23.6./5./ 21.7.2010	Führungen und Ausstellungsgespräche im Rahmen der Ausstellung »Ziemlich lebendig. Schätze aus der Schumann-Sammlung« mit Dr. Ursula Roth und Gastreferenten Prof. Michaela Krämer, Prof. Dr. Dr. Volker Kalisch, Prof. Raimund Wippermann, Dr. Matthias Wendt. Veranstalter: Heinrich-Heine-Institut.
10.6.2010	Reihe: Universität in der Stadt. »Urologie im 21. Jahrhundert«. Vortrag: Prof. Dr. Peter Albers. Veranstalter: Heinrich-Heine-Universität Düsseldorf, Heinrich-Heine-Institut, Evangelische Stadtakademie, VHS Düsseldorf.
10.–13.6.2010	Bücherbummel auf der Kö. Heinrich-Heine-Institut und Heinrich-Heine-Gesellschaft präsentieren sich. 11. Juni. Compete 20.10. Internationales Jugendautorentreffen NRW. Veranstalter: Bücherbummel in Zusammenarbeit mit Heinrich-Heine-Institut, Stadtbüchereien, triggerfish.de, zakk. 12. Juni. Anleger Schloßturm, Burgplatz. Literatur-Schiff. Oliver Steller spricht und singt Kurt Tucholsky. Veranstalter: Bücherbummel in Zusammenarbeit mit dem Heinrich-Heine-Institut und der Heinrich-Heine-Gesellschaft.

Veranstaltungen

13. Juni. Historisches Spiegelzelt, Königsallee/Bahnstraße. Text & Ton. Heine, Paris und die Musik. Moderation und Rezitation: Dr. Karin Füllner und Dr. Ursula Roth. Am Flügel: Helmut Götzinger.
Veranstalter: Bücherbummel in Zusammenarbeit mit dem Heinrich-Heine-Institut und der Heinrich-Heine-Gesellschaft.

12.6.2010 »Clara Schumann«. Vortrag mit Musik mit Prof. Dr. Janina Klassen, Freiburg. Am Flügel: Miyuki Brummer.
Veranstalter: Heinrich-Heine-Institut und VHS Düsseldorf.

17.6.2010 Literatur-Salon in Heines Gesellschaft.
Veranstalter: Heinrich-Heine-Gesellschaft.

21.6.2010 Johanneskirche, Martin-Luther-Platz 39
Gedenkkonzert. In memoriam Prof. Jürg Baur. Ehrung mit Prof. Almut Rößler, Dr. Ernst Sell und Oliver Drechsel.
Veranstalter: Kulturamt der Landeshauptstadt Düsseldorf in Zusammenarbeit mit den beteiligten Institutionen.

23.6.2010 Palais Wittgenstein, Bilker Straße 5–7
Konzert im Rahmen der Schumann-Ausstellung. Kammermusik von Robert Schumann: F.A.E. Sonate (Schumann/Dietrich/Brahms). Klaviertrio Nr. 3 g-Moll op. 110. Violinsonate Nr. 2 d-Moll op.121. Dozenten der Robert Schumann Hochschule.
Veranstalter: Heinrich-Heine-Institut in Zusammenarbeit mit der Robert Schumann Hochschule und der Tonhalle Düsseldorf.

26./27.6.2010 Reihe: Text & Ton. Heinrich Heine und Robert Schumann.
Sektfrühstück in der Bibliothek des Heine-Instituts mit musikalisch-literarischem Programm. Moderation und Rezitation: Dr. Karin Füllner und Dr. Ursula Roth. Am Flügel: Helmut Götzinger. Matinee: Führung durch die Ausstellung »Ziemlich lebendig. Schätze aus der Schumann-Sammlung«.
Veranstalter: Heinrich-Heine-Institut und Heinrich-Heine-Gesellschaft.

29.6.2010 Palais Wittgenstein, Bilker Str. 5–7
Dieter Forte zum 75. Geburtstag. Elke Heidenreich liest.
Veranstalter: Heinrich-Heine-Institut, Heinrich-Heine-Gesellschaft und Kulturamt der Landeshauptstadt Düsseldorf in Zusammenarbeit mit der Dieter-Forte-Gesamtschule Düsseldorf.

3.7.2010 Heimspiel. Lange Nacht der Düsseldorfer Literatur. Lesungen, Straßenpoesie und Musik auf der Bilker Straße. Mit Lesungen aus dem Vorlass von Peter Hein, Helge Hesse, Vera Gerling, Michael Arenz, Florence Hervé, Charlotte Marlo Werner, Theresa Rath, Sven-André Dreyer, Henning Heske, Jörg Isringhaus, Stefanie Koch, Klaus Stickelbroeck.
Veranstalter: Gemeinschaftsprojekt von Literaturbüro NRW, Galerie Tedden, Institut Français, Heinrich-Heine-Institut, Destille und Evangelischer Stadtaka-

demie. Mit freundlicher Unterstützung des Kulturamtes der Landeshauptstadt Düsseldorf.

4.7.2010	Konzert im Rahmen der Schumann-Ausstellung. Jazz-Konzert mit dem Engstfeld-Weiss-Quartett »Die Dichterliebe im Jazz« mit Wolfgang Engstfeld, Peter Weiß, Hendrik Soll, Christian Ramond. Veranstalter: Heinrich-Heine-Institut in Zusammenarbeit mit der Robert Schumann Hochschule und der Tonhalle Düsseldorf.
4.7.2010	Hofgarten, vor dem Theatermuseum Reisebilder – Literatur im Hofgarten. Michael Ebmeyer liest »Der Neuling«. Auftakt : Wolfgang Rupperti liest aus Heines *Reisebildern*. Moderation: Dr. Karin Füllner. Veranstalter: Heinrich-Heine-Institut, Literaturbüro NRW, Theatermuseum, Düsseldorfer Schauspielhaus, zakk. Mit freundlicher Unterstützung der Landeshauptstadt Düsseldorf.
7.7.2010	Konzert im Rahmen der Schumann-Ausstellung. Klaviermusik und Lieder von Robert Schumann: Bunte Blätter op. 99/ Fantasiestücke op.12/ Frauenliebe und Leben op. 42/ Gesänge der Frühe op. 133/ Studien nach Capricen von Paganini op. 3. Studierende der Robert Schumann Hochschule. Veranstalter: Heinrich-Heine-Institut in Zusammenarbeit mit der Robert Schumann Hochschule und der Tonhalle Düsseldorf.
9.7.2010	Antonius-Saal, Maxhaus, Schulstr. 11 Konzert im Rahmen der Schumann-Ausstellung. Solo-Violinsonaten von Johann Sebastian Bach mit der Klavierbegleitung von Robert Schumann. Violine: Prof. Ida Bieler. Am Klavier: James Maddox. Veranstalter: Heinrich-Heine-Institut in Zusammenarbeit mit der Robert Schumann Hochschule, der Tonhalle Düsseldorf und dem Maxhaus Düsseldorf.
18.7.2010	Hofgarten, vor dem Theatermuseum Reisebilder – Literatur im Hofgarten. Ralf Sotscheck liest »Nichts gegen Iren«. Moderation: Christine Brinkmann. Veranstalter: Heinrich-Heine-Institut, Literaturbüro NRW, Theatermuseum, Düsseldorfer Schauspielhaus, zakk. Mit freundlicher Unterstützung der Landeshauptstadt Düsseldorf.
4./11.8.2010	Führungen durch die Ausstellung »Ziemlich lebendig. Schätze aus der Schumann-Sammlung« mit Dr. Ursula Roth und Gastreferenten Prof. Oskar Gottlieb Blarr und Prof. Dr. Bernhard R. Appel. Veranstalter: Heinrich-Heine-Institut.
15.8.2010	»Zeitzeichen« – Vor 160 Jahren: Aufbruch der Schumanns nach Düsseldorf. Vortrag: Kuratorin Dr. Ursula Roth. Begleitende Musik von Studierenden der Robert Schumann Hochschule.

Veranstaltungen 281

	Veranstalter: Heinrich-Heine-Institut in Zusammenarbeit mit der Robert Schumann Hochschule und der Tonhalle Düsseldorf.
21.8.2010	Reihe: Archiv aktuell. Von der Sammelleidenschaft. Preisverleihung. Archivbesichtigung des Heinrich-Heine-Instituts. Rezitation: Marcel Diel. Moderation: Dr. Sabine Brenner-Wilczek und Dr. Enno Stahl. Veranstalter: Heinrich-Heine-Institut.
25.–27.8.2010	Sommerferienprogramm. Harry Heine und die französische Trommel. Gestaltung von Mangas und Comics mit der Künstlerin Yvonne Schweidtmann. Leitung: Heidemarie Vahl. Veranstalter: Heinrich-Heine-Institut.
28.8.2010	Reihe: Text & Ton. Heine, Schumann und die Frauen. Sektfrühstück in der Bibliothek des Heine-Instituts mit musikalisch-literarischem Programm. Moderation und Rezitation: Dr. Karin Füllner und Dr. Ursula Roth. Am Flügel: Helmut Götzinger. Matinee: Führung durch die Ausstellung »Ziemlich lebendig. Schätze aus der Schumann-Sammlung«. Veranstalter: Heinrich-Heine-Institut und Heinrich-Heine-Gesellschaft.
1.9.2010	Buchvorstellung. Gina Mayer liest »Das Spiel meiner Schwester«. Musik aus dem Roman präsentieren Silke Kunz (Gesang), Maurice Maurer (Violine), Matthias Hacker (Kontrabass), und Miroslaw Tybora (Akkordeon). Moderation: Dr. Karin Füllner. Veranstalter: Heinrich-Heine-Institut in Zusammenarbeit mit dem Verlag Rütten & Loening.
9.9.2010	Botanischer Garten, Universität Düsseldorf Reihe: Universität in der Stadt. Exkursion in den Botanischen Garten. Führung: Kustodin Dr. Sabine Etges. Veranstalter: Heinrich-Heine-Universität Düsseldorf, Heinrich-Heine-Institut, Evangelische Stadtakademie, VHS Düsseldorf.
12.9.2010	Führung zum Tag des Offenen Denkmals. Rezitation: Heidemarie Vahl. Veranstalter: Heinrich-Heine-Institut.
19.9.2010	Konzert in der Schumann-Ausstellung. »Lehn' deine Wang' an meine Wang'«. Lieder und Klaviermusik von Studierenden der Robert Schumann Hochschule. Am Klavier: Daniil Gordeev, Simon Hur, Rada Pogodaeva und Hanni Liang. Sopran: Linda Hergarten und Lea Sikau. Mezzosopran: Rebecca Vranidis. Veranstalter: Heinrich-Heine-Institut in Zusammenarbeit mit der Robert Schumann Hochschule und der Tonhalle Düsseldorf.
21.9.2010	Heine-Vortrag. Beer Carl Heine zum 200. Geburtstag. Vortrag: Sylvia Steckmest. Moderation: Prof. Dr. Joseph A. Kruse. Veranstalter: Heinrich-Heine-Gesellschaft.

23.9.2010	Reihe: Heine heute. Hanns-Josef Ortheil liest »Die Erfindung des Lebens«. Moderation: Dr. Karin Füllner. Veranstalter: Heinrich-Heine-Institut und Heinrich-Heine-Gesellschaft mit freundlicher Unterstützung des Kulturamtes der Landeshauptstadt Düsseldorf.
30.9.2010	Führung zum Abschluss der Schumann-Ausstellung mit Dr. Sabine Brenner-Wilczek. Veranstalter: Heinrich-Heine-Institut.
1.10.2010	WBZ, Bertha-von-Suttner-Platz 1, Saal 1 »Opiumschlummer und Champagnerrausch«. Lutz Görner spricht Schiller. Gitarre: Stefan Sell. Veranstalter: VHS Düsseldorf in Zusammenarbeit mit dem Heinrich-Heine-Institut.
7.10.2010	Reihe: Universität in der Stadt. »Wie funktioniert eine moderne Wettbewerbspolitik?«. Vortrag: Prof. Dr. Hans-Theo Normann. Veranstalter: Heinrich-Heine-Universität Düsseldorf, Heinrich-Heine-Institut, Evangelische Stadtakademie, VHS Düsseldorf.
10.10.2010	»Balzac und Deutschland – Deutschland und Balzac«. Eröffnung der Ausstellung. Begrüßung und Einführung: Prof. Dr. Bernd Kortländer. Lesung: Axel Gottschick, Köln. Veranstalter: Heinrich-Heine-Institut und Institut français.
19.10.2010	Gedenkveranstaltung für Heinz Czechowski. Mit Lesungen und Gesprächen. Rezitation: Düsseldorfer Verleger, Herausgeber, Autoren und die Stimme Heinz Czechowski. Moderation: Regina Ray Veranstalter: Heinrich-Heine-Institut und VS Düsseldorf.
20.10.2010	Das siebte Gebot. Ingrid Bachér zum 80. Geburtstag. Diskussion: Ingrid Bachér und Prof. Dr. Dr. Dr. hc Günter Altner. Veranstalter: Heinrich-Heine-Institut und Heine Haus.
21./22..10.2010	Universitätsbibliothek, Veranstaltungssaal, Universitätsstr. 1 Kolloquium »Balzac und Deutschland – Deutschland und Balzac«. Veranstalter: Heinrich-Heine-Institut, Institut français und Romanisches Seminar der Heinrich-Heine-Universität in Düsseldorf.
23.10.2010	Heine-Bilder. Öffentliches Kolloquium. Zu Ehren des 80. Geburtstages von Manfred Windfuhr. Vorträge: Prof. Dr. Manfred Windfuhr, Prof. Dr. Bernd Kortländer, Prof. Dr. Hartmut Steinecke, Prof. Dr. Josef A. Kruse, Prof. Dr. Wilhelm Gössmann, Prof. Dr. Bernd Witte und Prof. Dr. Gertrude Cepl-Kaufmann. Veranstalter: Heinrich-Heine-Institut und Heinrich-Heine-Gesellschaft.

26.10.2010	Literaturbüro NRW, Bilker Straße 5 Reihe: Nähe und Ferne. Sabine Küchler liest »Was ich im Wald in Argentinien sah«. Veranstalter: Heinrich-Heine-Institut, Heine Haus, Literaturbüro NRW und Kulturamt der Landeshauptstadt Düsseldorf.
28.10.2010	La belle Noiseuse. Film von Jacques Rivette nach Balzacs Erzählung »Le Chef d'oeuvre inconnu«. Veranstalter: Heinrich-Heine-Institut, Institut français.
29.10.2010	Honoré de Balzac – Ein Leben im Film. Vorführung der deutsch-französischen TV-Produktion »Balzac – Ein Leben voller Leidenschaft« von Josée Dayan von 1999 mit Gérard Depardieu in der Titelrolle. Veranstalter: Heinrich-Heine-Institut und Institut français.
30.10.2010	Alla Pfeffer. Ehrenlesung zum 75. Geburtstag. Alla Pfeffer liest »Das blaue Seidenkleid« und »Brief an Harry«. Mit Dr. Sabine Brenner-Wilczek, Ina-Maria von Ettingshausen, Dr. Karin Füllner und Regina Ray. Am Klavier: Esther Kim. Klarinette: Hyun-Jong Kim. Veranstalter: Heinrich-Heine-Institut, Heinrich-Heine-Gesellschaft und VS Düsseldorf.
3.11.2010	Führung durch die Balzac-Ausstellung mit Prof. Dr. Bernd Kortländer. Veranstalter: Heinrich-Heine-Institut.
4.11.2010	Reihe: Universität in der Stadt. Möglichkeiten und Perspektiven moderner Herzchirurgie. Vortrag: Prof. Dr. Artur Lichtenberg. Veranstalter: Heinrich-Heine-Universität Düsseldorf, Heinrich-Heine-Institut, Evangelische Stadtakademie, VHS Düsseldorf.
6.11.2010	Black Box, Schulstraße 4 Balzac-Filmnacht. Begrüßung und Empfang/ »Die unheimlichen Wünsche« (nach Balzacs Roman »La Peau de Chagrin«), Regie: Heinz Hilpert, Deutschland 1939/ »Karriere in Paris« (nach Balzacs Roman »Le Père Goriot«), Regie: Georg C. Klaren, Hans-Georg Rudolph, DDR 1951. Veranstalter: Heinrich-Heine-Institut, Institut français und Filmmuseum Düsseldorf.
10.11.2010	»Neue Seiten«. Führungen durch die Heine-Ausstellung. »Ja, die Weiber sind gefährlich!«. Heine und die Frauen. Führung: Dr. Karin Füllner. Am Flügel: Tobias Koch. Veranstalter: Heinrich-Heine-Institut.
11.11.2010	Isaac und sein Sohn Jacques Offenbach. Prof. Dr. Klaus Wolfgang Niemöller. Vortrag mit Musik- und Bilddemonstrationen. Veranstalter: Heinrich-Heine-Gesellschaft und Gesellschaft für Christlich-Jüdische Zusammenarbeit.

14.11.2010	Finissage der Balzac-Ausstellung. Führung durch die Ausstellung mit Prof. Dr. Bernd Kortländer. »Gambara«. Lesung in französischer Sprache mit Musik. Veranstalter: Heinrich-Heine-Institut, Institut français.
15.11.2010	Reihe: Nähe und Ferne. Dan Lungu und Jan Cornelius lesen »Wie man eine Frau vergisst«. Veranstalter: Heinrich-Heine-Institut, Heine Haus, Literaturbüro NRW und Kulturamt der Landeshauptstadt Düsseldorf.
20.11.2010	»Neue Seiten«. Führungen durch die Heine-Ausstellung. »Zahnweh im Herzen«. Heine als Liebeslyriker. Führung: Dr. Jan-Christoph Hauschild. Klarinette: Yohei Hamasaki. Am Klavier: Kazuko Takaishi. Veranstalter: Heinrich-Heine-Institut.
21.11.2010	Eröffnung der Ausstellung »Im Herzen trag' ich Welten«. Ferdinand Freiligrath zum 200. Geburtstag. Begrüßung: Dr. Sabine Brenner-Wilczek. Einführung: Dr. Bernd Füllner und Detlev Hellfaier. Veranstalter: Heinrich-Heine-Institut in Verbindung mit der Lippischen Landesbibliothek Detmold.
22.11.2010	Heine Haus Reihe: Nähe und Ferne. Alexander Nitzberg spricht Charms. Veranstalter: Heinrich-Heine-Institut, Heine Haus, Literaturbüro NRW und Kulturamt der Landeshauptstadt Düsseldorf.
24.11.2010	»Neue Seiten«. Führungen durch die Heine-Ausstellung. »Vor den Pforten der Weisheit«. Heines Handschriften. Führung: Dr. Sabine Brenner-Wilczek. Am Klavier: Ruth Sandhagen. Rezitation: Gregory Gaynair. Veranstalter: Heinrich-Heine-Institut.
25.11.2010	Literatur-Salon in Heines Gesellschaft. Lesung: Sandra Honnef »Das Düsseldorfer Weihnachts-ABC«. Veranstalter: Heinrich-Heine-Gesellschaft.
27./28.11.2010	Reihe: Text & Ton. Heine, Paris und die Musik. Sektfrühstück in der Bibliothek des Heine-Instituts mit musikalisch- literarischem Programm. Moderation und Rezitation: Dr. Karin Füllner und Dr. Ursula Roth. Am Flügel: Helmut Götzinger. Veranstalter: Heinrich-Heine-Institut und Heinrich-Heine-Gesellschaft.
1.12.2010	»Neue Seiten«. Führungen durch die Heine-Ausstellung. »Ich bin des freien Rheins noch weit freierer Sohn«. Heine und Düsseldorf. Führung: Heidemarie Vahl. Rezitation: Dieter Prochnow. Veranstalter: Heinrich-Heine-Institut.
1.12.2010	Mariam Kühsel-Hussaini liest »Gott im Reiskorn«. Veranstalter: Heinrich-Heine-Institut und WeibsStücke.

Veranstaltungen

2.12.2010	Reihe: Universität in der Stadt. Verletzbarkeit und Unbedingtheit. Der Begriff des menschlichen Lebens. Vortrag: Prof. Dr. Reinhold Görling. Veranstalter: Heinrich-Heine-Universität Düsseldorf, Heinrich-Heine-Institut, Evangelische Stadtakademie, VHS Düsseldorf.
8.12.2010	»Neue Seiten«. Führungen durch die Heine-Ausstellung. »Schlage die Trommel und fürchte dich nicht«. Der politische Heine. Führung: Dr. Ursula Roth. Rezitation: Axel Gottschick. Veranstalter: Heinrich-Heine-Institut.
11.12.2010	13. Internationales Forum Junge Heine Forschung. Neue Arbeiten über Heinrich Heine. Vorträge und Diskussionen. Vorträge: Eugen Wenzel: Heinrich Heine – der Prophet und Messias einer neuen Religion. Yael Kupferberg: Der »schamlose« Dichter – Zur Rezeption des Witzes Heines. Sarah Borgmann: »Als Leichengöttin erscheinst du mir, Venus Libitina!« – Tod, Weiblichkeit und Ästhetik in Heines »Florentinischen Nächten«. Janina Schmiedel: Synthesemomente in Heinrich Heines lyrischem Fragment »Jehuda ben Halevy«. Annie Falk: »O Gott! Was ich gerochen!« oder Heines jüdische Nase. Konzeption und Moderation: Dr. Karin Füllner und Holger Ehlert. Veranstalter: Heinrich-Heine-Institut, Heinrich-Heine-Gesellschaft und Heinrich-Heine-Universität Düsseldorf.
11.12.2010	Geburtstagsfest für Heinrich Heine. Veranstalter: Heinrich-Heine-Institut und Heinrich-Heine-Gesellschaft.
13.12.2010	Düsseldorfer Rathaus Heine-Preis 2010 an Simone Veil. Laudatio: Dr. Hans-Gert Pöttering. Veranstalter: Landeshauptstadt Düsseldorf.
15.12.2010	»Neue Seiten«. Führungen durch die Heine-Ausstellung. »Auf der Spitze der Welt«. Heinrich Heine und Frankreich. Führung: Prof. Dr. Bernd Kortländer. Als Gast: Pierre Korzilius. Veranstalter: Heinrich-Heine-Institut.
18.12.2010	»Neue Seiten«. Führungen durch die Heine-Ausstellung. Vom Brocken bis nach Bimini. Heines Reisen. Führung: Christian Liedtke. Rezitation: Katrin Röver. Veranstalter: Heinrich-Heine-Institut.
19.12.2010	»Wer ist Heinrich Heine?«. Eröffnungsparty <digitales_museum>. Veranstalter: Heinrich-Heine-Institut in Zusammenarbeit mit Ausbildungswerkstatt der ThyssenKrupp Presta SteerTec GmbH, Electric Schneider und »Düsseldorf ist ARTig«.

Ankündigung des 15. Forum Junge Heine Forschung 8. Dezember 2012 im Heine-Institut in Düsseldorf

Zum 215. Heine-Geburtstag 2012 veranstalten das Heinrich-Heine-Institut der Landeshauptstadt Düsseldorf, die Heinrich-Heine-Gesellschaft e.V. und die Heinrich-Heine-Universität Düsseldorf gemeinsam das 15. Forum Junge Heine Forschung mit neuen Arbeiten über Heinrich Heine. Es findet statt am Samstag, den 8. Dezember 2012, 10–18 Uhr im Heinrich-Heine-Institut. Für das beste vorgetragene Referat, das von einer Jury ausgewählt wird, stiftet die Heinrich-Heine-Gesellschaft einen Geldpreis.

Zur Information über Konzeption und Ausrichtung des Forum Junge Heine Forschung verweisen wir auf die Berichte in den Heine-Jahrbüchern 2001, 2002, 2003, 2004, 2005, 2006, 2007, 2008, 2009 und 2010. Anmeldungen für Referate (30 Min.) sind mit einem kurzen Exposé (1 Seite) bis zum 28. September 2012 per Mail zu richten an:

Dr. Karin Füllner
Heinrich-Heine-Institut
Bilker Str. 12–14
D – 40213 Düsseldorf
Email: karin.fuellner@duesseldorf.de

Abbildungen

S. 26   Jacques Fromental Halévy. Lithographie von Bernard-Julien Romain. Heinrich-Heine-Institut, Düsseldorf

S. 72   Eigenhändige Verszeilen Heines aus Kapitel II des »Jehuda ben Halevy«. Heinrich-Heine-Institut, Düsseldorf

S. 93   Königliche Kabinettorder Friedrich Wilhelms III. vom 29. Januar 1833. Geheimes Staatsarchiv Preußischer Kulturbesitz, Berlin

S. 145 Beer Carl Heine. Gemälde von Hermann Steinfurth. Historische Fotografie. Heinrich-Heine-Institut, Düsseldorf

S. 152 Brief von Hermann David Schiff an Heinrich Heine, 5. September 1851. Heinrich-Heine-Institut, Düsseldorf

S. 197 Heine-Preisträgerin Simone Veil bei ihrer Dankesrede im Düsseldorfer Rathaus. Foto: Benedikt Jerusalem, Düsseldorf

S. 202 Blick in die Ausstellung »Heines Reisen durch Europa«
        Foto: Gavril Blank, Heinrich Heine-Institut, Düsseldorf

Hinweise für die Autoren

Für unverlangt eingesandte Texte und Rezensionsexemplare wird keine Gewähr übernommen.

Es gelten die Regeln der neuen deutschen Rechtschreibung.

Bei der Formatierung des Textes ist zu beachten:

Schriftart Times New Roman 14 Punkt, linksbündig, einfacher Zeilenabstand, Absätze mit Einzug (erste Zeile um 0,5 cm); ansonsten bitte keine weiteren Formatierungen von Absätzen oder Zeichen vornehmen, auch keine Silbentrennung. Kursivsatz wird durch Unterstreichung angezeigt.

Zitate und Werktitel werden in doppelte Anführungszeichen gesetzt. Langzitate (mehr als drei Zeilen) und Verse stehen ohne Anführungszeichen und eingerückt in der Schriftgröße 12 Punkt. Auslassungen oder eigene Zusätze im Zitat werden durch eckige Klammern [ ] gekennzeichnet.

Außer bei Heine-Zitaten erfolgen die Quellennachweise in den fortlaufend nummerierten Anmerkungen. Die Anmerkungsziffer (Hochzahl ohne Klammer) steht vor Komma, Semikolon und Doppelpunkt, hinter Punkt und schließenden Anführungszeichen. Die Anmerkungen werden als Endnoten formatiert und stehen in der der Schriftgröße 10 Punkt am Schluss des Manuskriptes. Literaturangaben haben die folgende Form:

Monographien: Vorname Zuname des Verfassers: Titel. Ort Jahr, Band (römische Ziffer), Seite.

Editionen: Vorname Zuname (Hrsg.): Titel. Ort Jahr, Seite.

Artikel in Zeitschriften: Vorname Zuname des Verfassers: Titel. – In: Zeitschriftentitel Bandnummer (Jahr), Seite.

Artikel in Sammelwerken: Vorname Zuname des Verfassers: Titel. – In: Titel des Sammelwerks. Hrsg. von Vorname Zuname. Ort Jahr, Band, Seite.

Verlagsnamen werden nicht genannt.

Bei wiederholter Zitierung desselben Werks wird in Kurzform auf die Anmerkung mit der ersten Nennung verwiesen: Zuname des Verfassers: Kurztitel [Anm. XX], Seite.

Bei Heine-Zitaten erfolgt der Nachweis nicht in den Anmerkungen, sondern im laufenden Text im Anschluss an das Zitat in runden Klammern unter Verwendung der Abkürzungen des Siglenverzeichnisses (hinter dem Inhaltsverzeichnis) mit Angabe von Band (römische Ziffer) und Seite (arabische Ziffer), aber ohne die Zusätze »Bd.« oder »S.«: (DHA I, 850) oder (HSA XXV, 120).

Der Verlag trägt die Kosten für die von der Druckerei nicht verschuldeten Korrekturen nur in beschränktem Maße und behält sich vor, den Verfasserinnen oder Verfassern die Mehrkosten für umfangreichere Autorkorrekturen in Rechnung zu stellen. Ein Honorar wird nicht gezahlt.

Das Manuskript sollte als »Word«-Dokument oder in einer mit »Word« kompatiblen Datei per E-Mail (an christian.liedtke@duesseldorf.de) eingereicht werden.

Mitarbeiter des Heine-Jahrbuchs 2011

Dr. Sabine Brenner-Wilczek, Heinrich-Heine-Institut, Bilker Str. 12–14, 40213 Düsseldorf
Priv.-Doz. Dr. Olaf Briese, Humboldt-Universität zu Berlin, Institut für Kulturwissenschaft
 Unter den Linden 6, 10099 Berlin
Elena Camaiani, Heinrich-Heine-Institut, Bilker Str. 12–14, 40213 Düsseldorf
Anne Eiker, Alt-Niederkassel 116a, 40547 Düsseldorf
Dr. Bernd Füllner, Heinrich-Heine-Institut, Bilker Str. 12–14, 40213 Düsseldorf
Dr. Karin Füllner, Heinrich-Heine-Institut, Bilker Str. 12–14, 40213 Düsseldorf
Prof. Dr. Roland Gruschka, Hochschule für Jüdische Studien Heidelberg, Landfriedstr. 12,
 69117 Heidelberg
Dr. Jan-Christoph Hauschild, Heinrich-Heine-Institut, Bilker Str. 12–14, 40213 Düsseldorf
Jan von Holtum, Heinrich-Heine-Institut, Bilker Str. 12–14, 40213 Düsseldorf
Dr. Ortwin Lämke, Westfälische Wilhelms-Universität, Germanistisches Institut, Centrum
 für Rhetorik, Kommunikation und Theaterpraxis, Domplatz 23 a
Christian Liedtke, Heinrich-Heine-Institut, Bilker Str. 12–14, 40213 Düsseldorf
Claas Morgenroth, Institut für deutsche Sprache und Literatur, Technische Universität Dort-
 mund, Emil-Figge-Str. 50, 44227 Dortmund
George F. Peters, Department of Linguistics and Languages, Wells Hall A608, Michigan
 State University, East Lansing, MI 48824, USA
Dr. Hans-Gert Pöttering, Konrad-Adenauer-Stiftung e.V., Klingelhöferstraße 23, 10785 Berlin
Alena Scharfschwert, Heinrich-Heine-Institut, Bilker Str. 12–14, 40213 Düsseldorf
Janina Schmiedel, Leibniz Universität Hannover, Königsworther Platz 1, 30167 Hannover
Dr. Gabriele Schneider, Dr. Gabriele Schneider, Gartenkampsweg 13 d, 40822 Mettmann
Dr. Stefan Söhn, Gerhart-Hauptmann-Str. 14, 86199 Augsburg
Dr. Enno Stahl, Heinrich-Heine-Institut, Bilker Str. 12–14, 40213 Düsseldorf
Sylvia Steckmest, Heegbarg 9 22391 *Hamburg*
Simone Veil, c/o Aufbau Verlag GmbH & Co. KG, Prinzenstraße 85, 10969 Berlin
Anna Maria Voci, Via di Santa Felicola, 51, 00134 Rom
Prof. Dr. Norbert Waszek, 128, rue de la Tombe Issoire; F-75014-Paris
Dr. Bettina Wild, In der Aue 8a, 69118 Heidelberg
Prof. Dr. Manfred Windfuhr, Frankfurter Weg, 41564 Kaarst

MIX
Papier aus verantwortungsvollen Quellen
Paper from responsible sources
FSC® C105338

If you have any concerns about our products,
you can contact us on
ProductSafety@springernature.com

In case Publisher is established outside the EU,
the EU authorized representative is:
**Springer Nature Customer Service Center GmbH
Europaplatz 3, 69115 Heidelberg, Germany**

Printed by Libri Plureos GmbH
in Hamburg, Germany